愛と無

自叙伝の試み

ピーター・ミルワード＋著
安西徹雄＋訳

Liberal Arts
Publishing
House
人文書館

THREE QUARTERS OF A CENTURY
—An Attempt at an Autobiography—
by Peter Milward

扉写真
Michelangelo : *Pietà*
Super Stock / PPS

愛と無

自叙伝の試み

刊行に寄せて

小林章夫（上智大学文学部英文学科教授）

ピーター・ミルワード先生の自叙伝が、一番弟子である安西徹雄先生の翻訳で出版されること、これほどの快事はない。

ミルワード先生は一九二五年（大正一四）にロンドンに生まれ、一九四三年にイエズス会に入会、オクスフォード大学で古典と英文学を修めたのち、一九五四年に来日、そして一九六二年に上智大学英文学科で教鞭をとり始め、以後三〇年以上に渡って英文学を講じてきた。

先生はイエズス会の司祭であると同時に、英文学者として多くの後進を育てるとともに、世界に知られるシェイクスピア学者として今日に至っている。しかもこの間にシェイクスピア、G・K・チェスタトンを初めとして多くの研究を発表する一方、英文学やイギリス文化、あるいはキリスト教、日本論など、実に幅広い著作を世に送ってきた。実際、先生がこれまで発表した著作はゆうに三〇〇冊を超え、八〇歳を過ぎた今も相変わらず精力的に仕事を続けて、著作数はまもなく四〇〇冊に達しようという勢いである。

そのミルワード先生の最初期の愛弟子であり、またご自身もシェイクスピア学者として内外にその名前を知られるとともに、演劇集団「円」の演出家として多くのシェイクスピア劇を演出してきた安西先生は、一方では名翻訳家としてこれまた多くの優れた書物を世に送ってきた。そしてもちろん教育者として熱心な安西先生は、後進の指導にも大いに情熱を注いできたのである。

このたび、そのミルワード先生がこれまでの生涯を振り返って自伝をお書きになり、それを安西先生の流麗な翻訳によって日本の読者にお届けできることは、ささやかながらもそのお手伝いができたわたしにとって、この上ない喜びである。なぜならわたしもまたミルワード先生の謦咳に接するとともに、安西先生のご指導を受けた人間だからである。それにしてもこの自叙伝、宗教者、教育者、そして学者としてのミルワード先生の長きにわたる日々が実に細やかに描かれており、今もしばしばお目にかかる先生の知られざる軌跡がうかがえて、なるほどそうだったのかと膝を打つことしばしばだった。先生の講義を受け、類い希なジョークのセンスに笑いを催してきた弟子たちにとって、これほど大きな贈り物はないと言えるのではないか。

いや、先生の近くにいた人間だけではない。直接先生にお目にかかったことはなくても、その著作を通じて先生の息吹を身近に感じてきた人々にとっても、あるいはひょっとして初めて先生の著作に出会った方々にとっても、この自叙伝は深く心を動かされる作品であることは間違いない。多くの愛読者に恵まれるよう、心から祈ってやまないと同時に、ミルワード先生も、そして安西先生もますますお元気で、これからも刺激的な作品を世に送ってくださることを祈念したい。

目次

自伝を書くということ

自伝を書いてみる——そんな気を起こしたことは、というか、そんな誘惑を感じたことは、実は今までにも何度かあった。私の生活など、所詮ささやかなものではあるけれども、私自身の目から見れば、今まで過ごしてきたこの七十五年間は、それなりに心おどる出来事にみちていた。十七世紀のイギリスの医師で、思想家でもあったサー・トマス・ブラウンは、まだ若かった頃、みずからの生涯を振り返り、「さながら奇蹟のごとき三〇年だった」と述懐し、その三〇年を物語れば、「一般の人の耳には、あたかも作り話のように聞こえるだろう」と書いている。つまり事実を語った歴史ではなく、空想を描いた話だと思うだろうというのである。私の生涯についても、多分、同じことがいえるだろう。というより、むしろ二倍も三倍も同じといえるのではあるまいか。少なくとも私自身の目には、一九二五年に生を享《う》けて以来、二十世紀の終りを越えて、ついに次の千年紀に入るまで、わが生涯は「さながら奇蹟」と思えるのだ。私にとって問題なのは、むしろ、どうすれば他の人にもまた、同じ印象を感じ取ってもらえるかということなのかもしれない。けれ

ども、ともかくもまず、せめて試みることだけはできるだろう。あえて危険を覚悟の上で、ともかくまずやってみなくては、何事も始まらないというものだ。たとえささやかであろうと、少なくとも、最善を尽くすことだけはできるはずだ。

さて、自伝を書いてみようとするにあたって、大いに勇気を与えてくれるのは、サー・トマス・ブラウンの言葉ばかりではない。次の世紀のジョンソン博士にも、まさに絶好の言葉がある。ちなみに博士は、サー・トマス・ブラウンを大いに礼讃していた人だが、こんな言葉を残しているのだ。「いかなる人の生涯であろうと、事実に即し、良識に沿って物語れば、読者にとって有益ならざる場合はまずありえない。」伝記とか自伝とかいうと、われわれはとかく、有名人にしか関係のないものだと考えがちである。つまり、いわゆるＶＩＰ（very important people）な人々——人名辞典に、ちゃんと略歴が載っている人たちだけのものと思ってしまう。しかし、それならＶＵＰ——つまり、very unimportant people（重要ならざる人物）、言い換えるなら、さしずめ「無名辞典」に名前が載っていそうな人たちの場合はどうなのだろう。確かに、ジョンソン博士の言葉からも想像がつくとおり、そういう人々についても、それなりに、面白い書物は書けるのではないのだろうか。とはいえ、そういう人々の場合は多分、伝記に書くほどの材料はそう多くはないだろうから、そういう人々についての本となると、いささか書くのは難しいことかもしれない。しかし、少なくともそういう人々が、自分自身について書くのなら、意外に面白い本になりうるのではあるまいか。つまり、ＶＵＰの人たちが、みずから自叙伝を試みるのだ。それも、「無名辞典」に載せるような簡単な略歴ではなく、独立した一冊の書物として、それも、できることならハードカバーで書いてみるのだ。そしてそういう形でなら、この私にも、出番がまったくないわけではないかもしれない。少なくとも、私個人のささやかな生涯についてばかりではなく、たとえ私一人の限られた見聞を通じてであっても、七十五年の間生きてきた時代の変遷について、私なりに書を綴ってみることはできるだろう。

この点に関して、英文学のまことにゆたかな伝統の中から、第三の作家の発した言葉が思い起こされる。サー・トマス・ブラウンでもなく、サミュエル・ジョンソン博士でもなく、バーナード・ショーが助け舟を出してくれるのだ。もちろんショーは、もっぱら劇作家として知られている人だけれども、自分自身はみずからを、むしろジャーナリストと見なしたがっていた。自分の劇作について、彼はこんなことを語っている。「私はあらゆる時代に材料を求めて劇を書いてきた。しかし現代以外のいかなる時代も、一度として深く研究したことはない。いや、実はその現代さえ、いまだに研究しつくしてなどいないどころか、ついに研究しつくす時は来ないであろう。」さらに言葉を続けてショーはいう。まことに勇気ある、しかも、まことに真実を衝《つ》いた言葉だ。「自分自身について、同時にまた自分自身の時代について書く以外、いかなる人々についても、同時にまたいかなる時代についても、ほかに書く方法などはない。」まさしくそのとおり。ショーはまさに自分自身について、事実をありのままに語る勇気を持っていた。ジャンヌ・ダルクをヒロインにした有名な劇でも、彼の描いたジャンヌ・ダルクは、けっして現実のジャンヌ・ダルクではないと、みずから大胆に認めている。十五世紀のフランスに生きた、あの偉大な歴史上の人物は、今までさまざまな歴史家や伝記作者が取りあげてきたけれども、誰一人として、彼女の本当の姿を描き出すことはできなかった。ところがショーは、いわばジャンヌ・ダルクの仮面をかぶり、自分自身の思いを彼女に語らせることによって、彼女を生き生きと舞台の上に甦《よみが》えらせたのである。こんな逆説的な芸当に成功した劇作家は、かつて一人としていなかった。いや、しかし実はシェイクスピアも、みずからの劇の主人公について、あるいは同じことをいったかもしれない。ほかならぬシェイクスピア自身が、主人公たちのうちに生き、彼らの口を借りて思いの丈を語ったからこそ、主人公たちは確かな命を与えられたのである。いや、主人公ばかりではなく悪役さえも、ヒロインばかりではなく、なかんずく数々の道化役についてもまた、同じことがいえるのではないのだろうか。

それにしても――と、あるいは読者は疑問を抱かれるかもしれない。シェイクスピアの意味するところは何であり、ショーの意味するものは何であるのか。この二人は、おたがい、まさしく正反対ではないか。共通しているところがあるとすれば、二人の名前がどちらもShで始まり、期せずして頭韻を踏んでいること位しかないではないか。というのもシェイクスピアは、いわば多様性の化身であり、自分の創り出した登場人物たちの内に、あたかも自分自身を失っているかのごとくであって、だからこそわれわれも、かつてキーツが感じたように、シェイクスピアには、はたして自分自身の独自の性格といえるものがあったかどうか、疑問にすら思えてくるのだ。これとは逆にショーは、まさに単一性の化身というべきだろう。彼の生み出したあらゆる人物を通じて、彼が表現しているのは、実はいつでも彼自身にほかならず、だからついには、どの登場人物も実はみな、ショー自身の思想を語る代弁者かと思えてくるのだ。シェイクスピアの場合には、自分独自の思想など、ほとんどないのではないかとすら思えるのにたいして、ショーから思想を取り除けば、後には何も残らないようにさえ見えるのである。

けれども私は必ずしも、二人のうち、どちらか一方を選ばねばならぬいわれはないのではないかと思う。シェイクスピアはシェイクスピアであっていいし、ショーはやはりショーでなくてはならない。だが二人はどちらも、自分自身の殻から出てひろく人間の世界を眺め、そしてその人々の姿のうちに、自分自身がさまざまに反映しているのを発見したのだ。さらに二人は、そこに映し出されている姿のうちに、深い魅惑が潜《ひそ》んでいることを感じ取り、その魅惑を、劇を見、あるいは読む人々にも伝えようとしたのである。

それなら、この魅惑の秘かな源泉はどこにあるのか。ひとことでいえば、ソクラテスが——というより、むしろデルポイの神託が告げたように、「汝みずからを知れ」ということ、つまり自己認識にほかならない。アレグザンダー・ポウプも『人間論』で戒《いまし》めたとおり、「烏滸《おこ》がましくも、神意を測ろうなどと試みるな。人間の究《きわ》めるべきは、ただ人間のみ」というものだ。「私は誰か」——われわれは誰しもみな、みずからについてこの問いを問う。だがこの問いの答えは、実は、われわれ自身のうちには見つからない。むしろ、他人のうちに求めるしかない。というのも、ショーもシェイクスピアもそうしたように、他人のうちに反映した自分自身の姿の中にしか、みずからを知る術《すべ》はないからである。そして、こうして映し出された自分の姿をみずからの言葉で表現した時、これを読む読者もまた、彼ら自身の姿を発見することができるのだ。日本式にいうなら、まさしく肝胆相照らすということだろう。

しかし同時に、また別の角度から見れば、われわれが生きて活動しているこの世界は、ただ人間だけの世界ではない。自分自身のことにしろ他人のことにしろ、人間ばかりをあまりに強調しすぎると、結局のところ、正常、健康な判断力を失う結果になりかねない。なるほど人間には、人間たることの誇りがある。ポウプがみずからに、なかんずく、人間としての理性に誇りを抱いたのも当然だろう。「人間の究めるべきは、ただ人間」——確かにそうには違いあるまい。けれども、あの不思議の国のアリスが、例の奇妙な世界に住む奇態な連中と出会《でくわ》して、思わず発した言葉を借りていうなら、「ほんとに何てバカみたい」なことだが、この地球上に生きているのは、ただ人間だけだとでもいうのだろうか。動物も、昆虫も、小鳥も、魚も、あるいは樹々も草花も、われわれのすぐ身の回りに、現に生き生きと生きているではないか。地上ばかりではない。頭上を見上げれば、太陽も月も星もある。さらには雲もあれば、雨も雪も霰《あられ》も降ってくるし、時には稲妻が光ることまであるではないか。

ハムレットは、学問を修めている親友ホレイショにむかって、いみじくも語っている。「この天と地の間には、哲学などの思いも及ばぬ事柄が存在するのだ。」人間同士のことなら、おたがい自分の心の中を顧みることを通じて、おたがいの考えていることにしろ行動にしろ、鏡に映すように理解することもできるだろう。しかし人間以外の生き物や、さらには自然の事物ともなれば、どうやって理解できるというのだろうか。相手には、人間の意識に相当するものなどない以上、われわれの意識を鏡として理解することなど、そもそもできようはずがない。こうした物は、みな客体であって主体ではない。しかし、にもかかわらず、こうした事物には、ただ単なる科学的な分析などでは、とても割り切れない側面がある。いってみれば、われわれ自身の内に隠れている無意識の自我を、何らかの形で反映しているとでもいえるだろうか。たとえ外からではあっても、深く静かに見つめていれば、コールリッジの表現を借りていうなら、「幸せと力の光まぶしき宮殿の内にあって、みずからのものならざる色彩《いろどり》を帯び、今やことごとく輝く」のである。

人間の住む世界は、まさにこれほどすばらしい世界なのだ。たとえ人間の生そのものは、特にすぐ近くから仔細《しさい》に見れば、ごくつまらないものに見えるとしても、だからといって、世界自体まで、つまらなくなってしまうわけはない。それというのも、諺にもあるとおり、「従卒に英雄なし」――つまり、すぐ身近からくわしく見れば、たとえどれほどの英雄であっても、かならず欠点が目につくものであるからだ。そして実際、今日の伝記の中には、例えばオリヴァー・クロムウェルのような偉大な人物を描くにしても、それこそあらも何も洗いざらい、まるで通俗誌の暴露記事ででもあるかのように、偶像破壊に熱中している例があまりに多い。けれども、たとえ同じ人物を描くにしても、かりにVIPであろうがVUPであろうが、相手から一歩離れ、同時にまた、相手をただ一人だけで見るのではなく、周囲の情況の中に置いて見るなら、そうして距離を取ったおかげで、まぎれもなく魅力を帯びてくるはずだ。これもまた諺にいうとおり、「離れて見れば、同じ景色もきれいに見える」ものである。それにまた、男にしろ女にしろ子供にしろ、その周囲の自然の環境の中にいて、地上には犬や猫、空には小鳥、そしてまわりには至る所、樹々や草や花々に囲まれている時にこそ、その人々も、そして同時にわれわれ自身も、いちばん美しく見えてくるのである。そして、まさにこのような見方をしてこそ、初めて本当の意味で、人間が主人公となる物語を想像することもできるのだ。現代の醜悪な大都会では、人々はただ、それぞれバラバラに孤立し、孤独の殻の中に閉じ込められて、とてものことに、主人公になることなど望むべくもない。

　こうしてみると、「自伝」というものを考えるについて、単に一個人の自我としての「自」の枠を越え、一人の人間の生涯を語るものとしての「伝記」の域を越え、その人物の生きた時代と社会を見渡すための方法として――しかしあくまで、特定の一個人の視点から世界を見つめる方法として捉える時、初めて「自伝」は魅力あふれるものとなる。確かにジョンソン博士もいうとおり、「人間が置かれた境遇には、たまたま身についた地位や名誉もあるけれども、それらは本来の自分とは別個の、いわば仮装のごときものでしかなく、そうしたものを剝ぎ取って考えれば、誰しもに共通する点がきわめて多いのであって、人間共有ならざる善も悪も、ほとんど何ひとつとしてありえない。」あるいはフランスの諺にもあるとおり、物にしろ人にしろ、時代によって、あるいは国によって変れば変るほど、むしろ同じであることが目立つのである。だからこそ、単にたまたま身についた上辺《うわべ》ではなく、その奥に隠れているもの——もう一度シェイクスピアの言葉を、今度はソネットのひとつ（七六番）から引くなら、「常にひとつ、いつでも同じ」ものを見究めてこそ、本当の魅力を見出すことができるのだ。とはいえ、「たまたま身についたもの」など、「常にひとつ」のものに較べれば、まったく何の価値もないかといえば、そうではない。ただ、「たまたま身についた」ものが貴重となる場合があるとすれば、それはむしろ、「常にひとつ」のもののうちでも、ただ単に平凡陳腐なものではなく、本当に貴重な価値のあるものは何であるか、明らかに引き出してくれるという点にこそあるというべきだろう。

しかし、どうやら、ジョンソン博士の言葉を少々うるさく引用しすぎて、ひょっとすると私自身も、博士が陥りがちだった危険を冒す結果になったかもしれない。ジョンソン博士の思索が重厚、深遠であることは衆目の認めるところではあるけれども、折角の厳粛味も度が過ぎると、えてして陳腐、平凡、さらには、いささか滑稽に堕すこともけっして少なくはなかった。人類全体に共通する性向を強調することには、確かに危険がなくはない。この危険を逃れるためには、今度はヴィクトリア朝の英詩人、ホプキンズの詩句を引くのが、まさしく時宜にかなった助け舟というものだろう。ホプキンズは、「通念に背《そむ》くもの、独自にして特異、稀有にして異様なるもの一切」を偏愛した。つまり、われわれがお互いのうちに魅力を発見するのは、あらゆる人間に共通のもののためというより、むしろ、それぞれ個々人に固有のもの——それがあるからこそ、それぞれの個人がかけがえのない存在となり、大勢の人々の間にあって、一人一人がそれぞれ際立つ所以となるもののためなのだ。

具体的な例を挙げよう。ホプキンズの目を鋭く射るのは、カワセミが魚を狙って池の水に飛び込む瞬間、落ちてゆく夕日の赤い光を浴びて焔を発し、あるいはトンボがその同じ夕暮れ、同じ池の表を舞いつつ「焔を吸い取る」姿である。というのも、その時こうした生き物は、それぞれ独自に、その種固有の習性に従って行動し、それによって、「みずからの存在の棲家《すみか》のうちに潜む」本性を与えられ、「〈これこそが私〉と告げ知らせ」、「〈私とは私の行なうことそれ自体、そのためにこそ私がこの世に生まれて来たその所以〉と叫んでいる」――ホプキンズはそう直観するのだ。そしてまさしく、これこそ本来、自伝というもののあるべき理想なのではないだろうか。つまり、同じ人間同士として、私自身にとってと同様、ほかのあらゆる人々にとっても共通のことを語ると同時に、ほかの誰とも違う、私自身に固有の事柄を語り明かすこと――今一度シェイクスピアの言葉を借りるなら、「私が今、あるがままの私」として、私を語ることなのである。

しかし、それにしても、これではあまりに一般的、抽象的すぎて取りとめがない。もう少し具体的、個別的に輪郭をはっきりさせるためには、ここらでそろそろイギリスと日本で――ばかりではなく、結局やがて、地球上のほとんどあらゆる地域にまで広がることになるのだが、私が今まで生きてきた生涯を、細かく書き誌す仕事に取りかからなくてはなるまい。シーザーに白刃を振りおろす直前、暗殺者の一人キャスカが叫ぶ言葉どおり、私もおのが手にむかって命じなくてはならない――「わが手よ、私に代って語れ！」（三幕一場）。あるいはマクベスが、秘かに王の命を奪おうと、足音を忍ばせて王の寝所にむかう時にいうとおりだ。「ただの言葉だけでは、行動に冷たい息を吹きかけ、その熱を冷《ひ》やす結果にしかならぬ」（二幕一場）。

意識の誕生以前の世界

フロイトの心理学の、ほの暗くまたたく鬼火にうっかり誘いこまれると、何と異様な袋小路に迷いこんでしまうことか。それにまた、この威厳にみちた現代心理学の開祖は、何と不吉な名前の持ち主であることか。少なくとも英語でいえば、「フロイド」という名は、ついつい「フロード」（欺瞞《ぎまん》）という言葉を連想させずにはいないではないか。とはいえ私も、彼には無意識の偏見を抱いているにもかかわらず、彼にはやはり、一種の賞賛の念を禁じえない。というのも、彼の説くところには、シェイクスピアを思い起こさせる点が少なくないからである。別にただ、いわゆる「オイディプス・コンプレックス」のことだけを指しているのではない。フロイトはこのコンプレックスを、単にオイディプスばかりではなく、ハムレットにも同様に認めているのだが、しかし私が今いおうとしているのは、むしろ、フロイトが人間の無意識の世界、さらには前意識の状態を強調しているという点なのだ。つまり、われわれが意識して考えたり、話したりしていることの背後、さらには、われわれの意識そのものが生まれる以前の状態を重視しているという点で、フロイトに

は、実はシェイクスピアと相通ずるところがあるように思えるのである。

もちろん、こうした発想は歴史上、フロイトがまったく初めてというわけではない。はるか大昔、プラトンが唱えた「イデア界」という考え方にも、すでに先例があったといっていいだろう。つまり、われわれはみな誕生以前、実はイデアの世界に住んでいた、ところがそこから、この厳しい現実の世界へ、文字どおり生まれ落ちてきた、だから誕生の瞬間、赤ん坊が大声で泣きさけぶのも、けだし当然のことだという説である。英詩にもまた、同様の考え方を述べた有名な例がある。ワーズワースの、あの忘れがたい「霊魂不滅の頌歌《オード》」がそれだ。ワーズワースは歌っている。

われらが誕生は眠りにすぎぬ、忘却にすぎぬ。
われらの内に息づく魂、われらの命の星は
かつてこの世の外の故郷に生まれ、
はるかなる彼方よりこの世に来たのだ。

この種のことは、いうまでもなく、科学者たちはひとことも語ろうとはしない。もしかりに何かいうとすれば、そんなものは詩人の妄想にすぎぬと、ただ冷笑するだけだろう。だが、フロイトは冷笑などしない。真剣にこの「妄想」を取りあげ、そうした誕生以前の無意識の世界は、実は夢の中に現に生き続けていると信じて、その探求に踏み出したのだ。

けれどもこの自叙伝の目的からすれば、私は自分の誕生以前の存在を探《さぐ》るにしても、夢の中にではなく、むしろ両親の内に求めたいと思う。というのも私の両親こそは、私が特定のある場所、ある特定の日付にこの地上に誕生したことについて、誰よりも責任があるからにほかならない。具体的にいえば、その場所と時とはすなわち、ロンドンの郊外ウィンブルドン、そして一九二五の十月十二日——つまり、あのクリストファー・コロンブスが、アメリカを発見したのと同じ日なのだ（ちなみに、だから私のフル・ネームも、ピーター・クリストファー・ミルワードと命名されたのである）。

さて、生まれてまだ間もない頃、私がはたしてどんな赤ん坊だったのか、私自身には知る由《よし》もない。ただ、とても手のかかる赤ん坊だったことは想像にかたくない。母に聞かされた話によると、子供用の高い椅子にすわって食卓につき、母に御飯を食べさせてもらう時にも、食物の半分以上は、無事に私の口に入るどころか、胸にも膝にも、着ている物の上一面にこぼれ落ちてしまったものだという。それに、もう少し大きくなってから、母と一緒にチンチン電車に乗っていた時、向かいにすわった鼻の大きな人を指さし、大きな声でこんなことを訊《き》いたという——「ママ、この人、どうしてあんな変な鼻してるの？」それから、こんな話を聞かされたこともある。私は、兄と一緒の部屋で寝起きしていたのだが、ある時、母が部屋に入ってみると、兄も私も、口のまわりを真黒にしていたという。どうやら、石炭を入れておくバケツから石炭を取り出し、食べようとしていたらしい。こんな私であってみれば、別にアルフレッド大王の例を真似したわけではないけれども、トーストを作ろうとして、パンを真黒焦げにしてしまうことになるのも、けだし、当然というものだったかもしれない。

すべてこうしたエピソードは、みな人から聞いたことばかりで、自分自身、直接覚えているのではまったくない。心理学者なら、フロイト派であろうとユング派に属していようと、きっとあれこれ理屈をつけて、理論的説明を与えてくれることだろう。けれども、そういう理屈は心理学の先生方に任せておいて、好きなように面白がってもらえばいい。私としては、もっと明確で客観的な事柄に話を向けたい。つまり、両親自身の話である。遺伝という点ではもちろん、環境ということからいっても、つまり生まれも育ちも、私が誰よりも多くを負っているのは、まさしく両親にほかならないからである。

父は（私に「ミルワード」という名字を与えてくれたのは、もちろんこの父親だが）、イングランド中部、ノッティンガムシャーの出身である。例のロビン・フッドの故地として有名な、シャーウッドの森のすぐ近くだ。名字のほうは、私は実は、あまり好きではなかった。あまりにもアングロ・サクソン流の名前だし、その意味もあまりにも散文的で、水車小屋（mill）の番人（ward）、ないしは、水車を使って粉を碾《ひ》く人、という意味だ。しかし、せめてもの慰さめは、この姓がノルマン系でも、ウェールズやスコットランド、あるいはアイルランド起源でもなく、どこから見ても、歴然とイングランド直系の名前だということだった。そして少年時代を通じて私は、かのギルバート＝サリヴァン作のオペレッタ、『軍艦ピナフォー』の歌にもあるとおり、「ほかの国の国民でありたいなどという誘惑に断乎抗して」、あくまでイングランド人たることを喜び、誇りとしていたものだった。そして同じく少年時代の私は、世界地図を眺めるのが殊のほか大好きで、中でも特に、北米、アフリカ、アジア、そしてオーストラリアが、赤く彩られているのを誇りとしていた。すべて、大英帝国の領土であることの証《あかし》だったからである。実際、一九三九年、第二次世界大戦が勃発するまで、私は少年時代を、まさしく栄光ある大英帝国の黄金時代に過ごしたのだ。

ところで実は私の父も、ほかならぬこの帝国の生み出した人物として、かなり代表的な例だったのではないかと思う。第一次世界大戦の始まる前は東洋に出かけ、最初はセイロンでお茶の農園の経営に当たり、ついでマラヤのゴム園に勤めていたが、一九一四年、大戦の勃発と同時にイギリスに呼び戻され、出征して西部戦線で戦った。その時、地雷が爆発して生き埋めになり、ドイツ軍兵士に掘り出されてようやく命を取りとめたが、戦争が終るまで、捕虜になってしまったのだ。兄も私も、父のそうした武勇談を聞くのが大好きだった。私の目は、別にそばに鏡があって確かめたわけではないけれども、きっと文字どおり、マン丸になっていたに違いない。実際、父は話がまことに上手で、こういう話をする時には、まず最初にひとつ咳ばらいして話し始め、途中でも、話をもっと面白く聞かせようと、時々わざと間《ま》をあけ、鼻を鳴らし、息を大きく吸いこんだりしたものだった。

この父の家系が、先程も触れたとおり、シャーウッドの森の出だという事実に、私が大きな誇りを感じたのは当然というものだろう。何せこの森は、義賊ロビン・フッドとその愉快な仲間たちが、みな鮮やかな緑色——いわゆるリンカーン・グリーンのチュニックに身を包み、共同生活を営んでいた伝説の森である。そして、これもまた当然のことだろうが、このロビン・フッドこそ、私の少年時代の最大のヒーローで、アーサー王と円卓の騎士たちや、カリブ海をわがもの顔に支配した海賊たち以上の英雄だった。ロビン・フッドが、ノッティンガムの悪代官に逆って戦う時、最強の武器として弓と矢を駆使したからには、自分もまた弓矢を手にして遊びたいのは山々だったが、いかんせん、ウィンブルドンのわが家の庭では狭すぎて、うっかり矢でも放とうものなら、フェンスを飛び越え、お隣の誰かに怪我をさせてしまいかねない。だから、子供らしい野心のはけ口としては、それほど古い由緒には欠けるけれども、クリケットで我慢しておくほかはなかった。

それでもやはり、シャーウッドという名前が私の心に、何かしら魔術的な魅惑を及ぼしていたことに変りはない。それはあたかもシェイクスピアの心に、アーデンの森という、これもまた同じく森の名前が、深い魅惑を及ぼしていたのと似ていたといえるだろうか。それというのも、シェイクスピアの母親の生家、アーデン家の名前も実は、この森の名に由来していたからである。そして現にシェイクスピアは、『お気に召すまま』の舞台をアーデンの森に設定するばかりか、この森で追放の生活を送っている人々のことを、「古《いにし》えのイングランドのロビン・フッドさながらに……あたかも太古の黄金時代そのまま、憂いも知らず時を過ごしている」と書いているのだ（一幕一場）。こうしてみると、シェイクスピアが田園の生活と、「メリー・イングランド」の古き良き時代にたいして、格別のノスタルジアを抱いていたことがよくわかる。私も実は、同じノスタルジアを感じていたのだ。私はかつて一度も、町のネズミになったことはない。ロンドンという大都会に暮らすのを、幸せに思ったことは一度としてない。私はむしろ田舎のネズミで、機会さえあればいつでも、ウィンブルドンよりさらに南の、サリーやサセックスの田園地帯に出かけるのが大好きだった。

いうまでもないことだが、私のノスタルジアは父の世代をはるかに越えて、その両親やその父祖の時代にまで遡った。父はよく、目を丸くして聴きいっている私たち兄弟にむかって、くわしく語ってくれたものだった。父方の先祖をたどれば、十四世紀のジョン・オヴ・ゴーントまで遡る。エドワード三世の第四子で、ランカスター家の始祖として高名な、あの偉大な公爵である。ということは、つまり、中世イングランドの、数々の王や王妃に血が繋がっていることになる。他方、父の母方、ウェールズ系の祖先をたどれば、十三世紀、北ウェールズの大半を統治したルエリンにまで遡るという。かつて、くわしい系図を作ったらしいのだが、どこかに残っているはずながら、私たちは直接目にする機会はなく、父の話してくれたことを裏付ける証拠はなかった。だからすべては、はるかに遠い中世の夢物語、ないしは幻のようにも思えたのだけれども、いずれにしても現代のロンドン郊外の中産階級の日常からは、いかにもかけ離れた世界だったことに変りはなかった。

だが、それをいうなら、実はシェイクスピアの場合も、似たような話ではなかったのだろうか。エリザベス時代のロンドンの雑踏の内に生活し、仕事をしながらも、アーデン家の系譜を通じて、故郷ウォリックシャーの古えの貴族に繋がる彼は、十六世紀になって新しく貴族となったウォリック伯やレスター伯など、いわゆる成り上がり者のお偉方を、心中秘かに見下していたのではあるまいか。今でこそ、宮廷の花形として女王の寵愛を得てはいても、この二人のダドリー家の兄弟は、実はかつてヘンリー七世の時代、厳しい税金の取立てで人々に憎まれた、徴税吏の孫だったのである。

それなら、私の母はどうだったのか。母のクリスチャン・ネームはハンナだったのだが、それは大人になってから初めて知ったことだった。子供の時には、いつでも「ママ」と呼んでいたからである（ちなみに父は、いつでも「ダダ」だった）。それに、実家の姓はテイラーだった。さて、父がまさしくイングランド人だったのにたいして、母は生粋のアイルランド系で、アイルランドの中でもいちばんアイルランド的な町、コークの出だった。アイルランドなら、どこでもみな、同じようにアイルランド的であるとは限らない。古くからイングランドの統治下に入っていた東部の地域――つまりダブリン周辺の、かつては「ペイル」と呼ばれていた地域などは、アイルランド人自身の目から見れば、あまりにもイギリス化されているとされる。それに、もちろん、北部のアルスター地方は今でもイギリスの一部だし、住民の祖先の中には、もともと十七世紀後半、スコットランドから移住してきたプロテスタントが多い。

プロテスタントといえば、父の家系も根っからのアングリカンで、祖父は、二人ともアングリカンの司祭だった。ところが、母のほうは篤信のカトリックで、いつとも知れぬ大昔から、家族はみな信仰あついカトリックばかりだった。そこで父は、母と出会い、やがて結婚を申し込むことになった時、カトリックの信仰について、神父さんから指導を受けなくてはならなかった。これは、あくまで結婚のための条件であって、別に義務ではなかったのだけれども、父はみずからの自由意思で、カトリック信徒となったのである。このために、父は家族から絶縁されてしまい、結婚式にも、父方からは誰ひとり参列しなかったばかりか、私の子供時代を通じて、父の家族の中には、一度も会ったことのない人たちが大勢あった。いっぽう母の家族は、母の二人の兄弟も、三人の姉妹とも、ごく親しくなった。ただ、祖父には一度も会ったことがない。多分、早くに亡くなっていたのだろう。それに母方の祖母にも、一度しか会った記憶がない。その時のことで、今もはっきり記憶に残っているのは、食事の後、おばあさんが入れ歯を口から取り出して、コップの水に入れたことだ。そこで私も、自分の歯を同じように取り出そうとしたのだが、もちろん一向に出てこない。おばあさんのことが、ひどく羨ましく思えたものだった。まるで、魔法使いのように見えたのである。

　けれども子供時代を通じて、両親の生まれの違いなど、まるで意識したことはなかったし、当然、二人の民族性の違いで悩むなどということも一度もなかった。母は一時、まだ子供の頃、イングランド南西部の港町、ウェイマスの近くに移住していたことがあったというが、その頃は、カトリックの子供とプロテスタントの子供たちとは至って仲が悪く、母から聞いた話では、カトリックの子供たちは「法王の手先」呼ばわりされ、その仕返しに相手のことを、「プロテスタントの犬」とやり返したものだという。それはともかく、第一次大戦中は、しばらくコークに帰っていたが、戦争が終るとまたイングランドに戻り、公務員の仕事についた。父と初めて会ったのは、コークに帰っていた時のことで、父は実は、アイルランドの独立を目ざすシン・フェイン党の反乱を鎮圧するため、英国政府が派遣した警備隊、いわゆる「黒茶組《ブラック・アンド・タンズ》」の一員だったのである。当然、アイルランド人からは大いに憎まれた部隊だったけれども、二人の愛はこんな障害など乗り越え、母がイングランドに戻ってきてからはさらに深まって、ついに、ロンドンで結婚することになったのだった。

その後二人はカナダに出かけ、ブリティッシュ・コロンビアの銅山に就職した。兄がバンクーバーで生まれたのも、そうした事情だったのである。しかし私が生まれた時には、両親はすでにイギリスに戻り、テムズ川の南岸、リッチモンドに近いバーンズに住んでいた。ウィンブルドンに移ったのは一九二八年、私がまだ三歳の時のことである。引っ越した理由は、もっぱら私たち子供の教育のためだった。ウィンブルドンには、ウルスラ修道会の修道女たちの経営している幼稚園、それにイエズス会の神父さんたちの教えている中・高校があったからだ。そんなわけで、私の子供時代の記憶はみな、ウィンブルドンに移ってからのもので、バーンズは、まだ意識そのものが生まれる以前の、ただ茫然とした薄明でしかない。

ただ、今から思い返してみると、確かに私の体内には、対照的な二つの性格があることに気づかざるをえない。ひとつはイングランド的性格であり、残るひとつはアイルランド的な性格である。私の目には、父はまさしくイングランドの紳士と思えた。なるほど母方から、ウェールズの血を受けていたことは事実だったが、やはり典型的なイングランド人と見えたのである。これにたいして母のほうは、最初のうちこそ、父に劣らずイングランド的と思えたのだけれども（それは何より、母がイングランド流の教育を受けたためだったのだろうが）、そのうちに、むしろ典型的なアイルランド人のように思えてきた。さすがにアイルランド訛《なまり》はなかったにしろ、見るからにアイルランド人らしい叔父さんや叔母さんたちと較べても、いかにもアイルランド的だと思えてきたのである。こうした両親の間の対照を、私も自分の性格のうちに受け継ぐことになったわけだが、しかし不思議なことに、実はこうした対比のおかげで、私はある種の解放感を覚えることにもなったのだ。つまりイングランド流とアイルランド流それぞれの限界を、共に乗り越えることができたような気がするのである。

　イングランド人としては、私はアイルランド人の欠点を自由に批判することができる。そして実際、アイルランドの人たちには、明らかな欠点が少なくないのだ。例えば度を越した個人主義とか、気が短いとか、あるいはまた、よく約束の時間に遅れてしまうとか（私自身も実は、子供の頃、「遅れんぼのミルワード」などとアダ名をつけられたものだった）。しかし同時にまた、半分はアイルランド人たる私としては、イングランド人の難点を、自由に批判することもできた。そして実際、イングランドの人々は、アイルランド人以上に重大な誤りを、数々犯してきたのである。中でも特に重大だったのは、宗教を「改革」すると称して、もともとウェールズ出のチューダー王朝の父と娘、ヘンリー八世とエリザベス一世が、実はまったく個人的な理由から、カトリックの伝統を断ち切ってしまったという事実だろう。なるほどイングランドの人たちは、アイルランド人より時間をきちんと守るかもしれないが、その理由はただ、時間に縛られて生きているからにすぎないのかもしれない。これにたいしてアイルランド人は、人間の決めた時間など、平然として軽んずる権利がある、なぜなら彼らは永遠の相のもとに、永遠の命のために生きているからである——私は、そんなことを考えたものだった。一時期、うちにペギーという、アイルランド出のお手伝いさんが働いていたことがある。兄と私は彼女のことを、いささか汚なくてだらしがないと感じ、そこでアイルランド人は一般に、とかく汚なくてだらしないものと考えてしまったのだが、こんな見方もひょっとすると、父方の祖先を通じて引き継いだものだったのかもしれない。父方の祖先の中には、過激派の清教徒《ピューリタン》ではなかったとしても、少なくとも改革派《ロー・チャーチ》に属していた人たちがいたのだろう。清教徒の好んで口にした諺によれば、「清潔は敬神に次ぐ」美徳とされたからである。

さて今までは、もっぱら両親のことについて、あるいはまた、両親が私の赤ん坊時代、ないしはさらにそれ以前から、私自身も意識しないうちに私に及ぼした影響について話してきたが、両親がつけてくれた名前のことにも、ここで少々触れておかなくてはならないだろう。私のミドル・ネームが「クリストファー」であることは、先程もすでに書いたとおりだけれども、しかしこのことは、実際にはほとんど意味がなかった。イギリスでは、ミドル・ネームなど、少なくとも普段の生活では、滅多に使うことがないからである。使うとすれば、役所で何か登記でもする時ぐらいのものだろう。ただ、肝心なのは洗礼の時で、ファースト・ネーム、つまりクリスチャン・ネームは両親がつけるけれども、ミドル・ネーム（あるいはセカンド・ネーム）は、伯父伯母、ないしは叔父叔母がつけるのが普通である。ところで私自身は、自分のミドル・ネーム「クリストファー」が、コロンブスのアメリカ発見にちなんだ命名だったということは、ようやく最近、アメリカ発見五〇〇周年に際会して、初めて知ったことだった。

けれども、そんなことよりもっと大事なのは、もちろん、私のファースト・ネームのことである。「ミルワード」というファミリー・ネームよりも、私はいつでも「ピーター」という、クリスチャン・ネームのことを強く意識してきた。中世では、貴族などは別として、普通はただクリスチャン・ネームしかなく、強《し》いて区別する必要のある時は、その後に出身地の名前をつけて、「オヴ……」という形にするのが習慣だった。例えばベネディクト会の修道士で、『英国王列伝』を書いた人物のことを、「ジェフリー・オヴ・モンマス」と呼ぶ、といった具合である。私もこの中世流に従って、「ピーター・オヴ・ウィンブルドン」という名前で十分だと思っていた。「クリストファー」はどうかといえば、父方の伯父か大伯父に、同じ名前の人がいたことは確かだし、「ピーター」についても、同じ名前の大伯父さんがいたような気がする。しかし、カトリックの家に生まれた私としては、むしろ、使徒ペテロにちなんだ名前だと思いたかった。英語の「ピーター」は、いうまでもなくラテン語の「ペテロ」に当たるが、「ペテロ」は元来「岩」の意味で、そして聖ペテロとはイエスみずから、「私はあなたの岩の上に私の教会を建てる」と呼びかけ、天国の鍵を預けたとされる聖徒だ。遊び仲間の子供たちからは、「ピーター、ピーター、パンプキン・イーター」(「カボチャ食いのピーター」の意)などと囃《はや》し立てられたりもしたけれども、私は平気だった。それにまた、この使徒ペテロ以来、「ペテロ」という名の聖人がまことに多いことも、私にとっては大いなる誇りだった。そして実は、やがていつか私自身、そうした聖者の列の一人に数えられる日の来ることを、ひそかに夢見てもいたのである。

最後に、私の代父母のことに触れておかなくてはならない。代父、つまり、いわゆるゴッドファーザーは、ウィンブルドンのセント・メアリ・マグダリーン教会で、私に洗礼を施してくれたエミール・バート神父だった。とても親切な、徳の高い神父さんだったから、自分もあんな人になれたらなと、ほんの幼い頃から願っていた。将来について、はっきりどんな仕事をしたいか、具体的に考えるようになるより前から、もう神父になりたいと思っていたのである。だから、子供時代の記憶の中でも、いちばん古いこととして思い出すのは、遊び友だちを集め、自分が司祭の役を務めて、ミサごっこをして遊んだという記憶なのだ。一方、代母のほうは伯母さんのメアリだったが、ほとんどアイルランドに住んでいたので、そうたびたび会ったことはない。実際、少年時代を通じて、家族でアイルランドへ出かけたことは一度もなかった。当時アイルランドは、まさしく海の彼方の、いかにも遠い国だったのである。この伯母さんのほうは、私の将来の夢に何の影響も及ぼすことはなかった。いずれにしても、私の子供時代に深く、大きく、絶対的な影響を与えたのは教会で、神父になりたいという願望の揺らいだ記憶は一度もない。やがてこの夢が、ついに果たされる時が来ることになるわけだが、しかし、まさか聖者の列に加えられることなどは、どう考えてみてもありそうには思えないし、これもかつて夢見たように、教皇の地位に挙げられることなど、なおさらありそうにもない。子供というものは、実際、何ととんでもないことを夢みるものか。

さて以上が、はっきりした自意識が生まれる以前、いわば意識の薄明の時代について、語るべきことのすべて、ないしは、語るべく思い出せることのすべてである。もしこれに何か付け加えるべきことがあるとすれば、ワーズワースの、あの有名な詩句を引くことだろうか。「子供は大人の父親である。」これにならって、今まで語ってきた遠い子供時代の思い出すべてに、私もこう呼びかけることができるかもしれない。「お前たちこそ、私の父親であり、母親なのだ。お前たちから私は生まれ、そしてやがては、お前たちのところへ還ってゆくのだ。」

生まれた土地を愛するということ

私が幼年期から少年時代に成長していった時代は、やがて第二次大戦が起ころうとしていた頃で、ヒトラーのナチズムやムッソリーニのファシズムの脅威が、あたかも嵐の到来を告げ知らせる真黒な雲のように、大空を覆《おお》おうとしている時代だった。イギリスの国内でも、愛国主義の圧力が次第に強まっていったのも当然だろう。私自身もまた、そんな世の中の空気に染まって、つい考えるようになっていた――あるいはむしろ、そう考えるように仕向けられていたというべきだろうか――「国のために死ぬのは、何とすばらしいことだろう」と。“Dulce et decorum est pro patris mori.”「祖国のために死するは、甘美にして名誉なること」というラテン語の諺は、私の世代の小学生なら、誰しも耳馴れた言葉だったはずである。そして実際、この格言を現実の行動に移すことを強《し》いられ、戦死してしまった同世代の人々が、いかにおびただしかったことだろう。

それにしても、しかし、わが祖国とは、一体どの国だったのか。もちろん、アイルランドではない。イングランドである。イングランドこそ、文字どおりわが父祖の地だった。父方の祖先は代々この国に住み、その始祖をたどれば、はるかに遠く五世紀の頃、アングル族やサクソン族が、この土地に移住してきた昔にまで遡る。しかし、それなら、その公式の名は何と呼べばいいのか。ブリテンか、それともグレイト・ブリテンか、ないしは連合王国なのか。

「ブリテン」は、ラテン語でいえば「ブリタニア」だが、かつてのローマ帝国の属領のひとつで、「ブリトン人」と称する人々の住む土地の名称だった。けれども四世紀の初め、ローマの駐屯軍はこの地を去り、今度はドイツの低地地方のあちこちから、アングル族、サクソン族、さらにはジュート族が移り住んで、この地に定住することになったのである。だが、やがて十六世紀末、ウェールズ出身のチューダー王朝の時代になると、ヘンリー七世をはじめこの王朝の王たちも、「ブリテン」という国名を用いることになり、さらには十七世紀に入って、チューダー朝の後、今度はスコットランド出身のステュアート王家の時代になっても、やはり同じ「ブリテン」という国名を用いたのだった。

その後十八世紀初頭に至って、イングランドとスコットランド両王国が正式に統合され、さらに十九世紀の初頭、これにアイルランドも加わって、政治上の公式の名称として、「連合王国」(The United Kingdom) という国名が用いられることになった。けれども、こうした事情はみな、ただ公式の、政治上のことにすぎず、私自身には何の意味もなかった。わが父祖の地とは、いつでも——少なくとも過去十五世紀の間、そして現在もなお、あくまで「イングランド」のほかにはない。だから故国に手紙を出す時にも、公式の "U. K." という国名を使ったことは一度もない。あえて郵便局の意向に抗して、いつでも "England" としか書いたことはないのである。

とはいえ子供の頃は、もちろん、イングランドのことさえほとんど意識してはいなかった。私の生まれた土地はイングランドではなく、あくまでウィンブルドンだったのである。そして私はこのウィンブルドンのことを、大いに誇らしく思っていた。別に、例のテニスコートのためではない。知ってはいたが、興味がなかったからである。テニスなどは別として、ウィンブルドンはいかにも静かで、緑の深いロンドンの郊外だった——いや、実は、ロンドンに入ってさえいなかった。郵便番号こそ、S. W. 20——つまり、「ロンドン南西区二〇」だったけれども、実際はロンドンの南西に接するサリー州だったのである（ただし現在では、周囲の町々をみな貪欲に呑み込んでしまう、あの怪物じみた大都会の一部になってしまっているのだが）。

わが家の周囲には至る所、公園《パーク》や公有地《コモン》、荒地《ヒース》や庭園《ガーデン》があった。例えば、テニスコートのすぐ隣にはウィンブルドン・パーク、家からいちばん近い鉄道の駅の向う側にはレインズ・パーク（その駅の名前自体も、この公園から取った名である）、同じ線を南に下ると、モトスパー・パークとウースター・パークがあって、それぞれ同じように駅の名前にもなっている。それに、テムズ川を西に遡れば、パトニー・ヒース、バーンズ・コモン、キュー・ガーデンズと続くし、ディーヴァス・ロード一一番地のわが家からは、歩いてほんの一〇分もかからぬ所に、広大なウィンブルドン・コモンがあった。自然のままの疎林と草地が延々と広がっていて、子供たちにとっては、それにまた犬にとっても、まことに絶好の遊び場だった。ちなみにこの「コモン」は、私たち子供の小さな世界にとっては、その最果ての境界線で、ここから外へ出かける時があるとすれば、たまに車で、さらに西のリッチモンド・パークまで行く時か、トロリー・バスでハンプトン・コートまで遠出をする時か、さもなければ夏休みに、南海岸のサセックスで、あのうねうねと続くゆるやかな丘陵地帯や海岸へ出かける時ぐらいのものだった。

この小さな世界の中で、わが家の生活の中心となっていたのは、三つのCだった。第一は「修道院」(Convent)、第二は「学院」(College)、そして第三が「教会」(Church)である。

第一の「修道院」とは、ウルスラ修道会の修道女たちの経営する幼稚園と小学校のことである。最初の二年間、五歳から六歳の時に通った幼稚園では、年配で落ち着いたマザー・ボナヴェントゥアと、元気のいいマザー・ゼイヴァーが私たち園児を世話してくれた。家から歩いて、ほんの五分ばかりだったが、毎日通ったその道は緑が深く、殊に晩秋、強い西風が枯葉を道に吹き散らせると、あたり一面、さながら落葉の海になったものだった。

初めて小学校に行った日のことは、今でもよく覚えている。アントニーという男の子が、お母さんに連れられて学校に来ていたが、お母さんがもう帰らなくてはならない時が来ると、一人で残されるのが我慢できず、大声で泣き出してしまったのである。私たちはみな、びっくり仰天して思った、何て泣き虫なんだろう、何てバカなお母さん子なんだろうと。お母さんにつきそわれて来ていたのは、この子一人だけだったと思う。しかし、もう少し後になると、「泣き虫」などというより、もっと嫌われるアダ名が出来た。「告げ口屋」という悪口である。誰それにいじめられたと、先生に告げ口する子供のことだ。

それにしても、小学校で先生がどんなことを教えてくれたのか、その内容はほとんど記憶に残っていない。教育というのは、そもそもそんなものなのだろうか。ただ、これだけははっきりと覚えているのは、ある日マザー・ボナヴェントゥアが、教室に地球儀を持ってきて、いろいろの大陸や、さまざまの国の場所を教えてくれたことである。その中に、イングランドのことも入っていたことはいうまでもない。もうひとつ覚えているのは、同じマザーが私たちにむかって、大きくなったら神父様になりたいと思っている人、何人いますかと訊《たず》ねたことだ。男の子は全員、いっせいに手を挙げたけれども、一人だけ、トロリー・バスの運転手になりたいという子がいた。この子は別としても、あの時に手を挙げた男の子のうち、実際に神父になったのは、私の知っている限り、結局、二人だけだった。一人は、かくいう私自身。もう一人は、私と一緒にミサごっこをしていた友だちである。

ほぼこの頃からだと思うが、私は地理に興味を持ち始めた。そのきっかけは、マザー・ボナヴェントゥアの持って来た地球儀だったのかもしれない。しかし地理が好きだったのは、別に学校の科目だけのことではなかった。例の地球儀以外では、実は学校とは何の関係もなかったのだ。もっぱら家で、手当たり次第、地図を集め始めたのである。ひょっとすると大英帝国の領土が、世界中、まさに日の没する所なく広がっている有様が、地図の上で真赤に印されているのを見るのが好きだったからかもしれない。とはいえ私は、赤という色に、それほど興味があったわけではない。赤よりもっと好きだったのは、緑、黄色、それから、さまざまな色調の褐色、そして紫から、最後は白に至るまでの、多彩な色の階梯だった。つまり私は、政治上、どこがどの国の領土であるかなどということよりも、自然の地形そのもののほうに、もっと興味があったのである。

国と国との国境は、特に戦争でもあれば、その結果として変化することはめずらしくない。けれども自然の地形のほうは、たとえ地震や洪水があっても、むやみに変化したりするものではない。そして、先程も挙げた色の階梯は、いうまでもなく、緑は植物の繁茂した平地、褐色は乾燥した山地、紫は高山地帯、それに白は、例えばキリマンジャロとかエベレストとか、雪をかぶった高峰を表わしている。他方、政治上の地理については、やがてジョンソン博士の有名な警句、「愛国主義とは、ならず者の最後の隠れ蓑《みの》である」という言葉を知って以来、愛国主義からは、いつでも一歩距離を取るようになっていた。なかんずく、「正邪を問わず祖国に殉ず」という式の、まさしく盲信的な愛国心には、いささか懐疑的になったのである。要するに、そんな種類の愛国主義など、政治家の掛け声——勇ましくは聞こえるけれども、内容の空疎なスローガンにすぎないことを悟ったのだ。シェイクスピアの『十二夜』で、サー・アンドルー・エイギュチークの語る言葉を借りれば、「政治家になるくらいなら、ピューリタンになるほうがまだましだ」（三幕二場）と考えるようになった——というか、むしろ、政治家（ないし政治屋）もピューリタンも、いずれ劣らず悪いと思うようになったのである。

さて、また子供時代に話を戻すと、私はよく、お気に入りの地図をたずさえ、弟のタイニーをお供に、わが家の裏庭をめぐって、空想の旅行をしたものだった。私たちは二人して、野菜の入っていた箱を積み重ねて、探険用の自動車らしき物を組み立て、その中にもぐり込むと、代るがわる、運転席にすわってハンドルを取る。私は東アフリカの地図を傍に置き、密林や灌木の林や砂漠を走り抜けながら、道々、原地人の住む村々に到着あるいは出発するたびに、その村の名前を大声でさけぶのである。実に面白い遊びで、少なくとも、私はまるで夢中だった。相手をさせられた弟のほうも、やっぱり面白いと思ってくれていたことを、今になって、秘かに祈るばかりである。

また、時によっては同じ箱を、今度は船の形に組み合わせ、まわりの、草の生えた地面を海に見立てて、海賊ごっこをすることもあった。もちろん、ピストルや鉄砲や剣など、あらゆる種類の武器を身につけ、例の、ドクロの下に骨を十字に交差させた海賊の旗を立て、その上、船の片方の舷には、海の上に突き出た板まで作った。即決裁判で有罪と決った悪党は、この板の上を渡らせ、海中に追い落とすのである。実は、悪党はたった一人、妹のジェーンしかいなかったのだが、嫌がる彼女を無理矢理に板を渡らせ、サメの群がる海の中へ落とすのだ。ところが妹は、いつでも無事に生き返ってしまうのである。この空想のドラマで悪役を演じることを、妹自身がはたしてどれだけ面白がってくれていたのか、今となってもよく分らないけれども、ともかくテレビが現われる前、あの古きよき時代の子供たちは、こんな他愛のない空想にふけって遊んでいたのだ。

もともと家《うち》の裏庭は——「裏庭」といっても、イギリスの郊外の家《いえ》の場合、東京などとは比較にならない程の広さがあるが、父が二つの部分に分けていた。ひとつは本来の意味の庭で、花壇などがあり、もうひとつは芝生の原っぱで、庭ほどの手入れはいらない。兄のリチャードは、芝生のほうを自分の領分と宣言し、庭の管理は、鷹揚に父に委ねていた。私の分として残っている場所があるとすれば、次男である以上、家長の地位を継ぐ権利は、第二位でしかないから仕方がないとはいうものの、家とフェンスの間の細長い路地しかない。いろいろ不用品を捨てておくのに使っていた場所で、おまけに雑草が茂るにまかせた空地だった。けれどもやがて、庭と芝生との区別はなくなってしまうことになる。兄も私も、冬はフットボール、夏はクリケットに夢中になったからである。特に、私たちが修道院から学校に進んでからは、わが家の裏庭はスポーツのグランドになってしまい、父は、花作りを趣味にしていたにもかかわらず、なしくずしに追い出されることになってしまった。というのもイギリスの家庭では、第一の優先権を与えられているのは子供たちであって、両親は二の次でしかないからだ。

そんなわけで、父はまことに潔《いさぎよ》く、裏庭を明け渡してくれたばかりか、その端っこに、クリケット用の選手席まで作ってくれた。時には一緒にプレイに加わることもあったけれども、しかしほとんどは兄と私で、イングランド対オーストラリアの優勝戦をやるのである。ただし、速球で球を投げることだけは、母からきびしく禁じられていた。台所の窓ガラスを割ってしまう危険のあることは、何度も実証ずみだったからである。それにバットで打つ時も、あんまり高くボールを打ち上げないよう、気をつけなくてはいけなかった。フェンスを越えて、お隣の庭に飛び込んでしまうからだった。それに、六点入ると、それで一イニングが終るという、圧縮したルールで我慢しなければならなかった。

ただ家の裏庭だけに限らない。あの頃は、どこへピクニックに出かけても、多少とも広い空地があり、地面が平らでありさえすれば、バットとボール、それにウィケット（三柱門）を持ち出し、ピッチ（投球場）を即席で作って、早速クリケットを始めたものだった。父が、携帯用のコンロで昼食の用意をし、母は、草の上に広げたテーブル・クロスのそばで、赤ん坊の妹の面倒をみている間、私と兄とは、いつ終るとも知れぬクリケットの試合を続けていたのだ。ただ弟のタイニーは、まだクリケットには興味がなかった。こういう時、弟は一体何をしていたのか、まったく思い出せない。それというのも、兄とのクリケットの試合に、無我夢中で没頭していたからだろう。ただ、勝つのはほとんどいつでも兄で、私は、泣きべそをかくことがあまりに多かったのではあるけれども。

さて、もう一度、三つのCに話を戻し、修道院、つまり幼稚園から、次のC、つまり学院のことに話を進めなくてはならない。学院に入学したのは、もうすぐ七歳になる時だった。新しい学年が始まるのは、長い夏休みの終った九月からだが、私は、十月には満七歳になるからだった。兄のリチャードはすでに二年前、ウルスラ会修道院の幼稚園から、学院（正式にいえば、イエズス会ウィンブルドン聖心学院）に進んでいたが、私が進学する年になって制度が変り、いきなり学院に入るのではなく、まず最初の三年間は、新設のドンヘッド・ロッジ小学校（preparatory school）に通うことになったのである。いったんは学院に入っていた兄も、道ひとつ距《へだ》てた新しい小学校に移り、三年次に編入することになった。私はもちろん、一年生から始めなくてはならない。先生はミス・マニングという女の先生で、最初はずいぶん怖い先生のように思えたが、やがて実は、まことに心の広い、やさしい心情の持ち主だとわかった。

それはともかく、ドンヘッド・ロッジは、もともと個人のお邸《やしき》だった所を、ウィンブルドン学院に寄付した建物で、学校として新しく改装したばかりだった。つまり私は、初めてこの学校に入学した一年生の一人だったのである。それはうれしいことだったのだけれども、校舎に入る時には靴を脱ぎ、スリッパに履《は》き代えなくてはならないのには面くらった。今から思えば、まさしく日本式だったわけだが、お行儀のためには、非常によかったのではないかという気がする。新しい校長先生はミラー神父で、この新設の学校を聖母マリアに奉献していたから、私たち生徒の制服も、ネクタイも、ソックスの縁《ふち》取りまで、みな聖母の色のライト・ブルーだった。小学校の三年間についてもやはり、一体何を習ったか、ほとんど忘れてしまっている。覚えているのは、一年生の時から早速フランス語を習ったことで、マニング先生は、よくフランス語の歌を教えてくれた。これは賢明な方法だったと思う。ただの散文や詩に較べて、ずっと記憶に残りやすいからだ。勉強以外で覚えていることといえば、やはり、いじめっ子のことが第一だろう。確か、兄のクラスの上級生だったが、一度、思い切って、その子に言ったことがある――「いじめっ子！」すると相手は、こう言い返してきたのである――「嘘つきっ子！」

しかし、三つのCのうちいちばん大事だったのは、やはり教会だった。学院やドンヘッドから坂を降りたすぐの所にあって、学院と同様、ウィンブルドン聖心教会という名前だった。立派な、ゴチック風の建築で、高台の端に位置していたから、南東に広大な風景が開け、はるかにクロイドンやその飛行場、さらにはシデナムのクリスタル・パレスを望むことができた。もともとは一八五一年、万国大博覧会の時ハイドパークに建てられた鉄とガラスの建物だが、その後シデナムに移築されたのである。わが家のあるディーヴァス・ロード一一番地から通りを出ると、まずアータベリー・ロードに突き当たり、これを右に曲ると、ウィンブルドンの駅に通ずるウォープル・ロードに出る。そのすぐ二つ先のダウンズという道を左に折れると、修道院と幼稚園、さらに、ウォープル・ロードをもうひとつ先の角まで進むとエッジ・ヒル通りで、これを左折して坂を登ると、学院と教会になる。ミルワード家から教会まで、歩いてわずか一〇分で、このほんの狭い地域が、私たちが毎日を過ごす小さな世界だった。つまり週日は家で過ごし、日曜になると、朝ばかりではなく、夕べのミサにも教会へ出かけ、そして、五つになってから後はずっと、昼間は幼稚園、その後は学院で過ごしたのである。

さて、この小さな世界の外にひろがる、もっと大きな世界については、毎日の新聞にいろいろニュースが出ているのは知っていたけれども、私に興味があったのは、実は事件そのものというより、ただ、そうした出来事がどこで起こっているのか、解説のために記事にそえてある地図だけだった。私はそういう地図を切り抜き、せっせとアルバムに貼りつけたのだが、その地図がどんな意味を持っているのか、あるいは、事件の背後にどんな事情があるのかなどには、大して関心を抱かなかった。つまり私は歴史より、もっぱら地理に興味があったのである。それも、はるか昔の歴史ばかりではなく、現代の歴史にさえ、さして興味を覚えなかった。それというのも教会で、目まぐるしく転変を繰り返すこの地上の世界のはるか彼方に、天上の神秘の世界が存在することを教えられていたからである。そして実際、聖堂の高い天井に、オルガンと聖歌隊との美しい楽の音が満ち、さらには私たち会衆も声を合わせて、聖歌の合唱に加わる時、私はまさに天使たちの列に交じって、神を讃える典礼に連なっていると感じざるをえなかった。特にミサにあたって、弟と一緒に侍者として祭壇に登り、司祭を助ける時など、殊さらその感激を深くしたものだった。

とはいえ、こうして三つのCはみな、週日ばかりではなく日曜日にも、私たちを家から外へ連れ出しはしたけれども、私たちが帰ってくる所は、もちろん、いつでもわが家だった。私たちの生活の中心は、やはりあくまでわが家であり、三つのCはそれぞれに、この中心の周囲を取りかこむものだったのである。そして、そのわが家の中心となっていたのはママだった。幸いにして当時はまだ、フェミニズムなど抬頭する以前のことで、女性のいるべき場所は、特に、幸福な結婚によって子供に恵まれ、その面倒を見なくてはならない場合はなおさら、家庭にほかならないというのが常識だった。女性も仕事場で男と競争しなくてはならないなどという観念は、当時はほとんどなかったといっていい。そうでなくてもわが家の母には、家で面倒を見なければならない仕事が、ありあまるほどあったのである。

それならパパはどうだったのか。私たちは普通、パパではなくてダダと呼んでいたのだけれども、学校用品を取り扱うJ&J・ペイトンという会社で、巡回セールスマンの仕事をしていた。だから週日はほとんど、出張で家を留守にしていたのである。月曜の朝に家を出て、金曜の夕方帰ってくるのだ。だから月曜の朝にはいつも、私たちは玄関に勢ぞろいして、手を振って父を見送り、金曜の夕方には、玄関のドアの鍵がカチリと鳴るのを聞きつけては、いっせいに駆けていって父を出迎えるのだった。それに出張中でも、どこにいようと、夕方にはいつでも家に電話をしてくれる。最初はママが話し、それから今度は子供たちが、代るがわる電話に出ては、「ダダ、元気?」と声をかける。私たちにも楽しかったが、父にも励みになったことだろう。
こんなわけで、週末は父も一緒だったし、そのほかの日は、母が私たちといつも一緒にいてくれた。それに、毎日おいしい食事を、欠かさず用意してくれたのも母である。朝食と夕食、それにアフタヌーン・ティーばかりではない。昼食まで母が作ってくれたのだ。というのも、幼稚園にしろ学院にしろ、家はごく近くだったので、昼の休み時間は家に帰り、家で食事する余裕があったからだ。母の作ってくれる昼御飯は、学校で出してくれたはずの（というより、むしろ食べさせられたはずの）食事より、どれほど食欲を唆《そそ》るものであったことか。

けれども、何といってもいちばん強く印象に残っているのは、やはり夏休みの思い出である。ダダは二週間の休暇を取って、私たち一家は、ロンドンからまっすぐ南に下ったサセックスで、ゆるやかな丘陵地帯か、さもなければ海岸に、コテッジやバンガローを借り切り、たっぷり二週間、学校や会社のことで煩《わずら》わされることもなく、家族水入らずの生活を満喫することができたのだった。いろんな遊びをやった中に、クリケットが入っていたことはもちろんである。だが、今でも生き生きと思い出すのは、丘陵地帯をあちこち歩き回った時のことで、というのも、時々ヘビに出会《でくわ》して、ヒヤリとすることがあったからだ。だから、出かける時はいつも、必ず杖を持って出ることにしていた。私はこの杖に、「ヘビ・ステッキ」などという名前をつけたが、幸いなことに――ヘビにとって幸いというより、私にとって幸いなことに、実際に使う機会は、結局、一度もなしですんだ。ただし一回だけ、私たち兄弟が乾草の山で遊んでいると、突然、父の呼ぶ声がした。行ってみると、ママの足許に、毒ヘビの死骸が転がっている。今まさに、ママに襲いかかろうとしていたところを、父が、自分のヘビ・ステッキで殺したのだという。父は以前、セイロンやマラヤにいたことがあったから、その時の経験が役に立ったというわけだ。私たちが駆けつけた時、母はまだ、ショックで身震いしていた。私も、母の感じた恐ろしさを思って、身震いしないではいられなかった。

子供の頃の私たちは、いわばエデンの園に住んでいたのだが、そこにはまた、こうして、ヘビまで住んでいたということになるのかもしれない。しかしそれも、生活をはなはだしく乱すほどのものではなかった。あの頃のイギリスは、まだ、シェイクスピアの表現を借りていうなら、「第二のエデン、さながらの楽園」だった。私たちが幸せに住むこの小さな島は、周囲をすべて海に囲まれ、これほどの幸せに恵まれない国々の嫉妬から守られていたのである。だがその間にも、私たちの気づかぬうちに、戦乱の暗雲は、やおら地平線に姿を現わし始めていたのだ。

戦時下のウィンブルドン

一九三〇年代を振り返って、あらためて感じざるをえないのだが、あの頃は、とにもかくにも生気に満ちていた。少なくともイギリスではそうだったし、中でも特にウィンブルドンは生き生きしていた。なるほど大人たちは、国際問題で心を悩ましていたかもしれない。例えばスペインでも、エチオピアでも、あるいはオーストリアやチェコでも、国際的な緊張は目に見えて高まっていた。けれどもわれわれ子供たちは、そんなことには頓着なく、無知なまま、無邪気に幸福に浸っていた。私自身にしてからが、時事問題に興味をもったのは、ただ、新聞に地図の形で現われ、紙面を飾る時だけだった。確かに時おり、ケンジントンにある大英帝国記念館《インペリアル・インスティテュート》などを訪れ、世界中の植民地から集められたおびただしい文物を目にして、帝国の偉容に圧倒されることはあったとしても、それはあくまで例外で、普段の私は、広大な植民地網や友邦などにはさして関心はなく、まず何よりも父祖伝来の地イングランド、中でも特に、生まれ育ったウィンブルドンという土地が大事だったのである。なるほど父は若い頃、セイロンやマラヤにいたこともあったし、次には母と

一緒に、カナダの西の端まで出かけたこともあった。けれども私自身は、故郷にまさる土地はないと強く感じていたし、父にしても、外地へ出てさまざまな経験をしただけに、かえって私と同じ思いを強くしていたに違いない。確かにあの頃は、まさに理想の土地に住み、黄金の時代に生きていたのである。

だが、そんな世界、そんな時代は、あまりにも早く消え去ることになってしまった。たった一人の男、ヒトラーという名の男のせいである。一九三九年九月の初め、ついに戦争が勃発する。最初に問題になったことのひとつは、この戦争をどう呼ぶかという問題だった。かつてダダが参戦し、ドイツ軍の捕虜になった戦争は、まさしく「大戦」と呼ぶべき戦争だった。それなら今度の戦争は、「ヒトラー戦」と呼ぶべきなのではないか。この一人の男の起こした戦争なのだから。

よく覚えているが、ちょうど正午頃のことだった。ネヴィル・チェンバレン首相がラジオを通じて、ドイツと交戦状態に入ったことを全国民に伝えたのだ。放送が終るか終らないかのうちに、いきなり警戒警報のサイレンが鳴りひびいた。最悪の場合を惧れて、私たちは階段の下の小さな隙間に身を寄せあい、今にも爆弾が落ち始めるかと息をひそめた。しかし、何事も起こらない。やがて警報解除のサイレンが鳴った。実は誤報だったのである。北海上空に、正体不明の飛行機の姿が認められたためだった。それでも、やがて起こることになる事態を、いち早く前触れする出来事であることに変りはなかった。ヒトラーの関心は、今のところはポーランド侵攻と、次にはさらにデンマークやノールウェイの侵攻に集中していた。けれども、やがて西部戦線でも、戦闘が始まるに違いなかった。西部戦線では、フランスの築いたマジノ線と、ドイツの築いたジークフリート線という、いずれも難攻不落を誇る防衛線が相対峙し、きびしくにらみ合っていたからである。ところが、しばらくは何事も起こらない。毎日の新聞には、二つの前線の位置を示す同じ地図が、

郵 便 は が き

151-0064

恐縮ですが、
50円切手を
お貼りください。

(受取人)

東京都渋谷区上原1−47−5

学芸図書出版 人文書館 行

◆ご購読ありがとうございます。アンケート内容は、今後の刊行計画の資料として利用させていただきますので、ご協力をお願いいたします。なお、ご住所やメールアドレス等の個人情報は、新刊・書籍目録等のご案内、または読者調査をお願いする目的に限り利用させていただきます。

お名前　フリガナ　　年齢　　性別

歳　　男・女

ご住所　(〒　　-　　)　　TEL.

ご職業または学校名

E-mail：

※小社のホームページで書籍の詳細をご覧いただけます。
http://www.zinbun-shokan.co.jp

愛読者カード

◆ 本書のタイトル

◆ お買い上げの書店名

市群区　　　　町　　　　　　　　書店

◆ 本書を何でお知りになりましたか。

1. 書店で見て　2. 新聞・雑誌の広告（紙・誌名　　　　　　　　）
3. 新聞・雑誌の書評（紙・誌名　　　　　　　　）4. 人にすすめられて
5. インターネット　6. その他（　　　　　　　　）

◆ ご購入の動機

1. 著者（訳者）に興味があるから　2. タイトルにひかれたから
3. 装幀がよかったから　4. 作品の内容に興味をもったから
5. その他（　　　　　　　　）

◆ 本書についてのご意見、ご感想をお聞かせ下さい。

ホームページなどで紹介させていただく場合があります。（諾・否）

◆ ご要望をお書きください。

注文書

書　　名	冊　数
	冊
	冊
	冊

※お急ぎのご注文は　電話 03-5453-2001(代表)　FAX 03-5453-2004
電話 03-5453-2011(営業)
E-mail：info@zinbun-shokan.co.jp までお申しつけ下さい。

来る日も来る日も何の変化も見せず、ただ繰り返し載っているだけ。いかにも単調で、退屈で、平穏だった。早く何かが起こればいいのに――私は正直、そう願っていた。

そして確かに、何かが起こった。しかも、まるで予想もしない形で起こった。ドイツ軍は、正面からマジノ線を突破するのではなく、北に迂回し、ベルギーに侵入したのである。これにはイギリス軍も、フランス軍も、虚を衝《つ》かれた。連合軍は、ドーヴァー海峡に面した都市ダンケルクまで追いつめられる。この時に起こったのが、第二次大戦史上有名な「ダンケルクの奇蹟」で、約三万五〇〇〇にのぼる部隊を、急遽掻き集めた九〇〇隻の船が――それも、大は軍艦から小は民間のヨットまで、ありとあらゆる形と大きさの船舶が協力し、無事、救出に成功したのである。

さて、今やいよいよ、西部戦線で最前線に立ち、ドイツ軍と戦う責任を負うべき者は、イギリスをおいて他にはない。次に何が起こるか、誰にも知る由はなかったけれども、たとえ何が起ころうと、毅然として立ち向かう覚悟だけは固めておかなくてはならない。もはや、子供らしく戦況に胸を躍らせている余裕はない。陰鬱な現実はすぐ目の前に、猛《たけ》だけしく迫っている。毎日毎日、私たちは待っていた。そして、日ごともたらされる新しいニュースは、時には勇気を鼓舞するものもあったけれども、ほとんどは、あまりにも落胆を覚えさせる事実ばかりだった。

そうした中で、六月二十五日、少なくともディーヴァス・ロード一一番地では、パッと心を明るくしてくれることが起こった。いちばん下の弟、ジョンが生まれたのである。その日はたまたま、初めてロンドンに空襲のあった日だったが、それまで暗いニュースが続いていた只中で、わが家に赤ん坊が誕生したということは、まさに一条の希望の光さながらで、「迫り来る闇のうちにあって、われを導き給え、やさしき光よ」

――ニューマン枢機卿の聖歌の、あの有名な詩句を思い起こさずにはいられない出来事だった。周囲の広い世界では、たとえ一切が闇に包まれているように見えようと、今このわが家のうちには、幼子の形を取って、命の灯火《ともしび》がまたたいているのだ。G・K・チェスタトンの言葉を借りていうなら、「空はいやましに暗さを加え、海はいやが上にも波を荒めている」まさにこの時に生まれたとは、赤ん坊の誕生する瞬間として、これ以上ふさわしい時がありえただろうか。

私はすでに十代の半《なか》ばに達し、子供から大人へと移ってゆく過渡期、悩み多い思春期に入っていた。そこで学校の生活も、運動は、あの大好きだったクリケットでさえ、必ずしも上手とはいえなかったから余計のこと、おまけに戦争が始まって以来、生活の楽しみなど最低限に切りつめざるをえなくなったことも加わり、ハムレットのせりふではないけれども、「いかにも味気なく、物憂く、平板に思える」ものになっていたのである。

ところが今、わが家に赤ん坊が生まれて、私は生気を取り戻した。このちっちゃな、あどけない乳飲み児が、意味はわからないけれど、一生懸命のどを鳴らし、何かしゃべろうとしている姿を見るにつけ、大声で泣く声を聞いてさえ、十数年の年齢の重みが肩から外《はず》れるのを覚え、自分自身が幼かった頃を思い出すことができたのである。私はワーズワースの、あの壮麗な『霊魂不滅の頌歌《オード》』が、生まれたばかりのみどり子を讃えた詩句に、わがことと深く共感することができたし、チェスタトンの『正統とは何か』の説く「おとぎの国の倫理学」に、身にしみて共鳴することができたのだった。ちなみに、チェスタトンのこの傑作に初めて触れたのはこの頃だったが、この書物にはその後、生涯にわたって深い示唆を受けつづけることになる。チェスタトンは、彼にとって「最初にして最終的なる哲学」を、子供部屋で学んだと語っているが、私もまた、このおとぎ話の哲学を、幼い弟の子供部屋で学んだのだ。チェスタトンはいう。「おとぎの国」とは、「陽光あふれる常識の国」にほかならない。今、まさに戦いの狂気に陥った周囲の世界の只中にあって、私もまた、この対比によって一層鮮烈に、この陽光の国の輝きを強く、深く、痛感せざるをえなかったのだ。

有名な「英国の戦い《バトル・オヴ・ブリテン》」——英独の空軍が、イギリス南部の上空で死闘を繰り返した空中戦の起こったのは、この年の夏のことである。教会も学院も、南に開けた高台の端に建っていたので、私は、すぐ南に広がるゆるやかな谷の上空で演じられる空中戦を、さながら劇場の最前列の席にすわっているかのように、間近に目撃することができたのだった。この低地には、クロイドンに空軍の飛行基地があって、飛行機が次から次へと、真青に晴れ渡った大空に舞い上がり、ドイツ軍機を迎え撃つのだ。機の吐き出す排気ガスの白い条《すじ》が、空に何重にも重なって乱れた十字模様を描き出し、機銃の乾いた音が立て続けに聞こえてくる。すると、一機、また一機と、飛行機が急降下して墜落してゆく。あれは敵の飛行機であってくれと、私たちみなは祈るのだった。とにかくものすごい迫力で、もちろん直接参加したのではなく、目撃しただけではあったけれども、実際の戦争にいちばん近い経験をしたのは、あの時だった。

一方、学校では軍事教練が始まり、授業が終った後、軍服を着て、夏の暑い最中《さなか》、運動場で行進を繰り返すばかりか、時にはウィンブルドン・コモンを通って長距離行軍に出る。いちばん強く印象に残っているのは、暑さと軍服のせいでひどく汗をかいたこと、それに軍靴が足に合わなくて、一面まめが出来てしまったことだった。苦しかったし、痛かったし、おまけに、教練のために配属された下士官がひどくつっけんどんで、事態はさらに悪くなるばかり。なるほど生徒の中には、さながら水を得た魚のように、生き生きしている者もいるにはいたけれども、私をはじめ普通の生徒たちにとっては、まさしく地獄だった。

やがて、ついにロンドンの空襲が始まり、ほぼ丸々一六〇日間続く。幸いウィンブルドンは、ドイツ空軍にとってそれほど重要な攻撃目標ではなかったけれども、やはりロンドンの郊外には違いなかったばかりか、イングランド中部のほとんどどこへ向かうにしても、進路の要《かなめ》に当たっていた。つまり、まずウィンブルドンの北のテムズ河畔まで飛来し、そこでそれぞれの目標に向かって分かれてゆくのである。それにまた、ウィンブルドンの台地から下った鉄道の線路には、台車の上に高射砲が何台も据えつけられた。こうしておけば、地面に固定したのとは違って、線路上をあちこち移動させることができるからだ。しかしその結果、線路はさかんに爆撃されることになり、私たちが学院に通うのに歩いていたウォープル・ロード沿いの家にも、何軒か爆弾の落ちた所があった。だから、ほとんど毎朝のように、学校へ歩いて行く途中、高射砲の弾丸《たま》の破片を拾ったものである。

それぱかりではない。同じ道のもう少し先では、実際に敵の飛行機が落ち、角に立っていた家を、完全に壊してしまったこともあった。私はたまたま家にいたのだが、敵機が空から落ちてくる時、轟音がものすごい勢いで迫ってきて、まるでわが家を直撃するかと思うほどだった。そしてついに落下した瞬間、地震さながら、家も地面もグラグラ揺れた。とはいえ、空襲はほとんどは夜だったから、昼間は授業を続けることができたのだが、たまに昼間に空襲があると、みんなゾロゾロ地下室に降りていって、「戦艦ごっこ」という即興の遊びをした。紙にチェスボードのような碁盤の目を書き、そこに〇と×とを書き込んで、日本でいえば、五目並べに似たルールで勝ち負けを決めるのである。

それにしても人間は、こんな悲劇的な情況にさえすぐ慣れてしまうというのは、不思議といえば確かに不思議なことではある。あの宣戦布告の直後、後で誤報とわかったにしろ空襲警報が鳴って以来、それほど時間もたたないうちに、みんな、本物の空襲に慣れっこになってしまった。だから空襲警報が鳴り、ドイツの爆撃機の群の、あの薄気味の悪い爆音が聞こえてくると、私は二階の寝室に駆け上って、窓から夜空を見上げたものだ。まるで花火のように、高射砲隊が敵機を迎え撃つ有様が、手に取るように見えたからだ。サーチライトの光の筋が夜空を動き回り、敵の爆撃機を捉えると、白く光るその機影をめがけて高射砲が発射され、炸裂し、その火花が、夜空のあちこちに明滅する。ついに命中すると、敵機は炎の尾を長く引いて急降下し、地面に落ちて火柱が立つ。

翌朝になって、同じ窓からロンドンの市街を望むと、空襲の結果が目に見えることも少なくなかった。炎上する家々から立ち昇る炎で、地平線全体が燃え上がっているかのようだ。ある朝など、市街全域が炎上しているに違いないと思えたことさえあったが、後でわかったところによると、実は、ウィンブルドンの近くの製紙工場が燃えていたのだった。この場合は、実際の被害というより、見た目の惨状にすぎなかったわけだが、しかし、ロンドン市街の受けた損害の実態も、決して少なくもなかったし、軽くもなかった。わが家に関していえば、砲弾の破片が少しばかり屋根に落ちた以外、これといった損害はなかったけれども、周囲には、爆弾が落ちて家の壊れてしまった所が、半径二〇〇ヤードほどの円になっていた。どうやら私たちは、魔法の円の内側に住んでいたらしい。毎晩お祈りをして、安全を願っていたおかげだったのだろうか。

空襲はもっぱら夜だったので、家の窓はみな、厳重な燈火管制をしなくてはならなかった。ほんのわずかでも光が洩れていると、上空を飛んでいる爆撃機から見え、攻撃の目印にされてしまうからである。現に爆撃の行なわれている間は、外へ出る時はヘルメットをつけていないと、爆弾の破片で怪我をする危険があった。家の中にいる時も、家族はみな、分厚いカーテンで窓を遮蔽した部屋に集まり、閉じこもっていなくてはならない。だから台所が居間代わりになって、夕食の片付けが終ると、私たちはそれぞれ、自分の場所と決めた所に陣取り、宿題を始めるのが日課になってしまった。

こうしてドイツ軍が、空からイギリスに侵入している間にも、東や南の海岸からは、ドイツのスパイが密かに潜入しているという噂がしきりに流れ、私たちには全員、身分証明カードが配布されることになった。外出する時はいつでも身につけていて、提示を求められたら、ただちに出して見せるようにという指令である。そして実際、私自身、二度ばかり提示を求められたことがあった。二度とも、二人一組の兵士に呼び止められ、一人がカードを調べている間、残る一人は、銃剣を私に突きつけているのである。だが実は二度とも、私は証明書を持って来ていなかった。けれども私は、どう見てもスパイのはずはない。いや、そもそも本物のスパイなら初めから、ちゃんと通用するカードくらい用意しているはずではないか！　いずれにしても兵士たちは、私をそのまま通す以外、どうしようもない。いささか滑稽な一件だったが、しかし、それをいうなら戦時中は、戦争遂行のためと称して、いろいろと滑稽なことが行なわれていたものだった。こうしたことすべてについて、十代なかばの私は、一体どう考えていたのか。もちろん、同じイギリス国民の圧倒的大多数と同様、ナチスに対抗するこの戦争は、まさしく正義の戦いであると確信していた。もしも彼らがヨーロッパの覇権をにぎり、やがてついには世界全体を支配することにでもなれば（そして実際、ダンケルク撤退後の一時期には、こうした危険は目前に迫っているように思えたのだが）、それはすなわち、人類全体の破滅である――少なくとも、当時はまだ厳として残っていた考え方に従えば、「キリスト教世界」の滅亡にほかならない。こうした見方からすれば、これはほとんど宗教戦争でもあった。ただし、キリスト教圏を拡大しようとするのではなく、反キリスト教的・非人間的な敵に抗して、キリスト教世界を護ろうとする戦争である。

当時の首相ウィンストン・チャーチルが、有名な戦時演説の数々を行なったのは、まさにこの時期だった。彼が力説したのは、今やイギリス、および大英帝国に属する諸国は、悪の力に対抗し、世界のために武器を取って戦っている唯一の戦士であるということ、しかし同時に、最後の勝利を勝ち取るためには、われわれはいかなる犠牲にも耐えねばならぬということだった。われわれは今や、否が応でも愛国者とならねばならない。これを拒む者は、反逆者となるほかはない。これはまさしく、かつて一五八八年、スペイン無敵艦隊がイギリスに来襲した時の精神を、今一度呼び起こそうとするものだった。同じ頃、これもまた有名な映画、『ヘンリー五世』が封切りになった。サー・ローレンス・オリヴィエが、シェイクスピアの英国史劇を映画化した作品で、そのクライマックスは、兵力の上で圧倒的に優勢だったフランス軍を向うに回し、ヘンリー五世率いるイングランドの精鋭が、奇蹟的な大勝利を収めたアジャンクールの決戦の場面だった。戦時中の愛国感情にジカに訴え、大きな反響を呼んだ映画だった。

耐えなくてはならない犠牲は多々あった中でも、いちばん根本的だったのは食糧の不足だった。食料の配給券が配られて、食物の種類も量も、決められた分しか食べられない。実際問題として、好きだろうが嫌いだろうが、配給で割り当てられた食糧は、全部食べるほか仕方がない。特に少なかったのは肉と魚だったから、どこかの店の前に行列ができているのを見かけると、当然、魚を買う行列だろうと思いこんだものである。その頃、雑誌の『パンチ』に出た漫画のことを思い出す。長い行列ができていて、列の真中あたりに並んでいる女性が、すぐ前の女性に訊《たず》ねているのだ――「すみません、この行列、何の行列なんですか？」実際この時期、家庭の主婦たちはみな、飢えた家族のために何かしら食物を手に入れようと、手あたり次第に行列に並ぶことが、ほとんど本能にさえなっていたのだ。

この点、うちの母は、まるで魔法使いのようだった。昼の休みに家に帰ると、いつでもちゃんと食べ物が用意してある。一体どうやって手に入れているのか、ほとんど見当もつかない。何か、奇蹟でも起こしているのではないかとしか思えない。もちろん、勝手口に食べ物を届けてくるいろいろな商人たちに、日頃から好意のある間柄を築いておいたのである。つまり品物を届けてくれた時、ただ受け取って代金を払うだけではなく、いつでもお茶を一杯御馳走して、隣近所の噂話などをおしゃべりしていたのだ。だから商人たちも、特別のお得意さんのために取っておいた品物を、わざわざ持ってきてくれたのである。こうして手に入った品物を上手に使って、母は私たちに飛び切りの料理を作ってくれたのだった。実際、母は実に料理が上手だった。自分では、料理するのは好きではないといっていたけれども、母の作る料理は、少なくとも私にとって、まさしく世界一だった。

けれども、こうした非常の時にあたって、わが家の生活をさらに苦しくする事件が起こった。父が失職したのである。これまでは、J&J・ペイトンという、学校用品を扱う会社のセールスマンとして、一年中、全国の学校を訪問していた。当然、自動車は不可欠で、そして自動車を動かすためには、これまた当然のことながら、ガソリンが不可欠である。ところが今や、人間の食糧が配給になったばかりではなく、いわば自動車の食糧たるガソリンまで配給になってしまったのだ。それも、人間の食糧より、さらに厳しく制限されてしまっている。そして、自動車が使えないとなれば、父は仕事を失ってしまうほかはない。幸い友人が親切に推薦してくれたおかげで、まもなく、シェル石油にいい仕事が見つかった。自分の車のためにガソリンを手に入れる代りに、世界中の海を移動しているタンカーを追い、運行を管理することになったのである。

五大洋を移動するタンカーの位置を、それぞれ地図の上に小さな旗を立て、追跡し、確認するのだ。

　父が職を失っていた頃、わが家の状態は本当に厳しくなっていたが、それがまさに頂点に達したのは、父が（ほんの冗談だった――と思いたいのだけれども）、とんでもないことを言い出したのである。いよいよとなったら、ペットとして飼っていたウサギのチャールズを殺して、パイにして食べなくてはならないかも、などというのだ。家族はみんな、カンカンになって怒った。まるで父が、人肉を食べるとでも言い出したかのように怒ったのだ。あのかわいいチャールズを、ただ私たちの食欲を満たすために、パイにしてしまうなどとは、想像もつかないことではないか！

　けれども、父がシェル石油で働くようになってからも、事態はいっそう悪くなるばかりだった。戦時中であってみれば、仕方のないことだったのかもしれない。第一、まもなく定年の齢が来てしまって、また新しい勤め先を探さなくてはならなくなった。今度は、ポーランド人経営の廻漕業者で、ロンドンの「シティー」に事務所を構えていたのだが、経営者は、ひどくむら気な人だったらしい。第二にヒトラーは、さかんにイギリスの各都市を爆撃したにもかかわらず、思ったほどの結果が得られないのに苛立《いらだ》って、「ロボット爆弾」という、新しい秘密兵器を採用した。つまり、英仏海峡の向う側から、無線操縦で飛ばしてくる爆弾で、市街の上を、無気味なうなり声を発しながら超低空で飛来し、目標まで達すると無線を切る。すると、さらにいっそう気味悪い音響と共に、頭上から落下してくるのだ。実際この新手の爆弾は、普通の爆撃機の落とす爆弾などとは、比較にならぬほど深い恐怖を掻き立てるものだった。その頃、耳にした話によると、ある日曜日、聖心教会で神父さんが説教の中で、死はいつ来るかわからないことを説いていた、ちょうどその時、このロボット爆弾の飛来する音がして、突然、説教を中止しなくてはならなかった。だが、この不気味な音そのもののほうが、神父さんのお説教より、はるかに強烈な説得力があったという。

私がこの話を耳にしたのは、事件そのものからしばらく後のことだった。というのも私は、その時にはもう学校を終え、子供の頃から抱きつづけてきた夢――司祭になりたいという夢を実現するために、北ウェールズにあるイエズス会の修練院に行っていたからである。この決心を固めたのは、これよりずいぶん前のことで、そのために兵役は免除されていたのだが、幼い頃、一緒にミサごっこをした友だちと一緒に、美しいクルーイドの谷にあるセント・バイノ修練院へ向かったのは、ロボット爆弾が落ち始めてから、まだまもない頃のことだった。セント・バイノでは、食料の配給切符は受ける必要はなかったはずで、というのも修練院には付属の農場があり、私たち神学生は、兵役を免除されている代りに、この農場や果樹園で、時間の大半を費やして働かなくてはならなかったからである。戦争遂行のための努力は、まだまだ続けなくてはならなかったのだ。

田園の平和

戦時下のウィンブルドンから、自然に抱かれたセント・バイノの平和へ——かつてここで修道生活を送ったイエズス会士の詩人、ホプキンズの表現を借りれば、「田園的なウェールズの額」へと移ったことは、私の生活をまったく一変させる事件だったし、少なくとも最初のうちは、まことに歓迎すべき変化と思えたことも事実だった。同じウィンブルドン出身の友人も入れて、私たち修道志願者六人は、ロンドンのユーストン駅から列車に乗り、同じコンパートメントに同乗して、北ウェールズの海岸の駅、リールに到着。そこから今度は、一台のタクシーにすし詰めになって乗りこみ、内陸にむかってほぼ一〇マイル走り、クルーイドの谷を登って、ようやくセント・バイノ修練院にたどり着いた。イエズス会の修練院で、ここでまず二年間、厳格な課程を無事に終えた者だけが（その数は、かろうじて半数に達するか達しないかなのだが）、さらに次の二年間、修練に進むことが許されるのだ。

修練院は、高台の傾斜地に建っていて、ひろびろとしたクルーイドの谷を見渡すことができる。夏の晴れ

た日には、眺望はまことにみごとで、い。ホプキンズのような詩心のある人には、深い霊感を与えたに違いない。彼の詩句を借りるなら、「点々として窪地、耕地、休閑地の入り混じり、彩《いろど》りを連ねる風景」の広がる向うには、ゆるやかな丘の陵線が幾重《いくえ》にも重なり合う姿が遠望できる。ただし雨が降ると、一切は煙って姿を消してしまうけれども、こうした風景すべての彼方に、カルネス・リウェリンの山脈と、ウェールズの最高峰スノウドンの、実に堂々とした山容がそびえている。それはあたかも、巨人が仰向けに身を横たえている姿のようにも見えた。その、立てた両膝にあたる部分が、ちょうどスノウドンなのだ。私にとっては、本物の山岳地帯の風景を目にするのは、この時が生まれて初めての経験だった。というのも、イングランド南部に育った私が、それまでに見たことのあった高い所といえば、せいぜい、ロンドンから南西三十マイルほどにあるリース・ヒルぐらいしかなかったからである。高さはわずか九六五フィート。三五〇〇フィートを越えるスノウドンとは比較にもならぬばかりか、地理学上、正式に「山」と呼ぶのは一〇〇〇フィート以上と決っているのに、この高さにさえ三五フィート足りない。スノウドンの威容に触れて、深い印象を受けたのも当然だった。ただ、高い山というものは、残念ながらその本来の習性として、雲に姿を隠してしまうことがあまりに多かった。所詮、致し方のないことではあったけれども。

私たちが到着したのは、一九四三年九月七日だった。ここでの修練を終えた先輩たちは、九月八日、聖母御誕生の祝日に誓願を立てることになっていたので、その前日に着くよう、特にこの日が選ばれていたのである。それにしても、私たちが今や入ろうとしているこの世界は、いかにも異様な世界だった。私たちの中には、ウィンブルドンばかりではなく、ロンドン北部のスタンフォード・ヒル、それに、リーズやリヴァプール、シェフィールドやグラスゴウなど、イエズス会の学校で勉強し、この修道会の教育には比較的慣れている者も多かったが、そうした志願者にとってさえ、この修練院は、やはり異様としかいいようがなかった。そもそも最初から、私自身、みっともない失態を演じてしまうことになった。誓願式の長い、長いミサの間に、意識を失って倒れてしまったのである。ここでの課程を終えた先輩の修練士たちが、入れ代り立ち代り誓願の言葉を繰り返すうちに、貧血のためか昏倒し、抱きかかえられて、チャペルから運び出されるという醜態をさらしてしまったのだ。初めからこんな有様では、ここでの修練を無事に終えられるかどうか、いかにも幸先の悪い前兆と見えたかもしれないが、しかし実際には、私自身はそんな結果には終らずにすんだ。実は、私と一緒にこの修練院に入った志願者のうち、半分は途中で挫折し、ここを去ることになってしまったのだが、私もすぐに納得したのだけれども、ここでの修練の厳しさを思えば、途中で挫折する者が半分あったということは、別に驚くには当たらない。私が最後まで、とにもかくにも持ちこたえることができたというのは、誰よりも私自身にとって、ほとんど不可解なことのように思える。どうやら、最初はいかにも見込みのありそうな人のほうが、かえって途中で去ってゆく場合が多く、逆に私のように、いかにも見込みのなさそうに見えた者のほうが、何とか残ることができたのではないかとも思えるのである。

それにしても、修練院の周囲の自然は、まことに理想的だった。ホプキンズのような詩人にとっては、格別深く心に訴えるところがあったに違いない（ただし、急いで断っておかなくてはならないが、私はその時にはまだ、ホプキンズというイエズス会士の詩人について、名前を聞いたことさえなかった）。ここに着いたのは九月の初めだったけれども、やがて秋は日に日に深まり、木々が黄金色に色づく十月を迎える頃には、まわりにそびえ立つブナの林は、まさに壮麗そのものだった。けれども私たちが、ロンドンからはるばるここまでやって来たのは、ただ爆撃を逃れるためでもなければ、詩を作ったり絵を描いたりするためでもない。

はたして本当に、イエズス会士として召命を果たすにふさわしいかどうか、爆撃の焔ではなく、霊的な意味での修練の炎に耐えるためにほかならない。そして私たちが、この意味での炎がどのようなものであるか、身に沁みて体験するには、さして長い時間を費す必要はなかった。

最初のミサで、不覚にも昏倒してしまった後、その日の夕刻には、修練期を終えて誓願を立てたばかりの人たちのための、祝賀の正餐の席に連なった。この人たちは、これから「文学修士期」(juniorate) の課程に進むのである。私が生まれて初めてブドウ酒を味わったのは、この正餐の時だった。ルーバーブという薬草の入ったワインだった。もちろん、食卓に連なったのは私一人だけではない。私たち「修道志願者」たち全員である。実は私たちはこの時まだ、一人前の「修練士」にさえなってはいなかったのだ。しかし翌朝は早速、全員が講堂に集合し、修練長の最初の講話を聞いた。エンライト神父という、いかにも厳格な顔つきの司祭で、その顔つきにふさわしく、まさしく厳粛に断言した。なるほど特別な機会に限って、食事にブドウ酒の供されることはあるが、それはけっして修練士のためのものではない、というのである。その日の講話で私が思い出せることといえば、実はこの一事しかない。けれどもこの一事だけで、修練院での生活がどれほど厳しいものとなるか、予想させるには十分すぎるほど十分だった。

一週間して、ようやく私たちは、修練士として迎え入れられることになった。この段階では、脱落した者はまだ一人もいなかった。そこで私たちも、イエズス会士の古いガウンを身につけた。つまり、私たちにとっては新しいガウンだったけれども、実は古着で、丈は脛《すね》までしかなく、袖も襟元《えりもと》も短く切りつめてある。襟元が短くしてあるのは、ネクタイが見えるようにするためで、というのも私たちはまだ、いわゆるローマン・カラーの、イエズス会士の正式の服装をすることは許されなかったからである。ローマン・カラーになれるのは、二年間の修練期を終え、修学修士の身分になってからのことなのだ。

週に二回、私たちは講堂に集り、イエズス会の規約について、さらにくわしい講話を受けた。みんな、厳格そのものの規則ばかりで、ユーモラスなところなどまったくない。おまけに修練長は、かりにどこか隠れたユーモアのセンスがあったとしても、そんな面を表に出そうなどという気配は一切見せない。ウィンブルドンを発《た》ってここへ来る前、学院で習っていたイエズス会士の先生から、修練期を無事に終えるために何より必要なのは何か、聞かされていたことがある。ユーモアのセンスだという忠告だったが、その意味が、今になってよく分ったような気がした。

けれども私にとって、修練生活でいちばんつらかったのは、修道会の規則でも、ましてや修練長の厳しい顔つきでもなかった。兵役を免かれる条件として私たちに課されていた仕事、つまり、戸外の農場での労働だった。別に、戸外で労働すること自体が苦だったわけではない。暖かい気候でありさえすれば、谷を見渡す外の景色は、むしろいい気分転換にさえなる。しかし、やがて十月も過ぎ、曇りか雨ばかり続く十一月ともなると、戸外は暖かいどころか、肌を嚙むような寒さが深まる。その中で、相変らず農場の仕事を続けなくてはならない。それも、ただひたすら雑草を引き抜くという、単調きわまる単純労働である。おまけに地面は、コチコチに固くなっているのでなければ、ドロドロにぬかるんでいるのである。

実際、今振り返ってみても、修練院の生活で、ほかの何よりもまず思い出すのは、来る日も来る日も雑草を抜き続けていた記憶である。身震いするような寒い日も、氷のような雨の降る日も、いつもいつも雑草を抜く。その間じゅう、私の罪深い魂から、悪徳や悪習という雑草を引き抜くことがいかに大事か、たえず思念し続けていなくてはならない。私などよりもっと技能のある修練士なら、例えば土を掘り返すという、もう少し高級な仕事を割り当てられることもあったのだろうが、私と同様、これといった能力のない者にはただ、雑草を抜くという、最低の仕事以上は望むべくもない。今でも目を閉じると、あの時の光景がありありと脳裡に浮かぶ。広い農場が一面雑草におおわれ、そして心の耳に聞こえてくるのは、この雑草を全部きれいに抜きなさいと、厳しく命じる声なのだ。まるで、いつまでたっても終らない仕事のように思えたものだが、実はそこには私にとって、あらゆる種類の霊的教訓があふれていたのである。私にものを見、聞き分ける耳さえあったら、あの時も、この仕事の貴重な意味を、十分悟ることもできていたはずなのだが。

もうひとつ、修練院での生活で、それも特に長い冬の間、特徴的な仕事として思い出すのは、年輩の神父さんたちの部屋に、火を起こすという仕事だった。朝、神父さんたちが朝食を終え、それぞれ自室に帰ってくる前に、暖炉に火を焚きつけておくのである。もちろん、当時はまだ、修練院にセントラル・ヒーティングの設備などなく、暖を取るには、各自の部屋に石炭の火を燃すしかない。この火を起こす仕事も、私たちの担当になっていたのである。齢を取った神父さんたちは大勢いた。修道会の神父さんたちは、老齢を迎えると、一種の老人ホームとして、修練院に帰ってきていたからである。その世話も、私たち若い修練士の仕事のひとつだったのだ。この人たちのために働くこと自体は、別に苦労と感じたことなどない。私は喜んで、毎朝、神父さんたちが朝食から帰ってくるまでに、それぞれの部屋に火を起こした。ただ私の場合、問題は、はたして間《ま》に合うかどうかだった。

火を起こすのには、まず最初、暖炉の底の鉄格子の火床の上に、乾いた新聞紙を丸めて置き、その上に小さな木切れを載せ、またその上に、あまり山盛りにならないよう気をつけながら石炭を広げ、新聞に火をつけ、最後に、煙突に通ずる前面の穴を、小さな鉄の板でふさぐ。これで、火床から風が煙突へと吹き上がり、全体に火がついて燃え上がる。こういう手順を、私はこの時、初めて教わった。それまで一度も、自分で火を起こしたことはなかったからである。だがこの方法は、一度もうまく行かなかった。少なくとも私の場合、何度も何度も試《ため》してみたが、その度に、なぜか火は消えてしまうのである。木切れが大きすぎたのか、あるいは湿っていたからか、一度に石炭を多く載せすぎたからだったのか、それとも、もう少し気長に待っていなければならなかったのか。いずれにしても、私がまだ火をつけようと四苦八苦しているうちに、部屋の主《あるじ》の老神父が朝食を終えて帰ってきて、まだ火が燃えていないのを知り、いつも叱られることになるのだった。

それなら、私たち自身の暖房はどうだったのかといえば、実は午後も遅くなるまで、暖房など必要がないということになっていた。そもそも、自分の部屋に落ち着いている暇などはなく、屋内にしろ戸外にしろ、あれやこれや仕事があったからである。けれども、ようやく自分の部屋の暖炉に火をつける段になっても、私は、年配の神父さんたちの部屋の時と同様、火を起こすのは下手くそだった。実際、手の施しようがないほど下手だったのだ。何事も、習うより慣れろなどというけれども、私の場合は、いくら習ってもうまくならないどころか、悪い癖がつくばかりで、結局、火を起こすこつは身につくことがなかった。そんなわけで、冬は長いし、雨の中で雑草を抜く仕事も長く、しかも火を起こすのは苦手ときていた結果、私はたちまち霜やけにかかってしまい、冬じゅう治らない。そこでミトンを——つまり、親指だけ分かれ、残りの四本の指は一緒に入れる手袋をしなければならなくなったのだが、菜園で雑草を抜く時さえ外すことができない、というより、その時は特に必要になったのである。そういうわけで、霜やけとミトンというと、今でも決って、あの、新入りの修練期間の二年のことを思い出してしまうのだ。

まだウィンブルドンで学院に通っていた頃は、修練の期間はまさに祈りの時期になると考えて、大いに期待していたものだった。というのも、お祈りを捧げることには、自分一人の時もミサの時も、深い歓びを感じていたからである。ところが、いざセント・バイノに来てみると、大いに失望したことに、イエズス会の修練院は、祈りを学ぶ場所とは程遠かった。むしろ、自己否定と苦行を学ぶ所だったのである。なるほど、毎朝一時間、黙想に当てられた時間はあったし、夕方にも、さらにもう一時間、黙想の時間があった。そのほか、正午と夜には、良心の究明のために、それぞれ一五分ずつ時間が定められてもいた。けれども、こうした祈りの時間は疲れ切っていて、眠気を振り払うのに、時間の大半を費やさなくてはならないというのが、偽《いつわ》らざる実状だった。

夕刻の黙想の時間は、私たちは全員、礼拝堂に集まることになっていたが、それについて、今でもよく覚えていることがある。席に着いている時間、立っている時間、それに跪《ひざまず》いている時間に分かれているのだが、すぐ隣にいる修練士が眠っているのに気がついた時には、ガウンの袖《そで》を引っぱって起こしてあげるのが、親切の印と考えられていた。ところがある時、袖を引っぱられた修練士が大声をあげ、「神に感謝!」(Deo gratias!)とさけんだのである。この言葉は、実は、朝、起床をうながす係の人に起こしてもらった時、その返礼にいうことになっている言葉だった。それを、夕方の今、居眠りを覚まされて、とっさに大声でさけんでしまったのである。いかにも可笑《おか》しくて、みんなつい、笑い転げてしまった。というのも、みんな、それこそ箸が転んでも笑い出したくなる年頃の若者たちであってみれば、ほんのちょっとしたキッカケで、いつでも大笑いになってしまうのだった。

ここらでそろそろ、修練生活の厳粛な側面から、もっと明るい、ユーモラスな側面に話を移すべき頃合だろう。実際、修練院でのこの二年間を振り返って、いちばん鮮明に記憶に残っているのは、実は主として、こうしたユーモラスな側面なのだ。こうした側面があったからこそ、私たちも、危うく精神に変調を来たす危険すらある中で、ようやく正気を保つことができていたのかもしれない。そして実際、例えばミサの時とか、お祈りの時間とか、殊に厳粛な情況の時こそ、ほんの些細なキッカケから、笑いが止まらない状態によく陥ってしまったものだった。ある時など、アメリカ人の神父さんが招かれ、朝のミサをあげたことがあったが、ラテン語の発音がいかにもヤンキー風で、吹き出さざるをえなかったこともある。別に、笑いたくて笑ったのではない。本当は、必死に笑うまいとしていたのだ。何といっても礼拝堂は神聖な場所だし、その神父さんにたいして、敬意を表すべきこともよくわかっていた。けれども、むしろだからこそ、笑い出したい衝動を抑えられなかったのである。

またある晩のこと、私たちはみな修練長の部屋の前に、一列に並んで立っていた。告解の秘跡を受けるためである。すると、一人の小柄な修練士が、たまたま病気か何かで、ほかの者より先に床につく許可を得ていたのだが、すぐ傍の自室のドアからひょっこり顔を出し、心配気な面持ちでキョロキョロあたりを見回したかと思うと、脱兎のごとき勢いで廊下を走り、掲示板まで駆け寄って、悔悛についての指示を読むや否や、また、脱兎さながら自分の部屋に駆け戻った。その様子があまりに滑稽だったので、並んでいた私たちはみな、ドッと笑い出さずにはいられなかった。けれどもこんな爆笑は、これから罪を告白し、赦《ゆる》しを得ようとしている者にとっては、好都合とはおよそ逆の効果をもたらしたというほかはない。特に、私にとっては最悪だった。というのも、次に修練長の部屋に入る順番に当たっていたのは、実は私だったからである。ニコニコしながら罪を告白するというのは、どう考えても、ふさわしい表情とは程遠いとしかいいようがない。

もうひとつ、よく爆笑の種になったのは、食堂と台所での出来事だった。修練士のうち、少なくとも半分は、食堂で給仕をしたり、台所で洗い物の仕事をしなくてはならなかったのだが、ある時、一人の小柄な修練士——そう、先程の、脱兎のごとく廊下を駆け回った、あの修練士だが、スープの入った重い壺を二つも持って、修練長など、上長の人々のすわる上席のテーブルに運んでいた時のこと、ゆっくり歩けばいいものを、遅くなってはいけないと焦るあまり、つい走ってしまったものだから、スープがこぼれ、足元の床の上にあふれてしまった。その上を踏んでしまったからたまらない。モンドリ打って仰向けに床に倒れ、中身のスープをあたり一面ブチまけてしまった。あたりの席にいた人たちは一斉に立ち上がり、熱いスープの洪水から逃れようと、ドッとばかりドアに向かって駆け出す始末。給仕係は、取る物も取りあえず必死で床を拭《ふ》き、とにもかくにも食事を終らせたのだった。

またある時には、今度は食堂と台所の間のハッチでのことだが、食事も終りに近くなって、テーブルから下げた皿が山のように積み上がり、ハッチが塞《ふさ》がれてしまったので、係の修練士が皿の山を少し押し、自分の側にもうちょっと隙間を作ろうとした時だった。反対側から、物の壊れるものすごい音が上った。押された皿の山が台所の石の床の上に落ち、一度に割れてしまったのである。修練長は上座のテーブルにいて、一部始終をつぶさに目にしていたが、絶望のあまり呆然自失、一言も発することができずにいたその表情たるや、まさに見ものだった。

実は、この同じ修練長自身も、似たような事件の犠牲者になる憂き目を見ることになる。ただし、今度は食堂ではなく、台所の外の納屋で起こった事件だった。ある日、三人の修練士が午後の散歩から帰ってきて、この納屋の前を通りかかり、誰かがジャガイモの袋の上にかがみこんでいるのを目にした。修練士の中に一人、グラスゴウの出身で、いつでもヘマなことをやるので有名な若者がいたが、この時はまた、とびきりのヘマを仕出かした。この、かがみこんでいる男を、愚かにも修練士の一人と思いこんで、ツカツカと歩み寄ると、いきなりピシャリと尻を叩いたのである。相手は当然大いに怒り、立ち上がって振り向いた。するとそれは、誰あろう、修練長その人だったではないか！

この同じ修練士は、その後もまた、性懲《こ》りなくヘマを犯した。今度は、修道会の戒律に背いたみずからの科《とが》を、皆の前で告白し、あるいは他の修練士の科を指摘して、たがいに欠点を改める集会の時である。修練士は一人一人、みんなの前に跪《ひざまず》き、ほかの修練士たちは彼について、もし科があれば、それを指摘するのだが、この時みんなの前に跪《ひざまず》いたのは、ほぼ完璧に近い修練士で、私たちはほとんど誰一人、彼について科を指摘すべき点など思いつかなかった。ところが、例のグラスゴウ出身の修練士は、今みんなの前に跪《ひざまず》いているのも、同じグラスゴウ出身だったせいもあってか、臆する気配もなく修練長に告げたのである。「このブラザーは、別に重要でもない規則に注意を払いすぎております。」当然、修練長は問い返した。「例えば、どういう規則かな？」そこで、修練士は答えた。「例えば、謙遜であれという規則です。」修練長が憤然として、ほとんど立ち上がらんばかりだったのも、けだし当然だろう。

こんなふうに書いてくると、この貴重なはずの二年間の修練期間は、大して得るところはなかったように思われるかもしれない。何しろ今も記憶に残っているのが、つらい経験が多かったことと、その間に、時おり面白いエピソードがあったことだけというのでは、そんな印象を与えかねないとしても、無理はないというものかもしれない。けれどもこれは、今でも主に思い出すわずかな事柄でしかなく、本当はもっと大事なことがいろいろあったはずなのだけれども、ただ私が、ほとんど忘れてしまったというにすぎない。だが実は、それでいいのではないかという気もする。というのも、そもそも教育とは何かといえば、結局のところ、ほかのことは全部忘れてしまっても、なお心に残っているものだと定義できるかもしれないからだ。しかし私は、さらにもう一歩進めて、こういってもいいのではないかと思う。つまり教育とは、ほかのことは全部覚えていても、いわば氷山の一角のように、忘れてしまったすべてのことをいうのではないかと。

さて、それはともかくとして、いろいろのことがあったにしろ、私はようやく、二年間のきびしい修練期を無事に終え、一九四五年九月八日、最初の誓願、いわゆる通常誓願を許されることになった。ところで、この一九四五年という年号から、今まですっかり忘れていたが、大事なことを改めて思い出した。この間中、いうまでもなく戦争は続いていて、さまざまな新種の爆弾が、ロンドンはじめイングランド各地に投下され、人々を恐怖に陥れていたばかりでなく、ヨーロッパで戦闘が終ってからも、太平洋ではなお激戦が続いていた。そしてついに、この一九四五年の八月、最初は広島に、次には長崎に、原子爆弾が投下されたのである。だが、こうした戦争の経緯を、私はほとんど知らなかった。修練士は、新聞を読む機会もまったくなかったし、ラジオを聞くことも一度もなかったからである。ただ、八月十五日（だったはずだが）、朝食の準備に食堂の食器部屋に入ると、その部屋担当のブラザーが、ひとこと言ったのだ。「戦争は終ったよ。」それだけで十分だった。

原子爆弾について、もう少しくわしい話を聞いたのは、その後しばらく経《た》ってからのことである。話してくれたのは、私たちに聖歌を指導してくれている年輩の神父さんだったが、当時の代表的な天文学者の一人で、だから、こうした問題にもくわしかったのである。原子力の発見に非常に興奮していて、これを利用して戦争を終らせたという実績にも、強い興味を覚えていた。原子爆弾というものが、倫理的にどんな意味をもつかといった問題には、何の疑念も感じてはいなかったらしい。原爆のおかげで戦争が終ったというだけで、彼にとっては十分だったのだろう。だが、その後まもなく、R・A・ノックス師の著書『神と原子』を読んで、私の心にも疑念が生まれた。その時初めて、原子力は単に戦争を終らせたばかりではなく、「原爆」の恐怖にさらされる新しい時代の始まりとなったことを悟ったのだ。

けれども、生活上の実際問題に戻ると、私はその時、何よりも解放感を味わっていた。必ずしも、戦争から解放されたと感じていたのではない。修練院で二年間過ごした今となっては、戦争は、少なくとも私にとって、ほとんど現実感を失ってしまっていたからである。私が感じていたのは、苦しい修練生活——中でも特に、例の農場の雑草取りの苦役から、これでようやく解放されたという思いだった。今や私は文学修士期に進み、この先二年間、また大好きな勉強に戻ることができるのだ。主としてギリシア・ローマの古典文学の勉強だが、歴史やフランス語も入っているし、英文学の勉強にも時間が割《さ》かれ、その中には、シェイクスピアまで含まれることになっている。この二年のうち、最初の一年は、この同じセント・バイノで過ごすが、二年目は、ロンドン南西のロウハンプトンの村にある、古い修練院に移ることになっていた。

この二年間と二つの場所のうちで特に楽しかったのは、セント・バイノで過ごした文学修士期の一年目だった。というのも、その土地柄にはもう慣れ親しんでいて、しかも、もう、それまでのようなつらい仕事はしなくてすんだからである。かつてホプキンズが味わったように、今や私もここの自然が、動物も小鳥も、樹々も花々も、季節と共に、さらには一日の間でさえ、刻々と趣《おもむき》を変える様を、つくづく味わうことができたのだ。冬でさえ、一面に雪が積もり、修道院から眺める景色が一変するのを嘆賞できた。しかも今度は、今までのように三人一組で出かけるのではなく、自分で選んだ相手と二人で、周囲の山野を自由に跋渉《ばっしょう》することができる。今まで組分けは、その都度、掲示板で指示されていたのだった。

一方勉強のほうでは、ヨーロッパの歴史に特別の興味を持ち始めた。ウィンブルドンの学院では、もっぱらイギリスの歴史に限られていたけれども、今度はヨーロッパ史、それも、特に教会史に関心を集中することになった。この時に勉強したことは、現在まで記憶にしっかりと根づいている。シェイクスピアへの興味は、まだはっきり目覚めてはいなかったが、ジョン・ヘンリー・ニューマンの著作には、強い興味を覚えた。必ずしも、彼の考え方にすべて同意したというのではない。むしろ、彼の大学教育についての意見――「知ることはそれ自体が目的である」という考え方には、同意することができなかった。実は今でもこの点では、彼に同意できないのだけれども。しかし、こうして初めてニューマンの意見に賛同できず、その論拠を、筋道を立てて組み立ててゆくうちに、長い休眠期間を経た後で、いわば精神の目覚めを経験することになった。何しろ修練期の二年間は、知的刺激に類するものは皆無だったからである。

　文学修士期の二年目になってようやく、私のように、修練期を終った後までセント・バイノに残っていた者も、ロウハンプトンのマンリーサ・ハウスに移った。私たちより先輩の修練士たちは、すでにその前の年、すべてマンリーサに移っていたが、戦後すぐのこの二年間は、軍隊を除隊になった人々が加わったので、先輩の修練士たちの数は目立って増《ふ》えていた。これとは対照的に、私と同じ年に文学修士期に入った者はごく少なく、この未知の建物で、ほとんど放任に近い形で生活を始めることになったのである。そしてこの時、たまたま私は自分の特徴について、重要な事実に気がついたのだった。新しい所に来た時は、何年かそこで暮らしてからでないと、十分に落ち着くことができないという事実である。例えばセント・バイノにしても、最初のうちは、ここの生活がひどくつらいものに思え、ずいぶん我慢し、覚悟を固めなければ、二年間の修練期を耐え抜くことはできなかった。けれども、こうしてともかく修練期を終え、比較的自由な文学修士期に入ってようやく、自分が新しい人間に生まれ変ったことに気がついたのだ。この発見が、ひとつには（別にシャレを弄するのではないけれど）、ニューマン（つまり「新しい人間」）のおかげだったことは、つい先程も書いたとおりである。ところが今、新しくマンリーサ・ハウスに移って来てみると、やはり同じ文学修士期の続きで、同じ古典文学の勉強をしているにもかかわらず、私はどうも落ち着けず、どこか不安を感じてしまうのである。ロウハンプトンは、ウィンブルドンの生家のすぐ近くで、ウィンブルドン・コモンを横切れば、歩いてもほんの一時間の距離だというのに、なぜか、そんな感じが拭えないのだった。

この、マンリーサ・ハウスで過ごした一年間で、楽しかった記憶として心に残っているのは、クリケットのことくらいだろうか。セント・バイノとは違って、広々とした平坦な野原があり、リッチモンド・パークが見渡せて、存分にクリケットができたのだ。私たちの中には、イングランドの管区から来た者はごく僅かしかいなかった。けれどもアイルランドの出身者も二人いて、このややこしいゲームを懸命に、われわれイングランド出身者から習い、二人とも非常に上達した。私自身も、あえていうなら、そう下手ではなかった。けれども、クリケット以外のこととなると、何を覚えているだろう。ほとんど何ひとつ思い出せない。ただ、おそらくは、次の三年間、オクスフォードシャーの荒地にあるヒースロップ神学校で哲学の勉強を始めた時、その本当の面白さを知る準備として、マンリーサの一年間で勉強したことが、確かに役に立ったとはいえるかもしれない。

田園の哲学

ウィンブルドンの、典型的な中産階級の家庭を離れてイエズス会に入った時、私は自分の住む世界が社会的に、もっと上の階層に昇ったことを感じていたに違いない。別にそうした感じを、はっきり自覚したという記憶はない。ほかにもっと直接、さしせまった問題が山ほどあって、そちらに気を取られていたからだが、しかし、少なくともセント・バイノの修練院に着いた時は、自室に行くにしろ、礼拝堂や食堂、あるいは台所に行くにしても、廊下がみな、まことに広々としていることにまず驚いた。もちろん、ただ廊下ばかりではない。建物の中が、どこを取っても十分すぎるほどスペースがあるのに加えて、戸外もまた、庭にしろ果樹園にしろ並木道にしろ、まことに広闊としていたし、それに何より、クルーイドの谷の広大な眺めがすばらしい。やがて経験することになぞらえていうなら、それはまるで、日本からアメリカへ移ったようなものだった。すべてが手狭な所から、広々とあけっぴろげな土地に移ったようなものだったからである。実際、修練院全体は、十九世紀の中頃、当時のイエズス会の求めに応じ、ヴィクトリア時代のゴチック・スタイル

で建てたもので、古い修道院の雰囲気を、よく伝えている建物だった。

しかしその後、ロウハンプトンのマンリーサ・ハウスに移った時は、もっと直接的な意味合いで、社会階層を昇ったといえるかもしれない。この建物は、もともと十八世紀以来、ベズバラ伯爵家の所有していたお邸で、ひとつひとつの部屋も、礼拝堂も、まさに豪奢そのものだったからである。セント・バイノでは、私たちは二人で一部屋を分け合い、間を赤いカーテンで区切っていたのだが、マンリーサ・ハウスでは、巨大な宴会場（あるいはむしろ、舞踏会のためのホール）の周囲を細かく区切り、一人がひとつの小部屋《キュービクル》を寝室に使う形になっていた。広間の中央には、勉強用の机がまとめて置いてあるのだが、この大広間もまた、みごとな眺望に恵まれていた。先ほども触れたとおり、広々としたリッチモンド・パークが見渡せたのである。クルーイドの谷ほど広大ではなかったけれども、亭々たる樫の木々がそびえ立ち、羊歯《しだ》や青々とした草叢《くさむら》が点在していて、十分にのびやかだったばかりか、時おり、鹿の姿を見かけることまであった。

さて、最初の年はセント・バイノ、次の年はマンリーサで、二年間の文学修士期を終えると、同期の仲間たちと一緒に、イエズス会士教育の次の課程、つまり三年間、中世のスコラ哲学を勉強する期間に進むことになった。今度はオクスフォードシャーのヒースロップ神学院で、オクスフォードの北、ストラトフォードに向かう街道沿いに建っている。ただし、街道そのものに面しているのではなく、長い私道をしばらくたどって、トラックやバスの喧騒からは十分に距《へだ》てられ、木々に囲まれた建物である。マンリーサ・ハウスと同様、ここも十八世紀に出来た堂々たる邸宅で、かつてはやはり貴族の住居《すまい》だった。今度はシュロウズベリー伯爵家である。同じ街道をほんの数マイル南に下った所には、チャーチル首相の先祖に当たるモールバラ公爵の旧邸、ブレニム・パレスがあるが、シュロウズベリー伯爵家も、もちろん、この公爵家と同様、れっきとした上流社会に属していた。

　ここでもまた、菩提樹や栗の木の並木を通して、広々とした風景を見はるかすことができたし、しかもここでは、目に触れる物はみな、私たちが自由に利用することができた。というのも、このお邸もその地所も、すべて、哲学課程の学生（三学年合わせて五〇人ほど）と、神学履修生（四学年合わせて約六十人）のために、一九二〇年代、イエズス会が買い取ったものだったからである。十八世紀以来の元のお邸の部分は、教授たちの部屋、それに神学課程の教室に当てられ、私たち学生に割り当てられていたのは、かつての厩舎だった。ただし、新しく人間の居住用に、部屋をいくつも建て増ししてあった。こうして、豪奢な邸宅や広壮な敷地に恵まれてはいたけれども、だからといって私たちが、いやしくも上流社会に属しているなどと感じたことは一度もない。それでも、しかし、時として、かつての田園生活の黄金時代、おびただしい狩人が猟犬の群を従え、お邸の玄関の前に勢揃いした壮観を思い描く機会があった。第二次大戦後の当時もなお、「ヒースロップ・ハント」と称して、往時の狩猟をしのばせる習俗が伝わっていたからである。

　ヒースロップ神学院では、私たちは現実の社会からほぼ完全に隔離されていた。イギリスやヨーロッパはもちろん、世界各地の英連邦諸国で、時々刻々にどんな事件が起こり、どんな変化が生じているか、意識に上ることはほとんどなかった。日々の勉学の対象となっていたのは、もっぱら中世の哲学だったからである。ただし、ただ中世の哲学といっても、その分野はまことに多岐にわたっていて、論理学や認識論はもちろん、宇宙論や心理学（フロイト流の心理学ではなく、アリストテレスの心理学だが）、それに倫理学、形而上学、存在論、あるいは自然神学等々に分かれている。しかもこうした多様な科目が、すべて中世ラテン語で講じられ、それに加えて、中世の大学でよく行なわれていたように、アリストテレス流の三段論法に従い、肯定と否定の二派に分かれて討論するのである。こうした勉学を通じて、どこを見ても出会うのは、アリストテレスの霊――それも十三世紀、聖トマス・アクィナスが甦《よみが》えらせたアリストテレスの魂で、対照的に、古代ギリシア哲学の双璧をなすプラトンには、ほとんど一瞥も与えられることがなかった。

それはともかく、マンリーサでは雰囲気がどこか息苦しく、一年間という短い期間では、ゆっくり馴染《なじ》むことができなかったのとは違って、ヒースロップでは、私はそれこそ、水を得た魚のように感じた。ここでも、先輩の修練士たちと一緒に生活することになったが（年齢や経歴を判断して、文学修士期を飛ばし、修練期を終えると直接、哲学課程に進むことを許された人たちである）、私は同期の人たちよりも、むしろこうした年長の人たちと気が合い、よく、哲学上のさまざまな問題を論じ合ったものだった。そして実際この時期以来、私は哲学上の問題に、ますます夢中になってゆくのである。

ここでちょっと付け加えておかなくてはならないが、私はセント・バイノ時代以来、目の調子が悪くて苦しんでいた。ウィンブルドン学院の最後の年、ラグビーの試合でタックルをした時、たまたま相手の踵《かかと》が、まともに目に当たってしまったのである。この事故があってから、ウィンブルドン時代はキングストンの町で、セント・バイノ時代はリヴァプールまで出かけて、眼科医のお世話にならなくてはならなかった。そういう事情で、文学修士期の二年間も、哲学課程の三年間も、本を読むのは最小限に抑えなくてはならなかったのである。だから、いろいろな科目を勉強している時も、その問題について論じた書物を読む代りに、どこか戸外の静かな場所を見つけて、一人で思索にふけったものだった。こうして、結果的には、書物を読んで他人の考えたことをなぞるのではなく、独力でものを考え抜くという、好ましい習慣が身につくことになった。この習慣は、後々大いに役に立つことになる。

もうひとつ、特にこの時期に身についた習慣がある。講義を受けた後、くわしいノートを作るという習慣である。別に、講義がみな非常に面白かったというわけではない。それでも、単に講義の内容をそのまま引き写すのではなく、自分自身の言葉でまとめ直し、私自身のコメントを加えてノートするのだ。こうして自分の言葉でまとめ直したノートが、友人と討論する時、無限の材料を与えてくれることになるのだった。そして実際、学院の周囲に広がる田園を遠くまで歩きながら、友人たちと交《かわ》すこうした討論は、実に楽しく、かつ貴重だった。講義そのものより、はるかに有益だったとさえいえるだろう。それというのも、こうした散歩から帰って来た時、友人と交した会話の全体を、それぞれ特定の場所や木々や花と結びつけて、ありありと思い起こすことができたからだ。特に鹿とかリスとか、動物が姿を見せた時と結びついている場合など、記憶がさらに鮮明となったことはいうまでもない。そして、講義を受けた後と同様、こうした会話についてもまた、私はくわしく記録に残した。こうしたノートは、それ以後現在に至るまで、私の大事な宝物として、すべて手許に残してある。

講義については、しかし、ひとつ、大事な例外があったことを断っておかなくてはならない。フレデリック・コプルストン神父の哲学史の講義である。神父の名前は、今では学界でよく知られているけれども、当時もすでに、学界ばかりではなく一般社会の間でも、広く有名になっていた。というのも、バートランド・ラッセル卿とかアルフレッド・エア教授など、無神論の哲学者を相手に、ラジオで一連の討論番組を放送していたからである。番組での神父の話は実によく準備がしてあったし、まことに魅力にあふれていて、神学校での講義にも、同じくらいエネルギーを注ぎ込んでくれたらと思う程だった。それというのも授業での話は、なるほど内容はみっちり詰ってはいたけれども、時に応じて生彩を加える修飾というか、彩などは、ほとんど皆無だったからである。ただ、後になって講義の内容をノートにまとめる段になって、どれほど内容の濃い話だったか、あらためて思い知らされることは始終だった。

この頃、私たちは何人か集まって、聖トマス・アクィナスを研究する小さなサークルを作った。ほぼ定期的に集まっては、彼の小品を選んで輪読し、その思想を論じ合う会である。いつでも、論ずべき内容が実に豊富であることに感銘を新《あら》たにし、トマス哲学に熱中して、イエズス会の管区長に、生涯をこの聖人の哲学の研究に捧げたいと申し出た程だった。しかし私のこんな希望は、真剣に取り上げてはもらえなかったようである。実は、同じような希望は、これ以後も何度か願い出たことがあったのだが、いつも同様の結果に終る。例えば、聖イグナチウス・ロヨラの『霊操』——いうまでもなく、イエズス会の黙想の基本的な指導書だが、その研究に生涯を費やしたいとか、あるいはローマ最大の詩人ヴェルギリウスの作品とか、プラトンの哲学とか、さらには『旧約聖書』の知恵文学(「ヨブ記」、「箴言」、「伝道の書」など)を、生涯の研究のテーマにしたいといった希望である。しかし結局のところこうした希望は、シェイクスピアの作品を研究し、解明するというテーマに席をゆずることになる。だがそれは、やがて私がイギリスを離れ、日本に来てからの話である。

とはいえ、ヒースロップ神学院で過ごした三年間は、すべて哲学の勉強だけに費やしていたというわけではない。都会の喧騒を離れ、田園地帯で静かに暮らすという環境を十分に活用して、野草の花々にも深い興味を抱くことになった。子供の頃は、ロンドンの郊外に住んでいたために、田園地帯に暮らしている子供たちのことを、いつもうらやましく思っていた。そういう生活なら、季節ごとに変化する風景に囲まれ、さまざまな形で自然の息吹きに触れていることができるだろうと考えていたのである。ところがイエズス会に入ったおかげで、それまでかつて経験したことのない程、親しく自然に接する機会に恵まれることになった。北ウェールズのセント・バイノでもそうだったし、次にロンドンの南西、リッチモンド・パークに近いマンリーサ・ハウスでもそうだった。けれども今、ヒースロップ神学院に移ってからは、新しく野草の花に興味を持つことになったのである。それというのも野の花こそ、中世哲学の研究と併行して興味を持つには、まことにふさわしい対象だったからにほかならない。

そんなわけで、学院のまわりに広がる丘や野原を跋渉《ばっしょう》する時、哲学を論ずることにいくら熱中していても、途中で目に触れる風物を無視することは一度もなかった。むしろ、足元の花々にいつでも目を配り、めずらしい種類の草が目に止まると、見本を摘んで学院に持って帰り、窓の敷居に活《い》けておくことにした。この窓のことを、私たちは「出窓植物園」などと呼んで、最初は別の神学生が世話に当たっていたのだが、私が植物に興味があるとわかると、その仕事を私にゆずってくれた。もちろん、私はよろこんで引き受けた。こうしてその後、五月と六月の二ヵ月で、二〇〇種以上の野草を収集することができたことを、今でもよく覚えている。ミドランド地方の、ごく狭いひとつの地域だけから集めたのだから、この数は、多少は自慢してもいい数ではないかと思う。それにしても、こうしてそれぞれ種類を見分け、名前を知ってみると、それだけで、散歩の途中で見かける花のすべてに、あらためて目を開かれる思いがしたものだった。実は、これこそ本当の意味での「唯名論」ではないかとさえ思った。唯名論といえば、普通、十四世紀のスコラ哲学者ウィリアム・オッカムの、実在するのはただ、記号としての名辞だけだという哲学上の理論を指すが、むしろ、今いう野草の花のように、名前が与えられることによって初めて、対象に本当の意味で実在感が与えられるという事実を指すのではないか――私には、そんな気がしたのである。いずれにしても、オッカムのあまりにも極端な論理偏重は、どうしても好きにはなれないどころか、反撥を感じるだけだった。

ヒースロップ神学院が、オクスフォードとストラトフォードの中間にあったからには、この利点を利用して、当然、オクスフォード大学のさまざまの学寮を訪ね、一方、ストラトフォードでシェイクスピア劇の上演を見に、よく出かけたろうと思われるかもしれない。だが、実はそんなことはなかった。私たちにとっては、オクスフォードは医者に診《み》てもらうために、時たま出てゆく所にすぎなかったのである。そういう時は、街道まで出てバスに乗り、途中ウッドストックの街を抜け、ブレニム・パレスの堂々たる門の前を通り過ぎるのだった。ストラトフォードに関しては、一度訪れた記憶があるだけで、シェイクスピアゆかりの有名な場所を訪ねて回ったのだが、その時は、たとえ生涯の一時期さえ、シェイクスピアの研究に費やすことになろうなどとは、夢にも想像してはいなかった。それはともかくストラトフォードは、歩いて往復するには遠すぎたので、ヒッチハイクをして出かけたのである。ストラトフォードに限らず、付近の田園地帯をあちこち歩き回るのには、バスに乗るお金の持ち合わせなどなかったから、ヒッチハイクは、交通の手段としては大いに役に立った。おかげで、学院の西に広がるコッツワルドの丘陵地帯の、それこそ絵のように美しい風景の中に点在する村々を、細かく訪ねて回ることもできたのである。

けれどもヒッチハイクは、ただ単に楽しみに役立ったばかりではない。私たちはこれを、「路上の使徒職」などと呼んでいた。というのも、まだ司祭に叙品《じょひん》されてはいなかったけれども、私たちはみなすでにローマン・カラーをつけ、司祭と同じ服装をしていたから、ヒッチハイクの印に親指を挙げると、運転手は（普通はトラックの運転手だが）、すぐ私たちの服装に気づいて助手席に乗せてくれ、自然に宗教を話題にして会話になった。そういう時、相手はよく、こんな言葉で話を始める――「私は別に、特別信仰が深いわけではないが、困っている人を見たら助けるのがいいことだくらいは、十分心得ていますからね。」そこで私たちも、それをいいキッカケにして、自分たちがイエズス会士として、どんな宗教的な職務を帯びているか、話を始めることになるのだった。運転手たちがよろこんで車を止め、私たちを乗せてくれたというのも、ある意味では自然なことだった。トラックの運転手たちは、ほとんどが一人きりで運転しているから、しばらくの間でも話相手ができるのは、願ってもないことだったからである。

そのほか、山野を跋渉する時、なかんずく、一日かけて遠出をするような時には、料理の道具を持ってゆくこともよくあった。昼食には、丘のふもとに小川の流れている所を探し、小枝を集めて火を起こす。そうして湯を沸《わ》かし、お茶をいれて、フライパンを火にかけ、玉子やベーコン、それにトマトを炒《いた》めて料理するのである。天気さえよければ、実に愉快な、自然に囲まれた食事だった。あるいはまた、長い散歩に外に出る代りに、学院の敷地で、いろいろ戸外の仕事をすることもあった。そういう仕事のために、さまざまのグループ用にいくつも小屋が建っていて、そういう所で料理を作るのも楽しかった。ただ、初めてそうした料理のために、ジャガイモをゆでた時は大失敗だった。お湯が沸騰してきた時、塩とコショウを同量入れてしまったのである。あんまりピリ辛すぎて、ほとんど誰も食べてはくれなかった。

そういえば、新しい小屋にペンキを塗るのを手伝ったこともあった。危なっかしい台の上に乗って、天井に白いペンキを塗っていたのだが、急に台が壊れ、転がり落ちてしまったのだ。よほど転がり方がまずかったのか、白いペンキを全部、頭からかぶってしまったのである。私の姿は、真白い砂糖をすっぽり掛けた、クリスマス・プディングそっくりだったに違いない。みんな大笑いになってしまい、私自身も一緒に大笑いするほかなかった。急いで家の中に入り、風呂場に駆け込んで、強烈な臭いのするテレピン油で髪を洗ったのだが、その臭いは何日間も消えず、おかげで誰かと話そうとすると、相手はたまらず逃げ出すという始末だった。

そのほか戸外の活動のためには、夏はテニスやクリケット、冬にはサッカーに興じる設備が整っていた。ただラグビーだけは、ウィンブルドン時代の事故以来、いつも避けることにしていたのだけれども。

オクスフォードの四年間

セント・バイノの修練院に入った時以来、イエズス会の長い教育課程をひとつひとつ経《へ》るごとに、私はあたかも、現実の世界から着実に引き退き、シェイクスピアが『テンペスト』で用いた表現を借りるなら、「時の昏《くら》い彼方の淵」に沈潜していったような気がする。まず最初の修練期には、十六世紀に聖イグナチウスが定めた「霊操」を中心に、その厳格な長期の黙想の形で修練を重ねた。次の文学修士期の二年間には、やがてオクスフォード大学で専攻することを目ざして、もっぱら古代ギリシア・ローマの古典文学を勉強するのと併行し、教父時代と中世の教会史に特に強く興味を持った。ついでヒースロップ神学院では、スコラ哲学の勉強に集中し、中でも聖トマス・アクィナスの思想に注目した。

さて、ヒースロップの三年間を終えると、私はいよいよ、オクスフォードにあるイエズス会の学寮、キャンピオン・ホールに移り、さらに歴史を遡って、古典古代の文学や思想を、あらためて、さらに深く研究することになったわけだが、しかし、ヒースロップで哲学を勉強した仲間がみな、私と一緒に大学に進学した

わけではない。その年、大学に進学することを認められた者は、実は二人しかいなかった。リーズの学院から来た友人と私の二人である。二人とも、オクスフォードでは古典学を専攻することになっていた。というのも、ルネッサンスの人文主義の時代、つまり、エラスムスやサー・トマス・モアの時代以来、古典学こそ、オクスフォードのもっとも得意とする学問分野だったからである。

　オクスフォードほど高名な大学で、しかも古典学という、この大学でも特に卓越していると定評のある分野の講義とあれば、当然、傑出した講義だったろうと考えられるかもしれない。ところが、まことに悲しいことながら、実際はまるで違っていたのである。ヒースロップの哲学の講義も、それほど立派とはいいかねるとは思っていたが、オクスフォードへ来てここの講義を聴いてみるまでは、そもそも講義というものがどれ程ひどいものでありうるか、分ってなかったとさえ感じざるをえなかった。先生の中には、今目の前に学生たちがいて、自分はその聴き手に向かって話しているのだということすら、気がついていないように思えるのである。何しろ、口の中でブツブツつぶやいているだけで、何を話しているのかサッパリ聞き取れない。いや、かりに言葉自体は聞き取れても、内容がサッパリ面白くない。というか、雑多な知識の山に押し潰されてしまっていて、一本一本の木は見えても、森全体の姿はどうにも見えてこないのである。あまりにも専門的な問題の細部にこだわるあまり、そうした細部をひとつにまとめ、筋の通った、一貫した論旨に構成してゆくことができないかのように見えるのだ。日本流にいえば、まさしく『論語』読みの『論語』知らずなのである。

　だがオクスフォードでは、幸い、講義の出席は自由だった。チューター（個人指導《チュートリアル》の教員）から出席するよう薦められた講義は別として、出席は義務ではなかったのである。だから学生は、出てみて面白くないと思えば、すぐやめてしまう場合も少なくなかった。学期が始まってから何週間か経《た》つうちには、受講生がいなくなって、講師のほうでも、講義をやめざるをえなくなるのではないかと思ったのだが、しかし、それで講師のほうが、気に病むことなどまるでなかったに違いない。私の受けた中で、本当に面白いと思った講義は二つしかなかった。ひとつは、ヒトラー体制下のドイツから亡命してきたユダヤ人の先生の、ギリシア悲劇とヴェルギリウスについての講義で、これには大勢の学生がつめかけた。もうひとつはイギリス人の先生の、ルクレティウスの『自然の事物について』の講義で、この古典は、卒業試験の課題図書のひとつに指定されていたから、私も仲間の学生たちと一緒に受講したのだが、なかなか面白かった。

古典学で学位を取るには、四年間が必要だった（ほかの分野の学位なら、三年で取れる場合もあったけれども）。この四年間は二期に分かれ、前半は「一次試験」（Mods——Moderation の略）、後半は「卒業試験」（Greats）と呼ぶ。「一次試験」は五学期過ぎた時にあり、ギリシア語とラテン語両方で、古典文学の代表作を対象とし、加えてギリシア語・ラテン語の作文、それに、選択として韻文の作文がある。この試験にそなえる準備は、講義ではなく、もっぱらチューターの個人指導によって行なうのだが、チューターの指導は主に散文の作文と、古典文学のうちどの作品を読むべきか、それに、こうした作品についての設問にどう答えればいいか、アドヴァイスをしてくれるのである。

私も、リーズから来た同じイエズス会士の友人も、モードリン・カレッジの同じチューターについたのだが、勉強にたいして熱意を搔き立てられるどころか、逆に落胆させられてしまった。というのも、練習のためにラテン語の作文を見てもらったところ、私たちのラテン語は、三年間スコラ哲学を勉強してきた結果、古典ラテン語というよりは、中世ラテン語であることがはっきりしてしまったのである。けれども一年ほど経《た》ったところで、このチューターを離れ、ベイリアル・カレッジの別のチューターの指導を受けることになり、おかげで勉強も大いに捗《はかど》って、私たちは二人とも、古典学の第一次試験で、「第一級」の成績を取ることができたのだった。

その間にも、私はローマのイエズス会本部に手紙を書き、日本に赴任する許可を与えてくれるように申請した。東京の上智大学では、世界の各国から教員を求めていたからである。けれども、この許可が下りるまでにはかなり時間がかかり、古典学の専攻に入った後になって、ようやく許可が届いたのだった。それで、五学期間、古典学を勉強してモッズを終えた時、本試験準備期（いわゆる「グレイツ」）の後半は、古典学から英文学へ専攻を変えることになったのである。一九五二年の春のことで、実は私は友人と二人、古典学の第一次試験という最初のハードルを無事通過した記念に、フランスに旅行する計画を前々から立てていた。アヴィニヨンのイエズス会神学校に泊って、プロヴァンス地方のローマの遺跡を訪ねることにしていたのである。

ところが、ちょうどイギリスを発《た》つ前の日になって、キャンピオン・ホールの学寮長の部屋に呼ばれ、フランス旅行の計画を、できれば変えてくれないかと訊《き》かれたのだ。実はウィンブルドン学院の先生方の中に、結核で休職しなくてはならない人が二人出来てしまったので、その穴を埋めてほしいというのである。ピンチヒッターを務めてもらうのは、ほんの三週間でいい。その後は、まだ三週間、フランスに滞在することができるという。本当は、いささか残念ではあったけれども、私たち二人は、分りましたと答えざるをえなかった。そんなわけで、翌日の朝、フランスに向けて船に乗る代りに、列車に乗ってウィンブルドンに向かうことになったのだった。

ちょうど土曜の朝だったが、ウィンブルドンに着いてみると、校長先生は週末は不在で、日曜の夕方まで帰って来ないという。ところが私たちの受け持つ授業は、早速その月曜から始まることになっているというのだ。そこで、日曜の夜、ようやく校長先生が帰ってみえて、何を教えればいいのか、初めて話を聞かされた。自分の専門以外のことなら、何をどう教えてもいい、ただし相手は、十歳から十三歳までの子供たちだという。私たちは二人とも、今まで生徒を教えた経験などまったくなかったし、最悪の場合にそなえて準備をする時間もなく、いきなり教室へ出かけてゆくことになってしまった。イエズス会士は、何よりも絶対従順の美徳を特徴とするというのが、世間一般でいわれているところだけれども、この、ウィンブルドンでの代理教員の一件など、まさしく典型的な実例であるかもしれない。それはともかく、私たちはどうにかこうにか、無事この試練を切り抜けることができた。この時のスケジュールには、四月一日に授業をする日程も入っていた。もちろん、エイプリル・フールの当日で、生徒たちはこの日、知恵を絞って、教師をからかうイタズラを工夫するのだが、この日の授業も、なんとか無事やりとおすことができた。さて、この降って湧いた難題を片づけた後、私たちはようやく、心ゆくまで、南仏の休暇を楽しむことができたのだった。

古典学から英文学に専攻を変え、新しい講義に出てみると、ずいぶん質が高いのに驚いた。講義を受け持っていた英文科（English School）の先生たちは、その後さまざまな分野で有名になる人々が多かった。例えばトルキーン教授で、今では『ロード・オヴ・ザ・リング』三部作で世界的に有名である。もう一人、やはり児童文学の分野で、一連の「ナルニア国物語」では、むしろ友人のトルキーン以上によく知られているといえるかもしれないが、C・S・ルイスがいた。ただ、当時はまだ教授ではなく、やがてオクスフォードからケンブリッジに移った時、はじめて教授になったのである。私がオクスフォードを離れ、日本に出発したのと同じ年のことだった。

英文学を専攻することになって、私はぜひともC・S・ルイスにチューターになってもらいたいと望んだのだが、ほかの学寮の学生にチュートリアルはしないと知って、文学に関しては女性の先生、それに言語――つまり古英語については、高名なレン教授に個人指導を受けることになった。トルキーン教授の講義には出席しなかったけれども（声がひどく小さく、ほとんど聞き取れなかった）、C・S・ルイスの講義はみな、勤勉に出席した。英文学関係の講義の中でも、彼の授業は抜群に人気があり、先生方の間に嫉妬を招くのではないかと思う程だったからである。講義のほかに、彼の発案による学生のクラブの会合にもいつも出た。ソクラテス・クラブという団体で、文学よりは、むしろ哲学上の問題を中心に論じあう会である。私にとっては、余計、希望にかなう会合だった。私自身の興味も、やはり、文学よりは哲学にあったからだ。

こうして、古典学から英文学に移ることによって、単にC・S・ルイスに親しく接する機会ができたばかりではなく、シェイクスピアを本格的に知ることにもなった。シェイクスピアに特に興味を持つキッカケを与えてくれたのは、実は、すでにちょっと触れたとおり日本のおかげだったのだが、文学関係のチューターになったベドナロウスカ先生も、最初の学期、つまり、一九五二年の四月から六月にかけてのトリニティ・ターム（夏学期）は、シェイクスピアの全作品を精読することに当てるよう提案したのだ。もちろん、すでにウィンブルドン学院の時代にも、シェイクスピアのかなりの作品は勉強していた。少なくとも当時は、一《ひと》廉《かど》の学校を自任する所なら、必ずシェイクスピアは教えていたのである。それに文学修士期にもまた、そのほかさらに二篇、私の特に得意とする劇が加わってもいた。しかし、シェイクスピアがまぎれもない天才であることを、初めて本当に身に沁みて悟ったのは、このオクスフォードのチュートリアルで、真剣に精読した時だった。そればかりではない。この時以来今日に至るまで、シェイクスピアの天才を認識し、その無比の真価を賞賛する点において、私は誰にも劣ったことはないと、あえて自負できると思っている。

もうひとつ、この時初めて悟ったことがある。私がこれまで重ねてきたさまざまな経験は、自分では気がついてはいなかったけれども、少なくとも結果的に、シェイクスピアを深く研究する上で、これ以上ありえない程、まさに理想的な準備になっていたということである。聖イグナチウスの『霊操』に従って修練を重ね、次に教会の歴史に興味を抱き、さらにスコラ哲学を研究し、加えてギリシア・ローマの古典文学を勉強した上で、今シェイクスピアの作品を読んでみると、少なくとも私にとって、これ以上の準備はありえないと思えた。逆にいえば、かりに『霊操』だけを専門に研究し、あるいは聖トマス・アクィナスの思想、ないしはヴェルギリウスの詩やプラトンの哲学だけを専門にしていたとすれば、それぞれの分野で専門家になることはできたかもしれない。ところが今や、こうした事柄をすべて一度にやりとげ、いわば、こうした沢山の鳥をひとつの石で仕止める道が、シェイクスピア劇を研究することで、目の前に広がっていることを悟ったのだ。この点をこれ以上くわしく説明するのは、今は控えておくことにしたいけれども、ひとつだけ、ここでいっておくべきことがある。一九五四年の夏に最終試験を受ける時まで、英文学のさまざまな作品を読んだ中で、本当に読むに値する作家は、実はただ一人、シェイクスピアしかいないという結論に達したことだ。あたかもヒマラヤ山脈中、エヴェレストがそうであるように、英文学中、ほかのあらゆる作家を圧して、ただ一人、高くそびえ立っているとでも形容できるだろうか。まさしく至高の存在なのである。

それにしても——と、読者は疑問を抱かれるかもしれない。一体なぜ、ギリシア・ラテンの古典文学にたいする愛着を犠牲にし、少なくともイギリスの大学の永い伝統の中では、古典文学ほど重視されていない英文学に専攻を変えてまで、ことさら日本に行きたいと望んだのかと。実をいうとこの「犠牲」は、偶然の結果でしかなかったのである。私が初めて、日本で布教活動に当たりたいと希望を申し出た時は、オクスフォードに進学できるかどうかさえ分らなかった。その後オクスフォードに進み、日本へ行く許可が下りた時、私は日本管区長に手紙を出して、今すぐ日本に出発すべきか、それともこのままオクスフォードに残って、学位を取るまで勉強を続けるべきか、それに、もしオクスフォードに残るとして、古典学の学位でいいか、それとも何か、別の学位のほうが望ましいか、問い合わせてみた。返ってきた答えによると、古典学は好ましくない、なぜなら日本では、ギリシア・ラテン文学に興味のある人はごく限られているから、むしろ英文学か、さもなければ歴史が望ましいという。そこで、歴史には大いに興味があったけれども、それまで勉強していた古典学にもっと関連が深いと考えて、英文学を専攻することに決めたのである。

とはいえ、英文学の分野では、私はほとんどゼロから出発するようなものだったから、比較的狭い分野に限り、それだけ集中的に勉強できるジャンルとして、詩と劇に関心を集中することにし、膨大な小説群は、限られたこの期間には読まないですむようにした。小説《ノベル》を除いて英文学の学位を取るというのは、シャレではないが、相当に新奇《ノベル》な例だったかもしれない。

それにしても、そもそもなぜ日本だったのか。もともとの源をたどれば、子供の頃、地理に興味を持っていたことに遡るかもしれない。それと、もうひとつ、私はただ司祭になりたかったばかりではなく、宣教師になりたいと夢見ていたことにも関係がある。ほんの幼い時分は、未開の土地で宣教を行なうとなると、ヘビに出くわすのではないかと怖がっていた。たとえ、ヘビをやっつけるために杖を持っていたとしても、やはりヘビが怖かったのだ。しかし宣教師なら、髭を生やすことができるはずだと考えて、勇気をふるい起こしてはいた。子供時代の、そんな冗談めいた話は別として、イエズス会のイギリス管区に入ってみると、宣教に赴くべき場所として、この管区に割り当てられている所は、二つの国しかないことが分った。ひとつは、アフリカ南部の南ローデシア（現在のジンバブエ）、そうでなければ、南米北部の英領ギアナ（現在のガイアナ）である。どちらにしても、こういう地域で宣教活動に当たるには、例えばジープやトラックを運転するなど、さまざまな実際的、実務的な能力が不可欠だった。だから、セント・バイノの修練期以来、私は海外に出かけて宣教するという、子供の頃からの夢は残念ながら諦め、どこかイギリス国内の、イエズス会経営の中・高校で、古典学を教えるという考えで我慢せざるをえなかったのだ。

ところがである。ヒースロップの神学院で哲学の勉強をしている時、イエズス会の総会長から、要請が出ていることを耳にした。日本での宣教、中でも特に上智大学のために、志願者を求めているという。私は思った。日本の大学生なら、多分、イギリスの中・高生より、私の授業に熱心に反応してくれるのではないだろうか。というのもイギリスの中・高生は、私もその後すぐ、直接体験することになるのだが、相当にイタズラ好きだからである。もうひとつ考えたのは、日本に行くことによって、聖フランシスコ・ザビエルの足跡をたどることになるという思いだった。聖フランシスコは、いうまでもなく、イエズス会創立者の一人であるばかりか、初めて日本に布教し、教皇から「信仰布教事業の保護者」と定められた人である。そこで、私は総会長の要請に応募し、許可され、オクスフォードでの学業が終るとすぐ、学位授与式まで待つこともなく、日本に向けて出発したのだった。所詮、学位授与式など、単なる形式にすぎなかったからである。それに、式に出席しなかったことを、残念に思ったことも一度もない。やはり、ああするのが最善だったと今も思う。

ところで、これまでキャンピオン・ホールで過ごしてきた生活は、一体どんなものだったのか。もしかりに、ある場所にいて楽しいと感じるかどうかが、その場所にどのくらい長くいたかによって決まるものなら、オクスフォードで四年間、古典と英文学を勉強していたほうが、ヒースロップで三年間、スコラ哲学を勉強したのより、もっとよかったことになるはずだろう。しかし私自身としては、実はヒースロップのほうが楽しかった。第一に、ヒースロップではいつでも、田園的な環境に恵まれていたし、第二にまた、ヒースロップのほうが自由な時間がたっぷりあって、哲学上の問題を、じっくり考えることもできたからだ。そして実際、哲学的な問題を落ち着いて思索するのは、私の性向にまさにピッタリだったのである。ところがオクスフォードでは、一転、何事によらず、落ちついて思索に耽る暇などまったくなかった。来る日も来る日も、朝も昼も晩も、とにかく勉強、勉強、勉強に追いまくられる。幸い以前に較べると、目はずいぶんと良くなって、本を読むのも、もうそれほどつらくはなくなっていたので、膨大な量の本を読まなくてはならなかったし、膨大な量の文章を書かなくてはならなかったのも無論である。

それに、もともとオクスフォードは、すぐ傍をテムズ川（上流の、このオクスフォードの付近ではアイシス川と呼ぶのだが）、それに、町の南でテムズに合流するチャーウェル川が流れていて、朝はいつも川霧が立ちこめ、勉強するのにも、ヒースロップほど健康にいい場所ではなかった。自室にこもって、ギリシア語でホメーロスやデモステネス、ラテン語でヴェルギリウスやキケロを、苦労しながら読み続けていると、ロウブ古典対訳双書を使っていても、だんだん頭痛がつのってくる。冬の間は、特に気分が滅入ったものだ。しかし、たとえ夏でも、チュートリアルのための準備はあまりに大変で、明るい陽光を浴びて花を眺めるとか、川で舟遊び（いわゆるパンティング）を楽しむ余裕など、ほぼ皆無といってよかった。

それに第一、セント・バイノやヒースロップの時のように、一年中オクスフォードに居続けていたわけでもない。学期は、それぞれ八週間ずつ三学期に分かれていたが、学期と学期の間の三回の休暇は、実は学期の期間より長く、そして休暇中はホールを出て、どこか別の学寮に、自分で居場所を見つけなくてはならない。しかしほかの学寮では、必ずしも喜んで滞在させてはくれないのである。私は、だから、休暇中はヒースロップ、あるいはロンドンのマンリーサ神学校で過ごすことにした。そこで、年下の神学生たちと生活を共にするのである。それ自体は、別に何の問題もなかったのだが、その間、オクスフォードの生活、キャンピオン・ホールでの生活が途切れることになるのは、やはり、やむをえないことだった。

そればかりではない。キャンピオン・ホール自体、住居として、それほど居心地のいい所ではなかった。設計したのはサー・エドウィン・ラティアンスという有名な建築家で、ニューデリーの官庁群を設計したこともある人物だったが、そのせいか、キャンピオン・ホールの設計も、いささか仰々しいスタイルで、家庭的な住心地のよさには向かない造りだった。彼に設計を依頼したのは、前院長のマーティン・ダーシー神父だったが、ダーシー神父も、居心地のいい住居には何が必要か、よくわかってはいなかったらしい。しかし哲学者として有名な神父で、著名な思想家や作家、あるいは貴族の面々と親しく語り合うことが大好きだった。キャンピオン・ホールの院長から、やがてイエズス会イギリス管区長となった人で、私が日本へ行きたいという希望を初めて伝えたのも、実はこのダーシー神父だったのである。ただ、私の希望はあまり歓迎しないふうで、希望が叶《かな》うよう祈りなさいと答えてくれただけだった。そもそも私と、リーズ出身の友人の二人に、古典学を勉強するよう勧めてくれたのも彼だったのだけれども、私がその後、ローマのイエズス会本部に手紙を出し、日本行きの希望を総会長に申し出た時は、院長はもう次の代に変っていて、私の希望にたいしてもっと協力してくれ、総会長への手紙に添え状を書いてくれたのだった。

それはともかく、一九三四年、ホールの新しい建物が竣工した時は、至る所、ダーシー神父に贈られたおびただしい美術品で飾られた。そうした作品をひとつひとつ丹念に見てゆくと、目に楽しいばかりではなく、教養にもなったことは確かだったが、しかし、それだけ居心地がよくなるというものでもなかった。普通の家庭というものは、むしろ些末で単調だからこそ、気がねなく落ち着けるものだからだ。そんなわけで、正直にいうと、休暇になってホールを離れ、ヒースロップ神学院やマンリーサ・ハウスに戻ることができると、ホッと気が楽になるのだった。ウィンブルドンのわが家の暮らしに、多少なりとも近い感じが味わえたからである。

キャンピオン・ホールに来た頃から、自分の部屋を気に入った色で塗ることが、私たちの間で、ちょっとした流行になっていた。実はヒースロップにいた最後の頃から、この流行はすでに始っていて、前に書いたとおり、庭の小屋の塗り変えで失敗したのに懲《こ》りもせず、自室を真青な空色に塗り変えていた。そんなわけで、キャンピオン・ホールに移ってからも、隣の部屋の友人に勧められて、同じことをやってみることにしたのである。友人は、壁も天井も真赤なペンキで塗り立てたのだが、私の目には、真赤はさすがに強烈すぎたので、今度もやはり空色にした。おかげでオクスフォードの冬の憂鬱も、多少は気が晴れる思いがしたものである。部屋の色自体はもちろん、ペンキを塗る作業そのものも気晴らしになったのだ。いうまでもないことだろうが、最初の年は新入りとして、屋根裏部屋を当てがわれた。二年目になって、初めてもう少し下に降り、多少は快適な部屋に移った。とはいえキャンピオン・ホールでは、どの部屋だろうと、本当に快適と呼べるような部屋は、実はひとつもなかったのだけれども。

来る日も来る日も勉強漬けの毎日に、せめてもの息抜きを与えてくれたのは、夕食にお客を招待する時だった。その日、院長は高名な学者をハイ・テーブルに招待する一方、私たち学生も、それぞれ自分たちの友人を招くことができるのである。実は、初めてC・S・ルイスの姿を目にしたのも、こうした機会に、院長のお客としてホールを訪れた時だった。けれども最初は、ほとんどわが目が信じられない思いがした。いかにもデップリと太って、赤ら顔で、陽気な人物だったからである。彼の本はずいぶん読んで、私なりに想像していたイメージとは、およそかけ離れていた。もちろんトルキーン教授も、また別の日に姿を見せたが、彼のほうは、『ロード・オヴ・ザ・リング』から想像していたとおりの風貌だった。さて夕食が終ると、一同、図書室に移ってフルーツとコーヒーを取り、それから今度はコモン・ルーム（談話室）に移って、チーズとビスケットと一緒にシェリーを飲む。年長のメンバーとそのお客はシニア・コモン・ルームに、一方、学部の学生やそのお客は、ジュニア・コモン・ルームに分かれるのである。

では、オクスフォードの週日はどうかといえば、午前中は講義やチュートリアル、それに、チュートリアルの準備の勉強に集中する。午後は運動に当てられていたが、私はもっぱらテニスや、川でカヌーを漕ぐのに費やした。そして夕食後は、さまざまな学生のクラブの会合に出る。ソクラテス・クラブも、そうした会のひとつだったわけである。それにお客の招待日――いわゆる「ゲスト・ナイト」には、友人をキャンピオン・ホールに招くばかりではなく、友人に招待されて、それぞれの学寮に出かけてゆくことも多かった。そうした晩の経験は、実際、まことに得がたいもので、古い歴史のある学寮にはみな、まさに古色蒼然たるみごとな食堂があり、ローソクの灯《あか》りの下で悠然と食事するのだ。ただキャンピオン・ホールは、立派な建築ではあったけれども、オクスフォードの中ではごく新しい学寮だったから、中世以来の面影を残すような雰囲気は、残念ながら望むべくもなかったのだけれども。

　しかし、そうした夕食よりさらに強く記憶に残っているのは、テニスやカヌーの後、よく友人に誘われて、彼の学寮の自室に行き、午後の紅茶を楽しんだ時のことである。電気ストーブでクランペットを焼いて食べるのだが、こういう場合にこうして食べるその味は、まことにおいしかった。残念ながら日本に来てから、ああいうクランペットは味わったことがない。というより、そもそもクランペットとはどんな物か、日本人は知らないのである。いや、実はイギリスでさえ、今はもう、クランペットが好物ではなくなったらしい。だが、記憶にあざやかに残っているのは、午後のお茶ばかりではない。夜、友人に招かれ、先程も書いたような夕食を楽しんでから、ほかにも何人か友だちと一緒に、当の友人の自室に行き、よく議論に熱中したものである。議論は、夜更けまで続くこともめずらしくはなかった。

　そうした議論のうち、今でも時にふれて思い出し、われながら苦笑せざるをえないエピソードも少なくない。例えばある時、インドから来ているバラモン教の僧侶《ブラーマン》に、輪廻転生などという説を、本気で信じているのか訊《たず》ねたことがあった。またある時は、ギリシア正教会の信者だという学生に、ニケア信経にまつわる「聖霊発出論争」に関して、聖霊は聖なる父からばかりではなく、「聖子よりもまた」発出するという語句をめぐって、なぜ神学上、東西両教会の間であれほどの論争が生じることになったのか、私にはどうにも理解できないなどと、あえて論争を吹きかけるような真似をしたこともあった。どちらの場合も、いささか苦い経験をして私の得た教訓は、「他人の足のうおのめを踏むようなことはするな」（"Don't tread on another man's corns!"）、つまり、他人がひそかに気にしているようなことを、わざわざ掘り出すような真似はするな、ということだった。

さて、いよいよ、四年間の勉強の最後の締めくくりとして、ハイ・ストリートにある試験場で、最終試験を受ける時が来た。一週間ぶっ通しで、一〇科目にわたる試験にほぼ三〇時間を費やし、答案を書きつづけるのだ。この仕組みは、古典学の一次試験の時と、基本的には同じである。筆記試験が終っても、まだ口頭試問が残っている。オクスフォードでは、普通「ヴィーヴァ」（viva）と称しているが、何人かの試問委員の質問に答えなくてはならない。委員の中には、C・S・ルイス先生も入っていて、まず最初に質問した。だが、まったく予想していなかった質問で、私は、必ずしも十分には答えられなかった。そのせいか、私の卒業成績は、優等試験の二級に終ったのだった。

さて、これでいよいよ、オクスフォードでの勉学から解放されて、かねてからの望みどおり、日本にむけて出発できることになった。ただし、飛行機で行くのではない。当時の、まだごく原始的ともいうべき時代には、航空便などというものはなかった。船便である。ところが実は、同じ船に乗るのは私一人ではなく、ヒースロップで哲学を勉強した仲間も、一緒に出発するということがわかった。そこで私たちは、一緒にロンドンから列車に乗り、サウサンプトンで同じ船に乗りこんだ。ただし、イギリスの船ではない。ドイツの船で、極東に向かう途中サウサンプトンに寄港し、私たちと同様、東洋に旅するお客を乗せ、それからいよいよ、地球を半周する大航海に出発するのである。

ここで今一度、私がオクスフォードについて、全体としてどんな印象を抱いたか、あらためてまとめておくことにしよう。これほど有名な大学で、四年間勉学に費やすことができるのは、大変恵まれた特権だと、当時の私は感じていただろうか？　正直にいえば、私は特に大きな特権とは感じなかったし、また、少なくとも現在のオクスフォードが、それほどの名声に値するとも思えなかった。そもそも、絶えまなく勉強する必要に追いまくられて、ほかのことを考える余裕などほとんどなかったのだが、それにしても、これほどまでに勉強を——もっと正確にいうなら、書物を通じての学問、いわば机上の学問を強調するのは、やはり、いささか度が過ぎるのではないかと感じていた。それにまた、場所と人とがズレているという感じを抱いてもいた。場所そのものは、確かにその名声に値する。マシュー・アーノルドも歌ったように、その「夢みるごとき尖塔の群」は、古きよき中世の面影を色濃く伝えてくれているし、周囲をめぐる自然の環境も、いくつもの川はいうまでもなく、学寮の裏手に広がるさわやかな草地の連なりといい、まことに理想的というほかない。ところが人のほうは、先生方も学生たちも、ホプキンズの言葉を借りれば、「中に住む者が釣り合わない」のだ。勉強や研究に集中しすぎて、余暇などはほとんどなく、場所の美しさや、その語りかけるところを吸収する余裕もなければ、自分の研究している事柄自体に、実はどのような深い意味が隠されているのか、落ち着いて反芻する暇もないのだ。

オクスフォードでの勉強の意味を反省し、十分に消化吸収することができたのは、オクスフォードにいる間でも、イギリスにいる間のことでもなかった。日本の、東京の、それも上智——つまり「ソフィア」という名の大学に来て、かなりの時間の経過を経た後、初めてできたことなのである。それも、けだし、当然のことだったのかもしれない。というのも、「上智」(sophia)とは「知恵」、あるいはむしろ、「上智の座」たる聖母マリアを意味する名称であるのだから。

イギリスと日本の間

　イギリスから日本まで、海路で四十日間。現在の、あまりにも近代的で機械化され、まさしく日進月歩の時代とくらべれば、また何という違いだろう。今日なら同じ旅をするのに、半日かかるか、かからないかだ。しかし私は、だからといって、今のほうがいいなどとは夢にも思わない。日本のような遙かな国に、わずか半日で着くというのは、いくら何でも早すぎて、文化や物の考え方の違いを、あまりにも無視しすぎている。当時、日本は私にとって、まったく未知の土地だった。それほど新しい環境に順応するには、やはり、それなりの時間がかかる。

　オクスフォードで最終試験を終えてから、私は夏休み一杯を費やして、西洋から東洋へと、たっぷり時間をかけ、住みなれた島国の母国イギリスから、新しいもうひとつの島国、日本へと、ゆったり船旅をする時間的余裕があった。それにまた、私の乗ることになっていたのは貨客船で、「フランクフルト号」という名前だったが、実は横浜まで、処女航海に出るところだった。ということは、つまり、それだけゆっくり航海するということにもなる。第一、貨客船だから、お客の乗り降りばかりではなく、さまざまな港に寄港するたび、貨物の積み降ろしにも、それだけ余計に時間がかかる。その代りわれわれ乗客は、その時間を利用して上陸し、それぞれの土地を見物できるというわけで、ヨーロッパから中東、そして極東へと、次々に異なった風物を、つぶさに目にすることもできるのである。

もちろん港と港の間には、海上で長い時間を費やすことになる。目まぐるしい変化を望む人たちには、いかにも退屈に思われるかもしれないが、私にとっては、むしろ、広々とした海の上を走っているこういう時こそ、実はいちばん楽しかった。私はいつも船首に立ち、刻々に変化する海面の色に目を凝らしていたからである。人に訊《き》かれると、特にアジアに入ってからは、サメの姿を探しているというのを口実にしていたが、地中海にいる間、特にスペインの沖合では、視野に入ってくるのはイルカだけ。それに南シナ海では、数え切れないほどの飛び魚ばかりだった。しかし、魚はともかく、船の動きがまた、舳先《へさき》に立って前方を見ていると、実に素早く、しかも実に優雅で、さながらツバメのようだったし、他方、いったん海が荒れたとなると、例えばアラビア半島の南端アデンを出て、アラビア海を航行中、時化《しけ》に出会った時など、船は前に進むというより、グイグイ左右に揺さぶられ、ググーッと左舷に傾いたかと思うと、今度は右舷によろめいて、これ以上、ほんのもう少しでも傾けば、完全にひっくり返ってしまうのではないかと、本気で恐ろしくなる程だった。だがそのたびに、船は危うくバランスを取り戻し、転覆、沈没を免れたのは、実際、幸運というほかはないと思えるのだった。

南フランスの西に広がるビスケー湾でも、海は大いに荒れた。大西洋のうちでもこの海域は、もともと波が荒いことで有名なのだ。ところが、いったん地中海に入ってしまうと、まことに平穏そのものの航海が続き、先程も書いたとおり、人なつっこいイルカが、船と並んで泳ぐことが多かった。こうして船は、初めての寄港地、イタリア西岸のジェノヴァに着いたのだが、碇泊はそう長くはなく、町そのものも、ただ港町であるという以外、ほとんど記憶に残っていない。歴史上有名な遺跡も少なくなかったはずなのだが、かりに見物したとしても、記憶に刻まれてはいないのである。そこから今度は、イタリア半島に沿って南東に下り、いくつもの島を過ぎて、半島の南端とシチリア島の間の狭い水路、メッシーナ海峡を抜ける。ホメーロスの『オデュッセイア』で、海の怪物スキュラとカリュブディスが住んでいたとされる海の難所だ。確かに、ひどく曲りくねった狭い航路で、舳先に立って見ていると、今にも真正面から陸地に衝突しそうに思えた次の瞬間、舵を切ると、呆気《あっけ》に取られたことには、行く手の陸地が不意に開け、その隙間の細い水路を抜けて、目の前に、また広々とした海面が現われるのである。オデュッセウスのように、半人半鳥の魔女セイレーンの歌声に惑《まど》わされることこそなかったけれども、あたかも奇蹟さながらの経験だった。

そこから先は、広々とした地中海を一路東に向かい、次に陸地に達すると、今度は人工の狭い水路、スエズ運河を通り抜けなくてはならない。乗客の中には、入口のポート・サイドで、いったん上陸する人たちも多かった。ピラミッドを見物しようというのである。けれども私たちイギリス人は、上陸は諦めて船に残った。当時、イギリスとエジプトとは関係が険悪で、事実、数年後は戦争になった程だった。だから、上陸してピラミッドを見物し、運河の出口に当たるスエズで船に帰ってきた人たちから、話を聞いただけで満足するしかなかった。とはいえ、実際にピラミッドを見に行かなくても、船がゆっくり運河を進むにつれて、両岸に連なる砂地の土手を見ているだけでも、十分印象的だった。『旧約』の「出エジプト記」にあるとおり、かつてイスラエルの民がモーゼに率いられ、紅海を渡った事跡を思い起こさせる景観だったからである。

スエズ運河を出て紅海に入るとすぐ、左手に堂々たるシナイ山が見えてきた。この山もまた、いうまでもなく『旧約』に所縁《ゆかり》の深い所で、モーゼが十戒を授けられたとされる山である。ちなみにここで、生まれて初めて、竜巻というものを目撃した。いかにも不気味だった。海の色は、名前は紅海ながら、紅とか赤とかには見えなかったが、しかし、少なくとも英語で red とか brown とか呼ぶ色が、実際には相当広い範囲の色を表わすことを考えれば、ここが「紅海」(the Red Sea) と呼ばれる理由もわかるような気がした。

さて、船はさらに南に下り、紅海を出てアデンに着く。ここが次の寄港地である。ここでも、ジェノヴァの時と同様、あまり時間はなかったけれども、印象は、ジェノヴァより鮮明に残っている。ジェノヴァは、工業化された港湾都市の例に洩れず、こうした港につきものの醜悪さにこと欠かなかった。実際、西洋ではなぜか、工業と醜悪とは、切っても切れない関係にあるらしい。ホプキンズも嘆いたとおり、「一切が商業活動によって枯らされ、労働によって曇らされ、汚され、あらゆるものが人間の汚点《しみ》を帯び、人間の臭いを分かち持つに到るのだ。」しかし、アデンではそんなことはなかった。ここで私は、初めてアジアの土を踏んだのだったが、男の子たちが、裸足でフットボールに興じていた。今の引用のすぐ後で、ホプキンズはこう書いている――「そして足も、大地をじかに感じることはない。靴を隔《へだ》てているからだ。」アデンの男の子たちは、まさに正反対だったわけである。この子たちのフットボールを目にしたのは、ちょうどバザールを見に行く途中だったが、このバザールがまた、いかにも東洋的で活気に満ち、面白かった。今や、いよいよ本当に、ヨーロッパの汚点《しみ》や臭いを後にして、古きよきアジア世界の内にいるのだ――身に沁みてそう感じたのである。

船はいよいよインド洋の北西部、アラビア海に入るが、その山のような荒波で、船が激しく左右に揺れたことはすでに書いた。ただ、あの時は書かなかったが、船長は、私が例によって舳先にすわっているのを心配し、水夫の一人を使いに寄越して、船室に入るように伝えてきた。私は大いにがっかりした。なるほど時々、逆巻く波で船が大きく左右に傾くと、甲板はまともに波をかぶり、舳先が船体から千切れるかと思うこともあったけれども、私の身には、まったく危険などないと確信していたからである。しかし、船長の命令とあれば仕方がない。やむなく自分の船室に帰って、確かに安全にはなったかもしれないが、今度は船酔いにやられてしまった。もしあのまま舳先にいたら、こんなことにはならなかったに違いない。こうして船は、何日もインド洋を東に進み、次の寄港地コロンボに到着した。当時のセイロンの首都である。その後まもなく、かつての大英帝国が次々に解体してゆくにつれて独立し、名前もスリランカと改めることになる国だ。

コロンボに着くと、岸壁にはおびただしいタクシーが押し寄せてきた。私たちはその一台と交渉して、島の中程にある都市カンディーまで、一泊して帰ってくる取り決めをした。カンディーにはイエズス会の神学校があり、実はイギリスを発つ前、ぜひここを訪ねてみるよう、ここの神父さんを何人かよく知っているイエズス会士から、強く奨められていたのである。途中の道は、殊のほか印象深かった。道は曲りくねり、しかも両側には田んぼが、道路からずいぶん深く落ちこんで続いている。その道を、タクシーは恐ろしいスピードで走ってゆくのだ。どうか、反対側から別の車が、同じように猛スピードで向かってくることがありませんように——そう祈らないではいられなかった。なかんずく印象に残っているのは日没の風景で、太陽の色が刻々と変わるにつれ、周囲の風景も刻々に色を変えて、椰子の木のシルエットが、夕焼けの空を背景にクッキリと浮かび上がる。いかにも、まさしく神秘の国、東洋に来たのだという思いが深まる。子供の頃、旅行代理店の店先で、セイロンのパンフレットを手に取り、その説明を読んで思い描いたイメージと、まさに、そっくりそのままではないか。

日が落ちた直後、カンディーに着いた。副院長が出迎えてくれて、当然「ペテヘラ」を見物に来たのでしょうねという。いえ、違います、でも、「ペテヘラ」というのは何ですかと問うと、仏陀の歯を祀《まつ》ったダラダ・マリガワ寺院の、年に一度だけ行なわれる祭礼で、美しく飾り立てた象の群が一列に並び、象と象の間に歌い手と踊り手が入って、神聖な行列が行進するのだという。まったくの偶然ながら、私たちは、ちょうどそのお祭の直前に到着したのだ。いや、単なる偶然というより、むしろ神の配剤だったのかもしれない。その夜は、家具は何ひとつない広い部屋に、これも生まれて初めての経験だったが、蚊帳《かや》の中で床についた。そして翌日の朝は、また昨日のタクシーに乗り、コロンボの港に帰ったのである。前の晩の華やかな行事の後では、帰路はまったくの竜頭蛇尾だったのだけれども。

船はその後ベンガル湾を横切り、マラッカ海峡を抜け、次の寄港地シンガポールに到着。アイルランドのイエズス会士たちの修道院を訪れ、それから市内の名所をいくつか見物に出た。そのうちの一つは、歴史的にも有名なラッフルズ・ホテルだったが、特に記憶に残っているのは、天井に設けられた巨大な扇風機である。まだエアコンなどという便利な物が発明されてなかった当時、熱帯の暑さを凌《しの》ぐためには、こんな工夫が不可欠だったのだろう。しかし私が特に会いたかったのは、子供の頃からの古い友だちである。ちょうどこの時、世界カトリック青年会議に出席するため、シンガポールに来ていたのだ。会場に行くには、人力車に乗るのがふさわしいと考えて、車夫に所番地を書いた紙を渡すと、車夫はいかにも自信ありげに、すぐさま走り出したのはよかったが、もう一度番地を見て確かめている。それから首を振り、手近の店に入って尋ねていたが、無駄だった。その様子を見て、この車夫を頼りにするのはやめたほうがいいと思い、車を降りた。そして、後から考えると、まことに愚かなことをしたものだが、相手のいうとおりの金を払ってしまったのだ。それから、どうやってたどり着いたのか、今はもう思い出せないけれども、どうにかこうにか、目当ての会場を見つけることができたのだった。

こうしてようやく友だちに会え、そして友だちは、会議に出席している日本の代表団を紹介してくれた。ほとんどは若い女性たちで、しかも着物姿だった。着物姿の日本の女性に会うのは初めての経験で、私にとっては記念すべき日となった。それ以来、私はいつでも、日本の女性と着物の礼賛者である。その晩は、もう一人友だちに会った。オクスフォード時代からの友人で、私と同じ時に最終試験を受け、故郷のシンガポールに帰っていたのだ。その友人が、シンガポールの典型的な夕食を御馳走してくれた。道ばたの屋台で食べる串焼きである。まさに庶民的で、実においしい。そこで友だちと別れ、船に戻った。

シンガポールを出航してからは、今まで以上に目を凝らし、サメが姿を現わすのを見張っていたのだけれども、結局、一度も目にすることはなかった。もしかりに、例の舳先の定位置から海に落ちでもしていたら、いやでも姿を見ることになっていたのだろうが、さすがに、わざわざ海に落ちてみることまではしなかった。シンガポールから香港までの間、実際に目にした魚といえば、おびただしい飛び魚だった。以前、ハイエダールが『コンティキ号探険記』で書いていたところによると、火の上にフライパンを差し出しさえすれば、やたらに飛んでくる飛び魚の一匹が、御親切にもフライパンの中に飛び込み、自然に朝御飯が出来上がったという。その話を思い出し、なるほどあれは、単なるホラ話ではなかったのだと納得した。東シナ海は、地中海に劣らずおだやかで、やがて船は、大英帝国の最後の植民地、香港に着く。ここでも、アイルランドのイエズス会士たちの許《もと》に泊った。彼らの経営する学院は二つあり、ひとつはヴィクトリア地区、もうひとつは本土の九竜地区である。私たちが泊ったのは、ヴィクトリア地区のほうだった。

香港で経験したことのうち、物忘れのいい私の記憶にもいまだに焼きついているのは、山の頂上で、下界を見下ろしながら御馳走になった夕食のことである。イギリスにいる仲間のイエズス会士の親戚で、陸軍士官として香港に駐在している人物が、私たちのために席を設けてくれたのだった。特に記憶に残っているのは、私には初めての経験が二つも重なったからである。ひとつは、生まれて初めて箸を使ったことだったが、はたしてどの程度うまく使えたか——というより、不器用にしか使えなかったか、今はもう思い出せない。もうひとつ初めてだったのは、あたり一面を満たしているセミの声だった。かつて耳にしたことのない不思議な鳴き声で、一体どんな昆虫なのか、いぶかしく思ったものだ。やがて日本に来てからは、セミの声とはすっかりお馴染《なじ》みになり、芭蕉が「岩にしみ入」と形容したのはどんな感じだったのかも、それこそ身に沁みて感じ取ることができるようになった。それはともかく、こうしてセミや箸と出会うことで、自分がいよいよ、永年夢見つづけてきた日本の国へ、徐々に近づいていると感じるのだった。

けれども日本に着く前に、まず、もう一度寄港しなければならない所があった。マニラである。ただこの港は、東洋に入って以来目にした中で、いちばん魅力のない港だった。それでもとにかくタクシーを見つけ、イエズス会の宿舎のうち、いちばん近い所に行ってくれと頼んだ。いちばん近い所とは、たまたま管区長の宿舎だったのだが、途中でまず銀行に寄り、両替をしなくてはならない。そこで、マニラにいる間に必要と思う額だけ両替し、さらに相当の距離を走って、ようやく目的地に着いた。ところが、驚いたことに運転手は、今、銀行から下ろしたばかりの金額を、さらに上回る運賃を要求するのだ。ほかにどうしようもなく、副院長を呼び出して、何とか助けてもらうしかない。だが、副院長の対処の仕方は、まこと意表をつくものだった。それでは運賃の取りすぎだと、運転手をきびしく叱りつけ、金など一切払わずに、そのまま追い返してしまったのだ。

こうして私たちは、持ち金を全部巻きあげられることもなく、今までの寄港地でいつでも受けてきたのと同様、温かいもてなしを受けることになった（ただし、アデンだけは別で、というのも、イエズス会の施設が何もなかったからである）。管区長は、後にマリアナ諸島区の司教になった人で、まこと親切に、わざわざ案内役をつけてマニラの観光ツアーを組んでくれたのだが、見物の中心は、もちろん、この町にあるさまざまなイエズス会の施設だった。フィリピン人のための施設ばかりではなく、中国人のためのものもある。中には、例えばノーヴァリケスの修練院のように、まるで東洋流の宮殿を思わせる建築もあって、戸外に面した廊下からは、バルコニーの向うに広々とした眺望を望み、また、たえず増加する修練士たちを収容するために、大きな寝室がおびただしく設けられている。ところが、中国管区のための施設は、これとはまったく対照的だった。中国管区のイエズス会士たちは、やがていつか、中国本土に帰る時が来ることを期待し、待っていたのだが、施設は見るも無残に荒れていて、特に、雨が降ってきた時などは惨めだった。私たちが訪れている間にも、現に突然、ひどい雨になったのだが、あれほど激しい雨は、それまでついぞ経験したことがなかった。まるで空から、文字どおり滝のように、固まりになって落ちてくるのだ。一滴一滴、別々の水滴などではない。幸い、雨が降ってきた時は、たまたま屋根のある所にいたからよかったものの、ほんの二、三秒でも外に出ていたら、それこそ濡れネズミになってしまっていたに違いない。

そこから、次はイエズス会経営の有名な大学、アテネオ・デ・マニラを訪問したのだが、その構内を案内してもらっている時、管区長の事務所を通じて、私たちの船から連絡が入り、すぐに帰船してほしいと知らせがきた。間近に台風が迫っているので、これを避けるために、船はただちに出港するというのだ。けれども結局、台風を避けることはできなかった。というより、逆に、台風の真中に突っ込むことになってしまったのである。船長や航海士はじめ、乗組員はみな半狂乱の有様で、中でも特に、私自身すぐ傍にいたので、いやでも目撃せざるをえなかったのだが、ウェイターの一人が、グラスを一杯に乗せたお盆を捧げて運んでいた時、ことさら激しい横揺れが襲って、グラスが全部、デッキに落ちて割れてしまったのである。つい、セント・バイノの食堂で、同じような事件のあったことを思い出した。それでも、ともかく、グラスが割れたことは別として、船は無事に台風を切り抜け、やがて、いよいよ東京湾に入ってきた。

その日はたまたま、終日霧雨の降った一日だったが、東京湾に入った時はもう夕方になっていて、左舷には、日没の最後の残映がたゆたっていた。そして、その淡い夕映えの空を背景に、いかにも均斉の取れた山の姿が、ただひとつ、そびえ立っているのが目に映った。頂上は、いかにも噴火口を思わせる形で、さながら盃を伏せたように欠けている。富士山だ！　東京湾との位置関係から考えて、ほかの山ではありえない。ついに日本に来たのだ。ただし今は、日出づる国ではなく、たまたま日没する国だったわけだが、富士山は、まさにその聖なるシンボルだったのである。

こうして私たちは、とうとう横浜の港についた。だが、その日はもう時刻が遅すぎて、上陸とか通関の手続きはできない。翌朝になって、係官が乗船し、私たち一人一人をチェックし、荷物を調べた。私たちの目的地は、横須賀にあるイエズス会の日本語学校だったが、その校長の神父さんも、二人のスペイン人の神学生を連れて、船上まで出迎えに来てくれた。こうしてやっと船を降り、横浜の港を後にした時、ようやくにして、しみじみ実感したのだった、ついに私たちは東洋に、そして日本に来たのだと。四百年前、聖フランシスコ・ザビエルがはるばる旅した足跡を、今、こうして、無事に辿《たど》り終えたのだと。

最後に、いわばこの章の後書きとして、あらためて自問しておくべきかもしれない。一体この旅は、人生というものについて、どんなことを教えてくれたのかと。

この旅がまざまざと教え示してくれたのは、第一に、人生はすべて旅にほかならないということだった。特に、今度の長い旅そのものは、古い生から新しい生への旅だった。古い生を象徴するのはイギリスであり、日本はまさに、私の新しい人生の始まりを象徴する。第二に教えられたのは、私がセント・バイノで入会し、私をこの日本にまで派遣したイエズス会という組織が、いかに全世界的な組織であるかということだった。よく船乗りについて、港々に女ありなどというけれども、あえてこれをもじっていえば、イエズス会についてもまた、港々に同志ありとでもいえるだろうか。今度の旅の場合も、唯一の例外はアデンだけだった。しかも、どこへ行っても、アジアで活動しているイエズス会の宣教師たちが、イギリスでは予想もつかないほど温かく歓迎してくれ、新しい同志が加わったことを喜び、イギリスのニュースを聞くのを楽しみにしてくれるのだ。そして第三に、それまで地図や旅行記でしか知ることのできなかった事柄を、初めて自分自身の目で見ることができ、ヨーロッパやイギリスとアジアとの間には、どれほどの深い違いがあるか、今まで暮らしてきた故国イギリス、そこに住む旧知の人々や土地と、今、新しく住むことになった、いわば新しい故国たる日本との間に、どれほど大きな相違があるか、つぶさに知ることができたのである。

こうして私は、当時はまだ十分自覚してはいなかったけれども、新しい意識を獲得していたのだ。この新しい意識は、いわば、極西の島国たるイギリスと、極東のもうひとつの島国たる日本との間に、地球を半周して張り渡されることになったのである。ヴェルギリウスは、かつてイギリスのことを、「ほとんど全世界から切り離されたブリテンの国」と呼んだけれども、今や私は日本のことを、「ほとんど全世界から切り離された」国と感じるばかりではなく、まだ戦後まもない混乱期にあって、知的・文化的に、いささか遅れた国であるとも思っていた。だから私は、いわば世界の果てに来たかのように感じていたのである。

けれども、こんなふうに考えたからといって、私は別に気が滅入るどころか、むしろ大いに昂揚していた。それればかりか、これから先に待ち構えていること——前にも引いた『テンペスト』の表現を、あえてもじっていうとすれば、「時のはるかに暗い未来の淵」に待っているものを思って、逆に大きな期待を抱いていたのだ。それというのも、未来も実は、過去に劣らず暗いものだからである。「明るい未来」などという言い草は、実はただ、誤まった楽天主義にすぎない。未来についてわれわれの知っていることといえば、未来についてわれわれは何ひとつ知らないということしかないからである。われわれが多少とも何か知っていることがあるとすれば、それはすべて、過去の出来事に限られている。それはともかく、当時の私の昂揚した気持を、かりにシェイクスピア劇のせりふを借りていうとすれば、勇猛なるヘンリー五世が軍勢を率いてフランスに上陸し、アルフレールの城壁に突撃を命ずる叫びさながらだったとでもいえるだろうか。「友よ、今一度、城壁の突破口を目ざして進むのだ！」（三幕一場）

新しい言語、新しい文化

横浜の港から、かつては日本海軍の基地、今ではアメリカ海軍の基地になっている横須賀まで、舗装も何もしてない穴だらけの道を、前後左右に絶え間なく揺られつづけ、一体いつまで続くのかと途方に暮れながら走って、まだ霧雨の降る中を、ようやくにして田浦の町に着いた。横須賀の郊外にあたる小さな町で、かつては、日本海軍の潜水艦基地のあった所である。今は、この基地の建物が、イエズス会の日本語学校に転用されていて、学校の運営には、ドイツ人神父たちが当たっていた。ただし、学校は昔の基地の半分だけで、残りの半分は海上自衛隊と、捕鯨会社が分け合って利用していた。といっても、ほんの数隻の小さな巡視船と、もっと小さな捕鯨船が、何隻か碇泊しているだけだったのだけれども。

さて、私たちはこれから二年あまり、ここに寝起きし、日本語を勉強することになっていた。ただし、この「二年あまり」というのが実は問題で、「あまり」とは、実は六ヵ月のことだったのだが、その間、スペイン人の同僚たちに英語を教えなければならないという。これは、この時になって初めて聞かされたことだ

った。私たちはみな、日本語学校に着いたらすぐ、むつかしい日本語の勉強を始めるものだと気負っていた。ところが、私たち三人のイギリス人のうち、少なくとも二人は、最初の三ヵ月を犠牲にして、同僚のスペイン人たち(その数は一〇人だった)に、もう少し英語がうまくなるよう、教えなくてはならないのである。これには、それこそガックリ来た。けれどもそこは、絶対服従を旨とするイエズス会である。こうせよと決められたことには、何であろうと黙って受け容れる覚悟はできている。そこで、三人のうち一人は、上智大学に行って日本人学生の面倒を見、私ともう一人のイギリス人はスペイン人の同僚に、懸命に英語を教えることになったのである。それにしても、何をどう教えたのか、正直いって、ほとんど何ひとつ覚えていない。多分、教えられた相手のほうでも、ほとんどすべて忘れているのではないだろうか。というのは、彼らのほうでも、英語ではなく、日本語の勉強を待ち構えていたからである。

私たちが住むことになった建物は、戦争のためにかなり荒れていた。コンクリート造りの、いかにも経費を節約した、飾り気も何もない建築で、住む人の便利など、ほとんど考慮に入れていない。ただセントラル・ヒーティングの設備だけは、ごく原始的なものではあったが、最近据えつけたばかりだった。私たちより前にここを利用した人たちは、冬の寒いさなかもヒーティングなしで、何とかやりくりしていたのだ。それを思うと、私たちはまだしも幸運だったわけである。

けれども私たちが着いた時には、季節はまだ暑さが残っていて、夜は蚊帳《かや》を使わなくてはならなかったのだが、驚いたのは、ここの蚊がやけに大きく、いっぽう蚊帳には、やたらに穴があいていることだった。こんな大きな蚊が入るには、穴が小さすぎてくれればと願うばかりである。しかし、虫に悩まされるのは、けっして夜だけのことではなかった。昼間は昼間で、今まで見たこともないほど大きなムカデやヤスデがはびこっている。ある時、足の親指を何かに嚙《か》まれたように感じて靴下を脱いでみると、丸々と太った、しかも、腹一杯に血を吸って眠たげな顔のムカデが、ノソノソ這《は》い出してきた。こんな虫は、『旧約』のヨブの言葉ではないけれど、すぐさま「命あるものの土地には見出されぬ」状態にしたことはいうまでもない。それに、大きなイナゴのような、「バッタ」と称する虫もいた。いかにも気味悪かったが、特に悪さを働くことはなかった。ほかにもまだ、港のヌルヌルした泥水の中から、これも並外れて大きなカエルが這い出してくることがあって、これも大いに気味が悪かったけれども、別に、害を及ぼすことはなかった。

家の中での生活についていえば、私たちは少しずつ、さまざまな日本の生活習慣に出くわすことになった。中でもいちばん目立ったのは、日本式の食物である。日本に来て以来、今までいつも驚かされてきたのは、日本人が食べることについて、いかに強い関心を抱いているかということだ。それも、そもそも食材を手に入れることから始まって、料理をし、食卓に出し、そして最後に口にするまで、どの段階でも、ほとんど異常と思えるほど強烈な関心を抱くのである。

もちろん食べることは、人間の生活にとって基本中の基本だし、それに、これは必ずしも単なる偶然ではないと思うのだが、ラテン語で“esse”といえば、「ある」――つまり「存在する」という意味と、同時に「食べる」という意味と、両方の意味が入っていることも興味深い。だから、ハムレットの例の有名な独白、“To be, or not to be”をかりにラテン語でいうとすれば、「あるべきか、あるべきでないか」と同時に、「食うべきか、食うべきでないか」という意味にもなるわけだ。ダイエット中の日本の若い女性なら、それこそ身につまされる問題というものだろうか。

けれどもイギリスでは日本ほど、食べ物にたいして重要な地位を与えることはない。早い話が、テレビの番組にしても、日本では、食べ物に関する番組が圧倒的に多い。ほかのどんな種類の番組よりも多いくらいだ。もちろん食べ物に関しては、イギリスには、誇るに足るものは大してないということはあるかもしれない。しかしそれをいうなら、日本には食べ物以外、誇るに足るものは大してないと反論することもできるのではあるまいか。私自身は、別に、こうした反論に与《くみ》するわけではないけれども、しかし、これ程までに食べ物を重要視することにたいしては、やはり、いささか異論を唱えざるをえない気がしないでもない。

それはともかく、私たちにとって典型的な日本食といえば、さしずめ刺身とてんぷらだった。けれどもてんぷらには、別に問題はなかった。この料理法は、もともとポルトガル渡来のものだったからである。つまり鎖国以前の、いわゆるキリシタンの時代、ポルトガルの宣教師たちが日本に伝えた料理法で、元来は、動物の肉を絶つべき「四つの大齊期」（quatuor tempora）のための食べ物の意味だった。「てんぷら」という言葉自体、この“tempora”が語源である。

問題は、やはり刺身のほうだった。生の魚は、それ自体としては大して味がない。そこで、醬油にワサビを混ぜたソースに浸《つ》けて食べなくてはならない。学院の食堂で初めて刺身が出た時、誰もこのソースのことを教えてはくれなかった。いや、誰かが教えてはくれたのに、私のほうが、よく注意して聞いていなかっただけかもしれない。それで、生の魚の切り身のわきに、緑色の物がそえてあるのを見て、てっきり前菜の一種だろうと思い、丸ごと口の中へ入れたのである。まるで舌に、熱い穴が開《あ》いたかと感じ、あるいは太古のドラゴンさながら、口から炎を吹き出すかと思った。さもなければ、いきなり地獄の業火の中に抛《ほう》り込まれたかと思うばかり。それなのに、まわりのみんなは、炎に身を焼かれている私に同情するどころか、一斉に笑い転げているではないか！　それ以来、この痛ましい思い出を話すと、日本人はいつも決って、そっくり同じ反応を繰り返す。爆笑もののジョークとしか受け取ってくれないのだ。常日頃、自分たちにはユーモアのセンスがないと、誰よりもまず日本人自身が認めていながら、笑い話にしてしまうのである。それでも、この最初の失敗を何とか乗り越えてからは（日本人は相変らず、生魚には閉口するだろうと期待していたけれども）、私は刺身が好きになり、それにつれて、にぎり寿司も好物になってしまった。

日本語学校は、当時、イエズス会経営の栄光学園のすぐ隣にあったので、直接には、特に繫がりがあったわけではなかったが、栄光の生徒たちには、ずいぶんいろいろの記憶がある。第一に生徒たちは、学校に来るのが実に楽しそうに見えた。『お気に召すまま』の言葉を借りれば、「朝日に顔を光らせて」登校する時、「カタツムリさながらノロノロ、いやいや這《は》ってゆく」などという様子はまったくない（二幕七場）。というのも生徒たちにとって、学校はまさしく生活の中心で、かりに彼らが「ノロノロ、いやいや這ってゆく」ことがあるとすれば、それは学校が終り、クラブ活動もすべて終って、もう家に帰らなくてはならない時だったのである。

もうひとつ印象に残っているのは、生徒たちの規律正しさだった。授業が始まる時には、学校中にベルが鳴り渡る。するとたちまち生徒たちは、校庭にいようとどこにいようと、銅像のように不動の姿勢になり、ベルが鳴り終るまで微動だにしない。そして、ベルが鳴り終るや否や、それぞれの教室に猛然と駆け出してゆく。私はこれを、「日毎に繰り返される奇蹟」と呼んだものだった。それにまた、それこそ毎日繰り返される体操も、規律正しさの象徴のひとつだった。体操の時間になると、生徒たちはみな運動場に出てきて整列する。そして、決ったピアノの音楽に合わせて、まことリズミカルに、全員みごとにそろって体操をする。見ていて、実に、興味尽きせぬ光景だった。ただし、いささか規律正しすぎて、まるで兵隊のようでもあったし、ドイツ式と日本流とを融合した、軍事教練のように見えなくもなかった。

　もうひとつ、私たちが午後の散歩から帰ってくる途中、生徒たちが、港の傍の道を通って下校するのとよく出会った。そんな時、生徒たちはいつも決って、ピタリとその場に立ち止まり、帽子を取って、ペコリと私たちにお辞儀する。まるで私たちが、彼らの先生ででもあるかのようだ。それも、一組だけならともかく、何組も何組も、通りかかる少年たちがみな、信じられないほど礼儀正しく帽子を取っては、次から次へとお辞儀をつづけるとなると、どうにも困惑せざるをえなくなる。これではまるで、一種の拷問ではないか――私たちは、そう語り合ったものだった。

　日本語学校のあった田浦の町は、いうまでもなく三浦半島にあったが、実はこの「三浦」という地名は、一六〇〇年、初めて日本に来たイギリス人、ウィリアム・アダムズの日本名、三浦按針とかかわりのある名称である（「按針」は、もちろん「航海士」の意味）。オランダ船リーフデ号の航海士として、たまたま豊後の国（大分県）に漂着したアダムズは、その造船や大砲製造の知識を買われて徳川家康に重用され、相模国三浦郡に領地を与えられて、幕府の外交顧問にまで出世する。そして、故国イギリスのケントに残してきた妻のほかに、日本人の女性の妻まで与えられ、三浦按針と名乗ることになったのである。それればかりか、死後には、田浦と横須賀との間に広壮な墓所まで賜わった。これが安針塚である。

　さて、話を散歩のことに戻すと、私たちはこの、岩の多い、ほとんど山ばかりの半島をあちこち歩き回った。交通の多い道は避け、学校の門を出るとすぐ道を横切り、向いの山に登ってゆく。ここに限らず、日本ではどこでもそうだが、山はイギリスのゆるやかな丘とはまるで違って、まことに険しい。頂上にたどりつくには、文字どおりよじ登らなくてはならない。しかし、いったん頂上に達すると、東京湾と相模湾とを、左右一望に収めることができる。しかも尾根道が縦横についているから、半島中のどこへでもたどってゆけるし、変化に富んだ眺望を心ゆくまで満喫できる。

一方の方角を見れば、目の下に例の小さな潜水艦の基地が見え、海上自衛隊の、大小さまざまな船艇と同時に、捕鯨船の船団もいる。さらにその向うには、横須賀の海軍基地が見渡せる。規模は、自衛隊の基地に較べてはるかに大きく、碇泊している艦船の種類も壮観で、戦艦や航空母艦が混じっていることさえある。だが逆の方向に目を移すと、逗子・鎌倉の海岸の眺望が美しい。所々、こんもり杉が茂っているのは、神社やお寺のある場所を示しているのだ。三浦半島の山々の中でも、いちばんの高さを誇るのは鷹取山で、鷹を見かけることがあるという意味なのか、あるいは昔、この山で鷹を捕え、飼い馴らしたという意味なのかもしれない。

日本語学校から鎌倉まで、歩いて行くには遠すぎたけれども、近くの駅から電車に乗れば、ごく楽に訪れることができた。それに日本では、セント・バイノやヒースロップの場合に較べて、こうした目的に関しては、院長はずっと鷹揚で、電車賃を出し惜しむなどということはなかった。鎌倉は、いうまでもなく、かつて幕府の置かれていた所で、堂々たる神社もいくつかあったが、中でも印象的だったのは八幡宮だった。駅から八幡宮に通じる大通りは、その真中に桜の並木が走っていて、並木の外側は忙しく自動車が行き交う中を歩いてゆくと、程なく大きな鳥居まで来る。ここを過ぎると、見上げるばかりの石段があり、その途中に、巨大な銀杏《いちょう》の樹がそびえていて、注連縄《しめなわ》が張ってある。そして、石段を登り切った頂上に社殿があり、いつでも大勢の人々が参拝に訪れている。まずお賽銭を投げ、次に二度拍手し、そして短く黙ってお祈りをする。ごく手短かな礼拝にすぎないが、そうして祈る人々の姿には、不思議に胸を打たれるものがあった。

けれども、鎌倉にある宗教関係の建物は、ほとんどは仏教の寺院だった。しかし寺院でも、今なお参詣する人々があり、ほぼ同じような参拝の形式を取っている点では、神社の場合と大した違いはなかった。というのも、神道と仏教の間には、たがいにさまざまの交流、影響があったからである。だが概していえば、神社のほうが石造りの部分が多く、色彩――特に朱色が目につく。御神体として祀《まつ》られているのは、古代以来のおびただしい日本の神々のどれかひとつ――というより、むしろ、それ程はっきり区別などつけず、この神々全部をひっくるめて祀っているというべきかもしれない。いわゆる八百万《やおよろず》の神々で、別に厳格な位階があるわけではないけれども、天照大御神が最高神とされている。そのほか、神社はさまざまの祭礼の中心でもあり、同時にまた、古来の神式の結婚式の場ともなる。要するに神社は、生の力を代表しているのだ。

これにたいして、この二つの宗教の不思議な共生の結果というべきか、神道が生の宗教であるとすれば、仏教は死の宗教、ないしは死にそなえる宗教と考えていいかもしれない。だから、日本人の中でも伝統を重んじる人々は、神社で神式の結婚式を挙げることが多いのにたいして、葬式は、ほとんど例外なく仏教式で行なわれる。ちなみに寺院には、いささか陰気な墓場が付属していることが多く、ひょっとすると、幽霊が出るのではないかという感じさえある。

神道と仏教では、実は「祈り」の意味も違っている。なるほど、実際の拝礼の仕方という点では、両者が混じりあっているとしても、先程も説明したような参拝の形式は、本来は神道の祈りの形式であって、その場合、祈りとは、どれか特定の神様、ないしはさまざまな神様に願って、特別の加護を祈願するという意味だ。これにたいして仏教は、宗教的というより、むしろ修道生活に深くかかわっているように思える。つまり仏教の修道僧が希求するのは、なにか特定の意向がかなえられるように祈るのではなく、むしろ沈思であり、瞑想そのものであるように思えるのである。

みずから仏教の修道生活を送っている人や専門の学者なら、もっと厳密な区別を立てるだろうと思うけれども、私のような門外漢には、仏教の瞑想ないし修行には、主として二つの形があるように見える。ひとつは、例えば「南無阿彌陀仏」など、仏の聖なる名号を繰り返し唱えるもので、民衆のあいだで一番ひろく行なわれている修行の形だ。もうひとつは、禅の各派で行なう座禅で、言葉を排し、動きを排し、思念すら排して瞑想に打ち込む。こちらのほうが、本来の意味での仏教の理念に、よりよく則《のっと》った形といえるだろう。これを通じて、究極的には「悟り」に到達することができるという。ただ、実際にそうした境地に達したと公言する禅僧は、必ずしもそう多くはないようだ。これとは逆に、唱名をもっぱらとする前者の道は、一般の、普通の人々のために、仏教の歴史でいえば、後になって発展してきたもの——いわゆる大乗仏教に属することはいうまでもない。

鎌倉には、神社に較べて、さまざまの宗派に属する寺院の数ははるかに多い。宗派の違いは、それぞれのお寺の山門の形からもわかるが、いずれにしても、石造を主とする神社とは対照的に、お寺では木造がもっぱら目につく。それに全体として色彩を抑え、黒と白とが基調をなしている。同時にまた、神社よりは、はるかに丹精をつくしたお庭が見られることが多い。実際、日本の文化全体から見ても、こうした庭園は、少なからぬ部分をなしているといえるだろう。お寺ではまた、庭の眺めに加えて、独特の精進料理を供する所もあるけれども、私のようなイギリス人には、むしろこうした庭のほうが、日本の心の精髄をうかがわせてくれるように思う。

それにしても読者の中には、疑問を抱くむきもあるかもしれない。一体私自身は、禅についてどう考えているのか。それも、単に禅宗の修道僧が実践している禅そのものについてばかりではない。キリスト教の黙想に応用した場合についてもどう考えているのか。というのも、同僚のイエズス会士の中には、キリスト教の黙想に、座禅を利用している例が少なくないからである。私自身は、こうした同僚たちとは違って、意図して参禅した経験はないけれども、座禅がどんなものかは多少とも心得ていると同時に、どんなものではないかも理解しているつもりである。その上で、ある意味では、強い影響を受けたといえるかもしれない。瞑想のひとつの形として、非常にすぐれていることは確かだし、禅の修行ばかりではなく、キリスト教の修道生活にも応用して、立派に役に立つに違いない。

　実は、すでに中世から、キリスト教の神秘家たちは、同様の方法に従ってきた。別に、東洋から影響を受けたとは思えないけれども、早くも六世紀には、シリアの修道士、ディオニシオス・アレオパジティカによって唱道されているのである。彼の教説は中世の西欧で、少なくとも聖トマス・アクィナスの時代以降、ひろく受け容れられてきた。特に、チョーサーと同時代の神秘家で、『不可知の雲』を書いた人物（名前は知られていない）は、ディオニシオスの『神秘神学』を、現に英語に訳してもいる。彼によれば、祈りにおいて何らかの観念や期待を持つ必要はない――というより、むしろ、そんなものは一切持たぬほうがよい。地上の被造物によって注意を外《そ》らされることなどなく、ただひたすら、身も心も低くして、神のみを意識すべきで、この謙虚、敬虔な意識のうちに、人間から神へ、被造物から創造主へと、炎のごとき愛の矢が登りつめてゆくべきだという。これが、まさしく祈りというものだというのである。

　こうしてみると、確かにいくつかの点では、この「祈り」は座禅に似ているといえるけれども、しかし反面、大いに異なっている点もある。だから結局、私としては、こう結論すべきかもしれない。つまり座禅は、

『不可知の霊』に似ている限りにおいては是認できるが、『不可知の霊』とは異なっている限りにおいては、有効とは認められないというにつきる。

さて、しかし、ここで話を鎌倉から田浦に戻し、日本の宗教についてのいささか長い脱線を切り上げて、この章の第一のテーマに帰らなくてはならない。つまり日本語の問題、そして、私が日本語をマスターしようと懸命に努力しながら、思うほどの成果が上がらなかったという話である。

今ならば、日本語はむつかしい言語かと訊《たず》ねられれば、私は即座に答えるだろう。「いや、むつかしいとは思わない。自分自身の経験からして、日本語はむしろ、まったくマスター不可能な、手のつけられない国語だと、身に沁みてわかっているから」と。実際、そのとおりなのである。しかし、それでもやはり、日本人と意思を疎通したいと思えば、日本人が英語で話してくれることを期待するのではなく、最善の努力をつくして、彼ら自身の言葉を用いなくてはならない点に変りはない。何といっても言語こそは、文化の鍵をなすものであるからだ。例えば、第二次大戦後、連合軍総司令長官として、日本の復興を指導したマッカーサー元帥にしても、日本の政治家と話をする時、相手は当然、英語で話すか、あるいは通訳を介して話すことを期待した。元帥が、日本人は十二歳の国民だと、日本人にとっては有難くもない結論に達したのも、ひょっとすると、実は、今もいう言葉の問題のせいだったのかもしれない。

私が日本語を習い始めた時にも、似たような問題があった。最初に習ったのは、「これは本です」という、日本語の学習者には有名な文章だったが、私はまるで、また子供時代に帰ったような気がした。子供の頃、フランス語の勉強が始まった時、同じように、「これは私の叔母のペンです」という文章を習ったからだ。それ以後二年間、田浦の日本語学校で勉強した結果、どれほど進歩したとしても、私は相変らず、自分が子供になったような気がしていたし、日本人のほうでも私のことを、まるで子供みたいだと感じていたに違いない。日本語を習い始めてから丸一年した時にも、同僚の日本人のイエズス会士に日本語で話しかけると、私の日本語があまりにもぎこちないので、相手はゲラゲラ笑いだした。「何で笑うのですか。何か間違いをしていますか?」——私がそう訊ねると、相手は答えた。「いやいや、間違ってはいないけれども、その日本語は文法的に正しすぎる。われわれ日本人は、そんなふうに話すことは絶対ない。」つまり私は、丸一年間も日本語を勉強しながら、書き言葉の日本語と話し言葉の日本語の間に、そんな違いがあることさえ気がついてはいなかったのだ。

けれども、こうして一年目が終ったところで、日本語の授業全体が、すっかり変ってしまうことになった。日本語教育の責任者として、新しい先生が着任したからである。新しい先生は、ミシガン大学で日本語教育の集中訓練を受け、日本に帰ってきたばかりで、いわゆるミシガン・メソッドで頭が一杯になっていた。彼の見るところ、日本語教育の重点は、読み書きではなく、あくまで話すことに置くべきだという。そこで彼は、私たちを実験材料にして、一からすべてやり直そうと決意していたのである。つまり私たちは、今まで古い方法に従って覚えてきたことなど一切忘れて(ちなみにそれまで私たちは、有名な長沼の日本語教科書を使って勉強していたのだが)、今や、新しいミシガン・メソッドに従うことになったのだ。こうして私たちは、子供から大人へと、多少は成長し始めたかなという、わずかな自信を得始めたまさにその時、またしても、子供に戻るよう強《し》いられることになったのである。そんなわけで、二年間日本語学校で勉強はしたけれども、二つの、まったく対照的なメソッドで、それぞれ一年間習った分しか能力は身につかなかった——どころか、二つのメソッドは、おたがいに他方の成果を抹消する結果になってしまい、結局のところ私には、何にも残らないことになってしまったというべきかもしれない。

とはいえ、実状は必ずしも、まったくゼロというほど悪かったわけではない。長沼の教科書からは、たとえ少々堅苦しく、古めかしい教科書流の表現ではあっても、日本の文化について、いろいろと興味深いことを覚えたし、ミシガン・メソッドからは、日本語を話す上で、多少は流暢さ（というには程遠いにしても）が身についたのかもしれない。だが結論としていえば、古きよき長沼方式に一種のノスタルジアを感じ、最新式のミシガン・メソッドにたいしては、逆にある種の不満を覚え、それほど賛成できないという思いが残った。ただ、いずれにしても、結局は虻蜂《あぶ》取らずに終ってしまったという感情も加わって、今になってもまだ、十分とはいえない知識をやりくりして、下手なことは重々承知しながら、どうにか日常の必要を満たし、会話の用を足しているという始末である。

今でも時おり、日本語を習うのに何年ぐらいかかったか訊ねられると、五十二年と答えることにしている。つまり、日本に来てからの年数そのままである。だが実は今では、なお日本語を習い続けているどころか、逆に忘れるほうが多くなっているというのが、むしろ正直なところかもしれない。確かに日本語はむつかしい。手のつけようがない。ただ、ひょっとすると、こんなことをいう人がいるかもしれない。「いやいや、手のつけようがないのは、実はあなた自身のほうだ」と。これにたいしては、答えるべき言葉もない。ただ、悪いのは、なまじミシガン・メソッドなどやらされたせいだと、内心つぶやくしかないのである。

田園の日本

日本を訪れた外国人は、東京がいかに近代的でいかに便利か、大いに感心する場合が多い。しかし私は、そうしたことにはそれほど感心などしない。単に、今そうであるばかりではなく、この巨大な都市に初めて足を踏み入れた時以来、そんなことに感心したことは一度もない。初めて東京を訪れたのは、田浦に到着してまもなくのことだった。当時の、まだいかにも旧式の電車に乗って、いかにも旧式の民家が延々と続く中を走り抜け、東京に出て来たのである。別に観光のためではない。その頃はまだ、わざわざ観光しなくてはならないほどの場所など、ほとんどなかった。東京へ出て来た目的は、初めて上智大学を訪れるためだった。そもそも、こうしてはるばる日本までやって来たのも、上智大学で教えるためである。ただし、この時からすぐ、上智で教え始めたというのではない。その前にまず、田浦の日本語学校で、二年間の日本語教育を終えなくてはならないし、次には四年間、練馬区の上石神井にある神学院で神学を勉強し、加えて一年間、今度は広島で、いわゆる「第三修練」を終えた後、ようやく上智で英文学を教えるという、肝心要《かなめ》の仕事が始

まるのである。実際、イエズス会の教育課程はまことに徹底的で、どんな聖職につくにしても、十二分の準備を怠らない。もし将来の職務について十分な予備知識がないまま、闇雲に仕事を始めてしまったりすれば、たちまち後悔するに違いないからである。

さて、初めて上智に来てみると、なかなか立派な建物で感心した。当時の東京で、これほど立派な建物はほとんど見たことがない程で、特に印象的だったのは、「クルトゥール・ハイム」という建物である。かつては神父館だったが、やがて結婚式場として大いに人気を呼ぶことになる。式を挙げるのは、主として上智の卒業生だが、一階には新郎・新婦とその親族のために、まことに上品で落着いた待合室があり、二階は、これもまた実に品のいい礼拝堂になっている。日本の標準からすれば相当に古い建物で、明治三十年代、つまり二〇世紀の初めの建築だから、ほとんど博物館的な価値があるといえるだろう。けれどもさらに印象的だったのは、すぐ近くにある聖イグナチオ教会である。クルトゥール・ハイムほど古くはなく、このあたり一帯が、第二次大戦末期、アメリカ軍の空襲で焼野原になって後、戦後に建った教会なのだが、当時もう、すでに古くなりすぎたという意見も多く、新しい、もっと現代的な教会に建て替えるべきだという意見も出始めていた。

すでに書いたように、新しく日本に来た三人のイエズス会士のうち、一人は上智に残り、これから六ヵ月間、学生たちに英語を教え、ほかの二人は田浦に帰って、同僚のスペイン人修道士たちに英語を教えることになっていたのだが、結局、私は一週間に一日、ほかに仕事のない日に、二クラス、英文学を教えるように頼まれた。私にとっては、喜ばしい仕事だった。第一に、ただ英語だけ教えているのは退屈だったし、ましてや日本語の勉強はさらに退屈で、週に一日英文学を教えるとなれば、新鮮な、いい息抜きになると思えたからである。こうして私は毎週一回、田浦から電車に乗って大学に通い、日本の学生たちと接して、シェイクスピア、それにヴィクトリア朝の英文学について、知識と興味を起こさせるべく、最大の努力をつくすことになった。

シェイクスピアに関しては、教える上で問題はまったくなかった。しかしヴィクトリア朝の文学となると、私にはほとんどまったく未知の、新しい分野だった。オクスフォードでは、学究的な英文学の研究対象は、一八三二年、サー・ウォルター・スコットの死で終ると考えられていたからである。そこでこのクラスの教科書として、チェスタトンの『ヴィクトリア朝の英文学』を使うことにした。理由は第一に、ただ文面を追っただけでは、日本の学生にとって、チェスタトンのいわんとするところは、とても理解できそうにもなく、だから私が、くわしく説明・解説を加えることが不可欠だったからである。しかし、私がくわしく説明してみても、やはり学生には、結局のところ理解できなかったのではないかと思う。けれども学生たちは、自分たちには理解できないという事実を、思慮深く、かつ思いやり深く、私には隠していた。もしその事実を明かしたら、先生にたいして失礼になると考えたに違いない。

こうして学期中は週に一回、上智で授業をする以外は、私はむしろ、東京から離れていたいと思った。もともと子供時代にも、ロンドンにいるより、むしろ田園をあこがれていたのと同様である。都会では、あらゆるものが現代的で、最新式を誇っている。戦争直後の東京でさえ、どこを見ても戦災の跡が生々しかったにもかかわらず、やはり、そうした特徴は明らかだった。都会では、精神の平静や集中を乱すものばかりが目につく。これにたいして田園地帯では、戦後まもない時期の日本では特に、まだ経済復興も田舎にまでは浸透していなかったから、すべてがあくまで田園的で、伝統的で、心の平安と祈りに適していた。

田浦に来てから程なく、三浦半島から外に出て、箱根に遠出したことがあった。いうまでもなく温泉で有名な所だが、そして温泉は和食についで、日本文化の大事な要素ではあるけれども、私は温泉より、この一帯のけわしい、自然のままの山々の風景に興味を引かれた。特に印象深かったのは、さまざまに姿を変える富士山の偉容で、中でも芦ノ湖に映った姿はみごとだった。あの頃は、走っている列車の窓から、あの、現実のものとも思えない富士の姿が目に入る時はいつでも、手をかざして指さし、「富士山、富士山！」と、ついさけんでしまったものである。その心情は、ホプキンズが、夜空に煌《きら》めく星の群を見上げて感じたのと、同じ感動だったといえるかもしれない。実際、富士山という山は、山ばかりのこの島にいくらでもある山々のうちの、単なるひとつの山などではない。ほかに類例のない、文字どおり「不二」の山なのだ。あたかもシェイクスピアが、あらゆるイギリスの詩人や作家の中にあって、比類のない存在であるのと同じだといえるだろうか。

翌年の夏、日本に来てから丸一年近く経《た》った頃だったが、箱根の時よりもっと長く、二週間ほど、富士の麓で過ごす機会に恵まれた。富士の裾野には、いくつも湖が点在しているけれども、そのうちのひとつ、西湖のほとりで過ごしたのである。ここには、イエズス会の神学生のために、日頃のきびしい勉学から離れて休養する場所として、夏の別荘が建っていた。ここにいる間は、書物のことも授業のこともきれいに忘れて、何もしないでいることを勧《すす》められたのである。別荘といっても、一軒だけ独立した建物ではなく、いくつかのバンガローに分かれていたが、湖を越えて、真正面に富士を望む丘の上にあり、休養するには理想的な立地である。それに、自転車が何台か置いてあったので、これに乗って湖から湖へと走ったものだが、いつでも秀麗な富士の姿が、行く手に、あるいは背後に、ないしは横手にあった。

ここはまた、富士に登るのにも便利な出発点になっていて、バスに乗ると、五合目あたりまで乗って行くことができる。だがそこから先は、度外れに巨大な杉の間の細い道を、息を切らして登って行くしかない。予想とは大違いで、ロマンティックとはまるで程遠い。懸命に登りながら、たえず考えざるをえなかった。富士山は、遠くから眺めるほうが、どれほどはるかにロマンティックかしれない。すぐ目の前に現実として相対してみれば、実体はいかにも厳しい。現代の大都会の生活が、遠くから見ればいかに華やかに見えようと、実体は厳しいのと似たようなものではないかと。

かなり上まで登った所に山小屋があり、ここでほんの何時間か仮眠を取った後で、まだ陽の昇らぬうちに、最後の一息を登り切る。頂上から、いわゆる御来光を眺めるためである。まことに壮麗な光景だった。生まれてからこの時まで、本当の意味で日の出を見た経験は、実は一度もなかったのではないかという気さえした。つまり、ただチラリと目にとめるというのではなく、最初に明けの明星が現われてから、いよいよ最後に、栄光にあふれる太陽が姿を現わすその瞬間まで、あらゆる段階をひとつひとつ、目を凝らして見続けたことは、それまで一度も経験したことがなかった。まさしく、生涯に一度、あるかないかの経験だった。だからこれは、何度も繰り返すべきものではない。一度で十分というものだろう。

翌年の夏はもうひとつ、かけがえのない経験をした。はるばる山陰の、日本海に面した港町、島根県の浜田まで出かけたのである。この町には、イエズス会の小さな教会があって、そこの司祭がこの地域の高校生を集め、英語の夏期講座を開く計画を立てていた。多分、田浦の日本語学校には、イギリス人の神学生がいるという話を伝え聞いたのだろう。八月の初め、招かれて浜田に向かうことになったのだ。その前に、まず広島に立ち寄ることにした。大きな平和祈念聖堂があり、毎年八月六日には、原爆の投下を記念するミサが行なわれていたからである。当時、東京から広島までは、急行列車でも一八時間かかった。今では新幹線で、わずか五時間ですむのだけれども。それに同じく列車といっても、当時は蒸気機関車で、しかも、途中にはトンネルがおびただしく、おまけに換気の方法としては、窓をあけるほかに手がない。白いシャツ姿だったから、目的地に着くまでには、煤煙で真黒になってしまった。だが、こうして広島に着いてみると、平和祈念聖堂には、カトリック信徒の巡礼たちが実に大勢集まっていて、この壮大な聖堂で、この大勢の信者と一緒に聖歌を歌ったことは、まことに感銘深い経験だった。

その晩、中国山脈を越えて浜田まで、夜行の急行バスに乗ったのだが、これもまた、忘れがたい経験になった。ただし今度は、感銘深いというのではなく、薄気味悪いというか、時には肝を冷やすような経験だった。バスがたどる道は曲りくねった細い山道で、片側は深く切り立った断崖である。だから自動車、特に、バスのような大型の車だと、反対側から対向車が来たとなると、そうでなくても細い道を、路肩ギリギリまで片寄せたり、さらにはバックしたりしなくてはならない。幸い夜だったので、どれほど恐ろしい断崖が足許に口を開いているか、実際に目で見ることができなかったから、まだしもだったとはいえ、やはり、恐ろしいことに変りはなかった。さて、こうして翌朝、ともかく無事に浜田に着いてみると、私を招いてくれた司祭が、これから私の生徒になるはずの一団の学生たちと一緒に、わざわざバスの終点まで出迎えに来ていてくれていた。

目ざす教会は、まったく教会らしくは見えなかった。ただ普通の民家だったからである。礼拝堂は二階にあり、その隣りに、私の泊まる寝室がある。英語の授業をするのは一階で、生徒は、ほとんどがこの近辺の高校生、それに、彼らの英語の先生が一人付き添っていた。先生のほうは、町からそう遠くないイギリス海軍の基地で、以前、通訳の仕事をしていたから、当然、イギリス人に会う機会はそれまでもあったけれども、生徒たちにとっては、私が初めて出会うイギリス人——というより、スペイン人の司祭を別にすれば、初めて目にする外国人だった。みんな、文字どおり目を丸くして、マジマジと私を見つめている。ただし、いつでも教室に閉じこもって、授業だけに終始していたわけではない。すばらしい好天に誘われて、海の眺めが特にみごとな場所に出かけることもあった。教会から程近い万年ヶ鼻という岬で、その突端に立って見渡すと、目の下の岩礁に波が砕け、カモメが頭上高く舞い飛ぶ姿がすがすがしい。まことにロマンティックな風景だったが、ただこの岬には、不吉な影が付きまとっていることも、土地の人たちから聞かされた。ここは自殺の名所——特に、男女の心中の場所として有名な所だったのである。こうした恋人たちの来世の平安を祈って、岬のいちばん高い所には、観音様の石像が立っていた。しかし私も生徒たちも、そんな思いで心を暗くすることはなかった。私たちを悩ませたのは、もっと具体的、もっと直接的な痛みの種子《たね》だった。蚊である。この岬は、藪蚊の巣でもあったのだ。

浜田はもともと城下町で、教会は、かつてのお城の麓にあった。お城といっても、今はその土塁しか残っていないが、時おりその上に登って、眼下の漁港を見渡すのは気持がよかった。土塁のすぐ下には神社もあり、入口には左右に二頭、石造の高麗《こま》犬が向かいあっている。元来は獅子のはずだが、とても獅子には見えない。さらに進むと、これも石造りの手洗い場がある。神聖な境内に歩み入る前に、まず手と顔を洗い、身を浄めるのである。もちろん鳥居もあり、そこから坂を登ってゆくと、平らに開けた広場に出る。社《やしろ》そのものは、この広場の突き当たりに建っていた。

ここでも、鎌倉の八幡宮と同様、人々が三三、五五と参詣し、決った形式に従って拝礼する姿を目にした。

そういえば、鎌倉の神社や寺院について書いた時、触れるのを忘れてしまっていたが、神道では、おびただしい神々はいるけれども、その姿を偶像として――つまり絵や彫刻に表わして拝むということはない。神社に納められている尊崇の対象は、どこでもみな、鏡と剣と珠の三つで、いずれも、天照大御神にまつわる伝説に由来している。日本で偶像といえば、ほとんどは仏教にかかわるもので、中には鎌倉や奈良にあるような、まことに巨大な像もある。神社では、拝礼する前に、太い綱をグイと引き、頭上に下がっている大きな鈴を鳴らすこともある。ただし、その音は小さく、穏やかで、仏教寺院の梵鐘とはまるで違う。神社ではまた、願いごとを紙に書いて、境内の聖なる樹木の枝に結びつけるという風習もある。

浜田に滞在していた間、ずっとこの小さな港町に留まっていたわけではない。教区司祭のお蔭で、近隣の学校からたびたび招かれ、英語で話をする機会があった。それも、地元の浜田高校のような高校ばかりではなく、中学校からも、さらにはまた、浜田から奥に入った山間《やまあい》の中学からまで招かれ、結局のところ浜田に滞在中は、ずいぶん多忙な毎日になってしまった。けれども私にとっては、忙しければ忙しいほど、むしろ楽しかった。もちろん生徒たちには、私の話していることなど、ひとことも分らない。だから先生の一人が、やむなく通訳を務めなくてはならなかった。だが先生が通訳をしているあいだも、生徒たちは先生のほうを見るのではなく、瞬きもせずに私の顔を見つめている。本物の、生きたイギリス人など、一度も見たことがなかったのだ。いや、イギリス人に限らず、そもそも外国人を目にするのも、生まれて初めてだったに違いない。彼らの目には、私はまるで、火星からでも下りてきたか、それとも、墓からよみがえった人間にでも見えたのではあるまいか。私の与えた衝撃は、中学生――それも特に、山間の中学生にたいして、まことに強烈だったらしい。みんな、まさしく本物の田舎の子だった。今ではもう、まことに残念ながら消え去って、二度とは帰って来ない世代の子供たちである。

けれどもこの年のことは、私の浜田経験の、いわば序の口にすぎなかった。翌年の一月、日本語教育のコースを終えると、次の教育課程として、上石神井で神学の勉強が始まるまで二ヵ月間、自由な時間があった。そこでもう一度、浜田を訪れてみることにしたのである。今度は、一年のうちでも、季節がまったく違っていた。この前は八月の暑い盛りで、当時はもちろん冷房などなく、涼を求めるとすれば、手で団扇《うちわ》を動かすか、電気に頼って扇風機を動かすしか方法はなかった。しかし今度は二月から三月と、いちばん寒い時期である。今度の旅では、途中で寄り道などせず、急行の「出雲」に乗って、まっすぐ浜田に行くことにした。「出雲」の終着駅は実は出雲ではなく、もっと先の浜田だったからである。着いてみると、例のスペイン人の神父さんと、前の年に教えた生徒たちのうち何人かが、プラットフォームまで出迎えに来てくれていた。前の年の、あの懐かしい八月そのままで、親しさが一挙によみがえってきたのだった。

それにしても、季節はやはり寒すぎたばかりか、日本では、この時期は学年末の試験の期間にあたっていたせいもあって、講演の依頼も、夏よりはずっと少なかった。おまけに、もちろん大雪の降る季節でもあり、日本海側、中でも特に山陰では、雪はことさら深かった。この時の教会での生活ぶりは、今でもありありと思い出す。ほとんどは、掘り炬燵《ごたつ》の上に置いたテーブルの前にすわっていた。ほかに暖を取る方法としては、火鉢しかなかったからである。けれども私にとっては、こうした昔ながらの暖の取り方のほうが、スチームや電気を使った近代的な暖房よりも、逆にもっと親しみを感じ、くつろげるのだ。シェイクスピアにとってと同様、私にとっても、「昔ながらの習慣こそ、いちばん好ましく思える」のである。

けれども、特に深く記憶に残っているのは、やはり、雪にまつわる思い出で、例えば雪の中、例の城山の神社をもう一度訪れてみた。今度は、何かしら、夏には感じなかったものが感じ取れる。このお宮は、冬を念頭に置いて建てたものかもしれない。あるいは、何かの神様にしろ霊にしろ、冬、この社《やしろ》に訪れるのを好んだということだろうか。ちなみにイギリスでは、シェイクスピアの『冬物語』でも触れているとおり、幽霊の話は、冬に物語るのがふさわしいとされている。日本で、怪談といえば夏と相場が決っているのとは、ちょうど逆なのである。

またある時は、県庁所在地の松江に出かけ、二日ほど泊ったことがあった。明治時代、日本に移り住んだイギリス生まれの文人、ラフカディオ・ハーンゆかりの地である。松江のカトリック教会に宿を借りて、まず松江城に出かけてみた。再建などではなく、実際に昔の姿そのままに現存しているお城は数少ないが、松江城はそのうちのひとつだ。けれども冬のさなかで、しかも一面雪に埋もれていたせいだろうが、訪れる者は、実は私一人だった。この古い建物に、たった一人きりでいるというのは、いささか薄気味が悪かった。まるで、聖フランシスコ・ザビエルの時代に戻ったような感じさえした。ザビエルもまた、まさにこうしたお城で、当時の大名と対面したに違いない。天守閣まで登りつめて見渡すと、周囲の風景はすっぽり雪に覆われつくしている。芭蕉の句ではないが（あちらは逆に夏だけれども）、「つわものどもの夢の跡」という言葉を思い起こす。それにハーンがなぜ、日本の古い亡霊の話にあれほど深い興味を抱き、『怪談』を書くことになったか、その理由も、よくわかったように思えた。現代の日本では、そうした話の育《はぐく》まれる余地は、残念ながら、あまりにも乏しいというべきだろう。

もうひとつ、これも松江でのことだが、自分ではそれと気づかないまま、それに、別にそんなつもりもなかったのだけれども、日本語の勉強を始めて以来、かつてなかった経験をした。日本語で、相応に内容のある会話を交わしたのである。しかも相手は、誰あろう、仏教のお坊さんだった。たまたま、お寺ばかりの集った区域——いわゆる寺町を歩いている時、特に興味を引く彫像が目にとまった。仏像のようにも見えたが、いかにも人間的な表情をしている。誰か、高僧の像かもしれない。いったい誰の彫像なのか、通りかかった女の人に訊《たず》ねてみたが、知らないという。けれども、知らないままで放っておくのは気の毒と思ったのか、そのお寺の玄関に案内するといってきかない。ここの和尚さんから、これはいったい誰の像か、教えてもらうのが一番だという。案内を請うと、住職その人が現われて、中の座敷で話すよう招き入れもせず、玄関の板の間にジカにすわって、私の疑問に答えてくれた。吹きさらしの玄関はさすがに寒く、外は一面の雪だったけれども、ひとつの質問の答えを聞くと、すぐまた次の疑問が湧いてきて、それからそれへと話が続く。最初の質問の答えは、すぐにわかった。彫像は、この寺の宗派の開祖、日蓮上人だったのである。いうまでもなく鎌倉時代の、多くの宗教指導者たちの中でも、特に戦闘的な僧侶の一人だった。

けれども対話は、単に日蓮にとどまらず、仏教とキリスト教との共通点や相違点に及んで、次から次へと広がっていった。私は、どちらかといえば相違点を強調したが、和尚は、むしろ共通点を強調する。私にとって、この対話はまことに興味深く、今まで日本語で交わした会話の中で、初めて対話と呼ぶに足る、本物の会話だという思いを強くした。しかし、外気はいよいよ寒さを増してゆくばかりか、骨にまで沁み入ってくるのを覚え、ほぼ一時間ほども話したところで、打ち切るほかなくなってしまった。最後に私のいったのは、こんな結論だった。「ともかく、少なくとも、あなたもこれは認めなくてはならないでしょう。たとえ仏教徒から見れば、二つの宗教は相似たものと思えようと、キリスト教徒にとっては、二つはやはり根本的に違っていると思えるのです。」いずれにしても、もう、急いで浜田に帰らなくてはならない時間だった。

それに、間もなく浜田での心楽しい二ヵ月も終り、東京に帰って、新しく神学の課程を始める時が来ていた。

神学、そして第三修練

東京は実に巨大な都市で、『旧約聖書』の「ヨナ記」の時代、アッシリア帝国の首都として、栄華を誇ったニネヴェにも比すべき程だが、上智大学は、そのまさに中心、かつての江戸城の外濠の内側に位置している。しかしこの外濠をはるかに越えて、東京の西の郊外、練馬区の上石神井に、イエズス会の新しい神学校が建っていた。当時はまだ田園風景がたっぷり残っていて、一面に田圃や畑がひろがり、散策に出てみると、オクスフォードシャーの荒地にあったヒースロップ神学院に劣らぬ程、田舎の気分を味わうことができた。

さて、一九五七年の四月一日、あたかもエイプリル・フールの日から、こうした田園風景の落ち着いた環境の中で、以後四年間、カトリック神学を学ぶことになる。といっても、別に、まったく新しいことを始めるというのではない。すでにヒースロップで、喜んで没頭していたスコラ哲学の勉強を、さらに深く続けるのだといってよかった。しかし、この研究にいっそう徹底して集中するために、週に一回、上智で授業をすることは、もうやめることにした。田浦で英語を教えたり、日本語を習ったりしている間こそ、上智の授業

は息抜きの役目を果たしてくれたけれども、好きな神学の勉強を続けるとなれば、気分転換の必要など、もうなくなっていたからである。それどころか、神学の勉強がいよいよ大好きになり、上智やシェイクスピアに関《かか》わることはキッパリ断念して、聖書の研究に生涯を捧げたいとさえ願った程だった。けれども、結局そうはならなかった。私の運命の星は、この間にも着々と動いて、私をシェイクスピアに結びつけるべく、定められた軌道をたどっていたのに相違ない。

それなら、上石神井での四年間、カトリック神学でどんなことを学んだのか。実は今度の神学についても、かつての哲学の時と同様だった。正直いって、この四年間、講義で聞いた内容は、今ではほとんど、すべて忘れてしまった。講義は大半、ヒースロップの場合と劣らず、退屈だったからである。先生方の中で、ただ一人だけ例外だったのは、若いハンガリー出身の先生で、ローマで神学の博士号を取って帰ってきたばかりだったから、彼の講義には、少なくともある程度まで、生気と熱意がこもっていた。それはともかく、哲学の時と同じように、今度も私は、講義で聴いたことはすべて、いつでもくわしいノートを取り、後で私自身の言葉に書き直して、自分自身の血肉とする努力は欠かさなかった。

それにまた、級友の中でも特に気の合った仲間と一緒に、散策に出かけるのも楽しみだった。神学生は、一年から四年次まで、一学年それぞれ一五人ほどだったが、散策しながら、ヒースロップの時と同様、今まで勉強してきたことの霊的な意味について、熱心に論じあったものである。こうして私は、期せずして、反復というものの貴重な価値を吸収することにもなる。スコラ哲学の格言のひとつに、「反復は学究の母」というとおりだ。ただ上石神井では、ヒースロップの時のように、わざわざ立ち止まって、道端の花の名前を、全部覚えようなどとはしなかった。英語の名前なら知っている場合がほとんどだったし、日本語の名前を教えてもらっても、しっかり覚えられたことがない。私の記憶力は、すでに齢を取り始めていたのだ。

オクスフォードのチュートリアルでは、毎週レポートを書いて提出しなくてはならなかったお蔭で、日本へ来てからも、相変らずものを書くことは続け、ほとんど習慣になっていた。すでに田浦にいた頃から、上智関係の二つの雑誌に論文を寄稿していたくらいである。ひとつは、上智大学の全学的な季刊誌『ソフィア』、もうひとつは『世紀』という、主としてカトリック関係の記事を載せる月刊誌だった。けれどもこうした雑誌は、日本語の記事しか受け付けない。だから私の論文も、みな日本語に翻訳してもらわなくてはならない。翻訳の作業は、英文学科の先生たちが喜んで引き受けてくれた。そのほか上石神井の神学院でも、『神学研究』という雑誌を出していたので、こちらにも早速寄稿を始め、毎号決って一篇——どころか、二篇の論文を出すこともめずらしくはなくなった。

実際、ものを書くことに関しては、私は書きたいという衝動が抑え切れない性質で、ある年輩の神父はこれを、精神分析の用語をもじり、「リビドー・スクリベンディ」、つまり「筆記衝動」、さらには「ロゴレア」(多弁症)と呼んだこともあった。しかし私自身にとっては、これは単に、神学上の私の考えを他人に伝える手段であるばかりでなく、実はそれ自体、神学を勉強するための大事な手段だったのだ。教育に関してよくいわれることだが、ものを習い覚えるのに一番いい方法は、今習っていることを他人に教えることなのである。ただ吸収するだけで、人に与えることがなければ、けっして十分とはいえない。人から受けるだけの愛はエロスであり、人に与える愛、つまりアガペーを伴わなくては、完全とはならないのである。そうしたわけで、神学課程の二年目に入って、私がこの雑誌の編集を任されたのも、けだし自然の成り行きだった。こうして私は、毎号二篇の論文を寄稿するばかりではなく、無署名ながら論説記事まで書くことになった。

ただ、ある時、署名入りの論文をさらに増《ふ》やし、三篇まで寄せた折には、記事を監修する係の教授から、君の熱意はわかるが、少しは抑えたほうがいいと忠告を受けた。さもなくては、まるで個人雑誌みたいに見えてしまうだろう、というのだった。

さて、神学の講義に話を戻すと、結局のところその内容は、それほど目新しいものではなかった。イエズス会士は、年に一度は、聖イグナチウスの『霊操』にもとづいて、黙想を行なうことになっているが、神学の講義の内容も、やはり『霊操』にもとづいたものだったからである。これは別に、不思議なことではない。というのも、黙想会の指導にあたるイエズス会士は、その講話を準備する時、神学の講義で習ったことを土台にする場合が少なくないからだ。とはいえ、教室の講義と黙想会との間には、大きな違いのあることもまた事実で、講義はとかくカトリックの信仰を、まるで無味乾燥な、見る影もない抽象論に変えてしまう。ニューマンが『承認の論理』で用いた表現を借りれば、「すべて影法師」になってしまうのである。

そこで、必要上から講義には出たけれども、私はむしろ、教会博士たちの著作をひろく読むことに努めた。例えば、ニューマンも愛読した東方教会の聖アタナシウス、それに、中世の神学者がこぞって敬愛した聖アウグスティヌスである(聖アウグスティヌスは、実は私自身、堅信式の時以来、たえず敬愛してきた教父だった)。それにニューマンその人の著作も、これまで以上にひろく読み始めたし、現代の著作家の中では、フランスの傑出したイエズス会士、テイヤール・ド・シャルダンの書物を好んで読んだ。けれどもこの四年間、シェイクスピアの知識は活用しないまま、いわば休眠状態に陥っていたのである。

神学課程のクライマックスが訪れたのは、三年目、司祭に叙階される時が間近にせまった時だった。こうした特権が認められるのは、イエズス会士だけに許されることで、その理由は多分、イエズス会の教育期間が、セント・バイノで修練生活に入って以来、すでに一七年近くになっていたからだろう。こうして、意義深い生活をこれほど長く過ごしてきたことにたいする、いわば一種の報奨として、司祭に叙階される資格が認められるのである。一九六〇年の三月、私たち司祭に叙階される予定者は、八日間の特別の黙想を行ない、その後で、副助祭、助祭、そして司祭という、三つの品級への叙階を、次々に連続して受けたのである。

初めの二つの叙階式を執り行なってくれたのは、インドから日本に来ていたイエズス会士の司教で、神学院の礼拝堂でこの式を主宰するのを、ことのほか喜んでいた。三番目の、まさにクライマックスをなす叙階式は東京大司教の司式で、場所も聖イグナチオ教会、日取りは三月十八日だった。特にこの日取りと場所が選ばれたのは、翌日の三月十九日、聖ヨゼフの祝日に、私たち新しく叙階された司祭が、初めてのミサをあげることができるようにという配慮からである。司祭となって初めてミサをあげること――これこそは、まだ物心もつかず、記憶に残ってもいない幼時から、私が強く願いつづけてきたことにほかならない。その大望が、今まさに実現するのだ。

これに加えて、私にとって特にうれしかったのは、両親がはるばるイギリスから来日し、叙階式に出席してくれたことだった。当時はまだ南回りの空路しかなく、飛行機も、初めてのジェット機、英国製のコメットで、途中、ずいぶん沢山の空港に立寄りながら、ようやく日本に着いたのである。二人は、オクスフォード時代以来の私の友人の家――日本式の住居に滞在した。当時、東京の空港はまだ羽田で、到着の時には、羽田まで出かけて二人を出迎えたのだが、叙階式が終るまでは、落ち着いて両親と話をすることはできなかった。二人が来日する前、同僚の一人は私にいったものである。お父さんはイギリス紳士だから、たとえ天気は晴れていても、きっとコウモリ傘を手にしているに違いないと。実際に父がタラップの上に現われてみると、確かに傘を手にしていた――しかも、ただ一つではなく、二つまで！　一つは自分のためだが、もう一つは母のためである。これぞ、まさしくイギリス紳士の姿だった。叙階式の後、まだ祭服を身につけたまま、私は教会から外に出て、まず両親に司祭として祝福を与え、そのほか、望む人々には、みな祝福を与えたのだった。

さて、こうした儀式がすべて終って、ようやく自由になった私は、両親を伴って、東京近辺のあちこちに案内した。まず鎌倉、次に日光（ただ、東照宮の有名な眠り猫には気がつかなかった。東京に帰ってきた後になって初めて、この猫の話を聞いたのである）。それから、どこよりも大事な富士山。とはいえ、実際に登ることはしなかった。富士登山は、両親にはやはり厳しすぎる。だから、その名も「裾野市」という所に泊ったのだけれども、滞在中、富士は姿を隠したままだった。実際、富士山は訪れる観光客にたいして、滅多に姿を見せないことでは悪名が高いのである。

この時期のことで、特に記憶に残っていることがひとつある。日本には私のほかにも、イギリス人の神父がもう一人いた。ドミニコ会の修道士で、福島県に住んでいたが、叙階式に出席してくれるように招待したのだけれども、やむをえない所用があって欠席せざるをえなかった。ところが、その後まもなく、私が両親を案内して、日比谷公園に近いレストランに出かけた時、そこに偶然、彼がいたのである。カナダへ行く飛行機の切符を取りに、わざわざ東京へ出て来ていたのだ。これ以上に幸運な出会いはありえない。これこそまさしく、神の摂理というほかなかった。

けれども、イエズス会の長い教育課程で次の段階に進むためには、まだ一年間、神学の勉強が残っている。とはいえ、私は今や司祭で、東京地区のさまざまの教会や修道院でミサをあげることができるし、信徒の告解を聴くこともできる。けれども、この年に自分のしたこと、あるいは受けたことの中で、健忘症の私の記憶にも何より強く焼きついているのは、いよいよ神学課程の最後に受けた、「神学総合試験」だった。膨大な神学上の命題のリストの中から、試験官がどれかひとつを選んで証明を求める。これにたいして即座に、口頭で答えなくてはならない。もちろん私は、過去四年間に出た設問を調べて、できる限り準備はしていたのだけれども、実際に受けてみると、実に途方もなく難しい試験だった。今になっても、どうして無事にパスできたのか、見当もつかない程である。なるほど私のほうから、設問の意味について、試験官に質問することもできたのかもしれないが、私にはとても、そんなことをする勇気はなかった。

しかし、いずれにしてもこの試験で、私の生活に、実質上大した違いは生じなかった。ただこれが、大事な試験として、私の受けた最後の試験だったという事実は、やはり重要なことかもしれない。今でも毎年、この試験を受けた二月十一日を（たまたまルルドの聖母御出現の祝日にあたるが）、記念日として祝っている。あの時以来、試験を受ける側になったことは一度もなく、いつでも試験する側（あるいはむしろ、そうして学生を苦しめる側というべきか）に回ってきたが、上智大学で教え始めてみると、それ程の時間もたたないうちにわかったのだ。試験など、実は大して役には立たない。学生たちの成績をつけるには、学期末に試験などするより、学期中ずっと、定期的にエッセイを書かせるほうが、はるかに効果的で意味がある。

さて、いよいよイエズス会教育の最後の段階、いわゆる第三修練である。「第三」という意味は、入会直後の、最初の二年間の修練だけではまだ十分ではなく、イエズス会士として修練を完成するためには、今一度修練期に戻り、さらにもう一年、修練を重ねなくてはならないということである。聖パウロがいみじくも教えているとおり、人間は、自分に知恵があると自負すれば、とかく高慢に捕えられる、だから三年目には、その高慢の鼻柱を折らねばならない。少なくとも、例えば食堂で給仕に当たるとか、洗いものをするとか、床を磨く、便所の掃除をする、あるいは庭の草むしりをするなど、身を低くして務めを果たし、第三修練の指導に当たる先輩会士の助言、ないしは訓戒に、謙虚に従わなくてはならない。それにまた、やはり指導者の下で、聖イグナチウスの『霊操』を、丸一ヵ月にわたり、完全に実践しなくてはならない。入会したばかりの修練期で実践して以来、丸一ヵ月の『霊操』の実践は、これが二度目ということになる。また、やはり指導者の裁量に従って、霊的「実験」を課せられる場合もある。これに加えて、同じく指導者の監督の下、イエズス会の戒律、規則を定めた会憲も勉強しなくてはならない。

第三修練の場所に指定されていたのは、広島に近い長束という所にあるイエズス会の修練院で、竹林と松林に囲まれた丘の斜面に建っていた。田園的な美しさを満喫できる立地で、初夏になると、近所の田圃で鳴く蛙の声がにぎやかだったが、蛙がこんなにいるということは、当然ヘビもいるということにもなる。これればかりは少々気味が悪かったし、事実、修練院は日本家屋だったので、ヘビが入って来ることさえあると聞かされた。確かに、天井裏でヘビがネズミを襲う音を耳にした時もあった。

私たちの指導に当たってくれたのは、わざわざこの目的のためにテキサスから呼ばれた年輩の司祭で、なかなか愉快な人物だったけれども、日本語は全然わからなかった。だから、例えば私のように、日本語はあまり得意でない者には、余計に親しみやすかった。『霊操』や会憲についての彼の話そのものは、確かに十分興味深かったのだけれども、テキサス人特有の、母音を妙に引き延ばす癖があって、これだけは、いささか気になった。

この司祭が私たちに課した「実験」について、もう少し説明しておいたほうがいいかもしれない。第一は、実は物乞いの実験だった。日本人の感覚では、ずいぶん異様な、ショッキングなことに聞こえるだろうが、これはそもそも、広島の平和祈念聖堂で、子供たちのクリスマス・パーティーを開くために、寄付を募るのが目的だった。二人で一組になり（私の相手は、アメリカ人の第三修練期生だったが）、十二月一日の朝、広島の大通りに出かけて行った。ここには銀行がいくつも軒を連ねていたから、きっと私たちの申し出に応じてくれると思ったのである。しかし、私たちはつい忘れていたけれども、銀行は本来、金を与えるのが目的ではなく、逆に受取るのが仕事ではないか。こうして午前中は、私たちの努力はみな無駄に終ってしまった。そんな中で、進んで協力してくれた銀行がひとつだけあったが、これは多分、支店長がカトリック信徒で、教区民だったためだろうし、それに寄付金は銀行の支出ではなく、支店長のポケット・マネーだったのではないかと思う。けれども午後になると、事情は一変した。もう一人、スペイン人の助修士《ブラザー》が仲間に加わり、私たちは三人で、小売店の並んだ通りをめぐり、寄付を仰いだ。商店街の人々はずっと気前がよく、誰もが何がしか差し出してくれる。それで思い出したのだが、確かに、貧乏な人こそ金に執着せず、金持こそ金を惜しむというではないか。ただ、こうして募った金がその後どうなったか、はたして子供たちのパーティーは成功したのか、私には知る由もなかった。私たちの務めはただ、パーティーが無事に開けるよう、経済的な援助をすることだったからである。

第二の実験が課されたのは、翌年の夏のことだった。司教区のさまざまの教会で、司祭たちにせめて一日、休暇を取ってもらう必要があったので、私たちがそれぞれの教会に出向き、代理を勤めることになったのである。私が割り当てられたのは、瀬戸内海に面した福山の教会だったが、今もいうとおり季節は夏で、しかも、例年にまして暑い夏だった。その教会のことで、特に強く記憶に残っていることが二つある。一つは、汗がむやみに出て、着ている物がみなビショビショになってしまったこと。もう一つは、すぐ隣にある幼稚園で、毎朝、園児たちが声をそろえ、お祈りを唱える声が、いかにも愛らしいことだった。幼稚園は、もちろんこの教会の運営している施設で、日本ではどの教会でも、同じように所属の幼稚園を備えている。子供たちばかりではなく、その両親にも教会に親しみを持ってもらい、地域でのさまざまな活動のセンターにするためである。というのも、ただ単にキリスト教のことを聞くためだけでは、わざわざ教会に来る人々はほとんどいないからだ。現に今通っている園児たちの中でも、洗礼を受けている者はほとんどなかった。それでも子供たちは、いかにも熱意を込めてお祈りを斉唱するから、まるでみんな、熱心なキリスト教徒かと思えるほどだった。教会の少し先には映画館があり、その時たまたまディズニーの『シンデレラ』を上映していたので、私もあの子供たちの仲間であることを証明しようと、喜んで見に出かけたものだった。この映画館のさらに先には、女子修道会の経営している女子校があり、イギリス人のシスターがいたので、何度か会いに出かけ、イギリスの思い出や日本での経験について、こもごも語りあったものである。

さて、第三修練もいよいよ終りになったが（幸い、この時は試験はなかった）、実はこの時、私自身の生涯も危うく終りになるところだった。私たち第三修練を終えた者たちが、異常に濃い霧の中、駅まで車で向かう途中、霧の中から、いきなりヌッとバスが現われ、私たちの車と衝突してしまったのである。私は助手席に乗っていたのだが、すぐ横のドア越しに、その衝撃を、ジカに感じたほどだった。幸運にも、この濃霧のおかげで、バスも車もみな徐行していたので、ショックは覚えたものの、それ以上の怪我などは受けずにすんだ。

駅に着いて、そこから先は東京まで、列車で行くことになっていた。中国出身で、同じく第三修練を終った修道士が二人、一緒だったが、途中、京都で下車し、お寺をいくつか見てゆく計画になっていた。まず訪れたのは、日本でもいちばん有名な庭のひとつ、竜安寺の石庭だった。ここが有名なのは、いうまでもなく、樹木や花、あるいは池などのせいではなく、文字どおり白砂利と岩のためである。これを観賞するには、庭にむかって開けた広縁にすわり、岩の配置を見つめ、その数を数えてみるのがよいとされる。見る場所を変えるごとに、岩の数が違って見えるからだという。不思議というか、むしろ気味が悪いとさえいえるのかもしれない。私たちが着いたのは、朝まだごく早い時間だったし、おまけに霧雨まで降っていたから、私たち以外、見物客は一人もいなかった。ほかの時なら、特に夏には、おびただしい観光客が押しかけて、座禅はおろか、瞑想するのにさえ邪魔が多すぎるのだが、この朝は、心ゆくまで集中することができ、無事に第三修練を終えられたことを想い、今ようやく、イエズス会の長い教育・修練のすべての課程が終って、私たちを待ち受けている将来に思いを馳せることができたのだった。

一九六二年二月二日、私を待ち受けていたのは、イエズス会士としての厳粛な最終誓願だった。場所は、前にも触れたクルトゥール・ハイムの聖堂である。この時誓願を立てたのは、私をふくめて二人しかいなかったが、もう一人は、残念なことに、この厳粛な誓願にもかかわらず、長くイエズス会に留まってはいなかった。むしろ驚くべきなのは、私が今もなおイエズス会士であることのほうかもしれない。あれ以来の年月を通じて私が悟るに至ったのは、忍耐強くあるべきこと、そして、物事を何もかも、あまり生真面目に考えないということだ。イエスがマルタにむかって教えたとおりである。家事をみな私に委せて、妹のマリアは用事をせず、あなたのお話ばかり聞いている、これは不公平だ――そう訴えるマルタに、イエスはいわれた。

本当に大事なことは、たった一つしかない。ほかのことは何であろうと、取るに足らぬことだと見なしてよいのだと。(『ルカによる福音書』一〇・三八)

日本でシェイクスピアを教える

日本に着いてから、まだまもない頃だった。多分、初めて上智を訪れた時だったと思うが、学科から知らされたことがある。英文学のさまざまな分野の中から、二つの専門領域のどちらかを選んでほしいという。シェイクスピアか、そうでなければ近・現代文学を担当してほしいというのである。躊躇なく前者を選んだことはいうまでもない。オクスフォードでは、特にシェイクスピアを専門に勉強したというわけではなかった。そもそも学部レベルでは、英文学のあらゆる分野を勉強することになっていたからである。ただし、近・現代文学だけは入らなかった——という意味は、一八三二年、サー・ウォルター・スコットの死以後は、学問的な研究の対象とは認めなかったのである。だからヴィクトリア女王時代の文学については、子供時代にディケンズを読んだことなどは別として、ほとんど確たる知識がなかった。いわんや、それ以後の二〇世紀の文学については、さらに無知だったというほかはない。

他方、中世初期の詩人カドモンからワーズワースまで、英文学史全体をひと通り見渡して達した結論は、文句なく偉大な詩人、特に研究に値する詩人は、結局のところただ一人しかいないということだった。その一人とは、いうまでもなくウィリアム・シェイクスピアその人である。オクスフォードで、専攻分野をギリシア・ローマ文学から英文学に変えたのは、やがて日本に行くことになるという決定の結果だったが、今、シェイクスピアを専門に研究することになったのは、その日本に着任し、上智の英文学科から受けた助言の結果だったのである。

こうしてみると、上智で永年、日本人の学生を教えているうちに、私にとっては、単に英文学の精髄であることばかりではなく、日本とシェイクスピアとの結びつきを、次第に強く感じることになったとしても、ことさら驚くにはあたらないだろう。一度など、「シェイクスピアは日本人だったか」という、あえて挑発的なタイトルで本を出そうとしたことさえある。だが出版社側では、さすがにもう少し慎重に、「シェイクスピアと日本人」というタイトルを選んだのだったが。

私が初めて英文科の専任講師として教壇に立ったのは、一九六二年四月のことだった。第一日目が実際に何日だったか、今はもう覚えていないが、少なくとも形式的には、学期の始まる四月一日、まさしくエイプリル・フールの当日だった。これは、けだし、至極ふさわしいことだったのかもしれない。つまり私が道化《フール》役で、人を騙《だま》す役、騙されるのは学生たちだったというわけである。自分が愚かな道化役だと認めるのは、必ずしも謙虚の印ではない。むしろ私は厚顔にも、シェイクスピアのひそみに倣っているのだ。彼の劇を注意して読んでみれば、シェイクスピアが道化役にどれほど重要な役割りを与えているか、すぐに気がつくはずである。古くからの伝承によると、シェイクスピアは役者として、もっぱら王侯貴族の役を演じ、中でも特に『ハムレット』では、先王の亡霊の役を演じたと伝えられているけれども、少なくとも自作の劇では、むしろ道化の役を好んで演じたのではなかったか——そんな想像さえしたくなる。けれども確たる資料には、シェイクスピアの一座で道化役をつとめた役者たちの名前が残っている。初期から中期にかけてはウィル・ケンプ、中期から後期にかけてはロバート・アーミンという、当時の有名な道化役者二人である。ただ、実は『ハムレット』の三幕二場で、王子ハムレットが城を訪れた役者たちに、演劇論、演技論を語る場面があって、道化役の行きすぎを、歯に衣着せず批判する一節があるのだけれども、これはウィル・ケンプのことをいっているのではないか、そしてこういう厳しい評価が、ケンプからアーミンへという、道化役の交代の要因だったのではないかと考えられてもいるのだが。

シェイクスピアの授業のほかにも、いくつか授業を担当しなくてはならなかったけれども、私にとって特に大事で、いちばんエネルギーを注いだのは、やはりこの、シェイクスピアの授業だった。具体的な講義の進め方としては、全作品を一篇ずつ、執筆の年代順に概観してゆくのである。年間を通じて、重要な作品は一週に一つずつ、それほど重要でない作品は、二作品を一度に取りあげ、毎週二ページのプリントを学生たちに配った。一ページ目では、テーマその他、それぞれの作品の概略を論じ、二ページ目には、その劇中の有名な章句を抜粋して印刷したのである。実際の講義にあたっては、二つのページを自由に組み合わせ、引用によって作品論を例証することで、単に粗筋《あらすじ》や登場人物ばかりではなく、シェイクスピアの原文そのものに親しませるよう工夫した。何よりもまず大事なのは、たとえ日本の学生には読みづらいとしても、シェイクスピアの原文、その言葉そのものにほかならないからだ。実際、学生たちにいつも忘れないよう注意しなければならなかったのだが、かりに日本語訳をどれほど利用するとしても、シェイクスピアはあくまで英語で書いたのであって、彼の劇を十分に理解しようと思えば、やはり日本語の翻訳ではなく、原文を精読するほかないのである。

上智で教え始めた最初の年、いよいよ冬に入ろうとする頃になって、私はたまたま風邪をひいてしまった。このこと自体は、別にわざわざ書きとめる値打ちなどないと思われるかもしれない。冬になると私は大抵、風邪をひかずにはいないからだ。ただ風邪をひくと、いつも声がガラガラになってしまう。ところで英語では、特に口語で、声がしわがれていることを、「喉にカエルが入っている」(have a frog in the throat)という。つまり私は風邪を引くと、まさにカエルが喉に跳び込んだみたいな声になるのだが、実はシェイクスピアの授業をしている時、たまたまそういう現象が起こってしまったのである。ちなみに私は、田浦で日本語の勉強をしていた時以来、俳句が好きになっていた。特に好きだったのは芭蕉の俳句で、中でも例の有名な、「古池や蛙飛こむ水のをと」という句が気に入っていた。そこで、私の声がまるで、喉の奥でカエルが鳴いているような音になったところから、この古い句を今の情況に合わせて改作し、俳句の形で学生たちに弁明を試みたのである。いわく、「シェイクスピアやかわず跳び込む喉の音」。

これは、まったく即興的に生まれた句だった。俳句を作るのは、実は、これが初めてというわけでもなかったけれども、新しいジャンルの最初の実験ではあった。後にこのジャンルを、私は「変柳」と名づけることになる。変な川柳という意味だ。いずれにしても、この喉のかわずの句は、即座にできたのと同様、即座に大成功を収めた。学生たちは、思いがけない私のウィットに即座に反応して、ドッと拍手喝采してくれたのである。私が授業で話したことなど、全部忘れてしまったとしても、この一句のジョークだけは、けっして忘れることはないだろう。確かに私は道化役となり、学生たちは、その道化の冗談に、まんまと乗せられてしまったのだ。

翌年——つまり一九六三年の一月、この授業が終った時には、毎週用意したプリントが、相当の量となって手許に残った。そこで、ひとつのアイディアが頭に浮かんだ。このプリントを全部まとめて単行本にし、出版してはどうだろう。次の年、またプリントを作る手間がはぶけるではないか。そればかりではない。一九六四年の四月二十三日は、ちょうどシェイクスピア生誕の四〇〇年目にあたる（シェイクスピアが正確にいつ生まれたのかは、実は必ずしもはっきりしてはいないのだが、普通は、彼が他界したのと同じ日、しかも、イングランドの守護聖人、セント・ジョージの祝日とされている）。私の初めて出版する書物が、まさしくその当日に世に出るとすれば、まことにふさわしいことではないか。幸い英文科の同僚の一人が、研究社の編集部長に紹介してくれ、出版の話はすらすら決った。実は、その後の私の経験からすると、出版社はとかく、いろいろと難癖をつけたがることがあまりに多い。だがこの時は、実際、驚くほどスムーズに話がまとまったのである。

けれども私はただ、シェイクスピアの生誕の記念に、私の最初の本が出版されるというだけで満足してはいなかった。これに加えて、この記念すべき年に催すさまざまな行事を組織するよう、大学当局から委嘱されたからである。この年は、実は、お能の最大の作者にして役者たる世阿彌の、生誕六〇〇年目にも当たっていたのだけれども、世間ではほとんど誰も、世阿彌のほうには注意を払っていないように見えた。誰もが注目していたのは、イギリス人たるシェイクスピアのほうだったのだ。国を挙げて彼を讃える記念事業がおびただしかった中で、上智大学でも、それほど大規模とはいえないにしろ、われわれ独自の行事を催し、参加することになったのである。

まず第一に、ブリティッシュ・カウンセル（イギリス大使館文化部）に勤めている友人を通じて、シェイクスピア俳優として高名なロバート・スペイト氏が、近く来日する予定であると聞いていたので、早速この年の一月、シェイクスピアについて講演を依頼することにした。スペイト氏は近く、シェイクスピアの伝記を出版することになっていたからである。次に、当の四月二十三日には、二人の著名な講師による講演会を開くことにした。一人は、折から来日していたケンブリッジ大学教授、ミューリエル・ブラッドブルック女史、もう一人は、戦争直後の首相、吉田茂の長男で、文芸評論家として有名な吉田健一氏である。ブラッドブルック教授の演題は「エリザベス時代のシェイクスピア」、吉田氏は「現代日本のシェイクスピア」について語った。加えて二つの講演の間に、東京マドリガル・シンガーズというグループが、エリザベス時代のマドリガルを演奏し、花を添えてくれた。さらにまた別の日には、かつて日本で英文学を講じた経歴もある詩人、エドマンド・ブランデン、『タイムズ文芸付録』の前編集長アラン・プライス=ジョーンズ、それに、学者にして詩人、西脇順三郎の三氏の出席を得て、シンポジウムを開くこともできたし、この期間中、ブリティッシュ・カウンセルの提供で、シェイクスピア関係の書物を展示する企画も実現できた。もうひとつ、五月に入ってから、英文科の学生たちが、英語で『マクベス』を上演する計画も進んでいた。

けれども、はるか昔にトマス・ア・ケンピスが言い、私自身もそうしたことをしばしば経験したとおり、「事を計るは人、事を定めるは神」である。しかも往々にして、神の定めるところは、人の計るところとは異なる。計画は、何もかも滑らかに進んでいるように見えたのだが、四月の末になって、私は明らかに痩せ、疲労に押し潰されていることに気づいた。仕事を欲ばりすぎたのである。上智での二年間が、私にとってあまりにも大きなストレスになっていたらしい。そこで、ゴールデン・ウィークも近いことだし、一週間だけ休みを取らせてくれるよう、学内にある修道院の院長に頼んだところ、院長は答えたのである。「いや、病院へ行って、診断を受けて来なさい。」助言に従って病院へ行き、肺のX線写真を撮ったところ、医者の結論は、肺に影が出ている、結核に違いないという。

それ以上、あれこれ騒ぎ立てている暇もなく（だが実は、後で分ったところでは、シェイクスピアの劇の題名を借りていえば、結局は「空騒ぎ」でしかなかったのだけれども）、東京の西の郊外、小金井にある桜町病院に、即刻、送られることになった。二つの病気――結核と神経症専門の療養所である。だから、やがて退院した後も、私は躍起になって力説しなければならなかった。いくらシェイクスピア流の、あえていうなら気違いじみた道化に共感するとはいえ、私の病気はあくまでも前者であって、断じて後者ではなかったのだと。入院の当日は、たまたま土曜日に当たっていたので、結核担当の医者は、病院を休んでいた。月曜まで待って、ようやく診断を聞くことができたのだが、結局のところ、私の病気について、医者の判断はやはりはっきりしなかった。確かに肺に影はあるけれども、しかし、そのほかには、結核なら当然あるはずのいろいろな症状が、どうも見つからないというのである。

それでもなお、念のためにということで、私はそのまま入院を続けることになった。とはいえ、病院での生活は、それほどつらいものではなかった。病室は平屋の日本家屋で、周囲には松林が広がっている。日本人修道女たちの看護ぶりが、まことに親切だったことはいうまでもない。それに、私が休息を必要としていたこともやはり事実で、その休息が、こういう形で与えられたということも有難かった。しかし、上智に残してきた人々にとっては、有難いどころの話ではなかった。学生たちは、私の授業が受けられなくなったばかりか、私のジョークや変柳で大笑いする機会もなくなってしまったし、英文科の同僚の先生方には、休講になった授業の穴埋めをしてもらわなくてはならなかった。いっぽう私自身は、いつまで入院していなくてはならないのか、先が見えない。本当に結核なのかどうか、確信はなかったけれども、もし本当なら、何年間も病院にいることになりそうだ。いずれにしても、今度のこの騒ぎ全体がいかにもドラマティックで、ひょっとすると、あまりにもシェイクスピアのドラマに熱を入れすぎたことの、皮肉な結果だったのかもしれない。だが、少なくとも学生たちの『マクベス』の上演が、失敗に終るだろうという大方の予想を裏切り、大成功に終ったという話を聞いて、大いに安堵したのだった。

さて、入院してからというもの、お見舞いのお客が切れ目もなく続いた。友人や学生たちが、私のことを心配し、同情して、次から次へと訪れてくれるのである。けれども、やがて穏やかな春が過ぎ、暑さ厳しい夏に移るにつれて、むしろ私のほうが彼らに同情せざるをえなかった。私のほうは、こうして静かな部屋に落ち着き、枕許のガラス鉢の中で泳いでいる金魚たちを相手に、平穏そのものの毎日を送っている。窓の外の松林では、小鳥の声がいつも絶えない。小鳥たちは、籠の中に閉じ込められたカナリアなどとは違って、思うさま自由を謳歌している。ところがお見舞いの客たちのほうは、ようやくこの部屋にたどり着いた時にはもう、汗でグショグショの有様なのだ。

見舞いに来てくれた人たちの中には、もちろん、シェイクスピア祭の行事や、『マクベス』の上演にかかわった学生たちもいて、私は感謝の印として、よく短い詩を作り、彼らの好意に報いた。医者は、どんな種類の書物であれ、本を読むことを禁じていた。明らかに迷信にすぎないけれども、本を読むと、本当は肺に行くべき血液が目に集中し、肺に悪いと考えられていたからである。けれども詩を書くことに関しては、別に問題はないはずだった。少なくとも、わざわざ医者に訊ねてみたりはしないほうが、賢明だろうと私は思った。うっかり訊ねて、駄目だなどといわれては元も子もない。こうして、ほかに何もすることがないこの機会を利用して、私は学生たちに小さな詩を書くばかりではなく、あらゆる主題についてソネット（一四行詩）を書くことになったのである。

二ヵ月ばかりが過ぎて、ほぼ平常の状態に戻ったように思えたのだが、日本人の医者たちは、そう簡単に手許から解放しようとはしなかった。まだ当分は、このまま病院にいなくてはならないという。ただこれからは、軽いものなら本を読んでもいいことになった。そこで、最初はまず友人に、P・G・ウッドハウスの作品を、どれか一冊持ってきてもらうことにした。ウッドハウスは、当時はまだ現存中の、イギリスのユーモア小説家として有名な作家だったが、友人が持ってきてくれたのは、たまたま彼の傑作『夏の雷光《いなずま》』で、読みながらあんまり笑いすぎたものだから、ひょっとして肺に悪いのではないかとさえ思った。それで、それ以上ウッドハウスを読むのはやめ、チェスタトンの、ブラウン神父物の連作を読むことにした。全部を読破するのに、そう時間はかからなかったが、ウッドハウスの時ほど大笑いはしなかったけれども、どれを読んでも必ず、実にいい気分にしてくれた。私がその後、あんなに早く退院できたというのも、実はチェスタトンのおかげだったのではないかとさえ思う。

そこで私は、ハタと思い当たったのである。日本で初めて英文学を教え始めた時も、その教科書に使ったのは、ほかならぬチェスタトンの評論、『ヴィクトリア朝の英文学』ではなかったか。それに、上智の英文科の同僚の中には、チェスタトンについて論文やエッセイを書いたことのある人——少なくとも、彼に興味を抱いている人々は少なくない。ちなみに日本では、シェイクスピア協会をはじめとして、英米の主な文学者については、大学の先生たちを中心に、協会や研究会が枚挙にいとまがない。だとすれば、チェスタトン協会、ないし研究会を創立してもいいのではないか。それればかりではない。少なくとも私にとっては、チェスタトンとシェイクスピアを結びつけて考えるのは、ごく自然な成り行きだったし、それに、気がついてみるとチェスタトンは、その膨大な量にのぼるエッセイのあちこちで、盛んにシェイクスピアについて語っている。そこで私は思ったのだ。こうしたエッセイを一冊の本にまとめ、『チェスタトン、シェイクスピアを語る』といったタイトルで出版してみてはどうだろう。この本は、その後一九六八年になって、研究社から出版を見ることになる。

さて、一九六四年（昭和でいえば三九年）の九月、私は無事に退院することができた。四月の末の入院から数えて、わずか五ヵ月である。これは確かに、結核の治療期間としては（あれが本当に結核だったとすればのことだが）、まさに記録的に短い期間だった。それにしても、東京の街が一変しているのには驚かざるをえなかった。この半年ほどの間、大変な準備が着々と進んでいたのだ。もちろん、シェイクスピア生誕四〇〇年を記念するためではない。いうまでもなく、十月に開かれるオリンピックのためだった。

五月、病院に向かった時にも、準備の始まっている印はあちこちに見られたけれども、はたしてオリンピックまでに間に合うのかどうか、怪しいと見るむきが多かった。こういう点に関しては、日本の労働者はイギリスに劣らないほど、評判がよくなかったからである。私自身も、さまざまの準備が本当に間に合おうとは、とても考えられなかったのだが、今、病院から四谷まで車で帰って来てみると、入院の時のデコボコ道とは大違いで、新しく舗装したばかりの道路を、まことにスムーズに走り抜けるではないか。まさに、現代の進歩のもたらした奇蹟だ。新しい高速道路も、羽田空港まで通じるモノレールも、東海道新幹線も、上智のすぐ隣りのホテル・ニューオータニも、オリンピックで来日が予想されるおびただしい訪問客のために、すべてみごとに出来あがっていたのである。

さて、私自身はどうかといえば、まだしばらくはリハビリが必要という判断で、神戸の六甲にあるイエズス会の高等学校に送られ、もう少し休養を取ることになった。おかげで、オリンピックの競技は、すべてテレビで見ることができたのである。私は実際、甘やかされたというべきかもしれない。それでも、十月の末から翌年の一月まで、上智の授業を再開することが許された。だが次の学年には、丸一年間、特別研究休暇《サバティカル》が与えられることになる。

この休暇のために、ブリティッシュ・カウンセル日本支部の所長で、親しい付き合いのあったトムリンさんが世話してくれて、バーミンガムのシェイクスピア研究所に、特別研究員《フェロー》として招かれる手筈が整った。けれども、直接イギリスに向かう代りに、二ヵ月ほど、ゆっくりアメリカ各地を旅することにした。あの、信じられないほど広大な国を訪れるのは、まったく初めての経験である。実際この国に足を踏み入れてみて、アメリカでは、シェイクスピアのような才能は誕生できなかったはずだと、あらためて痛感せざるをえなかった。シェイクスピアの才能がいかに広大であるとしても、アメリカの国土はあまりにも広大すぎる。ピューリタンのミルトンならば、ひょっとすると、アメリカに生まれることもありえたかもしれない。それどころか、例のメイ・フラワー号に乗って新大陸に上陸し、アメリカ建国の父の一人となっていたことすら、想像できなくはないかもしれない。ところがアメリカでは、例えばシェイクスピアを研究するにしても、当然のこととはいえ、いかにもアメリカ流に大仕掛けなのである。あるいは大学の規模にしても同様で、この時の旅行ではアメリカ各地の、イエズス会系の大学をあちこち歴訪したのだが、その数が多いばかりではなく、そのスケールがいかにも巨大であることに驚嘆せざるをえなかった。

もうひとつ、アメリカでぜひ果たしておきたい計画があった。アメリカ生まれで、後にイギリスに帰化した詩人、T・S・エリオットの足跡をたどることだ。上智では、シェイクスピアと並んで、この現代を代表する詩人も教えていたからだが、彼が生まれ育ったセント・ルイスばかりでなく、大学時代を過ごしたハーヴァード大学、それにケイプ・アンを、ぜひ訪ねておきたかったのである。実は、かつてイギリスに帰国していた時、列車で旅行中、エリオットの晩年の代表作、『四つの四重奏』を読んだことがあったのだが、思い出してみると、その時はこの難解な詩を、一行も理解することができなかった。ところが今は、この詩を日本の学生たちに教えるばかりか、各行、各語にわたって、詳細な注解まで書いていた。中西部のセント・ルイスや、東海岸のニュー・イングランドを訪れてみることで、実際、この詩人について私の考えていたことを、いろいろ確かめることができた。けれども私は、まだこの後もイギリスで、いわば「エリオットをめぐる巡礼の旅」を続けなくてはならなかった。まずロンドンでは、彼と特に関係の深かったグロスター・ロードやラッセル・スクエア、それに、『四つの四重奏』の舞台となったイングランドの片田舎、バーント・ノートン、イースト・コーカー、リトル・ギディングの各地である。

こうした場所を、弟のジョンといっしょに訪ねた後で、その夏は、イングランド南部の海岸、サフォーク州のフェリックストウで、女子修道院の礼拝堂付司祭《チャプレン》として、ゆったり過ごすことができた。ちなみにここでは、得意のクロケーのゲームで腕前を発揮することもできたが、あれ以来、このゲームを楽しむ機会は一度もない（クロケーとは、木槌で木のボールを打つ遊戯で、イングランドではひろく人気があるが、ほかの土地では滅多にお目にかからない。日本でいえば、ゲート・ボールに似ているといえるだろうか）。そのほか、同じサフォーク州のロング・メルフォードに出かけて、エドマンド・ブランデンの生家を訪ねることもできた。

さて、こうして夏を過ごした後、いよいよバーミンガムのシェイクスピア研究所に行き、所長のスペンサー教授のもとで研究を始めることになる。いよいよ本格的に、シェイクスピアの専門家としての研究が始まったのだ。とはいえ、学位を取るために来たのではない。ただ私自身の研究テーマを、自由に探求することができたのは満足だった。私自身のテーマとは、シェイクスピアの宗教的背景という問題で、後に一九七三年、まさしくこの同じタイトルで、単行本として出版されることになる。

バーミンガムで滞在していたのは、郊外のハーボーンにあるイエズス会の黙想の家だった。研究所へ行くには、自転車で一〇分程の所である。研究所では個室が与えられたが、ここでの生活で何より記憶に残っているのは、朝のうち聞こえてくるクロツグミの鳴き声である。そのさえずりを耳にすると、本当に故国に帰ってきているのだという思いを強くし、ああ、田舎にいるのだと痛感するのだった（ただし、バーミンガムという巨大な工業都市にこれほど近い所を、「田舎」と呼べるとしての話だけれども）。もうひとつ、特に鮮明に覚えているのは、大学図書館の稀《き》覯本《こうぼん》のセクションで、ヘンリー・スミスの『説教集』（著者の死後、一五九三年の出版）を発見したことだった。説教集とはいいながら、読んでみると実に面白く、しかもその文体や表現が、シェイクスピアと驚くほどよく似ている。そればかりか、この本を出版したリチャード・フィールドは、シェイクスピアと同じストラトフォードの出身で、シェイクスピアの初期の長篇詩二作、『ヴィーナスとアドーニス』、『ルクリースの凌辱』を出版した人である。しかもヘンリー・スミスは、ちょうどシェイクスピアがロンドンに出てきた頃、同じロンドンで盛んに説教をしていた人だから、この劇作家が、この説教に影響を受けた可能性は大いにある。結局、やがて『シェイクスピアの宗教的背景』で、第七章の半分を割《さ》いて、ヘンリー・スミスを論ずることになったのだった。

これもバーミンガム滞在中のことだが、シェイクスピアの行方不明の手紙を発見すべく、探索を始めることになった。お気に入りだった長女、スザンナに宛てた手紙である。スザンナはこの手紙の束を、一人娘のエリザベスに遺贈したと考えられる。エリザベスは二度結婚したけれども、結局子供が出来なかった。だがエリザベスは、母親から残された手紙を、二番目の夫が前妻との間に儲けた長女に残したはずである。こうして、この何通かの手紙は、いわば家宝として、親から子へと代々大事に保管されていたが、最後の所在は、サーガトン修道院の貴重品保管室だったようだ。宗教改革前まで、ノッティンガムにあった修道院である。そこから今度は、一八三三年、ミルワード家の所有に移ったらしい。

十八世紀の偉大なシェイクスピア学者、エドマンド・マロウンも、シェイクスピア関係の書類がどこかに伝わっているはずだと証言しているから、まさにその手紙も、少なくとも一八三三年まで、この修道院に保存されていた可能性は大いにある。そう考えるべき根拠はいろいろあるが、かつて私は、アメリカ・シェイクスピア協会刊行の季刊誌、『シェイクスピア・クウォータリー』に発表したことがあるから、その証拠を、ここでくわしく列挙する必要はないだろう。それにしても、一八三三年、この手紙の束は一体どうなったというのだろうか。この書類をそれまで所有していたジョン・ギルバート=クーパー=ガーディナー大佐は、引退後に暮らしたグロスターに持って行ったのだろうか。それともサーガトン修道院に、ほかの所有品といっしょに残したままにし、私の祖先が引き継ぐことになったのだろうか。探索の対象として、これは大いに興味をそそる謎だけれども、私はすぐに気がついた。自分自身は、そういう探索に当たるにふさわしい者ではないと。それまでに発見したことをすべて、早速『シェイクスピア・クォータリー』に発表したのも、実はそう気がついたからだった。この専門誌に出しておけば、文学史上の新事実発掘に熱中するアメリカ人が、大挙して大西洋を渡り、探索を始めるに違いないと思ったのである。実際、もしこの謎が解明されれば、世紀の大発見になっていたに相違ない。だが今までのところ、誰もそんな発見をしたというニュースは耳にしない。結局、私にいえることはただ、このシェイクスピアの行方不明の手紙は、今なお行方不明のままだということしかない。その頃、上智は新しく医学部を開設する計画を検討していたが、もし私自身がそんな発見でもしていたら、シェイクスピア学者として、世界的に赫々《かくかく》たる名声を確立するばかりではなく、新しい医学部のための資金も、容易に手に入れることができていたろうと思うのだが。

同じハーボーンの黙想の家には、私のほかに年輩の神父がいて、アマチュアながら、エリザベス時代の国教忌避者《レキュザント》たちについて、熱烈な関心を抱いていた。中でも特に興味を抱いていたのは、絶え間のない迫害を受けながらも、父祖伝来の「古い信仰」、つまりカトリック信仰を、文字どおり命を懸けて守ろうとしていた人々、なかんずく貴族の名家のことだった。私たちは、おたがい共通の興味を持っていたので、それぞれ自分の調べた結果を知らせ合うばかりではなく、一度は彼が私を伴って、この地方の名家を歴訪する旅に出たことまであった。

まず最初に訪ねたのは、かつて彼がストーニーハースト校で教えた生徒だというが、今はゲインズバラ伯爵となっている人物で、シェイクスピアのパトロンだったサウサンプトン伯の子孫だという。そのお邸《やしき》は、イングランドの中東部、ラトランドのエクストン・ホールで、ここに一晩泊った後、次にはその近くのビーヴァ城に行き、ラトランド公爵を訪問した。というのも公爵は、やはりシェイクスピアを庇護したラトランド伯の子孫で、しかもこの伯爵はまた、サウサンプトン伯とも非常に親しい間柄にあったからだ。当代の公爵は、代々伝えられてきた紋章の意匠（impresa）まで、わざわざ私たちに見せてくれた。彼の祖先のために、シェイクスピアその人が考案したと伝えられている貴重な品である。さらにこの同日、ノーサンプトンシャーにあるイーストン・ネストン・ホールを訪れ、レイディー・ファーマー＝ヘスケスにお会いすることもできた。彼女もまた、シェイクスピアが若い頃、ランカシャーで庇護を得たパトロン、サー・トマス・ヘスケスの子孫に当たるからである。シェイクスピアの宗教的背景について、証拠となるようなものは大して得られなかったけれども、こうした貴重な関連をもつ場所や人々を訪れることができたのは、実に興味深い経験だった。

そのほか、バーミンガムのことで特に記憶に残っているのは、まるで子供時代、学校に通っていた頃を繰り返すかのように、借り物の自転車に乗り、いかにもイギリスの冬らしい冷たい雨の降る中を、研究所まで毎日通ったことである。『十二夜』のエピローグで、道化のフェステが歌う歌のリフレインでは、「来る日も来る日も雨ばかり」というフレーズが繰り返されるが、雨の中を自転車で走りながら、文字どおり毎日ではないにしても、この繰り返しの詩句の力を、あらためて実感したものである。それはともかくとして、バーミンガムはストラトフォードからそう遠くないから、ストラトフォードにはよく出かけた。何といっても、二つの町は同じウォリックシャーにあるし、それにそもそも研究所は、最初はストラトフォードに出来たのだった。そればかりか、この数年後には、また元どおりストラトフォードに帰ることにもなった。ただ制度上、バーミンガム大学の付属研究所としたほうが都合がよかったので、しばらくバーミンガムに移っていただけだったのである。だがバーミンガムは、単にシェイクスピアばかりではなく、ジョン・ヘンリー・ニューマンにもゆかりの深い所だった。私の住んでいたハーボーンからそう遠くない所に、オラトリオ修道会の教会があったが、これは、ほかならぬニューマンの創設にかかるものだったからである。

こうして私は、シェイクスピアについて考える際、チェスタトンばかりではなく、ニューマンのことも念頭に置くことになった。シェイクスピアとの関連で私が特に注目したのは、シェイクスピアがカトリックだった可能性の強いことを、初めて認めた人の一人が、実はニューマンその人だったという事実である。この可能性を指摘したのは、『大学の理念』の中だったが、チェスタトンはこの問題を、『チョーサー論』でさらに展開したのである。そこで私も、いわば彼らの肩の上に立ち、彼らの力を借りて、私自身の主張を組み立ててゆくことになったのだった。

日本でキリスト教を説く

もともと私が日本に派遣されてきた目的は、まず第一には教育のため——つまり、上智大学で英語・英文学を教えるためだった。その中で特にシェイクスピアを専門にしたのは、その後、私自身が決めたことである。けれどもこれは、第一の目的ではあったにしても、唯一の目的ではなかった。その昔、聖フランシスコ・ザビエルが日本に渡航してきた時以来、そもそもイエズス会士が日本にいるということ自体、その目的はキリストの福音を伝道し、宣教するためにほかならなかった。だから、シェイクスピアをはじめとして、G・M・ホプキンズ、T・S・エリオット、J・H・ニューマン、G・K・チェスタトン、それに、十七世紀に活躍した三人のジョン——ダン、ミルトン、そしてドライデンなどを教えながらも、キリスト教を教えるクラスもぜひ持ちたいと願っていた。ただ、このクラスはカリキュラムの一部ではなく、あくまで自由意志によって受講するものでなくてはならない。試験とか採点とかいうことを持ち込むのは、こうしたクラスの根本的な精神に反すると思えたからだ。それに、自由意思で参加する受講者たちから授業料を取るなどという

のも、そもそも論外というものだろう。聖イグナチウスが弟子たちに語ったとおり、「あなた方は、何の報酬もなく与えられた。当然、何の報酬もなく与えなくてはならない」のである。

だが、こういう自由参加のクラスを作るにしても、学生たちに強制しているという印象を与えないようにするためには、一体どうすればいいのだろうか。いわゆる「改宗」のために普通の授業を利用し、教室を使うことにすら、私はいささか躊躇《ちゅうちょ》を感じていた。たとえ、そういうクラスの時間と場所を知らせるだけであっても、あまり気が進まなかったのである。けれども私のそんな気持は、あるドイツ人神父のおかげで消え去った。この神父は「かつらぎ会」という、キリスト教入門講座のためのグループを設けていて、この会はきわめて活発に活動を続けていた（会の名前は、奈良県と大阪府の境にある葛城山に由来するという。修験道の霊場とされている所だが、この神父は、この山のことが特に気に入っていたのである）。神父はこの会をいくつかのグループに分け、それぞれのグループに、イエズス会の神父を一人ずつ割り当てて、ほとんど毎晩、講座を開くという組織を作りあげていた。そして私も、そうしたグループの一つを、英語で指導するよう奨《すす》められたのである。こうして一九六三年、キリスト教についての私の最初のクラスが、英語で始まることになったのだった。

かつらぎ会の講座が始まった四月には、いかにもドイツ人らしい組織力の成果というべきか、各グループを総計すると、一〇〇〇人以上の受講者が集まった（上智以外の学生もふくめてだが）。私のグループでも、一〇〇人を優に越えていたのである。実際、信じられないほどの盛況だった。ところが、これ程の数はそう長くは続かなかった。単に、好奇心から出席してみただけの人々が、実は大勢いたのである。一度この好奇心が満たされると、そういう人々は簡単に離れていった。ちなみにイエスの生涯でも、しばしば同様のことが起こった。私の最初のクラスには、会を組織した例のドイツ人神父は、わざわざヴァチカン大使まで招いていた。大使の理解できる言葉を使ったクラスは、私のグループ以外になかったからである。その日の話題は神の存在という問題で、私は、大司教でもある教皇庁大使も納得するように神の存在を証明しようと、あらん限りの力を絞って話したのだけれども、大使はきっと、日本人の聴衆の誰よりも鋭く、さまざまの欠点に気がついたに違いあるまい。

さて、その結果はどうかといえば、キリストの福音を日本人に説くこの最初の試みは、やはり失敗に終ったといわざるをえない。初めは大成功を予想させたけれども、最初の講座を受けた人々のうち、洗礼の時まで残った人は、結局一人も思い出せない。しかも翌年は、講座が始まるか始まらないかのうちに、病気で入院することになってしまったから、講座はそのまま中止ということで終ってしまった。それに退院後は研究休暇に入り、イギリスで過ごすことになったから、一九六六年、休暇が終って日本に帰ってきた時には、英文学の授業も、かつらぎ会のキリスト教講座も、あらためてやり直さなくてはならなかった。そこで今度は、英語ではなく日本語で話すことにした結果もあって、最初の時より万事がうまく運ぶことになった。私としてはこの講座を、英会話のクラスと受け取られたくはなかったからである。英語の勉強のためではなく、純粋にキリスト教について学びたいという、実利を離れた動機をもって受講してほしかったのだ。

こういう形に改めてから現在まで、私の講座はそれなりの成功を収めてきている。毎年の受講者数は、個々の顔ぶれは多少変ることはあっても、平均して二〇人程度を維持してきた。一年間に、洗礼を受ける人が五人もあれば、私にとっては十分と考えている。必要なのは、一つには忍耐強さと、もう一つはユーモアの感覚なのだ（この中には、たとえ駄洒落といわれようと、私のジョークも入れてのことだが）。

かつらぎ会を組織していたドイツ人神父が、私に提案した計画がもう一つあった。キリスト教と英文学をテーマにして、夏期講習を開いてみてはどうかという提案である。もちろん、私はよろこんで引き受けた。そういうテーマなら、単に、シェイクスピアについて今まで研究してきたことばかりではなく、オクスフォードで英文学を勉強したことがすべて、授業で実際に活《い》かすことができるからだ。講習会の対象は、東京やその近郊で英語・英文学を教えている先生方を中心に、このテーマに関心のある社会人を念頭に置いていたけれども、講義の内容は特に学問的、専門的である必要はない。というより、あまり学問的すぎると、かえって敬遠されてしまうだろう。私が目ざすべきことはただ、キリスト教の主な主題——神と人間、罪、苦難と救済、キリストと教会、聖霊と聖書、七つの秘跡、聖母と諸聖人への尊崇、いわゆる四終（死、審判、天国、地獄）といった主題が、どのように英文学の作品（特に詩と劇）に表われているか、具体的に示すことだったのである。

こうしたテーマについて、一二回の連続講演をしたのだが、出席者は一二〇名に達し、評判も大変よかった。講座一回ごとに用意した材料は、書物の形にまとめるとすれば、それぞれ一章分に相当した。そして後に一九六七年、この書物は研究社から、『英文学に見るキリスト教的主題』（*Christian Themes in English Literature*）というタイトルで、英文で出版を見た。次の年にも、また同じ問題を取りあげたが、まったく同じことを繰り返すのは気が進まなかったので、内容も個々のテーマを変え、講演の回数も改めた。十二回連続というのは、出席したいと考えている人々には、やはり多すぎるように思えたからである。今度もまた、この連続講演を元に、新しい単行本にまとめて出すことになった。

さて、日本語のキリスト教入門講座に話を戻すと、私も伝統的な教理提要《カテキズム》の方法に従って、神、キリスト、教会という区分を踏襲したのだが、実際に話を進めるにあたって土台にしたのは、現代イギリスの代表的なカトリック思想家の一人、ロナルド・ノックス師の『隠れた流れ』という講演集だった。実はオクスフォード時代に、ノックス師その人がカトリックの学生たちに話したのを、私自身したしく聴いた講演である。今、自分が日本の学生にキリスト教を説くについても、まさに理想的な教科書だったが、ただ、基本的にはこの書物に従いながらも、私自身の考えも随所に加え、また、日本で経験してきたことから、さまざまの例を付け加えた。今度もまた、シェイクスピア入門の授業と同様、毎回の話にプリントを用意し、これを一冊にまとめて、教科書として出版した。一九六八年、北星堂から出た『キリスト教へのみちびき』(*An Introduction to Christianity*)がそれである。ロナルド・ノックス師に多くを負っていることを誌《しる》し、謝意を表したことはいうまでもない。

その頃はもう、キリスト教入門講座は日本語で話していたから、その元になった英語の原稿を教え子の一人に訳してもらい、一九七〇年、エンデルレ書店というカトリックの出版社から、『キリスト教への道』という題で上梓した。ここで特に触れておきたいのは、この本の表紙のデザインのことである。実はこれは私自身のデザインで、曲りくねった小路が、富士山の麓《ふもと》の小さな小屋に続いている。そして空には、十字の形をした星がまたたいているという図柄である。小屋は、キリストの誕生した厩《うまや》を表わし、十字の星は、救世主の誕生を告げる星にほかならない。こうした象徴的な意味を込めた絵なので、その意味を説き明かすことが、第一回目の講義に十分な材料を与えてくれることになった。こうした方法は日本人の心に、私が折に触れて口にする駄洒落と同様、思いがけない程アピールするように思える。

けれども実は、こうした教理提要(公教要理)のやり方は、第二ヴァチカン公会議(一九六二―六五年)

後のこの時期には、すでに時代遅れになっていた。いうまでもなくノックス師は、親友の小説家イーヴリン・ウォーと同様、ヴァチカン公会議以前の世代に属していて、この公会議が教会にもたらした広範な改革には、実は適応してはいなかった。私自身も、信仰上、神学上の教育を受けたのは、もちろんこの公会議より前のことで、ここで発表されたさまざまの改変の中には、容易に賛同できない点も、実は少なくなかった。

それはともかくとして、私の講座を受けた人々の中には、洗礼後も会に残り、私の助手を務めてくれると同時に、今まで聴いた内容を、さらに深く理解しようとする人々があったが、そうした人たちの奨めもあって、私は教理というより、むしろ聖書そのものに、今までより大きな力点を置くことにした。つまり、例えば神とか、神の存在を証明するさまざまな論拠とかについて話すのではなく、むしろ、『旧約聖書』に今まで以上に注意を払い、神の存在の理論的証明などとは関係なく、現に生きた神との出会いが描かれている点に注目した。パスカルの表現を借りるなら、「哲学者たちの神」ではなく、アブラハム、イサク、そしてヤコブの神について語ろうとしたのである。というのも、今や私は気がついたのだ。理性によって神の存在を論証しようとしてみても、たとえそれが聖トマス・アクィナスをはじめ、スコラ哲学者たちによっていかに巧みに行なわれてきたとしても、そのこと自体、日本人の心には、かえって懐疑の念を呼び起こしてしまうのではないか。論理的な証明を受け容れるより、むしろ疑念を抱くほうが、何といってもはるかにありがちなことであるからだ。これにたいして、『旧約聖書』では至る所に見られるように、神の存在することを当然、自明として受け容れてしまえば、それ以上の証明など、もはや必要とはしない。「詩篇」にもあるとおりである。「神を知らぬ愚か者は心にいう、神はいないと。」（一四・一）

第二に、キリストについて語る時、それまで以上に細かく『新約聖書』、特に「聖マルコによる福音書」

に注意を向けた。福音書は、洗者ヨハネによってイエスが洗礼を受けたことから始まり、十字架上の死、さらには復活に至るまで、キリストの生涯をたどる形で物語られるが、こうした順序、こうした形で語られることを通じて、『旧約』で語られたことがいかに『新約』で顕示され、新しい約束がいかに『旧約』のうちに隠されていたかを、つぶさに知ることができる。こうした方法なら、哲学や神学で学んできたことに頼るよりは、むしろ、聖イグナチウスの『霊操』にもとづいて、イエズス会士として私自身の重ねてきた霊的修練の賜物を、十二分に活用することができた。要するに、この新しい教え方は、論理や理性に訴えるのではなく、祈りの心に訴えるのである。

この、聖書の二つの段階、つまり『旧約』と『新約』の意味するところを説くために、私は早速、さらに二冊、日本語で書物を出した。自分自身で、キリスト教入門講座のための教科書を用意したのである。一つは一九九〇年、講談社から出した『旧約聖書の知恵』、もう一冊は、しばらく前の一九七八年、やはり講談社から出した『イエスとその弟子』で、これはかなりのベスト・セラーにもなった。さらにその後、一九八六年、同じく講談社から『聖書は何を語っているか』も出た。こうした書物には、私が第二ヴァチカン公会議以前の方法から、公会議以後の考え方に移行し、それまでより聖書を重視するアプローチへと変化した跡を示している。講座の具体的なスケジュールとしては、『旧約』を扱う第一の段階は四月から七月まで。間に夏休みを挟んで、九月からクリスマスまで、第二の段階として『新約』を論じるという構成を取った。

次に、新年から三月までの第三段階では、かつては教会について話していたのだが、今度はマルコ以外の二つの福音書を、聖母と聖パウロという、二つの新しい視点から読みなおすことにした。聖パウロの問題を扱うにあたっては、今度もまた、ロナルド・ノックス師の著書から深い示唆を得た。『聖パウロによる福音』

という師の著作で、私自身もほぼ同じ題名で、日本語の次の書物を出すことになる（『聖パウロによる福音書とは何か』、一九八五年、中央出版社）。聖母に関する講演では、神学を勉強していた時に読んだマリア論をもっぱら参考にした。この講座のために書いた本は、これも日本語で、『聖マリアの福音』（一九八九年、中央出版社）というタイトルにし、二部に分けることにした。第一部は『新約』、特に「ルカによる福音書」の最初の二章に描かれた聖母マリア、第二部は、古来の教会の伝統によるマリア論を、主としてニューマンのマリア論に従って語った。

具体的な講座の進め方について、多少説明を加えておくと、このキリスト教入門講座は、毎週一回夜間に開いている。現在では、月曜の午後六時半から八時半まで、まず私が一時間ほど話した後、受講者がそれぞれ瞑想し、その日の話の内容を内省して、考えをまとめる時間を取る。そして最後に、討論というか、話しあいを持つのだが、その時に大事なのは、受講者一人一人の名前を呼んで、発言をうながすことだ。日本人は一般に、大勢の中で自分一人が立ち上がり、意見を述べるのを恥ずかしがって、積極的に発言したがらないからである。一日の講座の中でも、この、参加者がそれぞれ自分の考えを語る部分こそ、いちばん重要な時間である――少なくとも私自身にとっては、考える材料をいちばん多く与えてくれる時間なのだ。

私にとって特に重要な発見だったのは、こうして参加者がそれぞれに話すところを聞いて、外国人が日本人についてしばしば語ること――さらには日本人自身すら、自分たちについてしばしば語るところが、実は事実に反していると知った点である。つまり、日本人はキリスト教について、あるいはキリストの福音について、みな同じ反応を示すといわれているけれども、これは必ずしも事実ではない。日本人の反応は、実はそれぞれ人によってまちまちであり、同じ反応を示す日本人など、現実には一人もいないということだ。結局のところ日本人も、西洋人と変ることなく、ひとしく人間なのであって、そして人間はその本来の特徴として、それぞれ自分一人でものを考えるものなのである。なるほど日本人は往々にして、自分の属する集団の中に留まることを好むという印象を与える。そして、その集団の考え方はこうだと、彼らが想像する意見を口にしたがるように見えるけれども、それは単に表面的な印象にすぎない。さて、毎週、会合の最後には、当然、私たちはお茶を飲む。時にはワインを飲むこともある。ケーキやビスケットをつまみながら、しばらく雑談を交わしてから、散会するのである。

けれども、こうした夜間講座だけでは十分ではない。キリスト教の真理にさらに深く踏みこんでゆくためには、ただ講義を聴き、ディスカッションするばかりではなく、深く内省し、そのために設けられた施設で共に時を過ごして、黙想し、祈ることが必要である。かつらぎ会で教えていた初めの頃は、奥日光で夏の合宿をしていた。美しい中禅寺湖の湖畔に、そのための施設があって、一年に一度、かつらぎ会に属するさまざまのグループが一堂に集まり、合同でディスカッションをし、午後は湖の周囲や、上流の滝までハイキングをするのである。

けれども私としては、こうした、いわばマスプロ的なやり方は、どうも好きにはなれなかった。イギリス流の考え方、感じ方よりは、むしろドイツ流の、さらにいうなら、かつてのナチスさえ想起させるやり方に思えたのである。そこで私は、私を助けてくれている熱心な信者たちの賛同もあって、こういう統一的な組織からは徐々に脱退することに決めたのだった。それというのもこの組織は、すでにバラバラに分かれ始めていたし、それに私の協力者たちも、実は私が脱退の考えを持ち出す前から、すでに同じ思いを抱き始めていたからである。

この動きは、ひょっとすると分裂のように見えるかもしれないけれども、実は神の摂理によって、大いに祝福されることになった。例えば、今までは一回しか黙想会を持つことができなかったのたいして、今度は三回催すことができた。つまり、三つの段階のそれぞれが終る時、七月と十二月、それに三月に持つことができるようになったのである。ただし、それまでは二泊三日の日程だったのにたいして、参加者の希望に合わせ、週末の一泊二日に変えることにした。このほうが、もっと実際的だったからである。それに、「黙想会」とはいいながら、その期間中、きびしく沈黙を守るという規則はやめて、黙想の時間以外は、おたがい、自由に話しあえることにした。このほうが、和やかな雰囲気の中で、ゆったりと、おたがいをよりよく知ることができるからである。

この三回の黙想会に加えて、年に二回、クリスマスと復活祭には、特別の集まりを開いた。この機会に、洗礼式を行なうこともできる。まず最初に、普通は学内のクルトゥール・ハイム聖堂でミサを捧げ、その後で、これも学内の上智会館で祝宴を催すのである（初期の教会で用いた表現に従えば、こうした会食を「アガペー」と呼ぶ）。黙想の家の定員は、普通二十二人で、参加を希望する人数も、この定員を越えることは滅多にないが、クリスマスの集《つど》いには、卒業後もかつらぎ会に属している人々も多く参加するので、九〇人に達することもある。これにたいして復活祭には、ほぼ五〇人ほどが集まる。日本人の信者には、典礼としての重要性はどうであれ、復活祭は、クリスマスほど大事なものとは感じられていないらしい。それに、クリスマスにもっと親しみを感じるという傾向は、信者以外の人々にもひろく見られる現象で、そこから、いささか悪名高いクリスマス商戦などという騒動も生まれてくる。実際、一般の日本人の目からすれば、キリスト教の教会暦の中でいちばん大事な聖人は、サンタクロース（聖ニコラス）、それに聖ヴァレンタインの二人なのだ。

かつらぎ会の活動について、かなり概括的な説明をしてきたが、これを簡単にまとめておくと、初期の、ドイツ人神父の指導の下で、会が全体として活動していた時代から、その後、それぞれのグループが独立し、クリスマスや復活祭を祝う時でさえ、別々に集まりを開くように変化した点を説明したし、同時にまた、私自身の講座の教え方についても、第二ヴァチカン公会議を境として、新しい方法に変った点も説明した。けれども、かつらぎ会そのものの歴史に関していえば、一九七〇年前後に、重要な出来事が相次いで起こり、私たちみなにたいして、大きなインパクトを与えることになった。まず第一に、一九六八年、過激な学生運動が起こって、日本中のほとんどすべての大学に深い衝撃を及ぼし、ほぼ一九七二年頃まで続くことになる。上智大学もまた、この衝撃を免れることはできなかった。まず最初に現われた影響として、学生たちは授業を欠席することが多くなったし、さらにまた、大学自体が過激派学生に占拠されて、これを排除するために、大学がキャンパスのロックアウトを宣言するに至り、授業をしようにも、教室が使えなくなってしまった。だから、こうした情況を乗り切るためには、何かほかの方法を工夫しなくてはならなかったのである。

けれども、それほど長い時間を要するまでもなく、過激派学生の運動は、さまざまなセクト同士の抗争、いわゆる内ゲバを通じて内部分裂を繰り返し、エネルギーを使い果たして衰退してゆく。他方、かつらぎ会の組織を支えていた例のドイツ人神父も、この同じ時期、ドイツに帰らなくてはならなくなった。そんなわけで、かつらぎ会に属していたさまざまのグループは、自分たち自身で運営してゆかざるをえなくなり、こうして各グループが、それぞれ自立してゆくことになったのである。一見、これは分裂と見えたかもしれないけれども、結局、すべて避けがたい成り行きだった。そこで私も、やがてこの自立も幸いなことだったのだと考え、神の摂理のもたらした幸運と見なすことになったのだった。

学生紛争

一九六二年、広島から東京に帰ってきて以来、私は日本の学生を教えることを、ただただ幸せと感じていた。行儀はいいし、勉強には熱心だし、ただ、頭はそれほど鋭敏ではない（つまり私のジョークに、いつでもすぐに笑わない）ということはあったにしても、それは大した問題ではなかった。もしこれが、例えば幼稚園の子供たちを教えるのであれば、とても私の手には負えなかっただろう（実は母は、日本を訪れた時、日本の幼い子供たちがあまりに愛らしいのに感動し、このまま日本にいて、幼稚園の先生になりたいと洩らしたのだけれども）。いや、幼稚園に限らない。小学校で教えるほうが、幼稚園よりずっと楽だったに違いないし、中学校のほうがさらに楽だっただろう。高校なら、さらに教えることが楽だったろうと思う。生徒の年齢があがるほど、むつかしさは低くなっていたはずである。

　さて、上智大学で教壇に立つことになって、学生の年齢はいちばん高くなり、しかも、行儀も成績もいい学生が相手となれば、これ以上に楽で、かつ楽しいことはないものと、私は当然そう考えていたのだが、一

九六八年、こんな考えはみな、無残に叩き壊されてしまった。その頃は上智で教えるばかりでなく、東大でも英文学科長から特に依頼され、兼任講師として週に一回、英文学におけるキリスト教の講義を受け持っていたのだが、この年の七月、上智でも東大でも、過激派の学生たちの運動が、現に私の目の前で、急激に激化していったからである。

すべての発端は、一見、ごく瑣細《ささい》な出来事だった。パトカーが、ある事件の捜査のために学内に入った。これに抗議して、学生たちが騒いだのがキッカケである。だが、実はこの「事件」そのものも、もともと学生たち自身の引き起こしたもので、過激派の二つのグループ同士がいざこざを起こしたのだ。彼らは、キャンパスに入ったパトカーを取り囲み、何があろうと、包囲の輪を解こうとしない。学長がみずからその場に乗り出して警告を発したけれども、それでも立ちのこうとはしないのである。結局パトカーは、ようやくのことでキャンパスを出ることはできたが、騒ぎを起こした学生たちが誰かわかっていたので、次の学部の会議、さらに理事会で、彼らにどんな処罰を与えるか決定された。というのも、シェイクスピアも『尺には尺を』で書いているとおり、「悪行を大目に見て罰しない」のは愚かなことだ、そんなことをすれば、「悪党どもは法律を馬鹿にし、自由放任が正義の鼻づらを取って引き回す」ことになってしまうからである（一幕二場、二幕一場）。しかし、実はこうした処罰こそ、学生たちが待ち望んでいたことだった。処罰が下されれば、これに抗議を繰り返し、さらに騒ぎを起こす口実が出来ることになるからだ。

学生たちのこうした行動は、けっして自然発生的に起こったものではない。すべて入念に、あらかじめ計画されていたのである。それにまた、単に日本国内の、学生の平和運動というだけのことでもなかった。モスクワや北京から、さまざまな形で影響を受け、指導を受けてのことだったのだ。中国では毛沢東や、その妻の江青夫人の指導する文化大革命が、今やまさしく最高潮に達していて、日本国内の過激派学生の中でも、特に暴力的なグループ——殺人さえ辞さないセクトの連中が手本としていたのは、まさにこの大革命の兵士、紅衛兵たちにほかならなかったのである。だがモスクワの影響も、これに劣らず破壊的な力を及ぼしていた。というのも、モスクワもまた、直接行動では紅衛兵ほど暴力的ではなかったにしろ、もっと巧妙な手段を用いて、学生紛争の騒ぎの総体を最大限に利用し、国際的な共産主義運動の伸張、拡大を画策していたからである。

だが私自身はといえば、その間にも、間近にせまった夏休みのために、実は、まったく別の計画を立てていた。パトカーの事件があったすぐ次の日には、飛行機でカリフォルニアにむけて飛び立ったのである。紛争のすべてを後にして日本を離れるのは、内心、大いにうれしかったことは事実だった。とはいえ、別に、わざと逃げ出したというのではない。この旅行は、ずいぶん前から計画していたものだったし、このまま日本に残っていても、夏休み中、私にできることなど何ひとつなかったからだが、それでも成田から飛び立ってもなお、エンジンの響きにダブって、過激派の学生たちの、「帰れ、帰れ」と繰り返す怒号が、まるで耳元で聞こえるような気がしたのだった。私の目的地はロサンジェルスのパサデナで、この夏はここのカトリックの教会に滞在し、週末はハンティングトン図書館に通って、シェイクスピア時代の宗教論争について、さらに研究を続ける計画だったのである。ロサンジェルスの暑さはものすごく、優に四〇度を超えていたと思うけれども、日本の夏のような蒸し暑さはなく、空気は非常に乾燥していたし、それに、ほとんどは図書館と教会の司祭館で過ごしたのだが、どちらも冷房が完備されていて、研究する者にとっては、まことに天国そのものだった。けれども、この時の滞在のくわしいことは、また別の章で、あらためてお話することにしておこう。

さて、日本への帰路については、もう一度、洋上大学の船に乗ることにした。洋上大学についても、くわしい説明は次の章にゆずるが、この時の洋上大学の英語の授業全体は、早稲田大学で教えている友人が責任者になっていたので、この友人を介して、私も参加することになったのである。だから、帰りの旅費は一切払わないですんだ。しかしその代り、飛行機なら何時間かで飛べるところを、二週間かかって、ようやく東京に帰ることができたのだったが、例の、厄介な過激派の学生たちが待っているとなると、そう急いで帰りたいとは思えなかったし、それよりむしろ、こうして洋上大学の学生たちから、カリフォルニアでどんな経験をし、どういう印象をもったか、いろいろ話を聞くほうが楽しかった。しかしこの旅のこともやはり、また章を改めてくわしくお話することにしておきたい。

さて、まったく気は進まなかったが、やはり、また上智に帰らなくてはならない。授業は再開されたけれども、この先何が起こるか、誰にも予想はついていた。過激派の学生たちは、大学当局の処分は不当だとして、すでに抗議運動を始めていたが、彼らの目標が十一月初めの大学祭、中でも特に、十一月三日の文化の日にあることは明らかだった。夏休み明け早々から、彼らは隊伍を組んで学内を練り歩き、大学当局を弾劾するデモ行進を繰り返している。殊にひどかったのは昼休みで、キャンパスの中央、メイン・ストリートの交差点を占領し、訳の分らない演説を、マイクを通して猛然とガナリ立てる。彼らの使う特有の表現は、マルクス主義の専門用語だらけで、しかも声を限りに怒鳴りまくるものだから、私にはもちろん、日本人の一般学生にも、理解することなど不可能だった。

いよいよ大学祭が始まると、過激派の学生たちは、せいぜい一〇〇人にも達しない程度でありながら、まるで自分たちだけが、学生全体を代表するかのように言い立て、行事一切をわが物顔に支配するばかりか、ほかの大学の学生たちを加勢に呼び込むという有様。大学当局は、平和な話し合いを提案し、学生たちに不満があるなら、冷静に聞く機会を設けようとしたけれども、この学生たちは、理性だの論理だのには興味はない。話し合いの場を設ける試みなど、すべて暴力によって粉砕し、そんな機会を逆用して、自分たちの不満をブチまけるプロパガンダの場にするのだ。こんなことの繰り返しが、どんな結果をもたらすかもまた、誰の目にも予想がついた。過激派の学生たちは、暴力に訴えて校舎を占拠すると、あからさまに予告していたからである。

ある晩、一般学生が校舎の外にすわり込み、建物を護ろうとしていたにもかかわらず、過激派の学生たちは、予告どおり、顔を手拭いで隠し、ゲバ棒で武装してドアに殺到、行く手をさえぎる者を押しのけ、一号館を占拠すると、教室から机や椅子を持ち出し、階段から投げ落として、バリケードを築き、入口を封鎖してしまったのだ。そして、典型的なコミュニズムの論理に従って、校舎は今や「解放区」となったと宣言した。しかしこの「解放」が、彼ら自身のための解放にすぎなかったことはいうまでもない。一号館は、こうして彼らの要塞となり、行動の拠点となってしまった。それも単に、上智大学の占拠ばかりではなく、彼らの戦略全体からすれば、さらに国会議事堂や霞ヶ関の官庁街を攻撃するための、行動の本拠となるはずだったのである。

その頃、私は学内にある修道院の院長の、英語の秘書役をつとめていた。院長はイタリア人の神父で、修道院の通信に英語で文章を載せる時、私が英語をチェックする役を仰せつかっていたのである。同時にまた、大学の財務を担当していたドイツ人の神父も、独自に広報誌を出していた。この神父の文章では、事態の深刻さがとかく強調されがちだったけれども、この点は、わざわざ強調する必要もなかった。誰の目にも自明のことで、もしことの重大さを認識していない者がいたとすれば、修道院のメンバーにしろ大学のスタッフにしろ、よほど楽天的なハト派と呼ぶほかなかっただろう。けれども私自身は、このドイツ人神父の深刻ぶりとは違って、この事態から、むしろユーモアを読み取りたいと感じていた。なるほど情況は、大いに危険を帯びているかもしれない。しかし、こうした情況を眼前にして、なお正気と平静を失うまいと思えば、例えば『ガリヴァー旅行記』を書いたスウィフトや、現代イギリス最高の諷刺作家イーヴリン・ウォーのように、現実から一歩距離を取って客観的に見つめ、諷刺的な見方をするほうがよいのではないか——私はそう感じていたのである。こういう見方からすれば、過激派の学生たちの行動は、所詮、いかにも滑稽でバカバカしいといわざるをえなかった。シェイクスピアも『リチャード二世』の二幕一場で、ジョン・オヴ・ゴーントの口を借りて語ったとおり、「かかる激越な炎は、たちまち燃えつきてしまうもの」であるからだ。

もうひとつ、エリザベス時代の宗教論争を調べている中でも、面白い例を発見した。英国国教会《アングリカン》の立場から、当時の清教徒《ピューリタン》の行動を批判した文章は、そっくりそのまま、今の日本の過激派学生に当てはまるではないか。国教会の論客は、ジョン・ウィットギフトという人物だが、私は問題の一節を書き写し（ただし、十六世紀特有の表現は現代風に改めて）、修道院の掲示板に張り出した。まさにフランスの諺にもあるとおり、「時代が変れば変るほど、いつの時代も変らぬことを思い知らされる」というものだ。先程もいうドイツ人神父の通信も、私の書いた文章も、それぞれローマのイエズス会本部まで送られ、総会長のアルーペ神父の目にも触れることになった。アルーペ神父は、私が日本に来た時から一一年間、修道院長だった人である。後に総会長と話す機会があった時、あの二つの通信は、同じひとつの情況を報告したものでありながら、まるで見方が反対なので面くらったと、その時の印象を話してくれたが、私の文章のほうが、少なくとも希望を抱かせるという点で、上だったのではないかと思う。ほかならぬシェイクスピアから学んだとおり、ユーモアを感じ取る余裕のある限り、悲劇に至る余地はそれだけ小さくなるからだ。

次のクライマックスは、冬休みの始まる前夜に訪れた。過激派の学生たちは、冬休みを利用して、占拠した建物の防備をさらに強固にするに違いないし、さらにはキャンパスを出て、外部へ出撃することさえ予想されたが、私たちには、どうすることもできないように思えた。新しい学長は、前学長がイエズス会士だったのに代って、今は俗人が務めていたが、上智会館の一番大きな部屋に教職員全員を招集し、現状について見解を述べると同時に、教職員の質問や意見を求めた。私は手を挙げ、いささか激越な調子になってしまったが、自分の意見を申し述べた。今や事態は、われわれ自身だけでは、解決など期待できないところまで来ている、残された手段はもはや一つしかない、機動隊を導入することである——私はそう論じたのだが、当時、機動隊を学内に入れることなど、上智ばかりではなくどの大学でも、タブーと見なされていたことだった。ところが、私の発言が終ると、一斉に拍手が起こった。そして実は学長自身も、同じ考えを心に抱いていたらしい。ただ、最初はまず、私たちの意見を確かめておきたかったのである。

その夜、誰もが寝静まっている間に、機動隊はひそかに学内に入り、占拠されている建物に侵入して、最上階まで登ると、過激派学生の不意をつき、一挙に全員を逮捕してしまったのだ。寝こみを襲われた学生たちは、兇悪な防護手段をさまざまに用意していたようだが、そんな手段に訴える暇などまったくなかった。後で分ったところによると、彼らが準備していた防備の中には、誰か攻撃してくる者があれば、その頭上に投げ落とすために、屋上に大きな石をおびただしく蓄えていたとか、硫酸の入った缶まで用意し、さらには教務課の事務室の床に石油を撒《ま》いて、マッチを一本投げさえすれば、建物全体が焰上する準備すらしていたという。過激派の学生たちは、まさしく殺人者の一団にほかならなかったのである。

機動隊は、単に過激派学生を、占拠されていた建物から排除したばかりではなく、キャンパスそのものから追い出してしまったから、過激派も一般学生も区別なく、みな学内に入れなくなり、土手側の道ひとつ距《へだ》てた運動場（かつての江戸城の外濠を埋め立てた場所）に集まるほかなかった。ただちに学長の命令で「ロックアウト」――つまり、キャンパスの封鎖が宣言され、少なくとも半年間は、封鎖を続けることが発表された。過激派の学生たちは、どうにもなす術《すべ》がなく、ただ例によってジグザグ行進を繰り返し、みずからの怒りをぶつけることしかできない。そうすることで、何とかして一般学生を、自分たちの側に引き入れようと試みるしかなかったのである。一方大学側では、ただロックアウトを宣言するだけではすまなかった。ふたたび機動隊の力を借りて、過激派学生たちが報復のために、もう一度学内に侵入するのを防ぐ必要があった。さらにはまた、彼らが秘密裡に学内に入るのを防ぐべく、キャンパスの周囲に鉄柵を建てることも必要だった。こうした措置も、すべて滞りなく実行された。

この年のクリスマス休暇は、かつて経験した中で、いちばん惨めな休みになった。普通の年なら、クリスマスのお祝いがキャンパス中、至る所で行なわれる。さまざまな学生のグループのためにミサが捧げられるし（学生たちのグループが、みな信者の団体であるわけではないが）、それにクリスマス・パーティーが一晩中、翌朝、始発電車が出るまで続く。実際クリスマスは、学生の五パーセントしか信者ではない大学でも、一年の最大のクライマックスとなった――というか、むしろこの夜だけは、まるで学生全部が信者になったかのようだった。

しかし、ロックアウト中だったこの年だけは、クリスマスも冬休みも、それこそ火の消えたような淋しさのうちに過ぎてしまった。それればかりではない。次に待ち受けていた難題として、入学試験をどうするかという問題が立ちはだかっていた。もし入試を中止するようなことでもあれば、大学の存続そのものが危うくなってしまうだろう。キャンパスがロックアウトになっている以上、学内で入試を行なうことなどまず出来ない。かといって、もし学外のどこか別の所で実施すると発表すれば、当然、過激派の学生たちの耳にも入って、やすやすと入試を阻止することができるだろう。大学は、とにもかくにも入試を無事に実施できたのだが、具体的にどのような方法を取ったのか、実は、正確には思い出せない。私自身は、直接その実施には関わっていなかったからである。しかし自分が個人的に関わっていたので、はっきり覚えていることが二つある。一つは、三月の中頃、もう一度洋上大学に参加したことだが、この件は先程もお断りしたとおり、また別の章で、あらためてお話することにしておこう。もう一つ、よく覚えていることというのは、イギリスから来日したロイヤル・シェイクスピア劇団が、学内の小劇場で、ひそかに『ヘンリー五世』を上演したという「事件」である。上智小劇場というのは、紛争の始まる直前、かつて講堂だったホールを劇場として改装し、設備を整えた所なのだが、この上演については、ここで今、ややくわしくお話しておくことにしよう。というのもこれは、ロックアウト中のキャンパスで、しかも、いわば大学当局の目を盗み、過激派学生たちの脅威をはねのけて行なった、まことに冒険的な上演だったからである。

今もいう洋上大学から帰ってくると（この時は、東南アジアのあちこちの港をめぐる航海だったが）、ブリティッシュ・カウンセルから電話があった。来日中のロイヤル・シェイクスピア劇団が、学生のために劇を上演したいといっている。ついては上智で、『ヘンリー五世』を上演する機会はないだろうかと、問い合わせてきたのである。もちろん私は、よろこんでそういう機会を提供したいが、今うちの大学もむつかしい情況にあるので、まず学長に相談してみなくてはならないと答えた。この時は、学長はイエズス会士のイタリア人神父に変っていたが、学長の答えは、ぜひとも上演を実現できるよう頑張ってほしい、ただ、費用がどのくらいかかるのか、最初に調べてみること、それにこの件に関しては、大学当局の誰にも伏せておくことという条件だった。早速ブリティッシュ・カウンセルの友人に問い合わせると、費用は最小限ですむから、心配はいらないという返事である。

そこで私は、演劇が専門のアメリカ人神父に協力を頼むことにした。一九六四年、シェイクスピア生誕四〇〇年の時、私が入院中、学生たちの『マクベス』上演を指導したのもこの神父だったし、講堂を小劇場に改装・整備したのも彼だった。私たちは学長にいわれたとおり、学内のほかの誰にも、この計画は洩らさないことにした。それなら、いよいよ上演の時になっても、すでに既成事実になっていて、今さら計画に反対することなどできないからである。小劇場の客席数は限られていたが、チケットは予約で何とか完売していたし、正門の守衛所にはあらかじめ連絡して、このチケットさえ見せれば、学内に入れるように手配した。こうして、あらゆることが無事に進み、大学当局からも過激派の学生からも、何の反対も妨害もなく、公演は大成功のうちに終った。

公演後、主役のヘンリー五世を演じた俳優マイケル・ウィリアムズが語ってくれたところによると（ちなみに、彼は敬虔なカトリック信徒だったが）、この公演こそ、こんな特異な条件の下での上演だったし、観客の数も限られてはいたけれども、お客のすぐ間近で演じたことで、今度の訪日公演中、もっとも充実したものになったという。ロイヤル・シェイクスピア劇団が、ほかならぬ上智大学で公演した――これほど高名な劇団が、こんな小さな大学で、現にシェイクスピアを上演したなどというのは、まさに信じがたいことではある。しかし、あくまで確かな事実なのだ。実際、過激派の学生たちからあれほど手痛い被害を味わったとしても、その結果、これほど予想もつかぬ代償を得たとなれば、けっして単なる損失ではなかったとさえ思えたのだ。これもまた神の摂意の、人間には測りがたい深謀遠慮というものではなかったのだろうか。

洋上大学

早稲田大学で教えている友人のおかげで、私は二度、自分の大学の惨状から脱出する機会を与えられた。とはいえ前にも書いたとおり、別に逃げ出したというのではない。私には、その惨状を解決するために出来ることなど、実際、何ひとつなかったのだ。私が大学に残っていようが留守にしようが、何の役にも立たないことに変りはない――というか、むしろ、洋上大学に参加してキャンパスを離れていたほうが、まず私自身の心の平静のためにも、洋上大学で私が教えることになっている学生たちのためにも、少なくとも多少は役に立つと思えたのである。

それにしても、そもそもこの「洋上大学」とはどんなものだったのか。本物の「大学」なのか。それに、本当に海の上に浮かんでいるのか。私は、この企画に最初から加わっていたわけではなく、自分に直接関係したことしか知らないのだけれども、二度参加した航海では、それぞれ特別にチャーターした二隻の船に乗船した。チャーターを発注した団体は、有名なジャーナリストの組織した教育・研究機関ということになっ

ていたが、どうやら単なる金儲けのために、日本人お得意のカラクリで考え出した、巧妙な便法にすぎないのではないか――そんな気がしないでもなかった。いずれにしても、早稲田の友人は無理やり説得されて、この「大学」の英語のクラスの編成を頼まれ、そのために必要なスタッフを、何とか掻き集めることになっていたらしい。

さて、最初に参加した洋上大学では、前の章でも書いたとおり、日本からアメリカ西海岸に向かう往路の航海には加わらず、帰りの船旅だけ参加したのだけれども、そのおかげで、ごく安い費用で日本に帰ることができたばかりではなく、なかなか愉快な経験を得ることにもなった。この時――つまり、一九六八年の夏、私たちの乗った船は、ギリシア船籍の老朽船で、かつて大戦中、兵隊の輸送に使われていたのだという。多分、第二次大戦のことだと思うが、ひょっとすると、第一次大戦中のことかもしれないと思える程で、相当に薄汚れている。いわゆるオンボロ、ポンコツ船である。出航した後で聞いた話によると、こんな船では危険が大きすぎて、保険会社も補償を断ったという。東京に帰るとすぐ、クズ鉄として売られたという話も聞いた。当然、チャーターするにも格安だったはずで、しかも学生は七〇〇人も参加し、旅費、授業料、それにカリフォルニアでの観光の費用も含め、相当の金額を払ったのだから、スポンサーはたんまり儲けたに違いあるまい。

それはともかく、カリフォルニアから日本へ向けて出発する時が来て、まずロサンジェルスからサンフランシスコへ――もう少し細かくいうと、ハンティングトン図書館からフィッシャーマンズ・ウォーフまで移動したのだが、実際に乗船したのは、いよいよ出航間際になってからのことだった。しばらくは、このオンボロ船の欠陥には特に気がつかなかったのだけれども、やがて台風におそわれた時になって、この船がいかに弱点をかかえているか、身に沁みて思い知らされることになった。サンフランシスコを出航してまもなく、巨大な大波に遭遇し、船は文字どおり前後左右に、あたかも痙攣《けいれん》にかかったように揺れに揺れる。たちまち私は船酔いの徴候を感じ始めた。実際に船酔いで寝込んでしまった記憶はないが、かつて一九五四年、船で日本へ来る途中、アラビア海で感じたのと同じ徴候におそわれたのだ。けれども、船酔いそのものよりも強く記憶に残っているのは、友人が親切にすすめてくれた治療法で、ソーダ・クラッカーを食べてみろという。こんな時に何か食べるなどと、考えるだけでも、それこそ吐き気を催すことだったのだが、実際に口にしてみると、これがまさしく天佑神助というべきか、みごとに効果があったのである。

こうして船酔いが治ると早速、教師としての新しい仕事を始めた。ただし授業といっても、大半は、小クラスの学生たちと会話して過ごした。それももっぱら学生たちに、カリフォルニアでどんなことを経験したか、たどたどしい英語ではあったけれども、話してもらうことにしたのである。船を降りてから、また港に戻って乗船し、出発するまで、学生たちは好きなように行動し、好きな所に行っていいことになっていて、勉強するにしろ、遊覧するにしろ、スケジュールを決められてはいなかった。実際、かりにスケジュールが決っていたとしても、学生たちは、きっと無視していたに違いない。これは結局のところ一種の冒険旅行で、そして彼らのほとんどは、まさに冒険を経験し、時には痛い目にもあったようだった。

例えば、二人でペアを組み、国境を越えてメキシコまで出かけ、強盗に会った学生もいた。けれども幸い、この強盗は親切で、サンフランシスコに帰るのに必要な金は残しておいてくれたという。ラスベガスに行った学生もいたが、きっと例の悪名高いルーレットで、金をあらかた取られてしまったに違いない。しかしその点は、あまりくわしく問いつめることはしなかった。サンフランシスコの港の近くに残って、ヒッピーの溜まり場として、これも悪名の高いヘイト・アシュベリー地区で、ヒッピーと一緒にいたという者もあった。ほとんどの学生は、ロサンジェルスのディズニーランドか、同様の巨大遊園地ナットベリー・ファームのどちらか、ないしは両方に出かけたというし、サンフランシスコの北にあるセコイアの針葉樹林、あるいはヨセミテ国立公園に行ったという学生も何人かいた。いずれにしても、学生たちがみな勇敢で、冒険心に富み、行動力にあふれているのに驚いたものである。十六世紀の昔なら、さしづめスペイン人顔負けの征服者《コンキスタドーレ》となっていたに違いない。しかし、出航予定の時間までに帰って来なくてはならないとあっては、彼らの征服も、ほんの束の間に終らざるをえなかった。それにしても、大した危害を受けることもなく、みな無事に船に戻って来られたというのは、けだし、驚くべきことというべきだろう。

さて、日本へ向けて出航してから、一週間ほどでハワイに着き、ここで二日ほど碇泊することになった。学生たちは船に残るか、上陸した場合は、自分でやりくりするようにいわれたが、教師たちはロイヤル・ハワイ・ホテルに、それも無料で宿泊させてもらうことになった。有名なワイキキ・ビーチに面した高級ホテルである。ハワイを訪れるのは初めての経験だったが、ここに滞在している間、不思議な感覚を味わった。その後ハワイに行った時も、いつも同じ感覚が戻ってくるのだが、時間が止まってしまったような気がするのである。本当に、時間がピタリと止まるというか、むしろ、永遠に席をゆずってしまったといおうか、あたかも、エデンの楽園に帰ったかのように思えるのだ。どこかしら、この世離れしたような感じで、東京にいる時とはまるで違う。東京では、すべてが時間に縛られていて、しかもその時間たるや、ほかのどんな土地よりも、セカセカ飛び去ってゆくのである。いや、そもそも時間とは、一体何であるというのか。というより、そもそも時間などというものが、本当に存在しているのだろうか。ホメーロスの『オデュッセイア』

には、魔女キルケの魔法の島が出て来て、そこでロートスを食べた者は、浮世の憂《う》さをすべて忘れ、ただ安逸のうちに暮らすことだけ望むとされているが、ハワイにいると、そんな気持が、何だかよくわかるような気がするのである。

とはいえ、やはり時間は確かに過ぎた。結局のところ、時間は現実のものだったのである。私たちはみな、例のオンボロ船に戻ってきた。その名前は、実は「マルゲリータ」だったのだが、こんなポンコツ船の名前としては、まるで場違いな名前というほかはなかった。学生たちさえ、寝泊りする船室がひどすぎると、抗議のデモを起こしたほどで、日本のキャンパスの場景が、ここでまた再現されるのかと恐れたものだった。けれども幸い、学生たちの気分は一変した。またしても台風が——それも、この前よりもさらに深刻な嵐がせまっていることがわかったのだ。船は今や、まさに暴風雨のただ中に向かっていたのである。学生たちも、先生たちのほとんども、最悪の事態を恐れて船室に閉じこもっていたけれども、私は、先生たちのうち何人かと一緒に、あえてブリッジまで登ってみた。

ブリッジに立ってみると、文字どおり山のような大波が次から次へと、船を目がけて崩れ落ちて来る。船は懸命に、その波の山の上によじ登ろうとする。船長は、マルタ島出身の熱血漢だったが、舳先《へさき》を真直ぐ波に向かわせるのに必死だった。もし波に横腹をさらすことでもあれば、たちまち転覆するに違いないからだ。しかし波は、何度となく船の上に崩れ落ち、そのたびに、しぶきはさながら、雲のように頭上に立ちこめ、私たちは必死の思いで手すりにつかまり、身をこごめる。これはまさしく、嵐の荒野で叫ぶリアのせりふを朗誦するには、願ってもない絶好の場景ではないか。誰に聞かれる心配もなく、私は声を限りに叫んだのである。「吹け、嵐よ。お前の頬を吹き破れ。怒れ、吹き狂え。逆巻く滝つ瀬よ、奔流よ、溢《あふ》れ返れ、教会の尖塔を水浸しとし、頂上の風見の鶏を溺らせるまで！」これほど昂揚した経験は、それまでかつて味わったことがなかった。しかし同時に、ふと思ったのである。もし今、本当に船が沈没したなら、日本中の新聞に、どんな大見出しが躍るだろう。「七〇〇人の日本人学生、太平洋の真中で遭難」とでも出るのだろうか。しかし、もちろん、そんな悲劇にはならずにすんだ。

台風におそわれる前のことだが、私たち教員がみな、ある特別なお祝いのために、船長室に集まる機会があった。私がイエズス会に入って、二五周年に当たることを祝う集まりである。教員たちの中には、カトリックの修道女《シスター》たちが二人いて、日本の友人たちに贈るお土産として、カリフォルニア産の赤ワインを買ってきていたので、この集まりのために役に立てようと、そのうち何本か持ってきてくれていた。私はボトルを持ち、テーブルを回って、みんなのグラスにワインを注いでから、主賓として上座の椅子にすわった。左側にはシスターの一人が、純白の式服に身を包んで席についている。この白い服は、何やら事故を呼びそうな予感がしないでもなかった。

そして実際、事故が起こるのに、それほど時間はかからなかった。突然、船がグイと傾き、テーブルの上の食器もグラスも、シスター目がけてドッと滑ってゆくのだ。私はとっさに身を乗り出し、グラスも何も、シスターの上に崩れ落ちるのを防ごうとしたのだが、私の椅子も、テーブルの上の物と同様、同じ重力の法則に従っていることを、つい忘れてしまっていた。だからシスターを守るどころか、ワインの入ったグラスが彼女の上になだれ落ちてゆくのを、逆に手助けする結果になってしまったのである。おかげでシスターの純白の式服は、カリフォルニア・ワインの赤い色で一挙に染まってしまったのだ。私のせいだと怒ってみても仕方がない。こうなってしまっては、シスターは自分の船室に帰って、服を着替えるほかはない。ただ、

『ハムレット』でクローディアスもいうとおり、「不幸がおそってくる時は、個々の斥候としてではなく、大軍となって押し寄せるもの」。今の場合でいえば、式服が真赤に染まってしまったばかりではなく、ちょうど夕食の時間だったので、かわいそうにシスターは、学生がズラリと並んでいる廊下を通り抜け、自室に帰らなくてはならない。かてて加えて、服が赤く染まったばかりか、ワインの香りがプンプンしている。修道女としての彼女の評判は、一挙に台なしになってしまったのだった。

とにもかくにも、船は台風を切り抜け、晴れた空と陽光のもとに抜け出すことができた。それで授業が再開されたかどうか、今となっては思い出せないのだが、いずれにしても、その後また、まもなく次の危険――それも、前よりさらに重大な危険に遭遇することになる。全速力で東京湾に入ろうとしていた時だった。突然、小型の日本のタンカーが、われわれの前方、右舷に現われた。どうやら、われわれの航路を横切ろうとしているらしい。こちらは何度もサイレンを鳴らし、警告を繰り返しているのに、向うは頑固に同じ進路を取りつづけている。誰も甲板に出ていなくて、こちらの警報が聞こえず、ましてや、こちらの動きなど気がついていないらしいのだ。こちらに出来ることといえば、なおサイレンを鳴らしつづけ、できるだけ速度を落として、タンカーの進路を避けるしかない。その時、私はちょうど船室で、シスターたちや数人の信者のためにミサをあげていたのだが、ミサが終って甲板に出てみると、そのタンカーが、われわれの船の舳先の、ほんの何メートルか先を通り過ぎるのを目撃したのである。まさにニア・ミスそのものだった。船長の語ったところによると、生涯でこれほど恐ろしい思いをしたことは、かつて一度もなかったという。とはいえ、彼がいかにも熱しやすい性格であることからして、彼の船員としての生涯は、こんな危ない目に遭ったことは、けっして一度や二度ではなかったろうと思えた。いずれにしても、ようやく横浜に到着した時、この老朽船がついにスクラップになると聞かされて、船長も、実はホッと安堵したのではなかったろうか。

　さて、二度目の洋上大学で航海に出た時は、まったく別のロシア船籍の船で、「イリイッチ号」という名前だった。ロシア革命の指導者、ウラジミール・イリイッチ・レーニンにちなんだ命名である。だが、今度もまた、上智のロックアウトは相変らず続いていたから、こうした旅に出ることが大きな救いになった点では、前回と変りはなかった。実際、当時は私にとっても、大学のほかの誰にとっても、ハムレットの最初の独白ではないけれど、生活は「憂鬱で退屈、平板、無意味」と感じられていたのである。しかし他方ではまた、この船の名前自体も、ソ連の船だということも、さらにはその行先からしても、悪い予感を覚えざるをえなかった。しかし友人から特に頼まれたとあっては、そんな予感はさておき、教授団の一員として、やはり参加せざるをえない。ただ今回は学生数が、前回の七〇〇人からぐっと減《へ》って、わずか三〇〇人にすぎなかったし、授業の主眼も英語ではなく、むしろ政治問題に向けられている。だから私も、教師としての仕事は、この前よりはずっと少なくなっていた。航海のルートは、最初はカンボジアのシアヌークヴィル（現在のコンポンソム）、次にバンコク、シンガポールと、東西アジアを巡航する予定だったが、そのくせマニラにもホンコンにも寄港しない。この旅程は、どう見ても奇妙で、何か裏に意図があるように感じた。特に、当時はベトナム戦争が進行中だったことからして、何かしら疑惑を感じさせるところがあった。

　それはともかくとして、問題は、そもそも出発当日の朝から始まった。一九六九年三月十二日のことだが、例によって修道院を出るのが遅くなった上に、たまたま雪まで降っていた。幸い、私と同様、東京駅へ行くアメリカ人の友人がいて、同行してくれたので助かった。東京駅では、新幹線のプラットフォームで、同じ洋上大学に参加する先生たちと落ち合い、一緒に神戸まで行き、そこで乗船するという予定で、私の切符やパスポートも、その先生たちが持って待っていてくれるはずになっていた。だから、十分に時間の余裕を見込んで来てくれと、何度も念を押されていたのである。ところが、そもそも上智を出る時からして遅くなっていた上に、四谷から乗る電車が雪のせいで遅れ、東京駅に着いた時には、新幹線はもう、仲間の先生たちを乗せて、すでに発車した後だった。おまけに、次の新幹線に乗ろうにも、神戸までの切符を買うお金も持っていないことに気がついたのだ。ただ、修道院から同行してくれた友人がまだ一緒にいて、切符を買ってくれたので、どうにか助かったのである。

彼に何度もお礼を言って列車に乗ったのはよかったが、先に出発したのより時間のかかる列車で、おまけに雪で遅れが出ている！　何もかも、まるで示し合わせたかのように、これでもか、これでもかと私を窮地に追い込み、これ以上の不都合はありえないと思えるほど。それればかりか、その時になってハッと思い当ったのだ。これで無事に神戸に着いたとしても、はたしてイリイッチ号は神戸港のどの埠頭から出航するのか、皆目見当がつかないではないか。目の前が真暗になりながら、必死でポケットを探し回ってみると、ありがたい！　事務局から届いた手紙の中に、どの埠頭から出航するか、書いてあるのが見つかった。

神戸に着くと、駅前のタクシーに飛び乗り、運転手さんに埠頭の名前を告げた。確かにイリイッチ号はそこにいたが、すでにタラップは引き揚げられ、見送りの人々も、もう帰り始めているではないか。すると、群衆の中から誰かが私に近づいてきて、私のパスポートを渡してくれた。船を振り向くと、私の友人たちが甲板に立っているのが見える。彼らは少々無理をきかせて、わざわざ私のためにタラップをもう一度おろさせ、ようやくのこと、私は船に乗ることができた。だが、歓迎されるどころか、渋い顔でにらまれるばかり。この前の航海の時、マルゲリータ号がサンフランシスコを出る時、私が遅刻した事件を、またまたそっくり繰り返しているような失敗である。どうやら私は、失敗に懲《こ》りるということがないらしい。

南方に向かうにつれて、今度の航海の目的がいよいよはっきり見えてきた。特にその感が深くなったのは、船がトンキン湾に向かっているように見えたからで、トンキン、つまりハノイに寄港するという噂まで耳に入った。いうまでもなく、ベトコンの首都である。頭上には、いつもアメリカの偵察機が低空飛行を繰り返し、私たちはみな、甲板に群がって見上げたものだ。この船を、敵側の船だと見なしていることは明らかである。だが、結局のところ、何事もなくハノイを過ぎ、さらに南下を続けて、カンボジアのシアヌークヴィルに向かった。だがここに碇泊中、不安がまさに的中することが起こったのである。

到着すると早速、待っていたバスに急いで乗せられ、プノンペンまで直行した。そこで、洋上大学の学生チームとカンボジアのチームの間で、サッカーの試合が行なわれることになっていたのだ。試合が終ると、もう一度バスに乗せられ、そのままアンコールワットの遺跡に連れて行かれて、一晩そこで過ごすことを希望した者たちは（もちろん私もその一人だったが）、遺跡のすぐ向いのホテルに泊ることになった。それにしても、あの遺跡の何とみごとだったことか。一晩泊ることができたので、日の沈む時の遺跡も、真夜中、月光に浮かび上がる姿も、さらには日の出の偉容まで、存分に嘆賞することができた。実際、あれほど深い感銘を受けた遺跡は、あれ以前もあれ以後も、一度としてないような気がする。多少とも比較できる例があったとすれば、アリゾナのグランド・キャニオンくらいだろうが、しかしあれは遺跡ではなく、自然の生み出した傑作というべきだろう。

私たちがプノンペンやアンコールワットに出かけていた間、早稲田で教えている友人の奥さんは、気分がすぐれなくて船に残っていたのだけれども、ベトコン向けの軍需品を荷おろしするのを目撃したという。われわれ教師も学生たちも、明らかに、アメリカの警戒網をすり抜けるため、便利なおとりとして利用されていたのである。シアヌーク殿下があれほど親切にしてくれたのにも、実は裏の動機があったのだ。

さて、こうした秘密の目的を達した後は、タイの首都バンコクに向かった。けれどもここでは、私たちはもう、特別なお客として歓迎されることはなく、ただ普通の観光客として扱われ、次の訪問先、シンガポールでも事情は同じことだった。二日間ほど観光し、その間に、シンガポールばかりではなく、マレーシアのマラッカ港まで足を延ばし、昔、ポルトガル人たちの残した遺跡を見物することもできた。シンガポールを出発する日は、ここの大学で教えているイギリス人の友だちに昼食を御馳走になったが、食事は、思っていたより大分時間を取ってしまった。こうした時にはよくあることだし、特に東洋では伝統的に、時間のことをあまり厳格には気にしないから、無理もないことではあったにしても、やはり、イギリスの諺にもいうとおり、「時間は人を待ってはくれない。」イリイッチ号は四時に出航するから、二時には帰っているようにと、予定表は渡されていたのだけれども、二時にはまだ昼食の最中だった。しかし出発が四時なら、一時間の余裕を取って、三時に帰れば十分だろうと、私は勝手に、そう解釈していたのである。

ところが、三時キッカリに港に戻ってみると、船の姿はどこにもない。神戸の時のように、単にタラップがもう引き揚げられていたというばかりではない。船がまるごといなくなってしまっているのだ！　私は、桟橋の入口の守衛の人に予定表を見せ、出発は四時のはずだと懸命に訴えた。守衛の人たちは、おたがいの間でしきりに話しあっていたが、結局、イリイッチ号から水先案内人を乗せて帰ってくるため、すでに桟橋から出ていっていたモーターボートに、無線で連絡するという結論になった。ボートが呼び戻されて来てみると、友人の早稲田の先生とその奥さんが乗っている。私の姿を見て、夫妻は大いにびっくりしていたし、私がこうして無事に戻って来たのを、甲板に並んで見守っていた学生たちも、びっくりした点では同様だった。みんな、私がもう二度と帰らないものと、諦めてしまっていたらしい。けれども実は私自身は、不安など少しも感じてはいなかった。きっと何かが起こる、どうにかなると、固く信じていたからである。それというのも私の場合、今までいつも、そのようにして救われてきたからだ。これもまさしく、人間には測りがたい神の摂理というものだろう。ハムレットがイングランドに向かう航海の途中、クローディアスの悪企みの裏をかいた事情をホレイショに語る時、いみじくも口にする言葉のとおり、「たとえ、荒けずりの計画を立てるのは人間でも、最後の形を仕上げるのは、神の御意志」であるからだ（五幕二場）。

さて、そこから先は東京に帰るまで、特にこれといって変ったことはなかった。あったとすれば、われわれ自身は知らなかったこととはいえ、ソ連に利用されてしまったことで、何か不都合が降りかかるのではないかという不安をまぎらすために、それにまた、私が何度も失敗を演じてしまったことを種にして、冗談をいい、笑い合ったことぐらいだろうか。それにしても、思いもかけず、これは大変な冒険旅行になったことには違いはなかった。

文学巡礼の旅

一九六八年の学生紛争から、同じ年、それに翌年と二度の洋上大学を経て、一九七〇年、上智の学生たちを引率してイギリス・ツアーを始めるまで、ほぼ切れ目なく続いている。

学生紛争があったおかげで、思いもかけない好結果がいろいろあった中のひとつは、一体その原因は何だったのか、あらためて考えさせられたことだった。そうした原因の中には、一九六〇年代、大学があまりにも急激に拡大したという事実もあった。そしてその背後には、われわれの大学に大勢の学生が集まれば集まるほど、大学が学生に与える影響力も、さらには社会に及ぼす影響も、それだけ大きくなるはずだという、誤った先入見があったことも確かだろう。だが、事実はむしろ反対だった。学生数がふえるほど、学生にたいする影響力は小さくなってしまっていたのだ。たとえ、過激派色の強いグループに属してなどいなくても、学生たちが授業以外に、教師たちと何の個人的な接触もなく過ごすことが、ごく普通のことになってしまっていたのである。もちろんそういう学生が、必ず過激派になったというのではない。けれども、たとえ過激

派の学生がキャンパスを支配し、自分たちの思いどおりにことを進めることになっても、教師と個人的なつながりのない学生たちは、別に気にとめることもなくなってしまうというのも、むしろ、自然なことだったのかもしれない。

同時にまた、二度の洋上大学での経験からあらためて学んだことは、数週間、同じ船に乗って旅をしてみると、学生たちとどれほど身近になれるかということだった。これはほとんど、理想的な大学のあり方ではなかったろうか。ただ、望むらくは、一緒に過ごす期間がもっと長く、それに学生たちが全員、上智の英文科の学生だけであってくれたら、それこそ理想というものではないだろうか。

実はこの頃にはもう、イエズス会の神父たちが、それぞれ自分の教えている学科の学生たちを対象として、特にヨーロッパの国々に、ツアーを組んで出かけるという例が定着していた。例えばイスパニア学科ではスペインに、ドイツ語学科ならドイツに出かけるのである。ところが、イギリスを訪れるツアーは、まだ誰も組織した例がなかった。そこで、それまですでにこうしたツアーを経験した神父たちから、英文科の学生をつれてイギリス・ツアーをやってみてはどうかといわれた時、私は大いに乗り気になった（ちなみに、外国語学科の英語科では、すでにアメリカ・ツアーを実行していた）。こうして私は一九七〇年、イギリスで見つけた学生ツアー専門のエイジェントを通じて、夏休み中の二ヵ月間、初めて学生たちをつれ、イギリス・ツアーに出かけることになったのである。

ところで問題は、旅行の人数を何人にするかだった。しかしこれについては、洋上大学の経験から、ひとつの教訓を得ていた。三〇〇人とか七〇〇人とかいうのでは、たとえ船で旅行するにしても、やはりあまりにも多すぎる。ましてや陸上を、それも、もっぱらバスをチャーターして移動するとなれば、バス一台に余裕をもって乗れる人数——つまり、せいぜい三〇人か、多くとも四〇人に限定すべきだろう。幸い私の最初のツアーには、三〇人をわずかに超えるぴったりの人数が集まったし、学生と教師の割合も、ちょうどいいバランスが取れた。学生は、必ずしも全員ではなかったが、ほとんどは上智の学生たちだったし、教師のほうも、全部が上智の先生というわけではなかったけれども、みんな私の、個人的によく知っている友人たちばかりだったからである。

ちなみに旅行の名称だが、私のツアーは、実は「ツアー」とは呼びたくなかった。「ツアー」では、ただの遊び、いわば物見遊山、単なる観光旅行みたいに聞こえかねない。だから、私はむしろ、「イギリス諸島文学巡礼の旅」と名づけることにした。私の計画は、かなり野心的、網羅的なものだった。旅行の期間はごく限られていたけれども(私の希望からすれば、二ヵ月間でもあまりにも短すぎた)、この限られた期間を最大限に活用して、文学上、歴史上、特に興味深い場所を、できるだけ数多く見てまわること——それもイングランドばかりではなく、ウェールズやスコットランド、それにアイルランドまで含めたいと考えていた。ただしアイルランド人自身の気持からすれば、自分たちが「イギリス」の一部であるなどと考えるのは、いかにも気に入らないことではあるだろう。私自身、半分はアイルランドの血が混じっているから、彼らの気に染まないことはよくわかる。確かにアイルランドは、イギリスの一部などではけっしてない。それはそのとおりだと私も思う。けれどもイングランド人は、アイルランドがイギリスの統治下にあると、その根拠は必ずしも明確ではないにしても、古来そう主張を繰り返し、しばしば軍事力に訴えても、この主張を押しつけてきたこともまた、やはり事実なのである。こうしてイングランド人たちは、もともとフランスからやってきたノルマン王朝の下にあっても、ウェールズ出身のチューダー王朝の時代にも、スコットランド出のスチュアート王朝期にも、なかんずく清教徒革命によって共和制の時代となり、オリヴァー・クロムウェルが最高権力を握った時には特に、アイルランド人にたいして、必要も根拠もないにもかかわらず、重大な危害と苦難を加えてきたのである。

現在では、北アイルランドを除いて、アイルランドはイギリスから、少なくとも政治的に独立してはいるけれども、単に地理的な名称にすぎないとはいえ、自国が「イギリス諸島」の一部として扱われるのに反対するのは、当然のことには違いあるまい。ただ、残念ながら、フランスの北西に並んだ島々全体を指すには、これ以外の呼び方が見つからないのだ。それにアイルランドでも、やはり英語を話していることは事実だし、イギリスの文化一般、さらには文学すら共有していることもまた事実である。そんなわけで、アイルランド人の感情は十分に考慮に入れながらも、私の組んだツアーのことを、やはり、「イギリス諸島文学巡礼の旅」と呼ぶことにしたのだった。

こうしたツアーを組んで母国を訪れることには、私自身にとってありがたい点がいろいろあった。こういう旅に一緒に出て、夏休み中生活を共にすることになれば、学生たちを個人的によく知ることができ、教師なら、よき羊飼い——つまり、よき指導者として当然そうあるべきように、一人一人、名前で呼ぶこともできるようになるはずだ。それにまた、旅行の行程を組むにしても、私自身、特に行ってみたいと願っていながら、今まで訪れる機会のなかった場所を選ぶこともできる。この点に関しては、私はまったく貪欲で、文学上ゆかりの深い土地は、できる限り多く訪れたいと思っていた。同行したほかの先生方も、この点では私と同じ考えだったが、学生たちの希望は別で、できることなら旅行期間中、ほぼ一ヵ所に滞在し、いわゆるホームステイを望んでいた。英文学の知識がまだそれほど深くないから、オクスフォードやストラトフォードは別として、それほどあちこち訪れたいという気もないからだろう。

もうひとつ、学生たちに知ってほしいと思っていたことがある。世界には、日本のほかにも、美しい、愛すべき土地があるということ、そしてこの点で私の母国は、少しも日本に劣らないということがそれである。それからイギリスの料理のことも、ぜひ学生に紹介しておきたいと思った。というのも、日本ではイギリス料理は、なぜか理由はよくわからないけれども、あまり評判がよくないからだ。どうやら日本人は、イギリスといえばパブを連想はしても、レストランのことはそれほど知らないらしい。まるでイギリス人は、食べるより、むしろ飲んで暮らしているとでも想像しているらしいのである。

こうした旅がありがたいのには、さらにもうひとつ理由があった。家族のもとに帰れるということである。ツアーのほかのメンバーは、最後の一週間はロンドンに滞在する予定になっているが、三〇人ものグループを引き連れ、市内観光のガイドをして回るというのは、技術的になかなか容易なことではない。それに、二ヵ月間もイギリスを旅行して回った後なら、何とか自分でロンドンを見て回るのに困ることもないだろう。だから、ロンドンでどう過ごすかは各自に任せて、その間、私はウィンブルドンのわが家に帰り、家族と一緒に静かに過ごすことができる。ツアーの一回目の時には、父はまだ存命だったが、二回目の旅行では、その終りに近く、一九七二年の八月に他界した。しかし母のほうは、三人の兄弟（いずれも独身）と一緒に、一九八七年の一月まで元気でいてくれた。

もうひとつありがたかったのは、オリンパスの小型カメラである。ちなみにこれは、天皇陛下が御愛用になっていたのと同じ型のカメラで、私も旅行中、故障してでもいない限り、大いに愛用したものだった。ただし日本に帰ってからは、ほとんど使ったことがない。けれどもツアーの間はどこに行こうと、このカメラでスライド用の写真を撮《と》った。それも、しかるべき構図を取り、芸術的なショットを工夫し、こうして取り貯めたスライドを、日本に帰ると、上智の授業で視覚教材に使ったのである。実は、イギリスはじめ、ヨーロッパ諸国のスライドを使った授業は、私の講義の中でも、学生にいちばん人気があった。なかんずく、スライドを説明しながら、画面にふさわしいジョークやダジャレを交えると、大いに受けたものである。

ただ、実をいえば、日本の学生がいちばん喜んだのは、旅行中、学生ばかりか先生たちまでいちばん喜んだのと同様、ツアーの目玉のはずの歴史的な建物や遺跡というよりは、むしろ動物や小鳥の姿だった。例えば牛とか羊、馬、それに、もちろん犬や猫、それからアヒルやガチョウ、白鳥やカモメの姿を目にすると、学生たち、中でも特に女子学生は、かならず「かわいい!」と歓声をあげるのだ。彼女たちには、生きて動いているものは、何でも「かわいい」らしいのである。

こうしたスライドが大いに役に立ったのは、例えば「イギリス文化史」など、新入生のための授業ばかりではない。この頃から私は、日本の学生たちのために、イギリスばかりでなく西洋文化全般、さらにはキリスト教についても、ありとあらゆる話題を取りあげ、英文読解用の教科書を、次から次へと書きつづけることになったのだが、そうした本のイラストとしても、今いうスライドはまさしく宝の山となって、大いに活用することができたのである。

スライドのほかにも、こうしたツアーの数々を通じて、愉快な経験はもちろん、あまり愉快とはいえない経験もあれこれと重ねて、それぞれに記憶に刻み込むことになった中で、愉快とは程遠い経験さえも、時間がたってみると、不思議に楽しい記憶となっている場合が少なくない。シェイクスピアが『テンペスト』で用いた表現を借りるなら、「海のもたらす変化を通じて、ゆたかにも不思議なものへと」変容されるのである（一幕二場）。こういう思い出の数々もまた、今いう英文読解用の教科書に盛りこんだ。こうしたエピソードは総体として、今まで一度ならず述べてきた私の信念――つまり、ハムレットの語ったとおり、「荒けずりの計画を立てるのは人間でも、最後の形を仕上げるのは神の御意志」だという信念を、具体的に例示するものだったからにほかならない。

こうしたツアーを組んでイギリスに出かける時は、同じルートを何度も繰り返すことは、できるだけ避けることにしている。もちろん、いやしくも「文学巡礼の旅」である以上、外すわけにゆかない場所もあることは事実だ。例えばロンドン、オクスフォード、ストラトフォード、それに、できることなら湖水地方などはぜひ訪れたい。それに二ヵ月間あれば、英語学校の夏期講習に時間を割《さ》いたりなどしない限り（この種の講習は、ただ時間の無駄にしかならないように思える）、行きたい場所を、たとえ一つ残らず網羅することは無理としても、少なくとも最初のうちは、相当の数のゆかりの土地を訪れることができた。ところが、そのうちインフレが進むにつれて、同じ旅費の範囲内に収めようと思えば、ツアーの期間をだんだん短くせざるをえなくなり、最初は二ヵ月間だったものが、今では、いかにも悲しいことながら、二週間がせいぜいになってしまっている。

とはいえ、かなりの間、六週間は確保できる時期が続いたのだが、それと同時に、毎年、特別のテーマを設けることにした。例えば一九七七年は、トマス・モアの生誕五〇〇年を記念する旅、一九八二年には、イギリスにキリスト教のもたらされた歴史をたどる旅として、イングランド北部、ノーサンバランド州の東岸にあるリンディスファーン島とか、スコットランドの西岸、ヘブリディーズ諸島のアイオーナ島とか、人里離れた僻地もいろいろと訪れた。それに一九八四年にはシェイクスピア特集として、最初の一週間、シェイクスピア研究所（この時はバーミンガムから、また元のストラトフォードに戻っていた）で、夏期講座に参加する計画を組んだこともあったし、一九八九年には、ホプキンズ没後一〇〇年を記念するツアー、翌一九九〇年にはニューマンの、同じく没後一〇〇年にちなんだ旅も行なった。

今まで挙げた例は、イギリス・ツアーのほんの一部でしかないし、ほかにも、イギリス以外の国々を訪れる旅に出かけた年も少なくない。例えば一九七九年、イギリスからフランス、イタリア、ギリシア、さらにイスラエル、パレスチナの聖地まで出かけたこともあったし、一九八七年には、イギリス、フランス、スペインに、それぞれ一〇日間ずつ滞在するツアーを組み、また一九九二年、たまたま私の誕生日に当たるが、コロンブスのアメリカ発見五〇〇周年を記念して、ギリシア、イタリア、そして南スペインを回ったこともある。このうち四回は聖地を旅程に入れ、それぞれ一週間滞在したのだった。考えてみると、ずいぶんいろいろな場所に、ずいぶんたびたび巡礼の旅をしたものではある。

こうしてツアーのリストを挙げてゆくだけでは、単なる目録にすぎなくなってしまう恐れがある。けれども旅のどれひとつにしろ、その中身をくわしく物語るとなると、それだけで一章全部使っても足りなくなってしまうだろう。実際、私が学生用に書いた本の中には、ほんの一回の旅行の経験で、一冊分の材料を十分提供してくれた場合がいくつもある。実にさまざまのエピソードがあったし、そのほとんどは、前もって計画などまったくしてなかった出来事なのだ。日本人はあらかじめ、細かい点まできちんと決めておくのが大好きのように思える。神の摂理というものを、あまりに信じなさすぎるような気がするのだが、私としては、アイルランドの出で、しかもカトリックだった母の血を受けたからだろうが、あらかじめ決めておくのは、ごく基本的な、肝心な点だけにしておいたほうがいいと思う。ツアーの場合でいうなら、最初に決めておくべきなのは、日程、それに交通手段とか宿泊の手配だけでいいし、そういうことは、旅行会社に任せておけばすむ。それ以上のことは、できるだけ偶然に任せておけばいい。ただ、世間では「偶然」と呼ぶけれども、私はむしろ、神の摂理と呼びたい。そして、この偶然なり摂理なりに任せておいたほうが、はるかに面白い出来事――まさしく、予想もつかないほど面白い出来事が起こるのである。諺にもあるとおり、「ことを計るは人、ことを成すは神」であって、すべて予定どおりというのでは、ツアーはそれほど面白くもなく、成功裡に終ることもないのだ。

ここまで書いた以上、やはり、いくつか実例を挙げなくてはならないだろうが、最初のツアーでいちばん気に入ったエピソードは、イングランド南岸の保養地、ブライトンを訪れた時のことだった。上智の英文科の教授で、ツアーに参加していた同僚に、今度の旅で、今までいちばん印象深かったのは何か、たずねてみたところ、彼の答えていうには、こうして海を見渡す海岸で、ブラックカラント（黒すぐり）入りのアイスクリームを食べたことだ、これ程アイスクリームがおいしいと思ったことは、今までに一度もないし、そもそもブラックカラント入りのアイスクリームを味わったのも、これが初めてのことだという。日本の大学の先生が、これほど単純素朴な趣味の持ち主だとは！　私は大いに感心した。天の王国に入るのは、「心貧しき人」であるとイエスも説いたが、この先生など、まさしくそういう人ではないか――そう考えざるをえなかったのだ。同じツアーで、これは、上智とは別の大学の先生の話だが、グレイト・テューの小さな村を訪れた時、足枷《あしかせ》をはめてすわっている自分の姿を、写真に撮ってほしいという。実に愉快な写真が撮れたのだが、歴史上の事実によれば、足枷をかけられた罪人は、みんなにトマトを投げつけられたものだった。私たちがみんなして、彼にトマトを投げつけているところを写せば、もっと愉快な写真が出来上がっていたに違いない。しかしさすがに私たちも、そこまでリアリズムに徹することはしなかった。

一九七二年、二度目のツアーの時のことである。その日はダブリンの近く、ドリマウントというイエズス会の黙想の家に滞在していた。夏の間は、観光客にも利用が許されていたのである。すぐ隣には女子修道院があって、そこで修練期を過ごしているアイルランドの修道女たちと、ある晩、ささやかなパーティーを開く機会があり、楽しく会話を交わしている時だった。修練長がドアの所に現われて、私を呼ぶのだ。もう少し静かにするよう、注意されるのかと思ったのだが、彼の伝えてくれた知らせは、実ははるかに深刻だった。お父上が危篤だ、今すぐウィンブルドンに帰りなさいという。翌朝一番の飛行機でダブリンを発ち、ロンドンに飛んだ。ツアーのほかのメンバーは、予定どおり、マンチェスター経由でロンドンに帰ってもらうことにした。こうして私は、父が入院している病院に駆けつけ、息を引き取るまでの数日、枕元に付き添っていることができたのである。世を去った時、父は八十二歳だった。

父が亡くなって、私が司祭として葬儀を司式した時、ツアーのメンバーはまだロンドンにいて、ほとんどの人たちが出席し、母と私に弔意を表してくれた。父がこうして、私がちょうどイギリスにいて臨終に立ち合い、みずから葬儀を司式できる時に世を去ってくれたのは、父のせめてもの思いやりではないかと思った。その後、私たちは当初の計画どおり、無事、一緒に日本に帰った。

だが記憶の中で、いちばん生き生きと際立っている旅は、「イギリスにおけるキリスト教の始源を求めて」と題した巡礼の旅である。ただしこの場合、「求めて」というより、「温《たず》ねて」という表現のほうがふさわしいかもしれない。この旅のテーマは、実は「温故知新」――故《ふる》きを温《たず》ねて新しきを知るという格言を踏まえたものだったからである。実に含蓄の深い金言というべきだろう。

こういうテーマからして、私たちはまずイングランド東部、ノーフォーク州にあるウォルシンガムに、たっぷり一週間滞在することにした。十一世紀、聖母マリアのお告げによってここに聖堂が建てられ、ヨーロッパ中から巡礼の訪れることになった土地である。そこから今度は、ヨークシャーのアンプルフォースでベネディクト会修道院に立ち寄り、さらに北上してリンディスファーン島に向かった。七世紀、北イングランドのキリスト教化に献身的に活躍した聖エイダン、聖カスバートゆかりの地として、「聖なる島」とも呼ばれている所である。アンプルフォースとは違って、この島の修道院は、今は廃墟しか残っていないが、新しく聖カスバートの彫像が建てられ、島全体も、まさしく聖地としての雰囲気をたたえていた。そこから今度は、エディンバラを経由してネス湖に向かう。ただ単にネッシーのためばかりではない。すでに遠く七世紀の昔、聖コルンバは、弟子のアダムナヌスが書いた伝記によれば、この湖に住む怪物に十字架の印を示して語りかけ、退散させたと伝えられているのだ。そしていよいよ私たちは、聖コルンバの活動の中心地となった島、スコットランド西岸へブリディーズ諸島のひとつ、アイオーナに向かった。

だがこの島に行くには、スコットランドの西岸、アーガイル州の港町オーバンから、行きと帰りの船旅に、丸一日費やさなくてはならず、結局、オーバンに二晩泊らなくてはならなかったのだが、この航海の間、カモメの群がたえず後を追ってきて、私たちが食べ物を投げてやると、みごとに空中でキャッチする。中でも抜群に勇気のある一羽がいて、女子学生の一人が指に挟んだ食べ物を、急降下して巧みに取ってゆくのである。カモメはまことに巧妙だし、女子学生もまことに勇敢、そして私もまた、カモメが指の間から食べ物をさらってゆくその瞬間を、みごと写真に撮ることに成功。この一枚は、実際、カメラマンとしての私の最高傑作となった。

けれどもこれは、まだ旅の途中のことにすぎない。本当のクライマックスは、いよいよ目的地に着いた時に待っていた。アイオーナの修道院の礼拝堂は、スコットランド教会の手によって、かつての設計どおり再建されていたばかりではない。スコットランド教会はもちろんプロテスタントだけれども、カトリックの司祭がミサをあげることを、大いに歓迎さえしてくれたのだ。こうして私は、この新しく、かつ古い礼拝堂で、私たちツアーのメンバー全員のために、キリスト教徒であるかどうかも分けへだてなく、ミサを捧げることができたのである。ミサの後、島全体の雰囲気や、礼拝堂の彼方からひびいてくる波の音に深い感銘を受け、いっそ、ほかのメンバーはそのままフェリーに乗ってオーバンに帰ってもらい、私一人、島のどこかに身を隠して、このままここに住んでいたいという、強い誘惑さえ感じたのだが、それでは自分の務めを放棄することになると思い直して、結局、みんなと一緒にオーバンに帰り、旅をつづけることにしたのだった。

最後に、文字どおりの巡礼の旅――つまり、パレスチナの聖地を訪ねた時のことも、少なくとも、多少は触れておかなくてはならないだろう。聖地の巡礼は都合四回にわたったのだが、いちばん強く印象に残っているのは、やはり最初の旅のことである。聖地に滞在したのは、ツアーの最後の六日間で、これをちょうど半分に分け、エルサレムとガリラヤに三日間ずついることにした。エルサレムは、はたしてユダヤ教の聖地なのか、それともイスラム教の聖地なのか、ユダヤ人と、パレスチナのアラブ人との間で、相変らず論争が絶えないけれども、私には、ここは何よりもまず、キリスト教の聖都であると思えた。ユダヤ人にとっては、今は嘆きの壁しか残っていない。もともと、ここに建っていたユダヤ教の神殿の廃墟で、ヘロデ王が建設したものだが、紀元七〇年、ローマの軍勢が破壊してしまい、今はこの壁しか残っていないのである。イスラム教徒にとっては、岩のドームというモスクがある。今もいう、ユダヤ教の神殿の跡に建てられたもので、モハメッドが、ここから天空へ飛び立ったとされている。

けれども、この限られた一帯を除けば、エルサレムで歴史的に興味のある場所はすべて、イエス・キリストの事跡にまつわる場所――なかんずく受難、十字架上の死、そして復活の舞台となった場所ばかりなのだ。そのほかキリスト教と関係の深い場所といえば、旧約聖書に記《しる》されている、ユダヤ人の歴史にかかわる場所だろう。いずれにしても、しかし、そもそもエルサレムという所は、どこか近寄りがたい感じのする町で、いささか異様な、暗い感じさえする。市内そのものも荒れた雰囲気があるけれども、周囲に広がっているのはさらに荒涼とした砂漠で、イエスが復活を遂げた時、弟子たちの前に姿を現わす場所として、なぜエルサレムではなくガリラヤを選んだのか、その思いに共感できるような気がした。ただ弟子たちは、その時、にわかにイエスの言葉を信じようとはしなかったのだけれども。

こうした共感は、バスでヨルダン川に沿って北上し、エリコからガリラヤに向かうにつれて、いよいよ強くなっていった。エリコの町自体は、砂漠に取り囲まれた中で、ほとんど楽園のように思えたのだが、ガリラヤこそ、湖を中心として、まさしく楽園と感じられた。日本でいえば河口湖、イギリスでいえば湖水地方のウィンダミア湖あたり一帯を思わせる。砂漠は南のユダヤ王国に属していたが、ガリラヤはすべて、農業や湖の漁業を生業とする地域で、だからイエスの山上の説教を聴いた人々は、イエスの弟子たちもふくめて、農夫や漁師が多かった。ツアーのクライマックスは、かつてこの説教の行なわれたその丘の頂でやってきた。説教の冒頭には、「幸いなるかな、心の貧しき者」以下、神の至福を授かるべき八つの徳が説かれているが、この「真福八端《しんぷくはったん》」にちなんで、八角形の礼拝堂が建っている。この礼拝堂の戸外に設けられている祭壇で、私たちはミサを捧げることができた。ここを訪れた時はちょうど三月で、あたりには春の花が咲き乱れ、心地よい小鳥の声が満ちていた。まさしく、天上的というほかはない経験だった。

学者の楽園

イエズス会に入った修練期、初めて習った規則の一つは、さまざまな国々に旅することが、イエズス会士の務めであるということだった。私の場合、日本に来ることによって、この務めは十分果たしてきたといえるだろう。単に、地球の反対側のイギリスから、はるばる日本までやって来たからというばかりではない。日本から故国に帰る機会に恵まれただけではなく、ヨーロッパやアジアの国々、さらには聖地まで訪れることができたからだ。ある意味で私の生活は、たえまない旅の連続だったとさえいえるのかもしれない。ただ、前の章でも書いたとおり、初めてツアーを組んでイギリスに旅したのは一九七〇年、二度目は七二年だった。ツアーに出かけたのは毎年ではなく、一年おきだったのである。

けれども私が望んでいたのは、単に上智の学生のためのツアーを組むことだけではなかったし、別にイギリスに行くことだけでもなかった。私自身のシェイクスピア研究、なかんずく、彼の作品の宗教的背景を研究するためにもまた、海外に出かける必要があったのである。このテーマについて書こうと計画していた書

物は、当時まだ準備の真最中であり、そして、この研究のためにまさしく理想的な場所は、はるか太平洋の向う岸、カリフォルニア州パサデナに近いサンマリノの、ハンティングトン図書館だったからだ。この図書館を初めて訪れたのは、初めてのイギリス・ツアーの二年前、つまり一九六八年の夏、すでに述べたとおり、おりしも上智で学生紛争が始まった時だったが、私はすでにアメリカに行く予定を組んでいたし、ひとにぎりの過激派学生たちが騒いだからといって、その計画をキャンセルしようとも思わなかった。なるほど多少は、まるで敵前逃亡ではないかという後ろめたさもないわけではなかったけれども、この喧騒を後にして静かに研究に没頭できると思えば、正直、うれしさを感じないではいられなかった。

読者の中には、私がこれほどあちこち旅をするのは、カトリックの修道士として、本来あるべき姿と違っているのではないかと、眉をひそめる方もあるかもしれない。修道士なら、ひとつの場所に閉じこもっているのが理想だという考え方も、なるほどなくはないけれども、それはベネディクト会の理想であって、イエズス会の教えは、この章の最初にも書いたとおり、むしろ、できるだけ広く旅をすることなのである。そうでなくても日本の夏は、ただ暑いばかりかひどく蒸し暑いので、エネルギーを失い、何もできずに終ってしまうほかはない。だが上智で教えていたおかげで、私はいつでもツアーを組織し、その引率者として、無料で旅行することができたし、ツアーのない年には、シェイクスピアの研究者として、ハンティングトン図書館で勉強するのは、まさに理想的な夏の過ごし方だったのである。

それればかりではない。この図書館で研究をつづける間、近くのカトリックの教会に滞在し、司祭の仕事を私が肩代りして、司祭の一人に夏休みを取ってもらうことができた。こうして、宿泊費や食費を払うのではなく、逆に、肩代りしたお礼を受けることになり、東京からロサンジェルスまでの旅費に当てることができたのである。実際この方法は、万事申し分なくうまくいった。蒸し暑い夏の間、日本を離れ、イギリスやヨーロッパにツアーを引率して出かけるか、さもなければカリフォルニアで研究に没頭し、夏の数ヵ月を有効に過ごすことができたのである。なるほどカリフォルニアも、暑いことは確かに暑いけれども、蒸し暑さはない。いずれにしても、勉強するのは空調の利《き》いた建物の中のことだった。

日曜日は、当然、教会で司祭としての務めを果たすが、週日は、教区の信者の一人が、毎朝、車で図書館まで送ってくれる。実をいうと、私は今まで、一度も車を運転したことがない。アメリカでは、車はまさに生活の一部なのだが、そのアメリカでさえ、運転をしたことはまったくない。私の運動神経はあまりに鈍《にぶ》くて、運転などできた験《ため》しがないのである。かりに何かが車の前に飛び出しでもしようものなら、ブレーキを踏む代りに、アクセルを思い切り踏んでしまうに違いない。だから、私自身のためはもちろん、ほかの人のためにも、運転はやめておくのが一番なのだ。けれども、ありがたいことに、いつでも誰か信者の中に、よろこんで図書館まで車に乗せてくれる人がいたし、帰りもまた、図書館で勉強している人の中に、大の友人になった人がいて、私を教会まで送ってくれた。歩いて往復するのでは遠すぎたし、しかも、あの暑さの中とあってはなおさらである。一度、図書館から帰ろうとした時、友人とはぐれてしまい、ほかに車に乗せてくれそうな人もいなかったので、歩いて帰ったことがあった。歩いて帰ればどのくらい時間がかかるか、試してみようと思ったのである。結局、まるまる一時間かかったし、教会のそばの司祭館にたどり着いた時には、汗で全身グショ濡れで、もうコリゴリだと、ホトホト閉口したのだった。

また別の日には、友人は教会まで送ってくれて、そのまま車を門の前に停め、その中で私を待ってくれていた。一緒にレストランに行くことになっていたからである。私のほうは、中に入ると教区の司祭が、食堂でロサンジェルスの大司教と話しているところで、司祭は私を大司教に紹介してくれ、三人はほんのしばらく話を交わしたのだが、外の車で友人が待っていることを説明すると、大司教はすかさずいったのである。「退出の順序など気になさることはない。」これは実は、『マクベス』の三幕四場、宴会の場で、マクベス夫人が客人たちにいう言葉だが、カトリックの大司教猊下《げいか》が、これほどとっさにシェイクスピアを引用なさるのに、私はいたく感銘を受けたのだった。

ハンティングトン図書館は、シェイクスピア時代の宗教論争にかかわる蔵書に関しては、抜きん出て豊富だった。二度の夏休みだけでは、そうふんだんに時間があるわけではなく、その間に、できる限り広い範囲の調査をやり遂げたかったので、私は毎日、貴重な古刊本の部屋にこもりきりになり、おびただしい書物を必死にむさぼり読みつづけた。一五五八年、エリザベス女王の即位の時から始めて、数々の論争を年代順に、シラミつぶしに調べていくのである。最初、一五六〇年代は、論争は、もっぱらアングリカンとカトリックの間で戦われたが、七〇年代に入ると、主にピューリタンとアングリカンの間の論争に移ってゆく。それぞれの時期は、それぞれ特有の性格を帯びてはいるが、いずれにしても、一つの論争が必ず次なる論争を呼び、まことに騒然たる論争の連続に発展してゆくのである。というのも、論客は途中で切り上げるつもりなど皆無で、一冊の書物が出ると、必ずこれを論駁《ろんばく》する次の書物が現われ、次から次へと積み重なって、それこそ切りがなくなってしまうのだ。

それまでは、エリザベス時代を研究している歴史家も、シェイクスピア劇を論ずる学者たちも、これほど膨大な宗教論争の文献が存在することなど、ほとんど意識していなかった。取るに足りない些末な争論だと見下すか、せいぜい、比較的重要な論争だけ、多少の注意を払うことしかなかったのである。けれども私は、深く調べれば調べてゆくほど、強烈な興味を掻き立てられずにはいなかった。それも、単にカトリック側の主張ばかりではなく、ピューリタンの立場もふくめて、この論争全体に、深い興味を引かれたのである。ここにこそ、当時のもっとも緊要な問題があり、書物の形を取った論争があったのだ――私にはそう思えた。しかもこれはシェイクスピアが、あの偉大な劇の数々を書きつづけた時期の直前、その最中、そしてその直後に戦われていた論争なのだ。なるほどシェイクスピアは、この膨大な文献に直接言及してはいないかもしれない――というより、彼は生来、この種の論争は好きではなかったのだろうが、しかしこれが、彼の現に呼吸していた時代の空気の、重要な一部をなしていたことに変りはない。それにまた、これはほんの時折、宗教に関して出版された、数えるほどの本というような問題ではないのである。研究を続けるうちに、私が突きとめることができたところによれば、エリザベス女王の治世、四五年の間に、この種の書物は六三〇点に上り、次のジェイムズ一世の治世二二年の間に出た書物の数は、実に七六四点に達する。単なる量という点だけからしても、これはまさしく圧倒的であるばかりではない。質という点から見ても、ただ粗悪と切り捨てることなど、けっしてできるものではないのである。

にもかかわらず、こうした論争に注意を払う学者は、誰もいないように思えたのだ。たまにいたとしても、ごく漠然と、大雑把に触れているにすぎない。だから私は、調査を進めてゆくうちに、まるで探険家が、未踏の処女地に分け入ってゆくように感じたのだ。いうまでもなく、私が調べた書物のうち、十六・十七世紀の初版以来、再版されたものは皆無に近いし、再版された場合があったとしても、初版の数年以内のことにすぎない。だから私はいつも、正真正銘、昔の稀覯本《きこうぼん》の山に埋もれて研究に没頭していた。もちろん、マイクロ・フィルムに撮った資料も利用できたけれども、滅多に使うことはなかった。いかにも目に悪かったからである。

　こうして一九六八年以降、一年おきにカリフォルニアに出かけることになったのだが、事情はいつでも、ほとんどまったく変らなかった。パサデナには、いつでも同じ教会というわけではなかったけれども、滞在すべき教会はいつもあったし、図書館への往復は、いつでも誰か、車で送り迎えしてくれる人がいた。そして図書館では私の机の上に、もちろん毎回同じ本ではなかったけれども、同じ時代の古い書物の山があった。毎朝、稀覯本のカウンターから借り出す書物の数にかけては、私は記録を作ったのではないかと思うし、日本に帰ってからさらに資料として利用しようと、せっせとコピーを取った回数でも、記録保持者に違いないと思う。ただ、どちらの記録も、そのほか何の記録にしても、私がギネス・ブックに載ったことは一度もない。理由は多分、一度も申請したことがないからだろうが、そんなことより、この稀覯本のセクションは、まことに静寂そのもので、学問の場としてまさしく理想的だった。これに較べて当時の日本の大学では、学生たちは「学問の自由」をしきりに強調していたにもかかわらず、紛争中、この耳で聞いたあの狂乱の騒しさは、また何という違いだったことか。

　さて、昼になると、書物を離れ、図書館付属の気持のいい庭に出る。この図書館はもともと、鉄道王として巨富を築いたヘンリー・ハンティングトンの宏壮なお屋敷だった所で、その財力を貴重な書物につぎ込み、屋敷をこうして図書館に作り変えたのである。富の使い道として、まことに立派というほかない。この庭の中にレストランがあって、私たちはここで昼食を取り、ほかの研究者たちと会って話をすることができる。みな自分の専門の分野について、よろこんで話をしてくれた。

　それにしても驚いたのは、こうした専門分野がいかに専門的で、細分化しているかということだった。もちろん、ただシェイクスピアの研究というだけでは、とても「専門分野」とはいえない。例えば、私と同様シェイクスピアを研究している一人は、生涯をただ一篇の劇、『終りよければすべてよし』の研究に捧げていた。それも、この劇の医学上の背景を調査し、そうした背景にこの作品を位置づけようとしていたのだが、そんな細かいテーマであっても、研究にはいつまでも終りが来ないらしい。私も宗教論争という観点から——特に、当時さかんに論じられていた奇蹟をめぐる論争という観点から、多少は参考になりそうなことを話すと、参考になったと大いに喜んでいた。

とはいえ、カリフォルニアにいる間、宗教論争以外には、まったく見向きもしなかったというわけではない。かつての洋上大学の学生たちと同様、私も今度はディズニーランドに、それも二回、行ってみた。上智で教えている間、東京のディズニーランドに出かけたのは一回きりだったのと較べれば、二倍も訪れたことになるわけだ。二度とも強く感じたのは、どのアトラクションに行ってみても、ぜひ立て札を出しておくべきだということだった——「子供同伴の場合以外、成人の入場禁止」。どちらを見ても、子供をつれた両親ばかりだったのにたいして、私が訪れた時は二度とも、同僚のイエズス会士といっしょだったものだから、いかにも場違いと感じざるをえなかった。東京のディズニーランドに行った時は、お客はほとんど大学生ばかりで、カリフォルニアとは大違いだったが、考えてみれば、私が出かけたのはウィークデイだったから、子供たちは、きっと学校で勉強していたのだろう。

パサデナにいる間、教会と図書館以外に、よく訪れた場所が三つあった。一つは、図書館からそう遠くない所で、カトリックの一家の住んでいる豪壮なお屋敷だった。この一帯は、実際、億万長者ばかりが住んでいるように見える。家の主人は弁護士で、葬儀関係の仕事をしているらしく、日本との関係で、非常に儲かる取引先が出来上がっているという。初めて会ったのも、実は東京でのことだった。彼自身はカトリックではなかったけれども、奥さんと子供たちは信者で、いつでも自由にお邪魔して、夕食を御馳走になったり、プールで泳いだりした。大勢の家族で、みな陽気な人柄だったから、この家にいると、まったく気がねなど感じることがなかった。

よく訪ねたもう一つの家族は、今いうお屋敷とは対照的に、ロサンジェルスの下町の住居《すまい》で、両親はどちらも、広島から移住してきた人たちである。私もかつて広島で過ごしたことがあったから、その関係で、この家族と知り合いになったのだった。社会的には、先程の家族よりは低い階層で、旦那さんは日本式の造園の仕事をしていたけれども、気がねなく親しめるという点では、先のお屋敷とはまったく変りがない。ひとつには、アメリカの庶民は普通、食堂と居間とを分けないからでもあった。この家族が変っているところといえば、親の世代は、もうかなりの年月アメリカに住んでいながら、英語はあまりよくできないのにたいして、二人の子供たち（男の子と女の子）は、英語しかしゃべらないということだった。とはいえ両親は、子供たちのしゃべる英語は理解できるし、子供たちもまた、両親の話す日本語は理解できる。そこで私は、両親と話す時は日本語、子供たちには英語を使うという、いわば合の子の立場でいることになった。この言語上の異種交配の実験は、なかなか面白いと同時に、立派に実際の役にも立ったのである。

三番目の場所は、七月三十一日、聖イグナチウスの祝日に訪れた所で（ちなみに私がカリフォルニアにいる間は、いつでもこの祝日をここで迎えることになったわけだが）、ロヨラ大学の中にあるイエズス会の宿舎だった。現在は、かつて男子学生だけだったこの大学は、メリマウントという、同じくカトリックの女子大と合併して、「ロヨラ＝メリマウント大学」と改称しているけれども、この宿舎に住んでいる神父の一人は、かつてオクスフォードのキャンピオン・ホールで、一緒に英文学を勉強した旧友だった。そんなわけで、この祝日が来ると、彼はわざわざパサデナまで車でやって来て私を乗せ、祝日の行事が終ると、また車で送ってくれるのである。大変な面倒をかけると私は恐縮していたのだが、アメリカ人は、特に誰かに親切にするためとあれば、少々の長距離を運転することなど、何でもないと考えるらしい。実に気前のいい人たちで、彼らの心も、あの広漠たる国土に劣らずひろいというべきだろう。

こうして何度もカリフォルニアに出かけた結果として、確かに目に見える成果が二つ生まれた。第一は、シェイクスピア当時の宗教論争について、二巻本の書物がついに完成したことで、上巻の、エリザベス時代の論争を扱った本は一九七七年、ジェイムズ一世時代を扱った下巻は、翌一九七八年、イギリスではスカラー・プレス、アメリカではネブラスカ大学出版部から同時に刊行になった。第二の成果は、ある日本人インタビュアーへの答えという形を取った。現在のイギリスの情況について質問を受けたのだが、私は実はこう答えたのである。少なくとも一九七〇年代に関する限り、私はイギリスのことよりアメリカ、特にカリフォルニアの現状のほうをよく知っていると。つまり、こうして、『十二夜』の終りで道化のフェステのいうとおり、「時は図《はか》らずも巡りめぐって、思いもかけぬ結末をもたらした」というべきか、あるいはむしろ、『夏の夜の夢』で妖精パックもいうように、「人間とは、何と阿呆な者たちだろう」と、いっそ呆れるべきであるのだろうか。

日本あちらこちら

今までお話してきたとおり、ヨーロッパ、アジア、そしてアメリカの各地は、いろいろな形で深く知る機会があったわけだが（ちなみにみな、北半球に属する地域ばかりである）、しかし、だからといって別に、日本のさまざまの地方のことを、無視していたというわけではまったくない。ただし、ただ単なる観光とか、気晴らしのためにどこかに出かけたことは一度もない――というより、そんな必要など全然なかった。宣教師として、それにまた上智大学の教授として、仕事を頼まれることが結構多く、そして私は原則として、人からものを頼まれれば、どんな依頼であろうと、けっして断らないことに決めている。少なくとも、書物であろうと雑誌の記事であろうと、原稿を頼まれれば、けっして断わらないのが私の鉄則なのである。おそらくシェイクスピアも、同じ答えをしたに違いないと思うのだが、私はいつでも、喜んで書きましょうと答えることにしている。

さて、地方へ出かける用事といえば、まず司祭として、札幌の聖心会の依頼を受け、八日間の黙想会を指

導する依頼を受けた。この時のことで、いちばん鮮烈に記憶に残っているのは、人間をむさぼり食った直後のクマを、ある博物館に剝製にして陳列してあったことである。それから仙台のウルスラ修道会で、やはり黙想会に呼ばれたことがあり、この時は、日本三景の一つとされる、かの松島を訪れることができた。

それにまた、シェイクスピアの研究者として、当然のことながら、日本シェイクスピア協会に入会したのだけれども、一年に一度開かれる学会を、ある年は東京で催すと、次の年にはどこか東京以外の所、それも、何かしら歴史のある都市で開くという、まことに喜ばしい慣例があった。私は、東京そのものにはたいして興味はなかった。あまりに身近で、それこそ卑近な所としか感じられなかったからである。しかし、普段は訪れる機会のない遠くの町に旅して、その土地独特の風光や歴史的な建築物を目にするのは大好きだった。その意味で、一年ごとに地方で開かれるシェイクスピア学会に出席するのは、大いに楽しみだったのである。ただ日本人自身は、旅行が好きという場合、その目的はむしろ、そうした土地の郷土料理を味わったり、まだ知らない温泉に入ったりすることのほうが多いようだけれども。

こうして、シェイクスピア協会のおかげで、ずいぶんいろいろな所を訪れた結果、そうした場所で出会ったさまざまな経験をつぶさに語り、大学生のための英語の教科書として、短いエッセイ集を出すことにもなった。どういう場所を訪れたのか、その年代まではいちいち覚えていないから、いっそアルファベット順で名前を挙げ、それぞれの土地について、本に書いた内容のうち、いちばん印象に残っている経験を、ごくかいつまんで紹介すれば十分だろう。各章のタイトルに挙げた地名を列挙するだけでも、私が二〇年ほどの間に、どれほど広くあちらこちらと旅してまわったか、わかっていただけるのではないかと思う。この本のタイトルは、この章の題名とまったく同じ『日本あちらこちら』（吾妻書房）で、出版の年代は一九七六年。

そして各章の題名となった地名のリストは、秋田、福岡、広島、鹿児島、金沢、松江、松山、長崎、札幌、仙台、津和野、そして山口である。

さて、それぞれの章で、私が何に焦点を絞って語ったかだが、まず秋田といえば、美人と銘柄米で有名だけれども、日本人は味覚に特に敏感であることを考えて、「リンゴ餅」というお菓子のことを話題にしたのだった。次の福岡の章では、洋式のホテルではなく、伝統的な旅館に泊る楽しみについて書いた。かつての教え子の一人が福岡の大学で先生をしていて、そういう日本流の宿屋を、私のために予約しておいてくれたのである。日本に来た時以来、私は郷に入っては郷に従えという諺を信条にしてきたのだが、この旅館は、まさしくこの信条にぴったりだった。

次の広島については、当然のことながら原爆のことを書いた。そのすぐ後には、長崎にも二発目が投下されたとはいえ、何といっても広島は、人類史上、初めて原爆を落とされた所で、他に類例のない経験をした町だったばかりではない。その廃墟から奇蹟的に蘇《よみがえ》ったという点でも、やはり類例を見ない所である。生まれ変ったこの都市のシンボルが、ほかならぬ不死鳥であるのも当然のことだろう。けれども、こうして実にみごとに復興を果たした今も、広島はなお、かつての悲惨きわまる破壊の有様を伝えると同時に、人類にたいする重い警告の意味も込めて、黒焦げの骨格ばかりとなった原爆ドームを保存している。

次の都市は、本州最南端の鹿児島だが、ここは一五四九年八月十五日、かの聖フランシスコ・ザビエルが上陸した所である。けれどもこの町のシンボルは、この聖人の事跡を物語る記念碑ではなく、実は、港をへだてた東の対岸にそびえる火山、桜島だ。実際、この市全体は、この活火山によって支配されているといえるだろう。その火口からはいつも噴煙が立ちのぼり、夜には噴火の焔で、夜空が赤々と染まる姿が浮かび上がる。まことに印象的というほかはない。けれども、ただ印象的と感心してばかりもいられないのは、風が東から吹きつける日で、そういう時は、町じゅう火山灰におおわれてしまうのである。

　次は金沢だが、古い伝統を色濃く残している都会で、小京都と呼ばれることも多い。町の中心にはお城があり、その周囲には、日本三名園の一つ、兼六園が広がっている。大学もその一角にあるのだが、シェイクスピア学会が開かれた年には、当時の各地の大学の例に洩れず、ここのキャンパスもまた、過激派の学生に占拠されていた。そこで急遽、会場を別の場所に移すという、いかにも残念な事態になってしまった。こうしてこの章のタイトルは、「伝統と幻滅」とすることにもなってしまったのである。

　同じシェイクスピア学会で、同じ日本海側の町を訪れたのは松江だった。私と同じイギリス人、ラフカディオ・ハーンが、かつて居を構えていた所でもある（ただしハーンは、くわしくいえばイギリスと、アイルランドと、ギリシアの血が混じっていたし、ジャーナリストとして文筆活動を始めた土地はアメリカだった）。実は私はそれまでにも、すでに本書でも書いたとおり、松江は一度訪れたことがあり、雪の中、お城に来たこともあったのだが、初めて日本語で和尚さんと宗教を論じ合ったお寺がどこだったか、思い出すことができなかった。今度は、かつてハーンの住んでいた古い、美しい日本家屋で、ゆっくり時を過ごすことができた。望むらくは自分も住んでみたいと思うような、まさに理想の住居だったが、しかし畳の上に膝を折ってすわることは、相変らず私には大の苦手である点だけが、やはり難点だったというべきだろうか。

　日本のあらゆる都市の中でも、キリスト教徒にとっていちばん大切な思い出のある町といえば、それはやはり長崎だろう。初めて訪れたのは、一九七三年のことだった。今まで名前を挙げた町については、初めて訪れた年など覚えていないけれども、長崎だけは、年だけではなく、どの月だったかまでよく覚えている。

二月だった。というのも、ちょうど梅の花が満開の季節だったからである。そして確かに梅の花は、この町には特にふさわしい花という気がする。この都市で見るべき場所は、一五九六年（慶長元）年の、二十六聖人の殉教の跡をはじめとして、キリシタン時代以来、キリスト教の歴史にまつわるものばかりである。

この章の初めに列挙した場所のうち、今まで触れた秋田や松江、さらには長崎など以外は、実はシェイクスピア協会のおかげで訪れた場所ではない。例えば仙台は、ウルスラ修道会の黙想会のために訪れたのだし、津和野や山口は、浜田にいた頃にたずねたり、あるいは第三修練期で広島にいた時代、出かけたのだった。このうち山口と津和野については、信仰に深いかかわりのある場所として、特に感銘を覚えた所である。山口は一時期、聖フランシスコ・ザビエルが布教活動の本部を置いていた所だし、津和野は明治の初め、キリスト教禁教の解ける直前になって信徒の殉教があった所で、近くの乙女峠と呼ばれる土地には、聖母マリアに捧げた聖堂が建っている。ここでは、その時期、キリスト教徒がさまざまな迫害を受け、棄教を迫られたのだった。

一九七〇年代には、二つの全国的な組織の依頼を受けて、巡回講師とでもいうべき役目を務めることになった。第一の組織は、大学受験生のための予備校のうち（ちなみにこの予備校なるものは、日本独特のものではないかと思うが）、最大のネットワークを誇る代々木ゼミナールで、代々木の本校に招かれ、英語の勉強の仕方とか、シェイクスピアの英語について話を頼まれたのである。シェイクスピアの英語に興味のある学生など、多分ほとんどいなかったに違いないのだけれども、みんな我慢強く私の話を聴いてくれた。講義の後の、質疑応答の時間がお目当てだったからである。別に、シェイクスピアについて質問があったわけでは全然ない。もっぱら、上智のむつかしい入試に受かるコツを聞きたかったのだ。私の答えはこうだった。

いちばんいい方法は、一年間イギリスでホームステイすること。もしそんなお金がないというなら、私が英語で書いた本を全部読破し、それに加えて、そうした本にはみな、私の吹き込んだテープがついているから、それを繰り返し聴くことだ。

代々木にある本校ばかりではない。やがて名古屋や仙台、札幌にも分校ができると、その開校記念に呼ばれて、特別講演をよく頼まれた。とはいえ、こうした地方の分校は、地方とはいえ、それぞれ大都市ばかりに限られていただけでなく、代ゼミの経営方針に従って、どこでも大勢の学生を相手に、いわゆるマスプロ教育を行なっていた。これは、私にはいささか不満だった。私の理想としていたのは、できれば田園風景に囲まれ、しかも少人数で、静かに、集中して勉強に励むことだったからである。

けれども、私の理想にもっと近い組織もあった。日本ＹＭＣＡの各地の支部である。最初は東京で、クリスマス・ディナーの集まりに招かれ、「ユーモアのセンス」という題で話をしたのだが、その時に気がついたのは、ＹＭＣＡ——つまり、"Young Men's Christian Association" といいながら、メンバーの平均年齢が、実は七十歳に近いということだった。一九七〇年代、八〇年代には、ＹＭＣＡは全国の各地に、続々と英語教室を開設していたが、代ゼミとは違って、大都市だけに限ってなどはいなかった。そして今度もまた私は、全国どこへでも行って話をするよう、遠慮なく頼める人物と見なされていたのである。こうして私は、このＹＭＣＡのおかげで、北は北海道から南は沖縄まで、日本をくまなく見聞することができたのだった。私の知っている日本人の中にも、これほどひろい経験をしたことのある人は、ほぼ皆無といっていいのではあるまいか。

北海道でいちばん北に行ったのは、北見という所だった。この地名を聞いたとたん、私のダジャレ好きの心が動いて、講演の冒頭、「北を見に北見に来た」とやったところ、会場がドッと湧いて、聴衆の心をつかむことができた。こんなひどいシャレでも、これほどの御利益があるというべきだろうか。北見に行ったついでに、その近くの網走にも寄ってみた。かつては監獄で有名だったが、今は、刑務所の跡が博物館になっていて、一〇〇〇円の入場料まで取っている。昔の囚人たちは、無理矢理ここへ送られてきたというのに、今はそこへ入るために、こんな入場料まで払わなければならないと知ったら、さぞ驚くだろうと思わざるをえなかった。

いっぽう、南の沖縄についていえば、どこへ行ってもアメリカの影を感じないではいられなかった。しかし、かりにアメリカ色がなかったとしても、この島には日本というより、むしろ中国や韓国を思わせるところがあった。沖縄は——というより、むしろ古称で琉球と呼ぶべきかもしれないが、ともかくこの島は、かつては独立国だったからである。第一に受けた印象は、色あざやかな花々の姿だった。私が訪れたのは春だったから、余計その印象が強かったのだろう。それに、聴衆が特別大勢だったことも印象に残っている。大都会なら、私の話などより、ほかにも面白いものがいろいろあるのだろうが、沖縄では、ほかに気を散らすものなど、ずっと少なかったからかもしれない。

さて、もう一度シェイクスピア協会の、年に一度の学会のことに話を戻すと、ある年、富山で開かれたことがあった。この時は、上智の専任講師になった年、大学院の学生として個人指導《チュートリアル》に当たり、今は英文科の同僚になっている教え子と一緒だった。一九八五年の十月のことで、今までお話してきた出来事よりも、実はずっと後のことになるのだけれども、今この章で書いておいたほうが、やはり納まりがいいだろうと思う。この学会の間に、たまたま、私の六〇回目の誕生日を迎えることになったのである。つまり還暦に当たっていたわけで、そのためのお祝いの準備が、私の知らない間に整えられていたのだった。

だがその話の前に、富山まで行く途中のことを書いておかなくてはならない。私たちはまず、福井に近い永平寺を訪れた。この有名な禅寺のことは、ずいぶん話に聞いていたので、ぜひ行ってみたかったのだが、しかし、あまり大きな期待を抱いていると、とかくそうした結果に終るもので、多少、期待外れという気がしないでもなかった。禅宗のお寺は、それまでいろいろ見てきたけれども、永平寺も、それほど特別な所という印象は受けなかったのである。

永平寺から、今度は氷見《ひみ》に向かい、一泊。能登半島の東の付け根、富山湾に面した愛すべき漁港である。かつての教え子の女子学生がこの町に住んでいて、温かく迎えてくれた。この漁港でいちばん印象に残ったのは、定置網という、まことに巧妙な漁法だった。この方法なら、魚を獲るのに、日夜重労働をする必要などまったくない。ただ、網を独得の方法で張っておき、潮の流れを利用して、魚が自然に捕まるのを待っていればいいのである。魚の群は、まず大きな網の中に入ってくる。そこから、だんだん小さな網に誘導されて、ついには、いちばん小さな網の中に閉じ込められてしまう。そこで漁師さんたちは、水中からその小さな網を引き上げさえすればいいのだ。

次の日は、富山に住んでいる女性の知人が、古いお屋敷を改装した料亭で、特別の昼食を御馳走してくれた。ここを訪れた有名人は多い中に、ジミー・カーター大統領も食事したのだという。確かにこれは特別の昼食で、まことに豪華でもあった。そしていよいよ、富山大学へ向かい、いろいろ研究発表を聞いたけれども、どれも私には、例によって、半分も理解することはできなかった。

だがこの日のクライマックスは、大学のキャンパスではなく、その晩、日本式の居酒屋で待っていた。かって上智で、シェイクスピア研究会のメンバーだった卒業生たちが、今はあちこちの大学で先生になっている人たちが多く、この学会で富山に大勢集まっていたのだが、その懐かしい面々に囲まれ、還暦の印の赤いチャンチャンコを着せられ、赤い頭巾までかぶせられて、和《なご》やかに、にぎやかに、お祝いの酒宴を張ってくれたのである。エイヴォンの詩聖シェイクスピアも、こんな祝宴なら、大いに喜んだに違いないと思った。実際、彼は、同じように旧友たちと愉快に飲んで騒いだ直後、世を去ったと伝えられている。この還暦の祝いは、もう二〇年以上も前のことになるが、私は幸い、今もこうして生きている。シェイクスピアは、これとは違って、還暦を迎えることもなく、この世から旅立ってしまったのだけれども。

最後にもう一つ、日本をあちらこちらと旅するについては、さらにまた別の形があったことも、やはり書きそえておかねばならない。一九七七年、トマス・モア生誕五〇〇年記念をしてツアーを組んだ時、メンバーの一人は名古屋の高校の先生で、神言会の経営するカトリックの大学、南山大学の卒業生だった。ツアーに参加する直前、自動車の運転免許を取ったばかりだったが、イギリスでも、早速この免許を最大限に活用しようと、私をドライヴに誘ってくれたのはよかったものの、イングランドでもスコットランドでも、曲りくねった田舎道を、フルスピードで走ろうとする。これには参った。危なくて仕方がない。日本に帰ってからも、相変らず、しきりにあちこちドライヴに誘ってくれて、伊豆半島や、あるいはまた四国、さらには島根県でも、例によって田舎の狭い道を、猛スピードで疾走する。島根では、あの有名な出雲大社まで出かけたのだった。この頃には、もちろん運転の経験もかなり積んで、前より腕前も上ってはいたが、ともかくこうして、私が日本でまだ訪れていない空白地を埋めるのに、一役買ってくれたことだけはまちがいない。

さて、今あらためて考えてみると、私がまだ一度も行ったことのない県――列車で通りすぎたことさえない県としては、もうたった一つしか残っていないことに思いあたった。大分県である。名高い別府温泉がある所だから、当然すでに訪れていて然るべきなのだが、残念ながら、まだ行ってみる機会に恵まれていないのである。

言葉、言葉、言葉

ハムレットが本を読みながらやって来るのを見て、ポローニアスが問いかける。「何を読んでおられるのですか、殿下。」これにたいしてハムレットの答えるのが、この章のタイトルに挙げた言葉だ。「言葉、言葉、言葉」（二幕二場）。だがひょっとすると、今度は読者が私に問いかけるかもしれない。「何を書いておられるのですか、先生。」これにたいして私もまた、王子と同じ答えを返してもいいだろうか。「言葉、言葉、言葉。」

日本に来てからというもの、私はたえず、何かしらものを書きつづけてきた。最初は短い雑誌記事やエッセイ、やがては独立した書物の数々。しかし、そもそも私がものを書き始めたのは、オクスフォード在学中のことだったというべきだろう。個人指導《チュートリアル》の授業のために、毎週毎週、レポートを書かなくてはならなかったからである。いや、それ以前から私はすでに、本を読むというよりは、むしろものを考え、文章に書くことに時間を費やしていたのだった。私が少々目が悪くなったのも、だから、読書に無駄な時間を費やした結

果ではなく、むしろ、ものを書くのに熱中していたためなのである。

上智の英文科で教えるようになった時も、ぜひ実現したいと願ったことの一つは、授業で使う教科書はみな、自分で書くということだった。そこで、まず最初に書いた教科書が、すでにお話したとおり、『シェイクスピア研究入門』だったわけである。次に書いたのが、『英文学に見るキリスト教的主題』、それに、T・S・エリオットの詩に加えた、詳細な注解だった。

けれども、教科書だけを書くのには、すぐに少々飽きてきた。正直な気持としては、あまりにも散文的なように思えたからだ。もう少し詩的というか、もっと自由に自分の気持を表現できるものが書きたい、少なくともシェイクスピアに関しては、そうした書き方のほうがふさわしい――そう思えた。つまり、もっと想像力を駆使した、もっと創造的なものが書きたい、自分自身の内なるインスピレイションに発し、他人にたいしてもまた、何らかのインスピレイションを呼び起こすようなものが書けたらと、そう願ったのである。そこで私もチェスタトンの顰《ひそみ》にならい、自由な発想のままに筆を走らせてエッセイを書き、これを書物にまとめるという書き方を始めたのだ。こうして出来上がった本は、日本人の英語の先生たちに、教科書として教室で使ってもらってもいいし、さらにはサイド・リーダーとして、特に休暇中、宿題の材料にしてもらってもいい。しかし私自身の立場からすれば、これはあくまで私自身の、何事であろうとありとあらゆる素材について、自由に思いを書き綴るエッセイ集だったのである。

まず手始めに出したのは、それまでいろいろの機会に書いてきたエッセイを集めた本で、子供の頃から記憶に残っていたフレーズをそのまま使い、“Things Wise and Otherwise”とした。日本語で、この言葉遊びの効果をうまく出すのはなかなか難しいけれども、強《し》いて訳せば、「賢くもあり賢くもなし」とでもいうことになるだろうか。それはともかく、一九七〇年に英潮社から出版されると、驚いたことに、あれよあれよと次から次へ版を重ね、この年の終りまでには、大学の英語教科書として、圧倒的なベストセラーになってしまった。こうして私は、英語教科書の分野では、一躍、有名人となってしまったのである。

この時以来、代ゼミやＡＦＴＪ（在日外国人教師協会）をはじめ、時に応じてさまざまの団体から、講演の依頼がおびただしく来ることにもなったし、当然ながら執筆依頼が、いろいろの出版社から矢つぎ早に相次いだ。普通なら、まず原稿を書き終えてから出版社に持ち込み、できることなら本にしてもらえないかと期待しながら、往々にして徒労に終ってしまうのが通例なのだが、今ではもう私の場合、そんな苦労をする必要などはなくなったのだ。逆に出版社のほうから出向いて来て、出版する材料がほしいと熱心に頼むのである。そして私にはほぼ例外なく、提供すべき材料は手許に出来上がっていた。「成功ほど成功するものはない」というが、まさにそれだったといえるだろう。もともと私は原則として、出版社や編集者から原稿を頼まれれば、けっして断らないことに決めていた。どれほど数多く頼まれようと、こちらが追いつかないということは一度もなかった。デズデモーナが夫オセロウにいうとおり、「あなたがお頼みになることで、私がお断りしなくてはならないものなど、一体どこにありましょう」というわけである。実はシェイクスピア自身、劇を書いてほしいと頼まれれば、同じ態度だったのではあるまいか。たとえその結果、例えば『タイタス・アンドロニカス』のような、とてものことに物凄い劇を書くことになったとしてもである。

ちなみに、このごく初期の劇については、シェイクスピア概論の講義で、一度こんな話をしたことがある。例によって、わざと誇張した表現ではあったけれども、実はシェイクスピア自身、若い頃こんな劇を書いてしまったことを、恥ずかしいと思っていたに違いないと。さらに私は、こんなことまで付け加えたのだ。

「もし皆さんが、この劇の上演を見に行く機会があったとすれば、たとえ招待券をもらったとしても、出かけないほうがいい。わざわざ見に行く値打ちなどないからです。」ところがである。授業を終えて自分の部屋に帰ってみると、友人から電話がかかってきて、東京グローブ座のシェイクスピア公演に招待券をもらっているから、今夜行ってみませんかという。演目は何か訊《き》いてみると、知らないという。その晩は暇だったから出かけてみると、こんな場合、えてしてありがちなことだが、実は、ほかならぬ『タイタス・アンドロニカス』だったのである。それも、英語の上演ではなく、日本語でさえなく、何と、ルーマニア語なのだ！

　イタリア語のオペラなら、たとえ言葉はよくわからなくても、十分楽しむことはできるだろう。しかし『タイタス・アンドロニカス』では、たとえルーマニア語であっても、楽しむことなど不可能だった。

　この経験からしても、その日の午前中、授業で学生たちに話した忠告の正しかったことが、立派に立証されたといえるだろう。それに、同様の確信をもって主張できることが、さらにもうひとつある。なるほど私の書く物も、相当にヒドイ場合は往々にしてあるとしても、『タイタス・アンドロニカス』程ヒドイ場合は、一度としてないということがそれである。ヒドイといえば、シェイクスピアがさかんに発する言葉のシャレには、とてものことにヒドイものが少なくないのは、十八世紀の文壇の大御所、ジョンソン博士もいうとおりだし、私自身のダジャレにしても、私みずからも認めるとおり、確かにヒドイ例はめずらしくない。けれども、シェイクスピアの場合ほどではないとはいえるのではあるまいか。しかし、『タイタス・アンドロニカス』のヒドさは、この作者の悪名高いシャレを、さらに上回っているとすらいうべきだろう。

　さて、話をまた『賢くもあり賢くもなし』に戻すと、いったい、このエッセイ集のどんなところが学生たちの興味を引いたのか――というより、むしろ、これを授業に使おうと決めた先生たちは、どういうところを面白いと感じてくれたのだろうか。例えば私は、日本人がみずからについて語る時、「われわれ日本人は……」と、複数形で語ることが非常に多く、まるで自分が、国民全体を代表するかのような言い方をするのを批判した。そして、こうした言い方を皮肉に真似て、「われわれイギリス人は、そんなことはけっしていわない。われわれは、みな個人主義者であるからだ」と書いた。もちろん、もしこれが公《おおやけ》の場の発言ならば、まず最初に周囲を見まわし、イギリス人が一人もいないことを確かめておかねばならない。さもなければ、そのイギリス人が早速反論して、「われわれイギリス人は、〈われわれイギリス人は〉などという言い方はけっしてしない」と、逆に私がやりこめられるに違いないからである。

この本で批判したことの例をもう一つ挙げると、明治時代、アメリカ人宣教師ウィリアム・クラーク博士が、札幌農学校の学生たちに語ったという、「少年よ、大志を抱け」という言葉だった。この言葉と対比して、私はウィリアム・シェイクスピアが『ヘンリー八世』という史劇の中で、権力の座から転落したウルジー枢機卿の口を借り、部下のトマス・クロムウェルにむかって発する忠告を引いたのである――「野望(ambition) など投げ棄てるがよい」(三幕二場)。

そのほかこの本で批判したのは、進歩主義のこと、いわゆる自由とヒューマニズムのこと、学生紛争、戦争と平和、「紳士・淑女の皆様」という決まり文句、それに、これは別に批判ではなく、むしろ再吟味というべきだろうが、例のハムレットの独白の、“To be, or not to be”というせりふについてなどだったが、それにしても、しかし、こんな話題だけでは、なぜあれほど大勢の学生たちが本屋に押しかけ、英語の先生たちの注文が出版社に殺到したのか、実は私自身、不思議に思う。多分、鍵になったのは、話題そのものというよりも、第一にはやはり、そうした話題を語る私の言葉遣いが大きかったのではあるまいか。そしてこうした言葉遣いは、もっぱらシェイクスピアの勉強から得るところが大だったのである。そのほか、出版社のおかげも大いにあったに違いない。英語教科書の出版では有名な会社だったし、セールスにも熱心だったからである。それに忘れてならないのは、日本語で注釈をつけてくれた友人の力で、英語教育の分野では長い経験をもち、すでにひろく知られた人だった。

けれども、おそらく何よりも大きかったのは、時期がよかったということだろう。ただ私自身としては、「時期」とか「偶然」とかいうよりは、むしろ神の摂理と呼びたいのだが、いずれにしても、先程も書いたとおり、いろいろの要素が次から次へとつながって、一つの成功が次の成功を呼び、あれだけの反響を呼ぶことになったのだろう。

同じ出版社から、その後さらに二冊の本を出し、日本に来てまだまもない頃の経験を、イギリスの思い出と対比しながら語ったのだが、どちらの本も、最初の場合ほど記録的ではないにしても、ベストセラーのチャートを着実に上昇していった。シェイクスピアも『ヘンリー四世』の第二部で、フォルスタッフの口を借りて語っているとおりである。もっともこれは、同胞のイングランド人についてのことではあるが、日本人にもそのまま当てはまるだろう。「われわれイングランド人ときた日にゃあ、何かいいものが見つかると、寄ってたかって使いたがり、結局は陳腐なものにしてしまうのが癖だからなあ」(一幕二場)。

それはともかく、一九七四年、私の本を出してくれる出版社を、英潮社から成美堂に切り替えた。ここも教科書の出版社として大きな販売力を誇っていたし、英語関係に特に力を入れようと張り切っていた。そこで、彼らの希望に合わせて書いたのが『イギリスあちらこちら』で、私のイギリス・ツアーでの経験を、自分の描いたスケッチをイラストに使って物語った本だった。注釈はやはり同じ友人にお願いし、これもまたベストセラーになった。とはいえ、こうして出版社を変えたことに、格別これという理由があったわけではない。私自身は、実はどちらでもよかったのだが、しかし書く物の量がどんどん増《ふ》えてくるにつれ、出版社の選択の幅も、それに応じて大きくする必要が出てきたのである。そしてこれもまた、実はシェイクスピアから学んだところだった。彼の喜劇は、最後は結婚で終る場合がほとんどだし、悲劇の場合は、主な人物の死で終るのが通例だけれども、シェイクスピアはただ一組の結婚、あるいは、ただ一人の死で終るのでは物足らず、結婚も死も、多ければ多いほどいいと考えていたふしがあるからだ。

それにしてもと、読者はお尋《たず》ねになるかもしれない。大学の英語教科書のマーケットでベストセラーになったというのは、どれくらいの冊数が売れたということなのだろうか。正確な数字は、実は私にもよくわからない。けれども『賢くもあり賢くもなし』の場合は、最初の数年で一〇万部以上売れたことは確かだ。現在までの総計は、二〇万部に近くなっているだろう。英潮社から出した後の二冊は、それぞれ八万部ほど売れたはずだし、成美堂から出した本も、平均、それぞれ五万部は売れていると思う。こうした数字から見ても、どの出版社から出すか、その出版社がどれくらい販売促進のノウハウがあるかによって、大いに左右されることがわかるのではあるまいか。

ここでひとつ、今まで述べたのとは対照的な出版社の例に触れておかなくてはならない。つまり、販売能力はきわめて乏しいけれども、深い友情を感じることになった出版社で、上智の同僚に紹介されて知り合いになったのだが、ここの社長は、私の書いたものなら何であろうと、喜んで出版してくれることになったのである。とはいえ、『旧約聖書』の「伝道の書」にもあるとおり、「多くの書物を作ることには切りがない。」私の本にも、実際、書くことに切りがなかった。止めようにも止めようがないのである。その結果、上智の同僚もまた、この奔流のようにあふれ出る本の渦巻きに巻き込まれることになってしまった。というのも、私はよく、同僚、それに出版社の社長と一緒に大学の近くの喫茶店に出かけては、さまざま本の出版の計画を話し合い、そういう相談を一回すれば、二つか三つの原稿のアイディアが出て来て、私は早速これをタイプに打って出版社に渡す、そして同僚が注釈を施して、何冊もの本が世に出ることになるのである。ただ、同僚が注釈をつけるのには、私が本文を仕上げるよりも、余計に時間がかかるという有様だったのだが。

この出版社から、まず『名もない昆虫たち』上下二巻を出版した。アルファベット順に昆虫の名前を並べ、アリ（ant）とかミツバチ（bee）とか、虫自身は何を感じ、考えているものか、想像に任せて書き綴ったのである。この空想譚は、自分ではなかなか面白いと思ったので、外国でも出版できないものかと考え、前に『シェイクスピアの宗教的背景』を出してくれたロンドンの出版社に送ってみたのだけれども、「あまりにもおとぎ話じみていて」、学問的ではないと断ってきた。そして確かに、この批評はまさに正鵠を得ている。私自身、この本の前書きで、あらかじめ弁明しているとおり、「もしもかりに本書を読んで、昆虫の生態について知識を得ようとする読者がおられるとするなら、最初にこの言葉を進呈させていただきたい。ダンテの『神曲』で、地獄の門に掲げられている言葉だ。いわく、〈一切の望みを捨てよ〉。」とはいえ、後に日本語の訳が出版されると、かなりの売れ行きを示した。ある週刊誌の評によれば、共産党と公明党の双方から褒められるという、まこと稀に見る現象さえ引き起こしたのである。

同じ出版社から、次には、シェイクスピア劇を散文の物語に書き直した本を二冊出した。一冊は四つの悲劇、二冊目は喜劇三篇を語り直したものである。そのほか、英文法の規則や例外についての本も書いて、これも相当によく売れた。タイトルは、『さまざまの間違い』とつけた。日本人の学生が英語で書いたレポートに、始終出てくる間違いを材料にしたからである。それで、この本の冒頭には、愛情を込めながらも、多少の皮肉を交えて、こんな献呈の辞を掲げたのだった。「上智大学の学生諸君に――本書の最初の著者であり、かつ、たえず霊感を与えつづけてくれたことに感謝しつつ」と。

この出版社（吾妻書房）から、結局、全部合わせて一八冊の本を出すことになったのだが、さすがにこの一八冊全部について、いちいち説明する余裕はない。けれども、最後に出した二冊のことだけは、多少の説明を加えておかなくてはならないだろう。その二冊とは、上下二巻で続きになっていて、『アルファベットの冒険』というタイトルだが、この本のアイディアもやはり、私と、日本人の同僚と、編集担当者の三人で、近くの喫茶店で話しているうちに思いついたものだった。つまり、アルファベットの二六文字を順番にたどりながら、それぞれの文字について連想するところを、想にまかせて書き綴ってゆくのである。

自室に帰って、早速タイプライターの前にすわって書き始めてみると、このアイディアは実に刺激的で、次から次へと連想が連想を呼び起こし、さながら泉のごとく滾々《こんこん》と湧き出してきて、原稿はほんの数日で書き上がった。もう少しくわしくいうと、原稿を書き始めたのが木曜日の夕方で、日曜の夕方には、注釈をつけてくれるはずの日本人の同僚に、原稿が完成したと電話したのである。それもしかも、タイプ用紙で一二〇枚もの原稿だったのだが、しかしこれでは、教科書一冊分としては長すぎる。そこで、上下二冊に分けることにしたのだった。とはいうものの、私としては大いにインスピレイションに駆られ、乗りに乗って書いたにもかかわらず、実際に授業で使われた数としては、私の本の中でいちばん人気が出なかった。そのためかどうか、それ以後、この出版社から原稿を頼まれることは、もう二度となかった。

それにしても、今一度シェイクスピアの言葉を借りるなら、『ジュリアス・シーザー』でブルータスも語るとおり、「人間の行なうことには、潮時というものがある」（四幕三場）。ものを書いて出版する場合も、もちろん例外ではない。一九七〇年代の初め、私はまさに上げ潮に乗ったとしても、一九八〇年代の中頃、『アルファベットの冒険』を出した頃には、すでに引き潮に移っていたということだろう。けれども、どうせ自分の書き手としての能力を、いささか自慢げにここまで話してきた以上、ここで最後にもう一点だけ、ギネス・ブックに登録されて然るべき著書のことを、ついでに触れておいてもいいかもしれない。つまり、丸一日で丸一冊、本を書きあげた話である。

ある夏の朝——正確にいうなら、一九八五年八月十五日のこと、目を覚ました私は考えた。「さて、今日は一体、何のことを書こうか。」そして、ふとアイディアが浮かんだのだ。今日一日に起こったことを、全部書きとめてみてはどうだろう。というのもこの日はたまたま、一五四九年（つまり天文十八年）、聖フランシスコ・ザビエルが、初めて鹿児島に上陸した記念日であると同時に、一九四五年（つまり昭和二十年）、日本が第二次大戦で敗《やぶ》れた記念日でもある。そこで、この終戦を記念して、この本は『四十年後』とタイトルをつけることにし、そして実際この一日のうちに、私は丸一冊を書き終えたのだ。なるほど本は、わずか五〇ページではあったし、出版社に渡すためには、この初稿を、きちんとタイプしなければならなかったけれども。ただし、この本だけは、さすがに早々と失敗に終り、いまだに初刷りのままで、再版は出ていない——というより、ひょっとすると、もう絶版になっているかもしれない。

それにしても、こうした小さなエッセイ集は、実にスラスラと書けたし、出版社を見つけることも実に楽ではあったけれども、やはり、少々不満が残ってはいた。単に英語の教科書ではなく、一般読者を対象として、日本の読書界に参入したいという野心を抱いていたからである。その第一作は、実はすでにお話した昆虫についての本で、『ミルワード氏の昆虫記』というタイトルで新潮社から出た。ベストセラーとまではいえなかったが、相当によく売れたと思う。これが機縁になって、今度は講談社から原稿の依頼があり、二冊の本を出すことになった。一つは『イギリス人と日本人』、二冊目が『イエスとその弟子』で、どちらも『昆虫記』と同様、もちろん日本語訳である。今度は、新書だったせいもあって、二点ともベストセラーになった。『イギリス人と日本人』は、『賢くもあり賢くもなし』の記録に迫り、二〇万部ほどに達したし、『イエスとその弟子』のほうも、一〇万部近い売上げになった。

さらに別の、春秋社という出版社から、G・K・チェスタトンの著作集を出すことになった。といっても、ブラウン神父物の探偵小説や、『木曜の男』のような長篇小説ではなく（こうした作品は、すでにあらかた邦訳が出ていた）、まだほとんど日本には未紹介の思想的な著作を、私が編集を担当し、各巻に解説を書いて出版することになったのだ。最初の計画では、著作集は一〇巻になるはずだったが、期待以上に反響が大きく、全巻合わせて四万部以上も売れたので、さらに五巻、第二期として評伝篇を出したのだけれども、第一期ほどの反響は得られなかった。

さらにもう一つ、大修館という出版社は、各種の辞典・事典類を出すのに熱心で、私もこの社の求めに応じ、いくつかの事典を書いた。例えば、『英文学のための動物植物事典』とか、『聖書の動物事典』などである。こうした事典を書くのには、軽いエッセイ集を書くよりも、はるかに長い時間がかかったことはいうまでもない。

こうして、実に大勢の友人や同僚の助力を得ながら、休む間もなく本を出してゆくにつれ、最初は一〇〇冊目の出版記念、次には二五〇冊目、そして最後は三〇〇冊目の出版祝いの集まりを開いてもらうことになった。ちなみにこの三〇〇冊達成記念の時には、出版にたずさわっていた友人が、私の著作全部を網羅し、それぞれの項目に解説をつけた目録を作ってくれたのだが、この目録そのものが、相当に部厚い一冊の書物になってしまった。こうした中でも、いちばん旺盛に本を産み出しつづけていた時期には、私も月間本の友の会のメンバーになることもできたろうと思う。ただし月間本の友の会というのは、普通は月に一冊本を読む会という意味だけれども、私の場合は、月に一冊本を書くという意味だった。ただ、単なる自慢話に終らせないために、あえて事実を率直に認めておきたいと思うのは、今まで述べてきたエッセイ集のほとんどは、一冊五〇ページから七〇ページほどにしかならないということだ。大学の英語の教科書は、平均してこの程度の長さが適当とされているからである。この本文にたいして、三〇ページ程度の注釈がつき、全体で一〇〇ページ程になるわけだ。

けれども一九九〇年代に入ると、もう一度『ジュリアス・シーザー』から引用するなら、三幕二場の、例の有名な追悼演説の中で、アントニーがシーザーの死を嘆いていうとおり、「おお、何と大いなる没落であったことか!」どの出版社も、私の原稿を受けつけるのに乗り気ではなくなり、学生にしろ先生にしろ、若い世代の求めるところに合わなくなったと、そっぽを向き始めてしまったのだ。私の書くエッセイは、もはや時流から外れてしまっているという。今では出版社が求めているのは、英会話の本か、文法上の練習を主とした本で、要するに、私がそれまで慣れ親しんできたスタイルよりは、もっと実用的、散文的なものだった。私としては、諺にもいうとおり、「老犬に新しい芸は教えられない」と応ずるしかない情況になっていたのだ。

これと同時に起こったのは、私の本が、次々と絶版になってしまったという情況だった。中でも特にひどかった例を挙げてよければ、一九九四年、聖書の有名な言葉について本を書き、もちろん日本語訳で、PHP研究所から出版した。新書版で、初刷は三七〇〇〇部だった。ところが、ほんの二年もたたないうちに、手許にあった分が切れたので版元に追加注文したところ、あの本はもう絶版になったという。もしそんな短い期間に売り切れたのなら、売れ行き好調書として、当然、すぐ再版になっていいはずだろう。とすれば、実際はそれほど売れず、残部はみな、出版社の常套手段として、断裁してしまったとしか考えられない。それでいながら、これほどの大量破壊を行なったことについて、当の著者には、ひとことの断りもなかったというわけだ。犠牲になったのが書物であっても、これではまるで、何の罪もない嬰児《みどりご》の殺戮と変りはないではないか。なるほどシェイクスピアの戯曲の場合は、今でも立派に生き残ってはいるけれども、それは、ひとつには近代のシェイクスピア批評が、彼を詩聖として祀《まつ》りあげてきたおかげだし、またひとつには、逆に現代の演出家や映画プロデューサーたちが、ほとんど偶像破壊的な現代化を行なっているおかげというものだろう。

さて今、私のあまりにも多い著作の数からすれば、あまりにも短すぎるこの章を終えるにあたって、読者から当然突きつけられるであろう詰問に、やはり答えておかなくてはならないだろう。こんなに多くの本を書き散らすとは、あたら才能の浪費だったのではないか。一つのことに集中しておけばよかったものを、やたら多くのものに手を出し、手を広げすぎた結果、無駄に浪費してしまったのではないかという詰問である。いうまでもないことながら、私はそうは考えない。私が日本にやって来たのは、必ずしも学者・研究者としてでもなければ、上智大学で教えることが第一の目的でもない。何よりもまず、イエス・キリストの福音を伝えるために、宣教師として来ているのだ。私が行ない、語り、書くことのすべてにおいて、それこそが最終的な目的なのだ。

　けれども現代の日本では、この目的をそのまま、直接に果たすことは不可能である。現代の日本人は、イエス・キリストやその福音には、興味を持たないからである——というより、むしろ、キリストの福音など、すでに十分知っていると勝手に考え、したがって、今さら耳を傾ける興味など持てないと思っているのだ。同じような現象は、実は日本人ばかりではなく、現代の欧米人の間でもめずらしくない。それはともかくとして、だから、私の伝道活動は、間接的なものとならざるをえないのである。シェイクスピアもソネット三六番で嘆いているように、「私はけっしてあなたの名を明かすことはできない」のだ。私もまた、少なくとも教科書の中では、あからさまにイエス・キリストについて語ることは、滅多にできない。そんなことをすれば、先生たちは授業で使うことを避けるだろう。シェイクスピアも劇の中では、もっぱら世俗的な主題しか扱わなかったのと同様、私もまた、公然と宗教について語ることはしなかった。読者の興味を引こうと思えば、まずは現代の日本の社会を出発点として、そこから話を始めるしかないのである。その上でなら、時おり宗教的なメッセージを、それも、あまり露骨にならぬ形で滑り込ませることもできる。これもまた、やはりシェイクスピアが取った方法だったし、さらにはまた、ほかならぬイエス自身の方法だったとさえいえるかもしれない。

　そもそも私に、何かしら伝えるに値するメッセージがあるとすれば、それは私が自分で考えついたことというより、すでに聖書に暗示されていることであり、そして私が聖書について語りたいことがあるとすれば、それはつまり、聖書そのものもまた、単に宗教的であるばかりではなく、同時にまた、世俗的でもあるという事実にほかならない。それにしても現代では、この「宗教的」という言葉は、ひどく偏《かたよ》った、悪いニュアンスをもった言葉として貶《おとし》められている。イエスの生前、まさにこうした、悪い意味での「宗教」を代表していたのは、いわゆるパリサイ人たち――律法や儀礼を形式的に固守しようとする人々だった。そして彼らの目からすれば、イエスは「宗教的」と呼ぶに値せず、いかにも「世俗的」と見えたのである。そういう背景があってみれば、私も偏った意味で「宗教的」になることなく、むしろ「世俗的」となることによって、実は、イエスの教えをよりよく伝えることができるのではないのだろうか。

ピューリタンの詩人ミルトンは、一〇年先、二〇年先まで見越して執筆、出版の計画を立てたが、私はそんな流儀ではなく、むしろシェイクスピア流に、計画など一切立てず、その時その時、最善と思えるところに従って、粗削《あらけず》りな見当だけは立てるにしても、最後の仕上げはすべからく、神の御意志に委ねることにしてきた。こういうやり方を取ってきたのも、今述べたとおりの考えに立ってのことだったのである。実際、一九七〇年以来、この三〇年あまりを振り返ってみると、その時々にさまざまの出版社から、あれやこれや、種々雑多な主題について執筆の機会を与えられてきたけれども、私の貧しい記憶に照らして思い出してみる限り、一度として断ったことはなかった。なるほどこうした機会の中には、ただそれっきりで終ってしまい、次から次へとチャンスが繋がってゆくことなど、まったくなかった場合もなくはない。けれども、ほとんどの場合は稔り多い結果をもたらし、思いもかけないほど多くの読者を得ることになったのである。だがこうした著作すべてを通じて、私の意図はいつでも変ることはなかった。ただ読者を楽しませるばかりではなく、ましてや、冴えないシャレやジョークで笑いを誘うばかりではない。何らかのメッセージ、何らかの指針を示すことを目指してきたのだ。

中でも特に強調しておきたいのは、私が次第に強く自覚するようになってきた点である。つまり、私が宣教師として、あるいはキリスト教徒として、ないしは学者、教師として日本にいる使命――少なくともその使命の一部は、西欧人、さらには外国人として、いわば、日本人を日本人自身から守ることだという自覚が生まれてきた点である。日本人自身の立場から一歩離れて、外から日本の現状を眺めている者の目には、はっきりと見えてくることがあるからだ。終戦後、日本人がやってきたことといえば、結局のところ、自分自身と自分の故国を破壊すること以外、何ごとでもなかったといえるのではないか。そして、その目的は何かといえば、ひとつには金儲けということ、さらにはまた、もっと愚かしい欲求――時流に乗り遅れまいとする欲求にすぎなかったのではないか。この欲求は、さらに端的にいうなら、要するに「アメリカナイズ」することにほかならない。アメリカの友人の一人にいわせれば、むしろ「ロサンジェルス化」というものだろう。だから、日本に住む西欧人としての私の使命は、日本人にむかって、彼らが現に破壊しようとしているもの、つまり、まことに賞賛に値する日本の伝統を、あらためて思い起こすよう促《うなが》すことなのだ。とはいえ、外国の日本文化研究家によくあるように、単なる好古趣味から昔を賛美しようというのではない。私の立場は、要するに、日本と日本人を愛し、彼らに自分自身を知り、自分自身であってほしいと願うというに尽きるのである。

いや、ことは単に、日本や日本人だけに限らない。現代では、あらゆる人間についてもまた、同様のことを語らなくてはならないだろう。第二次大戦以後――というより、大戦前からすでに、われわれはみな、ほとんど意図的、組織的に、自分自身を破壊する努力に没頭してきた。そして、ほとんどこの企てに成功してきたのではなかったろうか。われわれはみな、「革命」とか「解放」とかいう魔法の言葉に唆《そそのか》されて、「保守」とか「伝統」とかいうものには、いかなる形を取っていようと、猛然と攻撃の鋒先を向けてきたのではなかったろうか。誰もがみな、何の確実性もない未来を望み見るよう促され、すでに確定している過去からは目をそむけるよう仕向けられてきたのではなかったか。未来に足を踏み入れる時、われわれの足元を導いてくれる光は、ただ過去にしか見出せないことを忘れ、いかなる革命も真の成功を勝ち得るためには、イエスその人の示した革命が明らかに示しているとおり、過去の伝統の理念に根ざすほかないことを、愚かにも見忘れてきたのだ。まことに、聖アウグスティヌスの言葉にもあるとおりなのである。「新しきものは古きものの裡《うら》に隠れ、古きものは新しきものの裡に顕《あら》われる。」("Novum in vetere latet: vetus in novo patet.")

驚異の年

かつて、一九六五年から翌年にかけて、初めてサバティカル、つまり一年間の特別研究休暇を得たのだったが、一九七三年から七四年の一年間、二度目のサバティカルを許されることになった。そして今度は、一度目の時にもまして、まさしく驚異の一年となったのである。実際この一年間には、やりとげたいと思う計画や予定がギッシリつまっていた。

まず前半は、ソウルにあるイエズス会経営の西江《ソウガン》大学に、講義をするよう招かれていた。それがすんだら、後半はイギリスで、この前のサバティカルの時以来続けている研究を完成し、エリザベス時代とジェイムズ一世期の宗教論争について、二巻本の書物にまとめたいと考えていた。だが、このほかにもまだ、これと併行して実現したいと思う計画がいくつもあった。その第一は、韓国の新学期も日本と同様、四月の一日から始まるので、その前に、ちょうどいい機会だから長崎を訪れ、キリシタン時代の聖地をたずねる巡礼の旅をする計画だった。というのも、日本に来てからこの時まで、キリシタン殉教者たちの遺跡を訪れ、敬意を払

う機会に恵まれていなかったからである。

長崎は、山に囲まれた狭い市街だから、空港を作る余地はない。いちばん近い空港は、大村市のすぐ沖にある箕島で、ここから急行バスに乗り、長崎の町まで行くのである。道々、あちこち梅の花が咲いているのを目にして、例によって言葉遊びを俳句——というか、むしろ「変柳」（つまり変な川柳）をひねった。「長崎の　梅枝先は　旅の先」。その心はと問われるならば、梅の枝先に咲きこぼれる花々は、この一年のサバティカルの旅の目的ないし終着点を、すでに早くも指し示している、ということになるだろうか。その終着点とは、一五九六（慶長元）年、秀吉の命によって、イエズス会士やフランシスコ会士、それに日本人信徒を合わせ、二六人が殉教した故地である。イエズス会の修道院がそのすぐ近くにあるので、ここに数日滞在する計画だった。それに、近くの黙想の家の館長が私の旧友で、親切に案内役を買って出てくれ、長崎の聖地の数々に連れて行ってくれたのである。

長崎市内ばかりではない。車を運転して、雲仙の恐ろしい場所にも案内してくれた。硫黄を掘り出す穴があちこちにあり、キリシタン時代の殉教者たちは、かつてこの穴にぶら下げられて棄教を迫られ、さらには命を絶たれたのである。この時代の日本人は、拷問の技術には十分通じていたらしい。拷問にかけては、エリザベス時代のイギリス人も、まことに狡知《こうち》に長《た》けていたが、秀吉時代の日本人は、当時のイギリス人から学ぶ必要はさらさらなかったに違いない。それに、この点もエリザベス時代のイギリスと同様、信者にむかって殉教などするな、それよりむしろ信仰を捨てよと迫ったのは、すでに信仰を捨てた棄教者にほかならなかったのである。

さて、長崎の聖地めぐりを終えて、福岡国際空港から、いよいよソウルに向けて飛びたった。飛行機の窓から見おろすと、韓国は一面、まるで褐色の荒地ばかりのように見え、緑の森などほとんど目に入らない。日本の田舎が至る所、常緑樹林でおおわれているのとは、まさしく正反対だった。ソウルもまた、空港から市内に向かうバスから見ると、まるでコンクリートの荒地という印象を受けた。日本では、少なくとも伝統的な家屋は木造であるのと違って、ここでは何もかもコンクリートなのである。ただ、そのコンクリートの群の中から、さながら奇蹟のように、キリスト教の教会の尖塔が、おびただしくそびえ立っている。カトリックばかりではなくプロテスタントの教会、なかんずく、長老派の中でも特に厳格な教派が多いことは後で知った。

そういえば、後になって、プロテスタントの学生たちと話しあった時のことを思い出す。学生は私に訊《たず》ねるのである——「アルコール類は飲みますか?」「もちろんです」と答えると、学生はひどくショックを受けたらしい。そこで今度は、私が彼らに訊ねてみた。「じゃあ、聖書に、イエスがカナの婚礼で、水をブドウ酒に変えたとある話を、どう思いますか? それより何より、最後の晩餐のことはどうです? イエスは、弟子たちにパンとブドウ酒を与え、聖体拝領の秘跡を定められたではありませんか。」しかし、学生たちはいうのである、聖書で「ワイン」と書いてあるのは、実はブドウの汁のことですと。私としては、ただ、こう反論するしかなかった、「なら、それを証明してみせて下さい。」

西江大学そのものは町外れにあって、上智よりキャンパスは広く、芝生の庭もある。ここに滞在するのは数ヵ月のことなので、韓国語を覚えようと努力するのはやめた。ただし、日本語で話すことは、しないほうがいいと教えられた。年輩の人たちは、確かに日本語を知ってはいたが、日本の統治時代について、非常に苦い記憶をもっているからというのだ。英文科の先生たちの大部分は、アメリカ人の神父さんたちで、当然ながら英語で話す。私も授業では英語で話したし、学生たちも、私に話す時は英語だった。彼らの英語は、上智の学生たちよりはるかに上手だったが、その理由として考えられるのは、韓国人が非常に外向的だということだろう。話す時にも、まっすぐ相手の目を見て話す。これにくらべると、日本人はいかにも内向的で、いつでも目を伏せている。まるで仏像さながらである。

だが英文科以外では、それに、大学から一歩外に出ると、私はまるで、昔から東洋で言い伝えられている、例の見ざる、言わざる、聞かざるという、三匹のサルそっくりの状態だった。第一、韓国語の書き言葉、いわゆるハングル文字がまったく読めない。というのも、韓国では戦後、ほとんど漢字を使うことをやめてしまっているからだ。おそらく、日本の統治時代を連想させるからだろうか。それにまた、韓国語の話し言葉もわからないから、韓国の人たちと話すこともできない。しかし、実は意味がわからないおかげで、韓国語の音の調子だけは、それだけよく聞き取ることができた。ちょうどオペラが、英語で聴くよりイタリア語の時のほうが、私にはイタリア語がわからないから、それだけ音楽的に聞こえるようなものだろう。同じことは、ラテン語のミサについてもいえるのかもしれない。年輩のカトリック信者の中には、かつてのように、ラテン語のミサのほうが好ましいという人々が少なくない。ラテン語の意味がわからない分、それだけ神聖に感じられるというのである。

こうして、韓国語がわからないという、まさにその理由のために、西江大学で教えている間は、上智の時よりはるかに暇があった。この暇を利用して、やったことが三つある。第一は、ソウルで出ている英語の新聞、『コリアン・ヘラルド』紙に頼まれ、週に一回、連載記事を書くことだった。この連載のある回で、飛行機から見た韓国の土地が荒涼としていたのにたいして、日本では緑が深いということ、しかし同時に他方、日本では精神的な荒廃がいちじるしいのにたいして、韓国ではキリスト教が興隆しているという、この二重の対比を論じたことがあった。

実はこの時、アメリカの布教師として有名なビリー・グレアム氏がソウルに来ていて、実に五〇万人以上の大群衆を集め、一連の説教を行なっていたのだが、その説教のひとつで、彼が私のこの記事を引用し、こんなことを語ったらしいのである。つまり、この記事を書いた人物のことはよく知らないし、ひょっとするとクリスチャンでさえないかもしれない——どころか、キリスト教を嫌っているのかもしれないけれども、韓国と日本の相違については、この著者の書いているとおりだというのである。私は彼に手紙を書いて、私はただキリスト教徒であるばかりか、イエズス会の司祭であると知らせたのだが、彼から返信は来なかった。彼にとっては、イエズス会士など、日本人に劣らず堕落していると思えたのかもしれない。それはともかく、この連載を書くのが大いに楽しみだったことは確かで、日本に帰ってから、吾妻書房に頼んで、"*A Japanese Englishman in Korea*" という単行本にまとめ、出版してもらったのだった。強《し》いて日本語に訳すとすれば、「日系英人韓国滞在記」とでもいうことになるだろうか。

韓国語がわからないために出来た暇を、どう活用したかの話に戻ると、第二の方法は、実は、昆虫をテーマに本を書くことだった。内容は、A の Ant から始まって、最後は ZZZ で終るまで、アルファベット順に一種類ずつ、昆虫について想にまかせ、エッセイを書きついでゆくというアイディアである(それにしても、Ant がアリであるのはいうまでもないとして、一体 ZZZ——「ズズズ」とは何の虫か、頭をひねる読者も多いのではないかと思う。実はこれは、虫の鳴き声を真似した擬声音で、虫自身に、お前は何という虫かと訊ねれば、虫はただ「ズズズ」と答えるに違いない。その虫語を、そのまま章の題名にしたのである。)

いずれにしても、この本を書くにあたって、百科事典の類を引いて情報を得ることなどは、絶対にしないと決めていたし、アルファベットのどれか一字で始まる虫の名前が、今も挙げたZの場合のように、どうしても思いつかない場合でさえ、辞書の助けはけっして借りぬと心に決めていた。私がこの本でやってみようと思っていたのは、どこかのお節介な昆虫学者みたいに、昆虫の私生活にズカズカ踏み込むことではなくて、ただ彼ら虫たちが私自身の生活に、ほとんどはこちらにとっては迷惑ながら、向うから入り込んできた有様を、そのまま記録することだったからである。つまり私は昆虫について、科学者みたいに、誰も知らないつまらぬことを記録するのではなく、あくまでエッセイストとして、誰でも知っているあらゆることを、率直に書きとめておきたいと思っていたのだ。さらに言い換えるなら、私の狙いは要するに、神の創り給うたこれら小さき生き物たちについて、何かしら新しい知識を読者に伝えることではなく、誰でも知っていること、あるいは、知っていると思っていることの中から、どれほど大きな知恵を得ることができるか、つぶさに考えてみようということだったのである。

着想そのものは実に単純で、今まで誰も思いつかなかったのが不思議なくらいだったし、いざ書き始めてみると、章から章へと書きついでゆくうちに、今まで本を書くことが、これほど大きな楽しみだった経験は、実は一度もなかったと思えるほどに楽しかった。後はただ、読者もまた筆者と同様に、読むのを楽しんでくれればと願うばかりだったのだが、先程も書いたとおり、ロンドンの出版社はこれを、前に出してくれた『シェイクスピアの宗教的背景』とは違って、あまりにも空想的というか、おとぎ話じみていると評して、出版できないと送り返してきたのである。そこで吾妻書房から、原文を英語の教科書として出してもらったのだが、何と、さっぱり売れなかった。けれども、日本語に訳して新潮社から出した時には、相当の反響があった。日本の読者はイギリスの場合より、おとぎ話的な要素の面白さが、よくわかってもらえるということだろうか。

さて、空《あ》いた時間を利用して行なった第三の仕事は、イギリスで話そうと思っていた講義を準備することだった。かつて在籍したオクスフォードのキャンピオン・ホール学寮で、シェイクスピア劇に現われた聖書の主題について講義したいと考えていたからだ。前期はソウルの西江大学に滞在し、それ以後の半年は、イギリスで過ごすことにしていたのである。まず、十月からクリスマスまでの秋学期、いわゆるミケルマス・タームはオクスフォードにいて、新年から復活祭までの春学期（レント・ターム）は、ケンブリッジに滞在することにしていた。ただし、ケンブリッジには特に繋がりがないので、この町のカトリック教会に滞在し、ホプキンズの詩について、本の執筆にかかるつもりだった。実は『風景と内景』という題で、本を出版する話が進んでいたのだ。こうして、西江大学にいる間も、世間のことには見ざる、聞かざる、言わざるだったとはいえ、やるべきことは山程あったのである。

そんなわけで、なかなか忙しく、滅多に観光に出かける暇はなかったのだけれども、ある時、学生たちのグループと一緒に、ちょっと遠出をする機会があった。ところで気がつくと、学生たちはこの計画のために、ほとんど何の準備もしていない。列車の時刻も調べていなければ、食べ物の用意もしていないのである。まったく呑気というか、行きあたりばったりというか、日本人とはまるで違う。日本人なら、どこへ出かけるにしろ、細かいことまですべて予想し、どんなことが起ころうと、そんな場合のために用心を怠らない。薬箱まで、忘れずに準備しておく。そこで思ったのだが、日本人が東洋のイギリス人なら、韓国人は、まさしく東洋のアイルランド人というべきだろう。不幸にも一時期、武力によって隣国の支配を受けた点まで似ている。後で韓国人の教授にこの話をしたら、大いに喜んでいた。

また別の機会に、韓国の南岸のいくつかの島を、やはり学生たちと一緒に訪れたこともあった。イエスが飲んだのはブドウ酒ではなく、あくまでもブドウの汁だと信じているプロテスタントの学生と出会ったのは、実はこの時のことである。この時にはまた、韓国史上に有名な英雄、李提督のことも初めて聞いた。亀の形をした軍船を発明して、日本の水軍を撃破したという話である。それから、三番目に遠出をした時は、印象に強く残ったという点では、これが実は一番だったのだけれども、ハンセン氏病患者の療養所を訪れた時だった。私の上智の教え子の一人が、ここで働いていたのである。患者たちの苦しみは、確かに同情に耐えないものだったが、療養所の周囲の自然は、今や春を迎え、荒涼たる褐色から、みずみずしい緑一色に一変している。これ程の環境に恵まれているという点では、むしろうらやましいと思うほど美しかった。

さて、西江大学での学期も終って、いよいよ太平洋を渡り、カリフォルニアに飛んで、またハンティングトン図書館に通い、宗教論争の研究をさらに続けることになった。この図書館のほかにも、各地のイエズス会系の大学を訪れたのだが、どの大学でも、前にも一度触れたとおり、やはり荒廃ぶりが目についた。そんな中で、ようやく一つだけ希望を感じることができたのは、シカゴのロヨラ大学である。この大学には、旧友のショーダー神父が私を待っていてくれて、ホプキンズについての本の編集の細かい点を、じっくり相談することができたからだ。

実は、二人の共同で本を出すというこの計画は、もうずいぶん前の一九六四年、私が結核の疑いで、桜町病院に入院していた時のこと、ショーダー神父が見舞いに来てくれて、初めて着想した計画だったのである。ようやく今になって、私は、神父が永年、ホプキンズに関係の深い土地を訪れ、撮り貯めていた膨大なスライドのコレクションをつぶさに調べ、今度の本にぴったりの写真を選ぶことができたのだった。本のタイトルは、『風景と内景』(*Landscape and Inscape*)とすることに決めた。「風景」は、もちろん、神父の写真に写っている風景だけれども、「内景」というのは、実はホプキンズ自身が好んで用いた言葉で、精神内部の、いわば内的風景を表わす表現である。そこで本の構成は、まず、こうして選んだショーダー神父の写真を土台にし、それに従って、私がホプキンズ自身の「内景」を、彼の詩篇その他を引用しながら、くわしく解説するという形を取った。当然、出版社の側で、この写真の数々を、それぞれ然るべき場所に配置し、本文と一体となって読者に訴えるよう、編集してくれるものと当てにしていた。

ところがである。出来あがった本が手許に届いてみると、私の期待はみじめにも裏切られてしまっていた。出版社はイギリスの会社だったが、芸術的な効果よりも、コストのことを第一に考えたらしい。写真は全部、本文とは関係なく、一ヵ所に集めてしまっているではないか。まことに皮肉なことというほかないが、書評の中には、本文と写真との間に関連が欠けていると批判するものが少なくなかった。これよりさらに皮肉だったのは、この本が翌年、「写真・イラスト入りの出版物」として、年間最優秀賞を受けたという事実である。書物を批評したり審査したりする人々は、実はいかに目がない人々であるかと、ひそかに嘆かざるをえなかった。

こうしてようやく、夏の終りになってイギリスに到着。一週間、ウィンブルドンのわが家にいて(ちなみに父は、この前の年に他界していて、あらためて淋しさを感じざるをえなかったのだが)、それからオクスフォードに向かい、秋学期を過ごすことになった。前にも書いたとおり、キャンピオン・ホールで毎週一回、八週間にわたって講義することになっていて、その原稿は西江大学にいる間に、昆虫についての本と併行して、すでに準備してあった。毎回、十人か十二人ほどの聴衆が出席してくれたが、忘れてならないのはそのほかに、ネコが一匹いたことである。この学寮に住みついているバーミーズ種のネコで、中国共産党のドンにちなんでか、マオ（毛）という皮肉な名前がついていたが、どうやら私にたいして、特別の愛着を感じていたらしい。一度も欠かさず、いつでも講義に出てくれていた。ただ、後になって聞かされたところによると、別に私が特に好きだったわけではなく、ただこの講義室が、建物の中でいちばん暖房がよく利いていたからだったという。それでも私は、この講義をまとめて、やがて一九七五年、ルネッサンス・モノグラフの一冊として出版した時、あえてこの新著をキャンピオン・ホールのネコに献じ、こんな献呈の言葉を添えたのだった。「彼がまこと勤勉に聴講してくれたことに感謝を込めて――ただし彼は講義中、ほかの聴衆全員のいやでも目につく席に寝そべり、眠りこけて、聴衆の同情、ないし顰蹙《ひんしゅく》を買ったのではあるけれども。」そして最後に、こう祈りの言葉を付け加えた。「どうか彼の罪が許され、平安のうちに憩《いこ》いますよう。彼は今年、一九七五年の夏、世を去った。」

とはいえこの学期は、キャンピオン・ホールに滞在はしなかった。ここで講義をしているというのに、維持費を払わなくてはならなかったからである。だが幸いにして、オクスフォードの郊外、ボアズ・ヒルの近くに絶好の滞在先が見つかった。リポン・ホールというアングリカンの神学校で、ここでなら、エリザベス時代の宗教論争について一連の講義をすれば、食費も宿泊費も要《い》らないという。しかし、考えてみれば、これもまた、いかにも皮肉な話だった。イエズス会士の私が、英国国教会《アングリカン》の神学生たちを前にして、エリザベス時代の宗教論争を堂々と論じるというのである。エリザベス一世当時、イエズス会と英国国教会とは、それこそ犬猿の仲以上に激しく争っていたからだ。けれどもこの連続講義を担当した時期は、一九六四年、第二ヴァチカン公会議で、教会一致運動を推進する教令が発せられてから、すでにかなりの年月を経ていた時期で、私もこの教令をみごとに実践する結果になっていたわけだが、しかし実は、アングリカン側でもカトリック側でも、この事実には誰も触れることはなかったし、私も日本流の謙譲の美徳に従って、自分でわざわざ指摘することはしなかった。私が望んでいたのは、別に教会一致運動を実践することではなく、実はただ、食費も宿泊費も払わずにすむ所にいたかったというだけだったからである。しかしアングリカンの神学生たちと、授業の時ばかりではなく食事などの時にも、ゆっくり話し合う機会に恵まれたのはうれしいことだった。

この神学校に滞在していた間の経験として、もうひとつ特に印象に残っているのは、毎朝、日の出を見ることができたことだった。というのも毎朝、カトリックの労働者たちの集会所に出かけて、ミサをあげることになっていたからである。日本製の小さなカメラをいつも持ち歩いていたから、刻々に変ってゆく日の出の光景を、ずいぶん数多く撮ることができた。この時の滞在で、もうひとつ強く記憶に残っているのは、これはそう愉快な記憶というわけではないけれども、神学校の近くで起こった殺人事件のことである。警察が来て、何か手がかりになる情報はないか、われわれみなに質問を繰り返した。私は事件の時、何にしろ意味のある出来事に気がつきはしなかったが(何しろ私は、その種のことによく気がつくような性格ではない)、ただ、いい提案を思いついて話してみた。アガサ・クリスティーを呼んで、謎解きの鍵を訊ねてみてはどうかという提案である。この時のいささか薄気味の悪い犯罪は、まさにクリスティーがいつも書いている類《たぐい》の犯罪だったからだが、しかしどうも警察は、私の提案などあまり真に受けなかったらしい。警察という所は、どうやら、あまりユーモアのセンスは持ち合わせがないと見える。

クリスマスにはロンドンに帰り、ウィンブルドンで一週間、家族と一緒に過ごしてから、今度はケンブリッジに向かった。私がオクスフォードの学生だった頃には、ケンブリッジとはほとんど交流がなく、だからC・S・ルイスが一九五四年（ちなみに私が日本に旅立った年だが）、永年教えていたオクスフォードの学寮を離れ、名前は同じながら（ただし綴りと発音は違うけれども）、ケンブリッジのセント・メアリ・マグダリン学寮に移り（オクスフォードでは「モードリン」と発音する）、あらたに設けられた中世・ルネッサンス研究講座で教授の職についた時には、オクスフォード側からきびしい顰蹙《ひんしゅく》を買ったものだった（ちなみにルイスが「教授」の称号を受けたのは、実はこの時が初めてのことだったのだが）。

そんなわけで、私はケンブリッジにはほとんど馴染《なじ》みがなかったから、どこかの学寮に滞在することはやめ（学寮では、やはり滞在費を払わなくてはならなかったこともあって）、カトリックの教会の司祭館に、臨時司祭として滞在することにした。ヴィクトリア時代には、例えば国会議事堂の建築に見られるように、中世ゴチック様式の復活がさかんだったが、このケンブリッジの教会もそうした様式の建物で、この復活の中心人物の一人だったヴィクトリア時代の建築家、オーガスタス・ピュージンの設計である（ちなみに彼は、熱心なカトリックの信徒だった）。もうひとつ、この教会の特異な点として挙げるべきは、この建物がすべて「キャッツ・アイ」、つまり「ネコの眼」で出来上ったことだった。もちろん、文字どおりの猫の目のことでも、猫目石のことでもない。実は、イギリスの道路の真中に埋め込んである、光を反射する鋲《びょう》のことだ。つまり夜、自動車のライトが当たると、まるで猫の目のように光って、ドライバーに、進行方向を示す装置のことである。この装置の発明者は、当然ながら莫大な富を得た。彼の死後、その遺産を相続した未亡人が敬虔な信者で、その財産を、このみごとな教会の建築のために寄贈したのである。

ケンブリッジにいる間、私はもっぱら、『風景と内景』の執筆に集中していた。イギリスにいる間に原稿を完成しておけば、図版に使うスライドと一緒に、ロンドンの出版社に渡しておくことができるからだ。ケンブリッジ大学の図書館も利用させてもらったが、ここのほうが、オクスフォードのボドリアン図書館などより、はるかにすぐれていた。理由は単純で、読者が自分で書架に入り、目当ての本を直接手にすることができたし、稀覯本の場合でも、頼めばすぐに持って来てくれる。ボドリアン図書館でも、ロンドンの大英図書館でも、いつまで待たされるのか分からないくらい待たされるのとは、まったく大違いだった。

ところで、エリザベス時代とジェイムズ一世時代の宗教論争について、二巻本の原稿をついに完成することができたのも、はっきりとは思い出せないけれども、たしかこの一九七四年の春、イギリスにいた時のことだったと思う。とはいえ出版は、第一巻が一九七七年、二巻目はその翌年になって、ようやく実現したのだったが、実はその直前、出版社が破産の憂き目に会った。私が本を出そうとしている時、あるいは本を出したばかりの時には、どういうわけか、出版社の潰れる例がめずらしくない。この時は、幸い、新しい出版社が仕事を引き継いでくれて、無事に上梓に漕ぎつけてくれたのである。

こうして、私の「驚異の年」は終りを迎え、ロンドンから東京まで飛行機に乗る時には、それまでの計画は実現したか、ないしは実現を迎えようとしているところで、大いなる安堵を覚えることができたのだった。

ルネッサンス研究所

ルネッサンスは、もちろん再生、復活の意味だけれども、自分の生涯を振り返ってみると、何度も再生を経験してきたような気がする。例えば、日本へ来て日本語を習い始め、まず、「コレハ本デス」という文章を覚えた時にも、私はもう一度生まれ直したような気分――少なくとも、もう一度子供に帰ったような気分がしたものだったし、上石神井で神学を習い始めた時にも、同じような感じを受けたものだった。もしイギリスか、どこかヨーロッパで神学を習ったのなら、これほど単純な初歩から始めることはなかったろうが、日本で習う神学の第一歩は、それこそイロハのイから始めるようなものだった。それで、そんな感じが余計に強かったのかもしれない。けれども、まさに生まれ変ったという感じが強かったのは、聖イグナチオ教会で司祭に叙階された時だった。文字どおり、司祭としての新しい生涯の出発だったからである。

上智でシェイクスピアを教え始めた時にも、やはり精神的な再生を経験した。シェイクスピアは私にとって、いつでもそうした経験を与えてくれるような気がする。それに、結核の恐れがあると診断を受けて入院

した時にも、もう一度赤ん坊に帰ったような気分だった。自分では何もできず、何もかも人の世話に任せるしかなかったからだ。そういえば、あの時、元気を取り戻すのに何より力があったのは、チェスタトンのブラウン神父物語を読み返し、すがすがしいユーモアの感覚を取り戻せたことだった。その意味で、私はまさにチェスタトンから、「驚異の再生」を与えられたといえるだろう（ちなみにこの言葉は、チェスタトンの出世作、『評伝ロバート・ブラウニング』を評して、ある批評家が用いた表現だった）。ともかくそんな事情から、私はまだ病院にいる間に、日本にチェスタトン協会を設立しようと思いついたのである。ただし、実際にこの協会が出来たのは、一九六六年、最初の海外特別研修から帰った後のことだった。とはいえ、少なくとも私の知る限り、イギリスで、あるいはアメリカやカナダでも、チェスタトン協会が設立されるよりずっと前のことである。

とはいうものの、この協会がどのようにして設立されたか、くわしいことは覚えていない。この会では、わざわざ記録を残すことなどしなかったからである。いや、そもそも、定期的に会合を開いていたわけですらない。気が向いた時、それに、おたがい都合のいい時を見計らって、不定期に集まっていただけである。それでも会の初めから、はっきりした目的は持っていた。チェスタトンについて、いずれ論文集を出すという目標である。私自身は、チェスタトンのシェイクスピア観について、それにもうひとつ、チェスタトンの『正統とは何か』とそのユーモアの精神について、エッセイを寄稿することにした。実はそれまでにもすでに、チェスタトンがシェイクスピアを論じた文章を集めたものと、『正統とは何か』からいくつかの章を抜粋したものを、大学用の教科書として編集し、注釈を加えて出版していたのだが、チェスタトン協会の論文集に寄稿したのは、今いう二冊の編著に、解題として書いたエッセイだったのである。この論文集には、このほか会のメンバーが、チェスタトンの逆説について、彼の信仰について、あるいは彼の文体、詩作品、ジャーナリストとしての活動、長篇小説、ブラウン神父物語、さらには彼の英国史観、バーナード・ショーとの関係、ポール・クローデルのチェスタトン論についてのエッセイのほか、日本への移入史、さらに年表や著作目録を寄稿した。それまで、チェスタトンの小説はさかんに日本に紹介されていたけれども、チェスタトンについてまとまった研究書が出版されたのは、この論文集が初めてのことだった。

それればかりではない。この書物の出版記念パーティーの席で、春秋社から実にうれしい打診があった。編集部には、たまたま上智の卒業生が一人いて、チェスタトンは、小説家としてはともかく、思想家としての側面は、まだほとんど日本に紹介されていない、だから、彼の思想上の著作を選んで、日本語訳で著作集を出してみてはどうかという提案である。そこで私たちは、まず最初に六点の著作を選んで出版した。ところがこれが、予想を上回る反響を呼んだのを見て一〇点に増《ふ》やし、なお売れ行きが好調を続けたので、最終的には一五巻の著作集が完成する。中でももっとも重要で、同時にいちばんよく売れたのは、やはり、最初に出した『正統とは何か』だった。

その後まもなく、ジェラード・マンリ・ホプキンズの研究のためにも、学会を作ってはどうかと思いついた。何といっても、ホプキンズは私と同様、イギリス人のイエズス会士で、しかも同じロンドンに生まれ育った（ただし彼はロンドンの北部、私は南部という違いはあるが）。それに私も彼も、同じイエズス会の修練院や修道院で生活する経験を共有している。とはいえ、実は、バイノの修練院にいた頃は、彼の詩のことなど、まだ話に聞いたこともなかったし、そもそもそんな先輩がいたこと自体、ほとんど知らなかった。それこそ、「灯台もと暗し」というものだろうか。オクスフォードで英文学を勉強していた時でさえ、研究の対象は一八三二年、ウォルター・スコットの死までに限られていたから（この時には、ホプキンズはまだ生まれてさえいない）、彼の詩に興味を引かれることもなかった。日本に来て、英文学を教えるようになって初めて、シェイクスピアばかりではなく、ホプキンズを専門に研究すべきだと気がついたのである。

シェイクスピアを研究するとなると、作品の数が多いばかりではなく、彼についての研究書や批評の類もおびただしいから、まさしく一生の仕事になる。しかしホプキンズの場合なら、なるほど彼の詩はひどく難解であるとはいえ、それほどの困難はない。第一、作品の数がごく少ないし、当時はまだ、ホプキンズについての研究書や批評の類も、ごく僅かしか出てはいなかった。だからホプキンズなら、私の研究活動の、いわば第二ヴァイオリンにできるのではないかと思ったのだ。そこでまず、日本ホプキンズ協会を作るという案を、ホプキンズの「風に乗る鷹」（"The Windhover"）で修士論文を書いた教え子に話してみた。私が論文の指導にあたったのである。すると彼は、ホプキンズを熱心に研究している年輩の教授を紹介してくれ、教授は即座に、協会の事務局長を引き受けてくれることに決った。そして私は、チェスタトン協会の場合と同様、名誉会長のような役を務めることになったのである。ただ、二つの会には一つだけ、大いに違う点があった。チェスタトン協会のほうは、ほんの時々、気が向いた折に集まるだけだったのにたいして、ホプキンズ協会のほうは、事務局長がまことに熱心だったせいもあって、最初から毎月一回定例の会を開き、しかも毎回、二人ずつ研究発表をすることになったのである。こんな野心的なプランを、以来、ともかくも実行できたということは、実際、信じがたいことではあった。

学会といえば、もう一つ思い立ったことがある。シェイクスピアに関しては、すでに日本シェイクスピア協会という大きな組織があり、私もそのメンバーだったから、このほかに、また別の学会を作る余地はなかった。だがシェイクスピアは、ほかの誰より、イギリスのルネッサンスを代表する人物である。つまりサー・トマス・モアから始まって――あるいはもっと早く、ジェフリー・チョーサーから始まると見てもいいかもしれないが、ジョン・ミルトンに終るまでの文学と思想を、もっともよく代表する人物を一人だけ選ぶとすれば、それはやはり、シェイクスピアをおいてほかにない。他方、私の著書がよく売れて、入ってくる印税はますます多くなっていた。そこで、イエズス会の上長から承認を得た上で、この印税を財源として活用し、「ルネッサンス研究所」を設けることにしたのである。

「研究所」といっても、事務所や研究室のような場所をさすのではなく、上智大学から独立した学会ないし研究機関で、主な活動はイギリスのルネッサンス、特にシェイクスピアの劇について、英語・日本語両方で研究書を出版することである。英語の出版物は、イギリス・ルネッサンスのさまざまの側面について、一〇〇ページ以上のモノグラフをシリーズとして出す。他方、日本語の出版物は、同じくルネッサンスのさまざまの問題を取りあげ（ただしこちらは、必ずしもイギリスに限定しない）、毎年、秋に開く総会で行なうセミナーをまとめ、「ルネッサンス双書」というシリーズとして出すという計画だった。ただ、残念ながらこの日本語の双書のほうは、一九九一年に打ち切らざるをえなくなる。印税の収入が減《へ》ってきたばかりではなく、基金として積み立てていた貯金の利子が、極度に少なくなってしまったからだ。英文のモノグラフのほうは現在も続いていて、私がシェイクスピアの劇について書いたものを出版するのに、いつも大いに役に立ってきた。ちなみにこのシリーズの第一号は、前にも触れた連続講義、『シェイクスピア劇に現われる聖書の主題』（一九七五年）だった。とはいえ、研究所のほかのメンバーたちにもぜひ寄稿するよう、いつも勧めていることはいうまでもない。

そのほか、これもやはり私の印税を利用して、「イギリス国教忌避者《レキュザント》著作集成」という、実にみごとな全集を購入することができた。エリザベス一世、ジェイムズ一世、そしてチャールズ一世の時代、カトリックの著作家たちが出版した書物を、当時の形そのままに複写したシリーズで、膨大な冊数にのぼるものだが、著者たちはほとんどはフランスその他、大陸のカトリック諸国に亡命中で、出版も大陸で印刷された場合がほとんどである。というのも当時は、カトリックの書物をイングランドで印刷することはもちろん、外国からひそかに持ちこむことすら、もし見つかれば直ちに逮捕され、反逆罪と見なされて、死刑に処せられたからである。この全集の中には、当然、私の研究テーマ、つまり当時の宗教論争にかかわる書物が数多く入っているが、このセットが手に入った時には、そうした書物のほとんどは、すでにハンティングトン図書館その他でくわしく研究していたものだった。ちなみに、私の宗教論争についての二巻本を出版してくれたのも、この全集を出したのと同様、スカラー・プレスという出版社だった。全集は、ほぼ五〇〇冊ほどにのぼり、これが、ルネッサンス研究所の、いわば核をなすことになった。

さて一九八四年、キャンパスでは古い図書館が取り壊され（古いといっても、実は一九五四年に建ったばかりで、けっして古くはなかったのだけれども）、別の場所に新しい図書館が出来たのだが、その中の一室に、新しく「ルネッサンス・センター」を設けることができ、ルネッサンス研究所は、このセンターにオフィスを持つことになった。それは大いに喜ばしいことだったけれども、ただ「センター」と「研究所」との間に、いささか微妙な区別が生まれることにもなった。研究所は実体ではなく、いわば理念上の存在で、あくまで研究者の集まり、ないしは学会であり、上智大学に属した機関ではない。これにたいしてセンターは、最初から上智大学に属するひとつの組織で、大学が給料を払う事務職員がいる。それに、直接的には何よりもまず、図書館の中のひとつの部屋なのである。

センターが出来た時から、私はそのセンター長になり、一九九〇年、六五歳で定年になるまでその職を務めたけれども、それより前、研究所が生まれた時には、所長の役は私以外の教授に頼んで、務めてもらうことにした。しかし、やがて一九九〇年、センター長を辞めると、当時の研究所の所長は、私に後を継ぐようにすすめてくれたのである。こうして私は、ルネッサンス・センターの長を辞めてからも、ルネッサンス研究所の所長として、上智との縁がすべて切れてしまうことはなかった。別に私が、意図してそう仕組んだというのではない。ただ、たまたまそういう結果になったということで、そして私は、もちろん、この結果に不満を覚えるはずもなかった。これもまた、いつものとおり、神の御意向によるものだと感謝している。

こうしてルネッサンス・センターは、ルネッサンスに関する蔵書で一杯になったし、創立当初から英語、日本語両方で、絶えまなく書物の出版を続けてきてもいるのだが、それに加えて春と秋には、一連の公開講座も開いてきた。どちらも私自身が英語で行なうもので、春はシェイクスピアの劇について、秋はひろく英国のルネッサンスについて、さまざまな側面を取りあげて話してきたのだけれども、実はこの公開講座はまた、研究所の新しい会員を集めるのにも大いに役に立っている。会員の中には、まずこうした公開講義に出たことが、入会のキッカケになった人々が多い。現在では、会員数は三五〇に達し、毎年、四種類の印刷物を受け取ることになっている。「モノグラフ」と「ブレティン」(どちらも英語)、それに「ルネッサンス・ニューズ」と「活動案内」(いずれも日本語)である。郵送料を節約するために、この四種類の出版物を全部まとめ、毎年春に発送することにしている。以前、私の印税が存分にあって、しかも、その全部を研究所のために使えた頃には、こんな節約を考える必要はなかったのだが、ボブ・ディランの歌ではないけれど、

「時代は変って」、まず最初に、日本語のルネッサンス双書のシリーズを打ち切り、今では印刷費もできるだけ安くあげるために、印刷所を選ぶのにも、細かく気を配らなくてはならない状態に陥ってしまっている。

それにしても、ルネッサンス研究所の活動は、みな私のワンマン・ショーではないかという批判もあるかもしれない。実際、私の耳に直接聞こえることはなかったとしても、おそらく、そうした批判がありえただろうと思う。しかし、かりにそうだとしても、それは避けられないことではあるまいか。少なくとも、日本の経済がますます不況の色を濃くしている現状にあって、研究所もセンターも、なお立派に活動を続けているということは事実だし、春と秋とに英語で公開講座を続けるという重責も、私が今も負い続けていることも事実である（ちなみにこれらの講座については、私は一切謝礼など受けてはいない）。私の周囲の人々も、この状態をこのまま続けてゆくことに、何の不満もないように思える——少なくとも、ここ当分は、このまま続けてゆくほかはないと思う。ただ将来については、ルネッサンス研究所もセンターも、さらには上智大学そのものに関してさえ、実は誰にもわからない。二十一世紀の先行きは、どう見ても明るいどころか、むしろ暗雲が立ちこめているというほかないだろう。第一、関東大震災に匹敵する大地震が、いつ襲ってきても不思議はないというではないか。それに私たちはみな、どんどん齢を取ってゆく。研究所やセンターのメンバーばかりではなく、昔なじみの上智の先生方も、S・J・ハウスのイエズス会の神父たちも、年ごとに老《ふ》けてゆくことに変りはない。

とはいえ他方、センターに新しい可能性が開けていることも書きとめておきたい。上智で授業を受け持っていた頃から、英文科の学生たち——中でも特に女子学生が、児童文学に興味を示す例の非常に多いことに気がついていた。そこで、たまたま、旧知のイギリス人の書籍商が、児童文学関係の書物を相当数集めていたので、そのコレクションを丸ごと買い取り、センターの入口のそばの書棚に、まとめて並べておくことにしたのである。センターを訪れたお客さんたちは、入るとまずピーター・ラビットとかアリスとか、クマのプーさんどころか、ハリー・ポッターの本までズラリと並んでいて、シェイクスピアやスペンサー、あるいはチョーサーやトマス・モア、さらにはミルトンやジョン・ダンに関する蔵書の群にたいして、さながら露払いの役目を果たしているのを目にして驚き、驚くと同時に喜ぶことにもなったのである。

だがお客さんたちが驚くのは、単にこればかりではない。秘書の机まで来てみると、その真向かいの棚には、犬や猫、アヒルや白鳥、あるいは猿やら何やら、おびただしい動物のコレクションが並んでいるのを見てびっくりする。もちろん本物の動物ではなく、オモチャや小さな人形——というのか、動物の「人形」がおかしければ、模型というか、ヒナ型がズラリと並んでいるからだ。別に、私自身がせっせと集めたわけではない。そもそも私は、何事によらず、せっせと精を出すような性質《たち》ではない。ただ友人や教え子たちは、私がイギリス人の通例として動物好きなのを知っていて、どんなプレゼントで私がいちばん喜ぶか心得ている。そこで、こうして人から贈られたプレゼントを、みなここにまとめて並べ、秘書に飼育係を頼んでいるのだ。友人がセンターを訪れる時、子供づれで来てくれることも多いが、そんな時、子供たちがこの動物や鳥を目にして、大いに喜んでくれるのもうれしい。

センターの真中には、丸テーブルのまわりに椅子が五、六脚おいてあって、私はここを勝手に、私の喫茶店と呼んでいる。子供たちがやってきて、ここでお茶を飲み、クッキーやビスケットを食べ終ると、早速、動物たちと遊び始める。最近は、近くのカトリックの幼稚園から、お母さんに連れられて、子供たちがよく訪ねて来てくれるので、私も今ではルネッサンス・センターを、この幼稚園の分園と呼んでいる。幼い女の子たちは、動物と遊んでいる時は特にかわいい。その様子を見ていると、まるで私も、また小さな子供に生まれ変ったような気がする。まさしくルネッサンス、再生だ。それともこれは、齢を取って第二の子供時代に還《かえ》ったということなのだろうか。

多事多忙の二〇年

振り返ってみると、今まで不思議な経験をしたことは多いけれども、あの時期ほど不思議な経験をしたことは、ほかに一度もなかったのではないかという気がする。一九七〇年代のなかば、例の「驚異の年」を終えて日本に帰ってきてから、一九九〇年代のなかば、上智大学を定年で退職するまでの二〇年間である。

どういう意味でこの二〇年が不思議なのか、こんなふうにいってみることもできるかもしれない。一九八八年のある日、上智で出している季刊誌『ソフィア』の編集長から、記事を寄稿してくれと頼まれた。大学の創立七五年を記念して論文集を出すから、上智の歴史をまとめた文章を書いてくれないかというのである。論文集は翌年、『上智大学の未来像』というタイトルで出版されたが、それにしても、私は歴史が専門でもなければ、上智の昔のことも特にくわしいわけでもない。それなのに、なぜわざわざ私を選んで依頼したのか、編集長に訊《たず》ねてみた。すると答えは、本の出版を急いでいるので、原稿を早急に書いてもらわなくてはならないのだが、そんなに急に原稿を書ける人は、私以外に思いつかなかったからだという。幸い、上智大学の歴史について、古い資料をまとめた史料集がすでに出ていたので、必要な材料を急いで調べ、締切りにはまだ十分に間のある時期に、無事に原稿を仕上げることができたのだった。

それはともかく、こうして調べてみて分ったのは、上智の歴史でいちばん興味深い時期は、第二次大戦前、それに、終戦後まもない頃だという事実だった。ということは、つまり、私が日本に来るまでの時期ということではないか。大学の創立は一九一三年、大正二年のことである。文部省から設立許可が下りると、大学は早速その年の春から授業を始めた。文部省は、こうした点ではつとに悪名高いが、大学の設置というような大きな計画には、ギリギリになるまで許可を出さないのである。創立当時、大学の建物（現在の一号館）は、五〇〇〇人の学生を収容できる設計になっていたけれども、それ以後第二次大戦の勃発まで、学生数が三〇〇を超えたことは一度もなかった。戦後になっても、当初予想した五〇〇〇の学生数に達するには、かなりの時間を要したのだが、一九六〇年代に入ると、学生数は、一〇〇〇からついに一万人まで着実に増加し、国際的な大学としての声価も、これにともなって確立してゆく。

ところで、私の書いた短い上智沿革史についていえば（ちなみにこれは短いながら、上智の歴史をたどった文章として、実は初めてのものだったのだが）、書いていて面白かったのは、やはり私のいない間のことで、私が登場してから後は、面白味は急に消え失せてしまうように思えた。『テンペスト』の四幕一場で、プロスペロの語るせりふを借りるなら、さながら「空気の中に、薄い空気の中に溶けて」しまうように感じたのである。ちなみにラテン語の格言では "Post hoc, ergo propter hoc" ——「これの後に、ゆえにこれがために」というが、上智の歴史の場合でいうなら、私が来たことが、まさか、面白くなくなった原因であるとは考えたくはないのだけれども。

さて、話をまた元に戻し、私が規定によって七十歳で退職するまでの二〇年間についても、今振り返ってみると、似たような現象が見て取れなくもない。つまり、上智の規模が大きくなり、活動の場が拡大してゆくにつれて、実は面白味が薄れてきたのと同様、私の生活がまさしく多事多忙となってゆくにつれて、自伝として物語るべき事柄は、むしろ単調になってゆくように思えるのだ。実際この二〇年間は、毎年次から次へとさまざまなことがありすぎて、どれかひとつ、特に印象に焼きついている事件が際立つなどということは、ほとんど見当たらないのである。まず第一に、上智ばかりではなく全国のあちらこちらの大学で、ほぼ隈《くま》なくといっていいほど講義をしたし、際限もなくといっていいほど次から次へと本や雑誌の記事を書き、日本各地で各種各様の講演をし、イギリスやヨーロッパ、さらにはイスラエルの聖地にツアーを計画、引率し、ルネッサンス研究所やルネッサンス・センターの活動の面倒を見、かつらぎ会のキリスト教講座を続け、各種の学会や、みずから創立にたずさわったさまざまの学会に出席し……といった具合なのだ。こうして文字どおり多事多忙が重なってみれば、その中のどれかひとつが際立つことなどなかなかない。ましてや、その間中、基本的にはたったひとつの場所――上智大学に住みつづけていたとあれば、なおさらである。

かてて加えて、私は記録を取っておくのが大の苦手で、どの年に何をしたのか、はっきり思い出せた験《ため》しがない。何がどれやら、記憶がゴチャ混ぜになってしまう。最近は日記をつけるようになったので、近い過去のことを確かめるのには役に立つが、もっと昔のこととなると、正確にいつのことだったのか思い出そうとすると、それこそ諺でいうとおり、乾草の山から針一本を探し出そうとするようなことになってしまうのだ。つまり、いつのことかは分らないにしても、将来いつか役に立つことがあるかも知れないと、何でもかでも記憶の中に取っておくのが仇になって、何ひとつ捨ててしまわないから、結局、何ひとつ見つからなくなってしまうというべきだろうか。ともかくあらゆることが、ほかのあらゆることとの中に紛れこんでしまうのである。

そういう弱点を踏まえた上で、例えば一九七五年以後、私の生活がいかに多事多忙だったか、思いつくままに書きつけてみる。七五年といえば、例の「驚異の年」に完成した原稿のうち、二点が出版された年である(以下、出版物の年次に関しては、本自体に印刷してあるので簡単にチェックできる)。まずルネッサンス研究所から、『シェイクスピア劇に現われる聖書の主題』、それにロンドンのポール・エレック社と、ミシガン州グランド・ラピッズのウィリアム・エイドマン社の同時出版で、『風景と内景』が出た。吾妻書房から『名もない昆虫たち』上下二巻が出たのは、それぞれ前年の七四年と、翌七六年のことである。一巻にまとめて日本語版が、『ミルワード氏の昆虫記』というタイトルで出たのは、同じく七六年のことだったが、この間にも、英語の副読本『賢くもあり賢くもなし』は、ベストセラーのランキングをますます上位に登り続けていたし、新書版の『イギリス人と日本人』がベストセラーになったのも、やはり一九七六年のことである。引きつづいて、同じ講談社の新書で出た『イエスとその弟子』も、負けずにベストセラーのリストに入った。出版の面でも、まさに次から次へと、多事多忙を極める情況だったわけである。

講義についても同様だった。上智の英文科で、毎年いくつもの授業を受け持ったのはもちろん、千葉大学でも兼任講師として、「英文学におけるキリスト教的主題」について授業してくれと友人に頼まれ、いやとは言えず、以前、サバティカルの前まで東大に行っていたのと同様、この千葉大の授業も、以後一〇年ほど続けることになった。そのほか、全国各地のカトリックの女子大からも、いわゆる集中講義に招かれることも多く、例えば鹿児島の純心女子大、広島の清心女子大、青森明の星短大、札幌の藤女子大などで、最初の二校はそれぞれ一〇年以上、後の二校はそれぞれ一回、講義に出かけた。

　こうした授業でいつも取った方法は、実質的な講義は午前中にすませ（というのも、この時間なら学生もまだ元気があり、注意力があるからだが）、午後は、当然のことながら眠くなってくるので（この眠気は、学生ばかりか教える側にも伝染するから）、もっぱらイギリスのスライド、中でも特に、動物の映っているスライドを見せ、同時に私の、例のごときつまらない駄ジャレを連発して、学生たちの目を覚まさせておくという方法だった。それに、私の話とスライドについて、どんな印象を受けたか、毎日エッセイを書いてもらい、翌朝、英語を直して学生たちに返すのである。集中講義は、普通なら一学期かけて進める講義を、一週間に詰めこんで話すのだから、授業と同時にエッセイの直しで、教えるこちらもなかなか忙しかったけれども、学生も毎日エッセイを書くのは、やはり相当に忙しかったはずである。けれども、こうして各地の女子大に行って集中講義をするのは、いつでも大いに楽しかった。実は、マンガのコンテストをやった場合さえある。中でも鹿児島の純心女子大では、エッセイのイラストにマンガを描《か》いてくるのが特に上手な学生が何人もいたので、一週間の最後にコンテストをやったのである。そんなこんなで、東京に帰らなくてはならない時が来ると、どこでも学生たちは大いに悲しがり、「どうかまた来て下さい」と口々にいう。さらには、「どうか、私たちのことを忘れないで下さい」とまでいうのだ。さながらハムレットの父の亡霊が、王子にむかって語る言葉そのままとでもいえるだろうか。

　鹿児島へ行くのが特に楽しみだったのは、ただ純心の、まさしく純真な学生たちを教えるためばかりではない。桜島の火山を遠望して過ごすのもまた、大きな楽しみだった。ある時、学生たちにむかって、あんなに美しい山のすぐそばに暮らせるあなた方は、本当に幸せだと話したことがあった。ところが、学生たちは答えるのである——あの山なんか、喜んで先生に差し上げます。どうか東京に持って帰って下さいと。鹿児島に住んでいる人たちにとっては、湾ひとつへだてた桜島から、しこたま灰が吹き渡ってくるというのは、まこと大迷惑であるらしい。私がいる間、たまたまそんな目に遭わないですんだのは、まったく偶然の幸運というものだったらしいのである。学生たちの意外な反応に、私はただこう答えるしかなかった。持って帰りたいのは山々だが、残念ながら東京の真中には、あの山を置いておくスペースがない！　そういえば、また別の折、桜島について、私流の変な俳句、いわゆる「変柳」を詠んでほしいと頼まれたこともあった。私は教室の窓越しに桜島を眺め、芭蕉が松島の美しさを詠んだ俳句を思い出して、とっさにものしたのである。

桜島　ああ桜島　桜島

学生たちには大いに受けた。例の、シェイクスピアと喉のカエルの句に劣らぬほどの大受けだった。

昔なつかしい広島に出かけるのも楽しみだった。日本のカトリック系の学校には、こうした例が実は非常に多いのだが、広島の女子大も丘の中腹にあり、見晴らしが利《き》くのはいいのだけれども、残念ながら見渡せるのは、醜悪な現代都市となった広島の姿でしかない。戦前は、広島はとても美しい街だったというが（日本中、ほとんどの都市がそうだったのだ）、しかし日本では、現代化とは、つまりは醜悪化ということになってしまうものらしい。いや、この点では実は、ことは日本ばかりではない。世界中どこの国でも事情は同じで、イギリスさえ例外ではない。現代人は——少なくとも、都市景観を作りあげてゆく立場にある人々は、およそ美の感覚を失《な》くしてしまっているらしいのだ。とはいえ、この広島の大学に関する限り、私一人にとっては、こんなことは、幸い、大して問題にはならなかった。ほんの一週間ほど滞在するだけだったし、毎朝イエズス会の建物から大学へ通うのも、タクシーで街を走り抜けるだけだったからである。しかし学生たちにとっては、この急な坂道を登って通学するのは大変で、大根脚になるのではないかと、みんな心配していた。そこで私は、「脚」と「悪し」とを掛けて、例によって変柳を一句詠んだのである。

大根の　脚くたびれて　悪しからず

学生たちは笑い転げ、おかげで大根脚の心配も、少なくともしばらくの間は、忘れることができたのではあるまいか。私の知る限り、一般に西洋人は——中でも特に、上智の修道院に住んでいる同僚の神父たちは、こういう言葉遊びは、それこそ駄ジャレと馬鹿にして、まともに相手にしてくれないことが多いけれども、日本人——ことに学生たちは、この種のシャレを大いに喜んでくれるのだ。

広島にはまた、昔からの友人が二人いたので、集中講義に出かけた折、旧交を温めることもできた。一人は熱心なチェスタトンの研究家で、チェスタトンのコミックな絵物語の本、『色とりどりの国』を日本語に訳した人。もう一人は、ジョン・ダンの研究家であると同時に、良寛禅師の詩を英語に訳した人である。ちなみに良寛の詩を読むと、彼はさながら、アシジの聖フランシスコに当たる日本人だったのではないかと思えてくる。

青森の明の星短大に招かれたのは、以前、ここで教えていながら若くして他界した先生が、かつて上智で教え子だったという縁からだったが、ここへ講義に行った時、記憶に残っていることといえば、実は、青函連絡船の発着する港の風景ぐらいしかない。それというのも、青森そのものに出かけたのは、この時一度きりだからで、同じ青森県のほかの町なら、何度か訪ねたことがある。例えば弘前には、シェイクスピア学会に出席するので泊ったことがあった。その週末は、弘前の教会に泊めてもらったのだが、日曜日の朝、子供たちのためにミサをあげてくれるように頼まれた。そこで、説教の時、子供たちを居眠りさせないようにするにはどうすればいいか、いろいろ考え、やはり変柳を入れてみようと思いついた。ところで弘前は、リンゴの産地として有名な所である。だから、このリンゴと、教会の鐘の音がリンリン鳴るのを、例によって駄ジャレに組みこみ、こんな一句を披露したのである。

弘前の　リンリンリンリン　赤リンゴ

青森とは対照的に、札幌へ集中講義で行った時のことは、ずっとはっきり記憶に残っている。藤女子大の学長さんは、かつて上智の大学院で私の教えたシスターで、一九七〇年、初めてツアーを組んでイギリスに出かけた時、メンバーの一人でもあった。その時に撮ったスライドの中に、彼女の映っているものが何枚もあるのだが、実はこの旅行中、彼女を主役とした忘れがたいエピソードがある。イングランドとスコットランドの境界には、ハドリアヌス帝の石垣が延々と残っていて、ちょうど、中国とモンゴールの間を分ける万里の長城を思わせるが、この石垣のそばを流れる川の中に、ほかならぬこのシスターが落ちてしまったのである。ただ、残念ながらというべきか、私自身はその場に居合わせていなかったので、シスターが、修道服のまま水中に落ちるところを、写真に撮ることはできなかった。そのあたりでは川はごく浅く、岩の上を流れていたので、幸い悲劇にはならずにはすんだのだが、後で、学生たちにツアーのスライドを見せる時、この転落の場面そのものは見せられなかったけれども、シスターの姿が写真に出てくるたびに、このエピソードのことを話すと、みんな、大いに喜んだ。中には、私に出すエッセイで、この話に触れているものさえあって、おかげで学長先生に、非常な人間味を感じたと書いてある。そのことを学長に話すと、大変に怒った表情で、そのエピソードのことは、どうかもう忘れてほしいと懇願されたのだったが、しかし、マクベス夫人の言葉ではないけれど、「起こったことは起こったこと、取り返しなどつかない」（三幕二場）というものだろう。

　こうしてみると、これまでに繰り返した数々のツアーが、その後どれほど役に立ったか、あらためて思い当たらざるをえない。上智の授業ばかりでなく、全国各地の大学で集中講義をする時にも、スライドをはじめ話の内容そのものにも、さまざまに材料を提供してくれることになったからだ。もちろん、ツアーはもうやめてしまったわけではない。今でも続けているばかりか、その都度さらに新しい、めずらしい場所を取りあげ、授業のためはいうまでもなく、本を書くのにもまた、いつも新しい材料を提供してくれている。実際、今も新しいツアーに出かけるたびに、ほとんど例外なく、その経験をもとにして本を出しているのである。時にはさらに、二つ、三つのツアーをまとめて取りあげ、一冊の本にした場合もあった。『英国歴史紀行』などもこの種の本で、どれか特定のツアーではなく、何度ものツアーで撮ったスライドを、訪れた場所ごとにまとめて書いたのである。この本が出たのは一九七八年だったが、この時までにはもう、イギリスはほぼ隈なく回ってしまっていたので、二八の章ごとに一つの場所を振り当て、ほぼ二枚ずつスライドを割り当てて、さまざまのエピソードを次から次へとつなぎ合わせ、読者を楽しませると同時に役に立つ情報を与えるよう、いわば想像上のツアーの話を綴ったのだ。この本もベストセラーのランクに入ったし、私自身もイギリス文化入門の授業で、永年テキストに使ったものだった。上智ばかりでなく鹿児島でも、スライド併用の授業でこのテキストを使ったのだが、学生が描いてくれたマンガの中には、ピーター・ラビットが手に本を持っている姿があった。よく見ると、ピーター・ラビットが手に持っている本は、実はピーター・ラビット自身が書いた本という、意表をつくアイディアだった。ピーター・ミルワードの授業で、そのピーター自身の書いた本をテキストに、ピーター・ラビットのことを話した情況を、一ひねりひねってマンガに描いてみせたというわけである。

もうひとつ、これもよく売れたのは、一九七九年、イギリスからローマ、ギリシアを経てイスラエルまで、初めて巡礼のツアーをした経験を物語った本だった。『ヨーロッパのこころ』と題したこの本は、しかし、いわゆる旅行記ではない。つまり、旅の一日一日を追った記録ではなく、訪れた中でも特に際立った場所について、その土地がヨーロッパ文明全体にたいしてどのような意味をもつか、いわば文明史的な意味を解説した書物である。というのも日本人は、ヨーロッパからあまりにも遠く離れて暮らしているから、その文化・文明を本当に知ろうと思えば、みずからそうした場所を見、いわば、その土地の石をみずから手で触れてみると同時に、そうした場所のもつ深い歴史的な意味をよく知っている者から、そうした意味の解釈を聞くことが不可欠だからである。他方、私自身にとっても、例えばアテネのパルテノン神殿の文化的な意味を学生に説明するにしても、その廃墟の中で一匹のネコが、いかにも気持ちよさそうに昼寝しているスライドを見せることは、実は大いに学生の実感を唆《そそ》るのに役に立った。ネコならばこそ、こんな贅沢な特権が許されているけれども、人間にたいしては、厳しい警告が掲示されているのだ——「立入禁止！」

英文学やイギリス文化について授業を続ける一方、かつらぎ会では毎週月曜の夜、相変らずキリスト教入門講座を受け持っていた。初めての特別研究休暇をイギリスで過ごして帰国した時以来、この講座の基本的な設定は、一度も変ってはいない。帰国当時こそ、学生紛争で邪魔が入ることが少なくなかったけれども、それ以後は、ほとんど変った点はないのである。実際、振り返ってみて今さら驚かざるをえないのだが、個々の出席者は年につれて変っても、出席者全体の数はほとんど変っていないのだ。平均して、いつでも二〇人前後をキープしている。年によっては一五人になることもあり、二五人に増えることもある。それに、クリスマスや復活祭など特別の集まりの時には、はるかに多くなることはいうまでもない。そうした特別の集まりは、確かにいつもとは違っていたけれども、特に何かのエピソードが、記憶の中で格別際立って残っているということはない。

ただ、ある時、三月の黙想会を、いつもとは少し違って、裾野市にある聖心会の黙想の家で開く計画を立てたことがあった。以前、一九六〇年に両親が来日した時、いっしょに訪れたことがあった所だし、文字どおり富士の裾野にあって、例年の黙想会よりは東京から離れているので、実は楽しみにしていたのだけれども、ギリギリの間際になって、キャンセルしなければならなくなってしまった。いかにも残念だった。そのほか、東京近辺でよく行った黙想の家の中で、いちばん印象的だったのは八王子の施設で、何もかも、特に聖堂と庭とはまったく日本式だった。ほとんど仏教の寺院そっくりで、近頃よく使う言葉でいえば、キリスト教の「土着化」——インカルチュレイションの試みである。聖心会のシスターたちは、この試みを実にみごとに実践していると思ったのだが、強《し》いて難をいえば、ほかの黙想の家より、利用料が少々高かったことくらいだろうか。それはともかく、特に強く印象に残っているのは、聖堂のすぐ外から、絶えず水の流れる音が聞こえていたことで、いかにも繊細な日本の伝統に沿った工夫だった。

そのほかの講義としては、ルネッサンス・センターで毎年、春と秋とに英語で行なう連続講演があった。私にとっては大いに楽しみなシリーズだったが、同時に聴衆にとっても、やはり大きな楽しみであってくれたらと期待したものだ。というのも、毎年同じ論題を繰り返すのではなく、年ごとに、いつでも新しいテーマを取りあげることにしているからである。ちょうどツアーを組む時にも、毎回新しい行程を選ぶのと同じである。なるほど、「物を覚えるには反復がいちばん」とはいう。そして確かに、連続講演の中で何回か、大事なポイントを繰り返し聞けば、よく頭に入ることも事実だろう。ただそれは、講演をするほうの問題というより、聴くほうの問題だろう。毎年同じ話題を反復するというのとは、まったく別の話であって、年ごとの講演のテーマに関しては、私は反復ではなく、むしろ変化と多様性が肝心であると思う。だから話をするほうとしては、使い古した話題によりかかるのではなく、いつでも新鮮な材料を提供するよう努めるべきだし、聴衆のほうも、ちょうど使徒パウロの時代、アテネの人々がそうであったように、いつでも何か目新しいものを求めるものだからである。

さて土曜日の午後、その週の講演が終った後、時間の余裕のある人たちは、ルネッサンス・センターに来てもらって、午後のお茶を楽しみながら、英語、日本語を取り混ぜて、いろいろと話しあうことにしている。こうした習慣はただ単に、日本人の好みに強く訴えるばかりではなく、シェイクスピアについての講演にしろ、キリスト教についての講話にしろ、話の締めくくりとして、非常に人間的な方法だと思えるからだ。そもそも初期キリスト教の時代にも、「アガペー」という言葉は、単にキリスト教的友愛の意味ばかりでなく、ミサの後、必ず行なわれた食事、いわゆる「愛餐」の意味でも使った。私たちの午後のお茶も、その古い伝統を今、日本で受け継いでいるといえるのではあるまいか。

こうして、さまざまの講演に参集してくれる人々は、ほとんどすべて日本人、それも、女性が大多数だった。日本では、男性は大抵の場合仕事で忙しく、宗教や文化にかかわる事柄は、もっぱら女性たちに任せているからである。それに日本の大学では、男子学生は法律、経済、理工といった、「男性的」とされる学科に集まる傾向が強く、文学などは、一般に「女性的」な科目と考えられているらしい。その結果として文学や文化は、少なくとも日本では、ますます女性たちの手に委ねられ、これにたいして男性は、私の見るところ、いよいよ野蛮人に退化してゆく傾向があるような気がする。この傾向は、例えば女性歌手と男性歌手の間の対照的な傾向にもまた、同様に見て取れるように思われる。

それなら、日本に住んでいる外国人、なかんずく、同国人たるイギリス人や、いわば親族にあたるアメリカ人との付き合いはどうなのか、疑問を感じられる読者もあるかもしれない。私はあまりにも日本人に「土着化」してしまって、イギリス人としての出自に、あえて背を向けてしまっているのだろうか。そんなことはまったくない。私は始終イギリスに帰っている。それも大抵、修道会には経済的に負担をかけない帰省の形を工夫している。第一、大学での授業はもちろん、その他いろいろの講義でも、いつもイギリスについて、その文学や文化、あるいは宗教について語っている。その意味で私は、カトリックの宣教師であると同時に、私的な駐日英国大使として、立派に使命を果たしているとさえいえるのではあるまいか。それどころか、私の活動は、いわゆる「草の根」のレベルで行なっているのだから、正式の大使より、それだけ効果的だとさえいえるかもしれない。かといって、もちろんイギリス大使館や、その文化部に当たるブリティッシュ・カウンセルとも、別に競争していたわけでもなければ、ましてや対立などしていたわけではまったくない。一九六二年、上智の専任スタッフになった時以来、どちらの機関とも大変いい関係を続けてきている。ちなみにどちらも、上智から楽に歩ける近所なのだ。

そういえば、一九六〇年、司祭に叙階された時には、当時のイギリス大使は（たまたま熱心なカトリック信徒だったが）、クルトゥール・ハイムの聖堂で、私が初めてミサをあげた折、わざわざ出席してくれたばかりではなく、私の両親を大使館に招き、昼食を御馳走までして下さった。玄関では、制服に身を包んだ案内人が、それも一人ならず、何人も出迎えてくれるという丁重ぶりである。実をいうと、その日は遅い朝食をようやく終えたばかりだったので、その時間に大使館に出かけなくてはならないのは、いささか間の悪い段取りではあったのだけれども、昼食の席では、母は偶然、大使夫人と同じ好みを共有していることがわかって、話が弾んだのは幸運だった。二人とも、マークス・アンド・スペンサーという、イギリスのデパートでショッピングするのが好きだったのである。

ブリティッシュ・カウンセルに関して、特に鮮明に記憶に残っているのは、代表のトムリンさんをはじめ館員たちが、上智の講堂で中世の道徳劇、『万人』を上演した時のことである。もちろんアマチュアの公演で、トムリンさん自身がプロローグの役を演じたのだけれども、実は当時の講堂は、後に手直しして劇場に改装し、そこでロイヤル・シェイクスピア劇団が『ヘンリー五世』を上演した頃とは大違いで、かなり老朽化が激しく、舞台に登る階段などもギシギシ音を立てる有様だった。で、トムリンさんが（ちなみに彼は、相当にデップリした体格だったが）、階段を登りかけたとたん踏板が壊れ、思わず転んでしまったのだ。実に具合の悪い、気の毒な事件には違いなかったのだけれども、同時にまた、まったく無邪気な意味で、やはり滑稽だったことも確かではあった。

けれども、もっと定期的に同国人に会う機会を与えてくれたのは、ケンブリッジ・オクスフォード協会の集まりだった。ちなみに、この会の名称についてひとこと断っておくと、普通ならオクスフォード・ケンブリッジの順にすべきはずだが、オクス〔牛〕の前にケムを持ってくるのは、いわば馬の前に車を持ってくるようなもので、順序が逆というか、本末転倒ということになる。けれども、どういうわけか東京では、ケンブリッジを前に持ってくることになっているのだ。それはともかくこの会は、毎月一回集まって昼食を共にすることになっている。会が出来た時から、私は毎回きちんと出席を続けていて、会員の出入りはかなりあるけれども、私はいわば、永世会員といったところである。駐日大使も、オクス＝ブリッジのどちらかの大学出身であれば当然のこと会員で、かつ、自動的に会長に選ばれることになっている。最近では、イギリス皇太子夫妻の来日の際、この会に御出席を賜わるという名誉を得た。ちなみに日本の皇太子夫妻は、どちらも「正しい《ライト》」大学——つまりオクスフォードの出身で、皇太子はマートン学寮、皇太子妃はベイリアル学寮の出である。

「永世会員」の私は、会に出ればいつでも、昔からのなつかしい人たちに会うことができるし、新しい友人に出会うこともできる。それから、いうまでもないことだろうが、いわゆる校歌とか、寮歌とかを歌うなどということはない。そもそも、少なくともオクスフォードに関する限り、大学全体の校歌にしろ、個々の学寮の寮歌にしろ、はたして存在しているのかどうか知らない。そうした歌は、中・高一貫のパブリック・スクールのもので、例えばイートン校のボート部の歌など、中でも有名なケースだろう。

こうして、ケンブリッジ・オクスフォード協会の集まりには、ずいぶんたびたび出席したけれども、特にどれかひとつ、強く記憶に残っているというものはない。ただ例外は、一度カナダ大使館で開かれた時のことで、というのもこの時は、C・S・ルイスの生涯を描いた映画、『永遠の愛』の試写会があったからで、たまたま来日中のイギリス皇太子と皇太子妃も臨席された。私はオクスフォードの学生時代、ルイスの講義はもちろん、彼の私的なサークルにも欠かさず出席していたので、この映画について、御夫妻を前に、短い解説をするように頼まれた。思いもかけぬ名誉だった。

もうひとつ、私の属している外国人の会があった。日本在住の外国人教師の会で、月に一度、日曜に夕食会をもち、誰か講師をゲストに招いて、話をしてもらうのである。ケンブリッジ・オクスフォード協会の昼食は、いわゆるビュッフェ・スタイルで、このほうが、会員同士が自由に交わり、話しあえるからで、それに、講師を呼んで話を聞くこともない。おそらく会員はみな大学時代、講義を聞くのには飽き飽きしていたからだろう（ただしどちらの大学でも、卒業に必要な出席日数などという規定はないのだが）。これにたいして、外国人教師の夕食会のほうは、全員がきちんと席について食事をする形式だった。上座には会長がすわり、その隣にゲストの講師、そのほかは、各自、それぞれ好みの席につくのである。

私が初めてこの会の集まりに出たのは、一九六〇年代の中頃だった。会長を務めていたのは、まことに温厚なベネディクト会の司祭で、修道士になる前はアメリカの外交官をしていた人だから、会長の仕事には、まさにうってつけだった。当時、会員は一〇〇名に近く、集まるのにも大きな広間を使い、さながら特別の宴席のような感じになった。副会長は、早稲田大学で教えていたアメリカ人で、後に、私を洋上大学に誘ってくれた人である。ベネディクト会士の後、会長になったのも彼だった。ちなみにこの友人の後、私が会長に選ばれることになる。ただし、実際にその職についていたのは一年きりで、というのも一年後の一九七三年、特別研究休暇で日本を離れることになったからだった。

ずっと後になって、私はもう一度会長に選ばれたのだが、いつのことだったかは覚えていないし、記録を取ってもいない。この時期は、会合には国際文化会館を使っていたことは記憶にあるし、それに、確か六〇周年だったと思うが、創立記念の会を催し、来賓としてヴァチカン大使、イギリス大使を迎えたのも、やはりこの時期のことだった。とはいえ、この時期にはまた、会員数がかなり減って、現在では、いちばん少なくなってしまっている。この情況は、現在の日本社会全体と、どこか似てなくもないのかもしれない。

外国人教師会の会長職に関して、もうひとつ付け加えておきたいことがある。ルネッサンス・センターの私の秘書は、長い間、センターはもちろん、ルネッサンス研究所の仕事をはじめ、さまざまな雑務を忠実に果たしてくれていたのだが、その上さらに、この協会の会長としての仕事、それにホプキンズ協会の事務、おまけに、時たま思い出したように開くチェスタトン協会の集まりについても、連絡その他、抜かりなく務めてくれた。彼女がいてくれて、勤勉に仕事を片づけてくれたからこそ、私もこれだけ多事多忙な仕事を、無事にやりおおすことができたのである。彼女以外、わざわざこんな余分な仕事を引き受けてくれる人など、一体どこにいるだろう。

それはともかく、また外国人教師会の夕食会に話を戻すと、数こそ少なくなったとはいえ、今でも残っている会員たちは、この集まりを大いに楽しみにしている。ただし、これも現在の日本社会の流行に倣《なら》ったわけではないけれど、私たちの会も「リストラ」を実行し、会場は今でも国際文化会館ながら、もっと小さな部屋を借り、回数も、わずか年に四回に縮小してはいるのだけれども。

教皇と茶道

まことに多事多端、多忙のうちに過ごしたこの二〇年間、記憶がおよそ漠然として取りとめがないのとはまったく対照的に、教皇ヨハネ・パウルス二世が来日された時、それに、私が日本人のグループを連れ、ヴァチカンで謁見を得た時の記憶は、いずれもきわめて鮮明に残っている。教皇猊下《げいか》の訪日は一九八一年の二月、そして私たちがヴァチカンを訪れたのは、一九九四年三月のことだった。二つの出来事の間には、一〇年以上の隔《へだ》たりがあるわけだが、いずれも教皇猊下にまつわる忘れがたい記憶として、この章でまとめて書いておくのがいいと思う。どちらの出来事も材料にして、それぞれ一冊の書物を書いたことは、多分、わざわざいうまでもないことだろう。

さて、一九八一年の教皇訪日に関しては、二月二十三日の到着から四日後の離日まで、日本のメディアが、それも新聞ばかりではなくテレビまで、大々的に報道してくれたおかげもあって、あたかも日本国民みながカトリックになったかと思うくらい、国を挙げて歓迎に沸き立った。実際、信じがたいほどの熱狂だったの

である。教皇が土砂降りの雨の中を、空港からまっすぐ文京区関口の東京カテドラル聖マリア大聖堂に直行し、東京地区全域から集まった聖職者たちの前に、初めて公式に姿を見せられた時、私は現にその場にいた。私自身は、ほかの聖職者たちと一緒に、カテドラルの中で待っていたのだけれども、教皇はすぐに中に入るのではなく、まず外で群衆を前に、日本語でスピーチをされたのである。日本人にとって、これはまことに異例の、深く感動的な出来事だった。

もちろんほかの国賓たちも、日本を訪れた時、日本語で挨拶することはめずらしくない。しかしそれは、ほとんどの場合ほんの一言、二言でしかない。例えば、イギリスのチャールズ皇太子が訪日し、国会でスピーチをした時も、冒頭まず、「今日は！」と日本語で口火を切った。これで議場は、ドッと歓声をあげたのだが、これにつづいて皇太子は、今度は英語でいったのである。「残念ながら、私の知っている日本語は、この一語しかありません。」これでまた、全員がドッと笑って、さすがはイギリスの皇太子、ユーモアのセンスがあると評されることにもなった。ところがヨハネ・パウルス二世は、あの来日最初のスピーチ以後、次から次へと、日本語でスピーチを続けたのである。実は長い時間をかけて、日本語の発音の訓練を受けたのだという。そして実際、立派な日本語だったと思う。聖堂の外でスピーチを終えてから、ようやく教皇は中に入り、待ち受けている私たちに挨拶し、それから祭壇に進むと、教皇の聖座につく。そこで、東京大司教の歓迎の言葉を受けられたのだが、その時になって、はじめて私たちは、教皇がいかに老齢で疲れておられるか、ありありと目にした。時おり顔を両手に埋め、欠伸を噛み殺しておられる。それを見て私たちは、教皇がそれだけ親しみ深く、人間的に感じられたのだった。

翌日、私も大勢の司祭に交じって、巨大な後楽園球場に集まり、教皇司式の荘厳なミサに列席した。球場は、今でこそ屋内ドームになっているが、当時はまだ吹きさらしの状態で、そこへ、東京はじめ各地から、膨大な数のカトリック信徒がつめかけ、文字どおり、あふれんばかりの大群衆である。そしていよいよ、教皇が車に乗って入場すると、群衆の中を、一種の電流が走るのを感じた。教皇は、まさしく世紀最大のカリスマ性を帯びた人物に違いない。後に一九九四年、ヴァチカンの大広間で拝謁した時も、同じ電流の流れるのを感じた。そして、後楽園で受けたこの異様な感覚は、天候が荒れ模様だったにもかかわらず、ミサの間じゅう、消え去ることは一度もなかった。特にそれが昂揚したのは、日本のフランシスコ会士の作った聖歌、「平和を祈ろう」が歌われた時だった。

その晩テレビでは、日本武道館で、教皇が日本の若い人々と交流した模様を放映した。司会したのは、香港出身のカトリック信者で、日本でも大いに人気のある歌手、アグネス・チャンだったが、中でも特に心を打ったのは、近くのカトリックの幼稚園のかわいい園児たちが、ポーランド出身の教皇のために、ポーランドの民謡を歌い、踊った姿だった。アグネス・チャンが進み出て、子供たちの輪の真中にお立ち下さるよう促《うなが》すと、子供たちは手をつなぎ、教皇のまわりを、歌いながら踊り、回る。これはまさに、このイベントを通じて、最高のクライマックスだった。

翌朝、教皇は過密なスケジュールをわざわざ割《さ》いて、上智大学を訪れて下さった。お迎えした会場は、七号館の最上階、一四階にある大会議室で、もちろん私たちは全員、教皇の到着よりたっぷり前に集合していたが、修道院のイエズス会士が、この時ばかりは全員そろって、正式のローマン・カラーを身につけた光景は、久しぶりの壮観だった。教皇猊下が、司祭は聖職者としての服装に身を正すのを好んでおられると、みなよく承知していたからである。さて、いよいよ会場に入ってこられると、教皇は手の届く限り全員と握手されたが、私も、まこと幸運なことに、すぐ近くに立っていたので、教皇の握手をいただくことができ、その日は一日、手を洗うことなど、勿体なくてできなかった。そして教皇は英語でスピーチをなさり、「ソフィア」という名称が、神の英知を表わすものである点を特に強調なさった。

東京での旅程を終えると、次に教皇は広島に向かわれた。いうまでもなく、人類史上初めて原爆が投下された町であり、以後、世界平和の理想を掲げつづけてきた都市である。東京では雨だったが、広島では霙《みぞれ》になり、次の長崎では、ついに雪になってしまった。それも強風にあおられて、上から降るのではなく、横なぐりに吹きつける。教皇が悪天候を引き連れてきたことは確かだったが、ひょっとすると、これは何かの悪霊が、教皇のこの巡礼の旅を邪魔しようと、あらん限りの力を揮《ふる》ってでもいたのだろうか。それはともかく、この旅のクライマックスとなったのは、この聖なる都市、長崎――なかんずく、キリシタン時代の、二六人の殉教者たちを記念する聖堂だった。夕刻には、大聖堂で叙階の秘跡が行なわれ、私の教え子の一人も叙階されることになっていたので、私も出席するように招かれていたのだけれども、まことに折悪しく、当日は上智の入学試験に当たっていて、私も大学にいることがぜひとも必要だったので、長崎の、この記念すべき式に参列することはかなわなかった。

ただ、翌朝スタジアムで行なわれた野外ミサの模様は、幸いテレビで見ることができた。実に印象的な聖祭だった。今もいうとおり、天候は本物の吹雪になっていて、おびただしい人々が、ミサの始まる何時間も前から、かわいそうに、この吹き降りの雪の中で待ちつづけ、倒れて病院に運ばれる者さえ出た。やがて教皇が到着し、スケジュールに従って儀式が行なわれたが、この天候では、さすがにスラスラとは進まない。特に、まず洗礼式、それから聖体拝領の折は難渋して、テレビを見ながら、結局のところ、私が長崎に行けなかったのも、むしろよかったのではないかと思う程だった。ミサの最後に、教皇は集まったカトリック信徒みなにむかって、確かにあなた方は祖先の信仰を受け継ぎ、殉教者となる素質をそなえていると語った。こうして教皇は日本を後にしたのだが、その日本滞在はほんの短期間ではあったけれども、ギッシリと行事がつまっていて、ここに紹介したのはただ、私が直接かかわったいくつかの出来事にすぎない。その後、私は教皇の訪日について一冊の書物を書いた。ヴァチカン大使館の提供してくれた写真の数々をそえ、東京大司教に序文も頂いて、その年の七月二十日には邦訳が出た。まことに、記録破りの早業だった。

さて、ここで約一三年の年月を飛び越え、一九九四年、日本人の茶道のお師匠さんたち四五人ほどを引率し、教皇とは逆に、日本からローマに巡礼の旅を行なって、三月九日、教皇庁の宏大な謁見室で、教皇にもう一度お目にかかった話に移らなくてはならない。今度もまた私たちは、教皇がお出ましになるはるか前から、それぞれ指定された場所で息を殺して待ち受けていた。と、教皇が到着されたことは、待ちつづけていた膨大な群衆（ほぼ一万人いたという）の間に、突然、ささやきの声が、さながら森の中を吹き抜けるそよ風のように走り抜けたことで、すぐにわかった。教皇の姿はまだ見えてはいなかったけれども、現に今そこにお出ましになったことを、直覚的に知ったのである。茶道の先生たちの中には、三〇人ばかり女性がいて、華やかな和服に身を包んでいたのだが、教皇は私たちの一団に近づくと、まるでその光景に魅せられたかのように、つと歩みを止められた。きっとこの前、日本を訪れた時のことを思い出されたのに違いない。そして教皇は、私たち一人一人と握手なさった。中でも特に一人の女性は、教皇と握手をすると、深甚の尊崇を込めて深々とお辞儀をした。まるで、神御自身の手に触れるかのようだった。

その後、私たちはポルトガルのファティマに巡礼したのだが、この女性と、その友人のカトリックの女性が、聖母マリアに奉献された聖堂で、厳粛な沈黙のうちに祈っていると、二人とも、なぜかわからないけれども、止めどなく涙があふれ、驚異の念に圧倒される思いだったという。二人は私にその話をして、一体なぜそんなことが起こったのか訊《たず》ねた。私にできた説明といえば、ただ、それはきっと、教皇にお目にかかり、握手を頂いた感動が、この時になって、ようやく現われたのだろうというほかなかった。

さて、ヴァチカンでの拝謁に話を戻すと、教皇はやがて壇上に登り、大広間に集まったさまざまな巡礼のグループから挨拶の言葉を受け、今度は教皇がそれに応えて、それぞれの国に応じたさまざまの言語で挨拶を返される。これにはずいぶん時間がかかった。教皇は、さぞお疲れになったに相違ない。

けれどもこの時の謁見には、さらにもう一つの段階があった。大広間から、その奥にある小さな部屋に移っての謁見である。四五人のグループの中から、宗匠の千宗守さんと、奥さんと二人の子供、それに、宗匠にいちばん近い高弟数人だけでお目にかかるのだ。そして私は、英語で通訳を務めることになっていた。教皇はポーランドの出身だから、ポーランド語で通訳できればいちばんよかったのだが、残念ながら、私はポーランド語ができないから、やむをえない。最初にまず、私たちの世話をしてくれていた日本人の尻枝神父が、私たちを教皇に紹介してくれて、それから私が日本人のメンバーを、一人一人教皇に紹介した。猊下は私に茶の湯について、二つばかり質問なさった。第一に、茶道は、一種の宗教のようなものかという質問で、私は「いいえ、必ずしもそうではありません」と答えた。次には、では一種の、家族が集まって取る食事のようなもの――例えばイギリスのアフタヌーン・ティーのようなものかというお訊ねだった。「いいえ、必ずしもそうではありません」と、私は今度も同じ答えをした。その場でお答えできることといえば、それが精一杯だった。

そのほかに、いくつか持参していたお土産を差し上げた。この茶道のグループ（武者小路千家）からのお土産、それにルネッサンス研究所からは、モノグラフを二冊お贈りしたのである（これについては、後でもう少しくわしくお話しよう）。その間にも、ヴァチカンの写真係が絶え間なくフラッシュを焚《た》き、スナップを撮りつづけていたことはいうまでもない。翌日には早速、現像した写真を全部見せてくれたので、その中から、いいと思うスナップを選ぶことができた。この時の旅の模様は、三年後の一九九七年の初め、『お茶の巡礼』という題で、日本語に訳して出版することになったが、教皇に謁見を頂いた時の写真は、この本のイラストとして、十二分に活用することができた。

それにしても、そもそも私がなぜ茶道に興味を抱くようになったのか、それに、どんな事情で武者小路千家と繋がりができたのか、疑問に思われる読者があるかもしれない。実は私は、それまでお茶席に出たことは、ほんの一度しかなかった。日本に来てまだまもない頃、田浦の日本語学校にいた時代に、日本人の神学生が、茶の湯とはどんなものか、実際にやって見せてくれたのである。もちろん日本間で、みな座布団を敷いて車座にすわり、その輪の真中で日本人の神学生が、いかにも儀式めいた、厳かな仕草でお茶を点《た》てる。お茶が入ると、別の神学生が二人、まず私たち一人一人の席の前に、餅のような菓子を二つずつ置き、それからやおら、濃い緑の液体を注いだ茶碗を、一人一人、順に配ってゆくのである。すべて、今もいうとおり実に厳粛で、沈黙を破るのを恐れ、誰も一言も発しない。一同が飲み終ると、茶席の主人は道具をすべてきれいに清め、きちんと脇に並べて、式は終った。

すべてが実に伝統的、日本的で、西欧人の目から見れば、いささか無意味に見えた。一杯のお茶を飲むのに、一体なぜ、こんな仰々しい儀式など必要なのか。準備から始まって行動のひとつひとつまで、こんなに大騒ぎして厳格に、いちいち型にはまったやり方を守らなくてはならない理由が、そもそもどこにあるというのだろう。イギリス人のように常識をわきまえ、ただのお茶としてアフタヌーン・ティーを楽しむことが、日本人にはなぜできないというのか。しかし、その時、ふと思い出したのである。これはまさに、私たちカトリック信徒が、ミサに関して行なっていることと、実は同じなのではないのだろうか。私たちは、イエスが弟子たちと共にした最後の食事を、細かく形を整えた儀式に変容させているではないか。日本人が茶の湯の儀式でやっているのも、結局のところ、同じことではないのだろうか。そういえば、現代の茶の湯の儀式の起源をたどれば、十六世紀末、千利休が、権勢をほしいままにした秀吉の、茶の師匠を務めた時代に遡るという。しかも利休は、当時のイエズス会宣教師のあげるミサに出た後、みずからの茶の湯の儀式を創出したのだという、まことに興味深い説もあるではないか。この説には、大いに説得力があるとはいえないだろうか。さらに加えて、利休は実は、秘《ひそ》かにカトリックだったと考えるべき根拠さえある。ただし彼は、秀吉の命によってとはいえ、切腹という形で、みずから命を絶ったことは事実だけれども。

これは一九五六年のことだった。もちろん、利休の切腹の話ではない。私が初めて茶席に出た時のことだが、それからほぼ三十五年後、私はたまたま、千利休の子孫の友人だという、上智の古い卒業生に会ったのである。この子孫も、今も同じ「千」という姓を名乗り、茶道の一派の家元であるという。こうして知りあうことになったのが、やがて一緒にヴァチカンを訪れることになる千宗守さんだったのだが、卒業生の話によると、この家元は、世界平和を実現するために、茶道がきわめて重要であると確信しているという。そもそも茶道はその成立の起源において、たがいに抗争をこととする戦国の武将たちに、しばらく武器を脇に置き、質素な茶室の中に招き入れて、平和のうちに胸襟を開き、静かに語りあうべき場として生まれたからだ。

茶道のこの本来の崇高な目的を、現代においてもひろく実現しようと、この茶道家は、今までですでにニューヨークの国連本部で、各国の代表を招いて茶会を開いた経歴がある。そして今、ヴァチカンで教皇を客とし、同様に茶を点てたいという、雄大な望みを抱いているというのである。

　こうして千宗守さんは、友人の卒業生を通じて私に、この計画の実現に力を貸してはくれないかと、申し出てきたのだ。けれども、上智大学の中にしろ、イエズス会の日本管区の中にしろ、格別の地位にあるわけでもなければ、特に影響力があるわけでもないのに、なぜわざわざ私を選んだのか、実は、今もってよくわからない。ただ、彼の兄弟が国連で働いていることは知っていたし、それに駐日ヴァチカン大使は、おたがいシェイクスピアに共通の関心を抱いていることを通じて、親しい間柄でもあったから、できる限りのお手伝いはしましょうと約束したのだった。こうして、さまざまな話しあいと準備を重ねた上で、一九九四年の春、ツアーのスケジュールがついに出来上がったというわけである。ちなみに、こうして話しあっているうちに、千宗守さん自身も私と同様、茶道とミサの典礼とが、おたがいよく似ているという事実に注目していることを知った。彼も京都のカトリック系の学校に学び、ほかの学生たちと一緒に、よくミサに出たことがあったからだ。

　こういう事情があって、一九九四年の三月、四十五人のお茶の先生たちを伴《ともな》い、ヴァチカンに巡礼に出かけることになったのだが、それまで、日本の学生や先生方を引率してツアーに出たことは何度となくあったけれども、今度のツアーは、お茶の先生のグループであるという点で、ほかに類例のない旅だった。それに、人数もいつもより多かったのだけれども、しかしお茶の先生方のほうが、大学の学生や先生たちより、はるかに扱いは楽だった。ただ肝心の茶会のほうは、教皇はスケジュールが立て込みすぎていて、直接お会いする時お茶を差し上げる時間的余裕はないと、あらかじめ知らされていた。そして実際、謁見の時の印象からしても、教皇が極度に疲れておられることは明らかだった。とはいえ、枢機卿の一人に、教皇庁でお茶を差し上げることはできることになり、かつてラファエロが使ったという大きな部屋で、念願の茶会を催すことができたのだった。

だが、これですべてが終ったというわけではない。その後、私たちはアッシジに向かい、フランシスコ会の修道士たちの前でお茶を点てたのである。場所は、聖フランシスコ修道院の大食堂で、ごく最近まで、国家元首は別として、女性はすべて入ることを許されない所だった。日本で利休と関係の深かったのはイエズス会で、実はフランシスコ会ではなかったのだけれども、私が自分の属するイエズス会より、むしろアッシジのフランシスコ会を選んだ理由は、この町が非常な景勝の地で、この巡礼の旅でも、ぜひ訪れるべき所だったからだし、それに元来、利休時代の日本では、フランシスコ会もさかんに活動していたからでもあった。もう一つ、フランシスコ会が清貧を重んじると同時に、自然に還れという理想を掲げていたことと、利休の茶道が自然の素朴さを重んじ、茶室にしろ、その周囲の庭にしろ、いわゆる「わび、さび」を尊んだということの間には、おそらく深い関連があると考えたからでもある。この時のお茶席には、アッシジの司教も列席して下さったし、忘れがたい春の空ともあわせて、今も強く記憶に刻まれている。

さてアッシジから、次にはポルトガルに向かい、まず、コインブラの大学を訪れた。かつてキリシタン時代、この大学を出た若いイエズス会士が、数多く日本に来たゆかりの学園である。そこから今度は、前にも触れたとおりファティマの聖マリア聖堂に巡礼し、最後に首都リスボンを訪れて、ポルトガル地理学協会のホールで、政府の高官たちの出席も得、三度の茶会を催した。このホールは一九九〇年代、十五世紀末の地理上の大発見の数々を記念して、さまざまの式典の行なわれた場所である。政府の高官たちといっても、もちろん閣僚の全員が出席したわけではない。何人か代表が出てくれただけだったが、それでも、象徴的な意味で、私たちの旅の目的は十分に実現したといえるだろう。それにまた、この旅の間中まことにすばらしい好天に恵まれたのも、私の目から見る限り、神の御好意の印としか考えられないことだった。

ところで、この時の旅を基にして書いた本の話に戻ると、前にも触れた『お茶の巡礼』以外にも、さまざまな形を取って出版を見ることになった。この本の原稿を最初に持ちこんだのは、ＰＨＰ研究所だったのだが、こうした内容は限られた読者にしか興味がないだろうという返事だった（ひょっとするとＰＨＰは、武者小路千家以外のお茶の宗家に関係があったからかもしれない）。しかし、もっと一般的な性質の本なら、出版を考えてもいいともいう。そこで思いついたのは、お茶はミサと関連があるばかりではなく、イギリスのアフタヌーン・ティーとも、何らかの結びつきがあるのではないかという仮説である。この考えはなかなか興味深いし、実をいうと、最初、ローマ訪問の旅を準備していた時にも、女王からバッキンガム宮殿へ、ないしはダイアナ妃からケンジントン・パレスに招かれ、そこで日本流のお茶を差し上げることはできないものか、考えたこともあった。そこで駐日イギリス大使に、そうした可能性の有無を打診してみたところ、残念ながら、どちらの案も無理だと断られてしまった。どうやら女王陛下は、教皇より近寄りがたい存在であるらしい。

それはともかく、私の考えるところ、茶道がミサから刺激を受けて生まれたのと同様、イギリスでアフタヌーン・ティーの習慣が生まれたのも、宗教改革の時代、ミサが厳しく禁じられたことと、少なくとも間接的に関係があったのではないだろうか。こうした仮説を、私はＰＨＰ研究所から出す本のテーマとして提案しなおすと、今度は喜んで受け入れてくれ、早速一九九五年の四月には、もちろん日本語に訳して出版してくれた。『お茶とミサ――東と西の一期一会』がそれである。お茶の巡礼の旅からわずか一年後、それに、河出書房新社から、『お茶の巡礼』が出る一年前のことだった。物事の起こる筋道は、とかくこんな不思議なめぐり会わせを経《へ》るものというべきだろうか。

半島をめぐる巡礼の旅

ローマや聖地に巡礼する時、普通はごく一般的なルートを選ぶ。途中で立ち寄る個々の場所は、その都度ある程度は変るとしても、まずイギリスから出発し、フランス経由でローマに向かい、そこから今度はギリシアを通って、聖地に到るというルートである。ただ一九七八年、聖トマス・モアの生誕五〇〇年にあたった時は、イギリスからベルギーに渡り、さらに西ドイツまで脚を延ばした。というのもモアは、基本的にはイギリスに定住していたけれども、ロンドンの商人たちに依頼され、当時フランダース（あるいはフランドル）と呼ばれていた地方に出かけて、貿易上の交渉に当たったことがあるからだ。『ユートピア』の着想を得たのも、執筆を始めたのも、こうしてフランドルに滞在中のことだったのである。

ところがスペインとなると、今もいう通常のルートから外れているので、いつも旅程からは除いていた。その理由は、しかし、プロテスタントのイギリスがスペインにたいして抱いてきた、根強い偏見に捕われてのことではもちろんない。そもそも私が海外ツアーを組織したのは、最初は英文学科の学生たち、その後はルネッサンス研究所のメンバーを念頭に置いてのことだった。当然、参加者たちの関心はまずイギリス、それからイタリアやギリシアに向かっていた。だから自然、スペインはスケジュールから外すことになっていたのである。けれども、やはりスペインは、いつか、ぜひ訪れてみたいと切望していた。というのも、それまで私はスペインを、かつて地中海、インド洋経由で日本に渡ってくる途中、水平線上にその姿を見たことがあるだけだったからである。

そこである年、一九八七年の夏だったが、西ヨーロッパの三ヵ国をめぐる旅を思いついた。最初はもちろんイギリス、次にフランス、そして最後にスペインという三国である。それぞれの国に一〇日間ずつ滞在し、巡礼の終着地は、サンチャゴ・デ・コンポステラとするアイディアだった。イギリスでは、聖トマス・ア・ベケットゆかりのカンタベリーはいうまでもなく、聖スウィティンの遺骨を祀るウィンチェスターの大聖堂、それに、エドワード証聖王を祀るウェストミンスター大聖堂も訪れなくてはならない。フランスでは、パリではなく、シャルトルに滞在することにした。シャルトルには、パリのノートルダム大聖堂の聖堂より、さらに古いとされる聖母の聖堂があるからだ。シャルトルからはロワール川ぞいに、ルネッサンス期に建てられた有名な城館《シャトー》の数々を見ながら、かつてのアンジュー公国の首都、アンジューに向かった。十二世紀の後半、ヘンリー二世以後三代にわたって、イギリス王の治めていたゆかりの地である。次にポアティエを経てボルドーへ。中世には、イギリス人の巡礼はサンチャゴ・デ・コンポステラに向かう途中、このボルドーの港に上陸したからだ。当時コンポステラには、使徒にして巡礼者、かつ、イスラム教徒を撃ち破った人として、大きな尊崇を集めていた聖ヤコブに献じた大聖堂があり、エルサレム、ローマと並んで、三大巡礼地となっていたのである。

この旅について、今まですでに話したことを、ここでもう一度繰り返す必要はないけれども、何といってもそのハイライトは、第三部のスペインの巡礼で、そのさまざまのエピソードは、やはりお話しておかなくてはならない。私たちは、シャルマーニュ大帝や騎士ローランの足跡をたどり、ピレネー山脈を越えてスペインに入ったのだが、国境にある小さな村アルヌギーで、早速おもしろいエピソードが生まれた（ちなみにこの村は、日本にいる同僚のイエズス会士の故郷である）。私たちの乗った貸切りバスがスペイン側に入ると、例によって入国管理の手続きをしなければならないが、これには多少時間がかかり、その間は、ただ待っているほか何もすることがない。だから、いったんバスを降りてみると、橋を渡れば、ごく簡単にまた国境を越え、今出てきたばかりのフランスに戻れることがわかった。これでは、密輸するにはうってつけだと思ったのだが、実は現にこの村は、過去何世紀にもわたって、密輸に絶好の場所を提供してきたのだった。おまけに、国境のどちら側に住んでいるのも、フランス人でもスペイン人でもなく、バスク人だからなおさらである。日本にいる友人のイエズス会士も、実はバスク人で、その話では、子供の時、家は国境の一方の側にあったけれども、学校は別の側にあり、毎日国境を越えて通学したのだという。当時はまだ、パスポートや出入国手続きなどについて、何の問題もなかったのだそうだが。

ここから先は、中世フランスの物語詩、『ローランの歌』の舞台となった土地として、フランス人にとっては聖なる地とされる所である。この物語の最後で、騎士ローランは悲劇的な死を遂げるが、彼を殺したのはサラセン人たちではなく、実はバスク人で、その名はヴァル・カルロス――あるいはむしろ、歴史上はロンスヴァルといった。この地には、ローランの死を記念する碑が建っている。そのほかにも、もちろん巡礼者・聖ヤコブの碑もあって、ここが確かにサンチャゴへの巡礼路であることを示していた。

スペインでは、まずパンプローナに二泊した。聖イグナチウス・ロヨラが、この町の城を護って戦っている時、重傷を負い、神の摂理によって回心への道に入ったという、記念すべき土地である。私たちはまた、パンプローナに近いザビエルの城も訪れた。東洋に宣教し、中でも特に日本では、おびただしい人々を回心への道に踏み出させた聖人、フランシスコ・ザビエル（ザベリオ）ゆかりの城である。城そのものも、実にみごとなお城だったが、そのまわりを歩いている時、たまたま結婚式に出会った。付属の礼拝堂で行なわれていた式が終って、新郎新婦が出てきたのである。写真を撮るには願ってもないチャンスで、みな一斉にシャッターを切った。さらに道を進むと、エブロー川に架かる古い橋に出た。いかにも昔の世界から抜け出してきたような村の橋で、ここでも当然、みんなさかんにシャッターを切った。

サンチャゴに向かう巡礼路にそって、十二世紀まで遡るロマネスク様式の教会が数々あり、どれもみな実に美しかったし、同時にまた私たちの旅が、けっして単なる観光ではなく、まさしく巡礼の旅であることを思い出させてくれる。しかしその点から見れば、私たちには、巡礼たる大事な印が欠けていることも事実だった。第一、自分の脚で歩くのではなく、貸切りのコーチ（ミニバス）に乗って旅をしている。それにまた、帆立貝の首飾りを身につけてもいなければ、巡礼特有の帽子をかぶってもいない。けれども途中、ある町で、実際にそうした服装をしている巡礼の一団に出会った。そこで、まず挨拶を交わしてから、その人たちに訊ねてみたのである。その巡礼の印の品を、ほんのしばらく貸してはいただけないものか、その巡礼の装束を身につけたところを、せめて写真にだけでも撮っておきたいのですが。すると、巡礼の人たちは、親切にその品々を貸してくれたばかりか、わざわざシャッターまで押してくれたのだった。

巡礼路は全部が舗装されているわけではないばかりか、バスは何度も街道を離れ、デコボコの田舎道を通らなくてはならない。そうした所では、通り過ぎる家々はひどく貧しく、まったくの廃屋のように見える家さえある。それに、村を通り抜ける時など、道はごく狭く、バスが通り抜けられないのではないかと、危ぶむことまであった。あるいは細い山道にかかると、一方は見上げる限りの絶壁、反対側は目もくらむばかりの断崖だったが、スペイン人の運転士は、かわいい日本人女性のガイドとおしゃべりに夢中で、一向に話をやめようとはしない。私は最前列にすわっていたのだが、後ろの席にいる巡礼たちはみな恐ろしがって、運転手に話をやめ、運転に集中するよう注意してくれと私に頼む。私がまずこのメッセージをガイドに伝えると、彼女はスペイン語でその旨を運転手に伝えてくれた。ところが運転手は、そんなことを心配するとは、おれの腕を信用していない証拠だとひどく怒って、今までずいぶん長くこうして運転してきたけれども、事故を起こしたことなど一度もないと強調する。しかし、本人がいくら強調してみても、私たちの不安が消えてなくなるわけもなかった。

途中で訪れた二つの主な都市は、いずれも中世の小さな王国の首都だった所で、その頃のスペイン北部は、こうした小さな王国が併存しているのが特徴だった。いわゆる「再征服《レコンキスタ》」の時代――つまり、イスラム教徒に征服されていた国土を、キリスト教徒の手に奪還するという、長い苦闘の続いていた時代である。最初に訪れたパンプローナは、バスク地方のナヴァラ王国の首都だったし、次に訪れたブルゴスは、かつてカスティリアの首都だった町で、ここの王宮と大聖堂は、ゴチック様式とルネッサンス様式とを融合した、スペイン特有の建築の、みごとな実例を見せている。ちなみにこの大聖堂には、今もいうレコンキスタの戦いで、イスラム軍に大打撃を与えた戦士として有名なル・シッドの墓があったし、外には、この英雄の騎馬像が建っていた。

ブルゴスに着くすぐ手前で、有名なクラヴィーゴ城でしばらく休憩したのだが、私はみんなに、一緒に丘の頂上まで登って、城を見物してみようと誘った。最初に城に着いた人には、一番から三番まで賞品を出すと約束すると、若いメンバーが早速登り始め、私もその後を追う。すると結局、ツアーのメンバーは一人残らずバスを離れ、若い人たちほど勢いよくではないにしても、みんなノロノロ登ってゆくことになった。どうやら日本人は、少なくとも旅の間は、体を動かすことがあまり好きではないらしい。結局のところ、いちばん若い十歳のメンバーが一着になり、上智の学生の一人が二着、そして私が三番だった。賞品を渡すのは、ツアーの最終目的地に着いてからということにしたのだが、それにしても、城から見はるかす眺望は、まさしく息を呑むばかりで、苦労して登った甲斐は十二分に報われた。実は、使徒聖ヤコブの姿が、イスラム軍と戦うキリスト教徒の軍勢の上に、みずからも戦士の形を取って示現したのは、まさしくこの城でのことだったという。この聖人が、いささか血なまぐさい異名ではあるけれども、「ムーア人の殺戮者」という称号を得たのは、実にそのためだったのである。

次の都市はレオンだった。昔のレオン王国の首都である。この時代には、先程述べたカスティリアの領主は、実はこのレオンの王に忠誠を誓う伯爵にすぎなかったのだ。この町にも壮麗なゴチックの大聖堂があり、特にそのステンド・グラスは、有名なシャルトルのステンド・グラスに匹敵するほどのすばらしさだった。大聖堂の隣には、さらに古いロマネスク様式の修道院があり、ここのフレスコ画も実に愛すべきものだった。近くには、昔は巡礼者たちを泊める旅籠《はたご》があったが、今では「パラドール」という、全国にネットワークを持つ豪華なホテルになっている。私たちの宿泊したのは、旅行業者が手配してくれた近代的なホテルだったが、一度くらいは、こんな贅沢なホテルに泊ってみたい気がしないでもなかった。ただ、そういう所に泊るには、相当の大金を払わなければならないし、ずいぶん前から予約を入れておかなくてはならない。それにしても、その装飾はまことに趣味がよく、典型的なスペイン風で、黒と白とですっきりと統一され、さながら十六世紀、フェリーペ二世の黄金時代を思わせる。今度の旅でも、この先サンチャゴで同じようなホテルを目にすることになったが、ここもかつての巡礼宿だった。この種のホテルは、実はほとんどが歴史的建造物で、各地の城や砦と同様スペイン政府が買い取り、観光事業の振興を図《はか》っているのだ。

レオンを発《た》った日は、この旅行中でもいちばん暑い日で、気温は四〇度以上まで跳ね上がったが、途中、小さなロマネスク様式の教会に立ち寄った。かつては、聖ヤコブ騎士修道会が持っていた教会で、その分厚い壁が外の熱気を防いでくれたのは、思いがけない救いだった。祭壇の奥のキリストの受難図は、今まで目にしたどんな受難図よりも強い印象を受ける絵だった。早速写真に撮ったが、このスライドは、私の持っている宝物の中でも、いちばん貴重な品のひとつとなっている。外に出ると、たまたま土地の農夫たちに出会い、氷のように冷たい泉の水を飲ませてくれた。焼けつくような喉を潤すには、これ以上ない御馳走だった。

さて、運転手のハンドルさばきは相変らず無造作だったが、ともかく無事に最終目的地、サンチャゴに到着。翌朝は早速、この歴史的な都市をガイドつきで観光した。ここは実は、おたがいに抗争を繰り返していた北スペインの小国家群に、共に南のイスラム勢力と戦うという、統一した理想を与えた所だったのである。町を一巡した後、最後に大聖堂に向かい、荘厳な正午のミサに参列した。私自身は聖具室に行き、司祭の一人として共同ミサに加えてもらう許可を仰ぐと、快く許してくれた。ほかの司祭たちとミサの始まるのを待っていると、さらに二人、別の司祭が入ってきた。はるばるナヴァラの神学院から、本物の巡礼として歩いて旅してきたのだという。この二人と一緒にミサをあげるのは、少々恥ずかしい気がしないではいられなかった。私など、バスに乗ってきたニセ巡礼にすぎない。けれども二人は、まさしく本物の巡礼なのだ。

午後は商店街を回って、例のクラヴィーゴの城で競争に勝った二人のために、何かいい賞品はないか探して歩いた（あの時は、三位の人まで賞品を出すと約束したけれども、三位はほかならぬ私だったから、賞品は二つでよかったわけである）。ようやく見つけたのは、三匹の動物のミニチュアで、ウサギとカメとカエルである。ウサギとカメとは、例のイソップの寓話の登場人物で、どちらが早く目的地に着くか競争したのだから、今度の賞品にはピッタリだろう。それならカエルはどうかといえば、実は、ツアーに参加している上智の学生の一人にソックリだったのだ。

その晩はホテルで、全員そろって「最後の晩餐」を共にした。ひとつには、バスの運転手は翌日、一同がマドリッドに着いた時にお別れということになるので、今までの運転の慰労という意味もあったが、お城に登る競争の勝者に、約束どおり賞品を手渡すためでもあった。けれども私は、賞品を一人ひとり、別々に手渡すのではなく、三つの品物を全部まとめて、一着になった十歳の女の子に渡し、二着の人にはどの動物をあげたらいいか、あなたが選んで渡しなさいと頼んだ。女の子は、目が飛び出さんばかりマジマジと、例の女子学生の顔を見つめ、やおら、カエルを選んで差し出したのである。だが当の学生は、私にむかっていったのだ。先生は、この女の子の責任のように仕向けていらっしゃるけれど、実は最初から、カエルは私にぴったりだと、そう考えてらしたのでしょうと。

しかし私の意見では、カエルは別に馬鹿にすべきものではないどころか、むしろ、このサンチャゴのような聖なる土地にこそふさわしい。カエルは、いわば、聖なるものの受肉の象徴といえるのではないかと考えているからだ。現に芭蕉は例の俳句で、「古池や　蛙飛こむ　水のをと」と歌っているではないか。この句は実は、永遠なる時間と、そこに突然、天地の創造、さらにはキリストの受肉が介入した瞬間を詠んだものだと、少なくとも私はそう解釈している。

さて、私が二度目にイベリア半島を巡礼したのは、コロンブスの新世界発見五〇〇周年を記念するツアーの時で、一九九二年のことである。とはいえ実は、最初に考えていたのは、スペインではなく聖地への巡礼で、例によってまずイギリスから出発し、イタリア、ギリシアを経《へ》てエルサレムに向かう旅を計画していたのである。しかし、イスラエルの政治情勢は相変らず不安定だったし、それに途中、アテネで飛行機を乗り換えなくてはならないという。つまりロンドンから聖地まで、同じ航空会社で通すことができないわけで、これでは単に不便なばかりではなく、旅費が余計にかかることになってしまう。そこでこの年は、コロンブスの記念の年ということもあって、エルサレムではなくスペインに行くことにし、また、北部のサンチャゴに向かう巡礼路をたどるのではなく、逆に南部の、かつてはイスラムの支配下にあったセヴィラ、コルドヴァ、グラナダなどを訪れることにしたのである。

そんなわけで、今度はまずギリシアから出発することにし、アテネ、スニオン、コリント、デルフォイなどを回った。みな、いかにもロマンティックな響きを帯びた——というか、古代ギリシアの古典の連想を帯びた地名ばかりだが、私には、いわば古なじみの土地だった。つまり、ウィンブルドンやオクスフォード時代、学校や大学で習った場所であるばかりではなく、これまでのツアーですでに訪れたことがあったからだ。けれども今度の旅では、デルフォイのさらに奥、山岳地帯の中心にある、まさしく人里離れた所まで足を延ばした。メテオラと総称される断崖絶壁の岩山の群の、その一つ一つの峰の上に築かれた、一群の中世の修道院を訪れたのである。その中のどれか一つだけでも、築くのはもちろん、そこで生活するのにもまた、まことに厳しい努力を要したはずで、祈りと孤独と苦行を熱望する中世の修道士でなくては、とても耐えられぬことだったに違いない。あえてこうした生活を求めたもうひとつの条件は、息を呑むような景観にたいする鑑識眼だったのではあるまいか。つまりは、神の創造の偉容にたいする畏敬の念にほかならない。

けれども、ツアーに参加している日本人の学生たちは、絶壁の頂上に立つ自分の姿を撮ることにしか、興味がない様子だった。それもわざわざ、断崖ギリギリの所に立ちたがるのだ。危ないからやめなさい、どうしても自殺したいのなら、せめて日本に帰ってからにしなさいといっても、一向に効果がない。とにかくまず写真を撮ってから、ようやく警告に従うのだ。もうひとつ、今も記憶に残っているエピソードがある。修道院の中には、ズボンをはいた女性は入れないと、あらかじめ知らされていた。そこで女子学生たちのためには、わざわざテーブル・クロスを用意し、腰に巻いてもらうことにしたのである。さぞ奇妙な格好になるだろうと思っていたのだけれども、実際に身につけてみると案に相違し、びっくりするほど優雅に見えた。まるで、最新流行のキモノ・スタイルかと思えたのである。

イタリアでは、ごく標準的な観光スポットを回った。つまり、まずローマでは、聖ペテロ大聖堂、ヴァチカン美術館、システィナ礼拝堂などだが、私には、さして魅力は感じられない。バロック様式は、あまり好きではないのである。それよりむしろ、古代ローマの遺跡の数々――例えば、かつての広場《フォーラム》の跡とか、中でも特に、巨大なコロシアム、それにカラカラ帝の大浴場の廃墟のほうが印象深い。次にはアッシジに向かったが、こちらはさながら、中世の世界と聖フランシスコの生涯との生きた博物館で、特にジョットが描いた、聖フランシスコが小鳥に説教している姿は、比類を絶する名画だと思った（実は私自身も、上智のキャンパス内にある修道院の自室で、カナリアにむかっていつも説教しているのだが）。それからフィレンツェに向かったのだが、別にミケランジェロのためではない。私は、バーナード・ショーがシェイクスピアを軽蔑すると公言したのに劣らないほど、率直に言ってミケランジェロは嫌いなのだ。フィレンツェでのお目当ては、むしろミケランジェロの先輩、フラ・アンジェリコだった。かつてのサン・マルコ修道院（現在は美術館）の壁には、フラ・アンジェリコのみごとなフレスコ画の数々が描かれているからである。

実は、この前のツアーでフィレンツェを訪れた時は、まったくの悲劇だった。第一に、フィルムをきちんとカメラに入れてなかったために、三六枚のスライド全部をダメにしてしまった。第二に、イタリア人の運転手が薦めてくれたレストランで食事してみると、とんでもない値段を取られてしまった。第三に、その同じ運転手が午前中、ミケランジェロ関係の美術館を全部回ってくれたのだが、サン・マルコ美術館は午後も開いているから、ゆっくり見ることができると請け合ってくれたのに、それは大間違いで、午後はシエスタのために、ずっと閉まっていたのである。イタリアではどこでも同じだが、午後の仮眠の時間は、店も何も、しばらく閉めて休んでしまう。運転手も、それは当然知っていたはずだ。けれども今度は、ありがたいことにシエスタの時間を外れていたので、無事にフラ・アンジェリコの傑作を、心ゆくまで嘆賞することができた。つまり、ダンテの『神曲』が *Divina Commedia* ――「神聖な喜劇」と呼ばれるのと同じ意味で、悲劇は一転、今度は喜劇に終ったのである。

英語には、“Rain, rain, go to Spain, fair weather, come again.”「雨よ、雨よ、スペインへ行け、いいお天気よ、帰っておいで」という童謡があるが、このツアーの最後は私たちも、雨と同様スペインに行った。ただ、スペインでも特に陽光あふれる南部だったから、一緒に雨までついて来なかったのは幸いだった。英語にはまた、“Rain falls in the plain of Spain.”（「雨はスペインの平野に降る」）という早口言葉があるけれども、セヴィラを出てから後は、もう平野はなく、山地ばかりだったのも幸いしたのかもしれない。セヴィラからは、アルカザールやヒラルダの山々の眺めがみごとだった。こうした山には、頂上まで馬に乗ったまま登れるというが、人間のほうはともかく、馬のほうはヘトヘトになるに違いない。

セヴィラからは、特にヘレスまで足を延ばして、有名なシェリー酒の醸造所を訪れ、シェリーの作り方の秘密を見学したのだが、ここで聞かされた話には、いささか驚かざるをえなかった。ヘレスの農家では、ブリュッセルにいるEU本部のお役人から、シェリー作りに専念するために、これからはオリーヴ・オイルを作ることを禁じられ、オリーヴの木は、全部伐採するよう命じられたというのである。これこそまさに、官僚の横暴ぶりの最たるものというべきだろう。

セヴィラには、もちろんコロンブスの墓もあって、私たちも当然、詣って敬意を表したけれども、特に目を引くような点はなく、むしろ意外なくらいだった。学生たちが、それよりはるかに興味を示したのはフラメンコの踊りで、日本では、セヴィラは何よりフラメンコで有名なのである。とはいえ、踊りを見ることになった晩には、私自身は、この地で修道院長をしているイエズス会の友人と、夕食を共にする約束があった。まさか、彼に会うよりフラメンコを見たいなどとは、とてもいえなかった。

セヴィラから、次はコルドヴァに向かった。コルドヴァも、セヴィラと同じグワダルキヴィル川に沿った都市で、私たちはこの川の岸をたどり、上流に遡って行ったのである。大きな川で、中州には牛の群が、ただ黙々と草を食《は》んでいる。いかにも気持のいい風景だ。コルドヴァでは、有名なメズキータ（古いモスク）を見物に出かけた。一部はキリスト教の大聖堂として使われていたが（あまり趣味のよくないバロック様式である）、モスクの本体そのものは、手のつけようもない混乱状態で、近くセヴィラで開かれる博覧会の準備のために、改築の真最中だった。この都市で特に魅力を感じたのは、歴史の古さはいうまでもないとして、中世そのままの狭い街路が、網の目のように入り組んでいることだった。そうした通りの一つで、たまたま、この地で生まれた偉大なユダヤ人哲学者の像を発見し、大いに興味を引かれた。その名をモイセ・マイモニデス（イスラム名ではイブン・マイムーン）といい、十二世紀の後半カイロを拠点に、アラブ哲学の成果に拠ってユダヤ教神学を体系化した人物だが、特に興味を覚えたのは、ほかならぬカトリック最大の神学者、聖トマス・アクィナスが、大いに賞賛した人物だったからである。ちなみに、ロバート・ブラウニングの有名な詩、「ラビ・ベン・エズラ」の主人公は、このユダヤ人神学者をモデルにしている。

この町の街路を歩いていると、時おり家の戸口が開いていることがあり、のぞいて見ると、小さな、いかにも古い時代を思わせる中庭の姿が垣間見えた。コルドヴァはつい先頃、こうした景観でスペイン第一位という賞を得たが、まさしく受賞に値するというべきだろう。

この巡礼の最後のクライマックスとなったのは、グラナダのあの華麗なイスラム宮殿、アルハンブラだった。私たちが泊ったホテルも、宮殿のすぐ近くだったばかりではなく、もちろんもう少し新しい時代に建ったものではあったけれども、宮殿とよく似た様式の建築だった。コロンブスが女王イザベラ一世に謁見し、アメリカに向けて出航する許しを得たのも、実は、この同じ建物だったという（もっともコロンブス自身は、アジアに到達する新しい航路を発見するつもりだったから、大西洋の向う岸を「インド」と呼んだのだった）。グラナダの町の中央広場には、コロンブスと女王の彫像が建っている（ただしコロンブスが実際に出帆したのは、グワダルキヴィル川の下流、セヴィラからさらに下った所だったのだが）。しかし私の目を釘づけにしたのは、何よりも宮殿の建っている丘の稜線で、夢見るような庭園が、次から次へと限りもなく続いている。さらに、その隣の丘の上にもヘネラリフェという庭園があり、目を楽しませる。一方、眼下にはグラナダ市街の眺望が広がり、その景観は地域によって、さらにはまた時刻と共に、たえず変化を続けるのだ。向いの丘の山に、ジプシーたちの住居の群が密集している眺めも物めずらしい。

とはいえここには、サンチャゴ・デ・コンポステラのように、巡礼の旅の最後を飾るにふさわしい聖堂などは見当たらない。すべては世俗的で、五感の楽しみに訴えるものばかりである。ただ、私たちがわざわざこの町まで訪《たず》ねて来たのは、コロンブスの足跡をたどってのことだった。コロンブスはここを出発点とし、セヴィラを経て新世界へと旅立って行ったからだ。ちなみにシェイクスピアも、最後の作品『テンペスト』で、大いなる期待をこめて「すばらしい新世界」を語っている。そして私たちは今回の旅を終え、コロンブスの夢見たはずの「新世界」、日本に向けて帰路につこうとしていた。コロンブスは、大西洋の彼方に到着した時、その土地を「サン・サルヴァドール」と名づけ、ここは日本のすぐ近くだと、固く信じていた。愚かにもというべきか、この土地と日本との間には、実はアメリカ大陸ばかりか、広大な太平洋が横たわっていようなどとは、夢想だにしなかったのだ。トマス・ア・ケンピスもいったとおり、「地上の栄光はかくのごとくにも消え果てる」ということだろう。あるいは『平家物語』にもいうように、「驕《おご》れる者は久しからず」というべきだろうか。

今までお話してきた巡礼の旅は、一九九二年のことだった。けれども一九九四年のローマへの巡礼の最後には、同じイベリア半島の旅として、今度はポルトガルを訪れることになる。それに二〇〇二年には、ヴァレンシアで世界シェイクスピア会議があるので、もう一度スペインを訪れることになっている。一体、スペインがシェイクスピアと何の関係があるのか、疑問に思われる読者もあるかもしれない。なるほどスペインはシェイクスピアの時代、イギリスにとって最大の敵国だったには違いない。しかしスペイン人は、彼らの誇るセルヴァンテスに匹敵するこのイギリスの詩人にたいして、何の興味も抱かぬほどの野蛮人ではない。ちなみにセルヴァンテスが死んだのは、シェイクスピアの没したのと同じ一六一六年だったばかりか、その日付まで、同じ四月二十三日だったのである。とはいうものの、ヴァレンシアで世界シェイクスピア会議の開かれる本当の理由は、五年ごとにいろいろの国を会場に、回り持ちで開かれることになっていて、今度はたまたまスペインに順番が回ってきたということ、それに、シェイクスピアの誕生月に当たる四月は（会議は通例、この月に開かれることになっているのだが）、たまたまオレンジの花の季節に当たっていて、ヴァレンシアは、その特産のオレンジの味ばかりではなく、その花の香りの芳しさでも、世界中にひろく知られているからにほかならない。

アメリカ再訪
――講演と冒険の旅

次の特別研究休暇《サバティカル》がめぐって来たのは、一九八八年のことだった。ただし今度は丸一年ではなく、半年だけの休みである。とはいえ私の計画には、半年だけで十分だった。メリーランド州ボルティモアのロヨラ大学に招かれ、シェイクスピアとホプキンズについて、一学期間、講義を受け持つことになっていたのである。アメリカの北東部では、ちょうど秋に当たっていて、一年中でもいちばん気持のいい季節である。ロヨラ大のキャンパス自体も、まことに魅力的ではあったけれども、滞在中、キャンパスの中だけに閉じこもっているつもりはなかった。シェイクスピアとホプキンズという、この二人の偉大な同国人について、私の話を聞きたいと望んでくれる所さえあれば、できる限り多くの大学に出かけて、二人のメッセージを伝えたいと願っていたからである。そして実際あちこちの大学には、ありがたいことに個人的な知己が大勢あって、喜んで私を招待してくれた。ただ、今度もまた、この前カリフォルニアで経験したのと同様、不便なことがあった。私は、車が運転できないという問題である。どこへ出かけるにも、まず列車か飛行機を利用し、向うへ

着いたら、駅か飛行場まで、車で迎えに来てもらうしかない。しかし、諺にもあるとおり、「精神一到、何事か成さざらん」というもので、たとえ一見、とても無理のように思える場合でさえ、何かしら意外な解決策がひょっこり現われるものだ。これもまた、不思議な神意のなせる業というべきだろう。

だが、まず最初に、ロヨラ大学で私の住んでいた所について、お話しておくべきかもしれない。イエズス会の宿舎はまことに快適だった。神父さんたちも実に親切で、一週間に一度は、映画を見に来ないかと誘ってくれさえした。日本にいると、一年に一度くらいしか映画を見ることはないのだけれども、ここでは、生活のスタイルが一変した。特に変ったのは、一週間に一度は宿舎で映画を見ることになったばかりか、自室に専用のテレビまで置いてある。ちなみにこの時期は、ちょうどワープロが一般に使われ始めた時期だったが、その頃はまだ、始終、故障ばかり起こしていた。人間の作った機械というものは、そもそも故障を起こすものである。直し方を知らないかと問われたけれども、私にわかるわけがない。機械類には、一切手を触れないことにしているからだ。シェイクスピアやホプキンズについて訊《き》かれたのなら、喜んで御要望にお応えすることもできただろうが、およそ機械に関することとなると、まるきりお門違いというほかない。

ロヨラ大のキャンパスで何より気にいったのは、宿舎から教室へ行き来する時、いつも目にするリスたちの姿だった。校庭には樫の木がたくさんあったが、リスたちはその木の下でたわむれ、夢中でドングリを齧《かじ》っている。その後、大学新聞のために学生からインタビューを受けた時にも、ロヨラにいる間、いちばん印象に残ったことは何かと訊《き》かれて、私は答えたのだった。「笑われるかもしれませんが、それはリスです。本当にかわいい。」今から思うと、もうひとつ、私の勉強部屋の窓のことも話すべきだったかもしれない。部屋の一方の壁は、全面ガラス張りになっていて、すぐそばの楓《かえで》の林に面していた。しかもその秋、楓は殊のほかみごとで、日本で目にしたどんな紅葉よりも豪奢だった。ただ、日本の楓の葉のほうが、もっと繊細だとはいえるかもしれない。アメリカでは、繊細と呼べるようなものは、ほとんどどこにも見当たらない。すべてがみごとで、豪奢なのだ。

ボルティモアを出て、どこかに旅行するとなれば、当然考えられるのはまず、すぐ近くのワシントンということになるだろう。上智と姉妹校のジョージタウン大学や、有名なフォルジャー・シェイクスピア図書館をはじめとして、議事堂にしろホワイトハウスにしろ、見物すべき所はいくらでもある。しかしこうした場所はみな、前に訪れた時に見てしまっているし、秋だからといって、特に興趣が深まるといった所でもない。私はむしろ、ニュー・イングランドに行ってみたかった。特にヴァーモント、コネチカット、マサチューセッツなどの諸州で、今頃は、まさに紅葉の盛りのはずだからである。ヴァーモントには、ミドルベリー大学に何人か知人がいたから、「ワーズワースと芭蕉」というテーマで講演の依頼を受け、それを機会に訪れることも、そうむつかしいことではなかった。

ミドルベリー大学では、キャンパス内の愛すべき小屋《コテジ》に二晩泊った。いかにも古き良き時代を彷彿させる、農家ふうの建物である。「ヴァーモント」というのは、元来「緑の丘」という意味だが、その名前からしても、アメリカの田園風景を素朴な筆致で描いた画家、グランマー・モーゼスを連想しないではいられなかった。だから、宿舎のこの小屋に案内されて、中から年輩の婦人が現われた時には、思わず声を上げざるをえなかったのだ――「ああ、グランマー・モーゼスさんですね！」婦人がこれを、褒《ほ》め言葉と取ってくれたので助かったが、かりにそうは受け取らなかったとしても、ニッコリ笑って、不満げな素振りなど見せなかった。実は彼女は、かつてこの大学で教授だった人の未亡人で、まことに上品そのものだった。まさにうってつけの宿の、うってつけの女主人である。この時、講演でどんなことを話したのか、例によって私自身は忘れてしまったし、聴衆のほうでも、多分、大抵は忘れてしまっているのだろうが、この時の滞在でいちばん強く印象に残っているのは、この宿と、夜空一面にまたたいていた星の眺めである。日本では、こんな星空は絶対に見ることはできない。いつでも、スモッグで曇ってしまっているからだ。だがあの晩は、ホプキンズも歌ったとおり、私もさけばずにはいられなかった――「星々を見よ！　あの星空を見上げるがいい！」

この時の訪問で、困ったことが一つだけあったが、それは自然にかかわることではなく、機械と人間にかかわることだった。車で空港まで送ってもらったのはいいが、ボルティモアに帰る飛行機がキャンセルになってしまったのだ。おまけに、何の謝罪もなければ、代りの便も用意しないという。となれば、別の飛行機でニューヨークまで行って、そこでボルティモア行きに乗り換えるしかない。ボルティモアの空港には、神父さんが車で迎えに来てくれていたのだけれども、私の着くのがあんまり遅くなってしまったので、あきらめて帰ってしまおうと決めたところだったらしい。私が空港から出て来たのは、後になって神父さんの話してくれたところによると、ちょうど彼が、もう帰るつもりで、空港を出た直後だったのだという。そんなこととは知らない私は、タクシーに飛び乗って大学に急行し、ようやくのこと、夕方のシェイクスピアの講義に、ギリギリ間に合ったのだった。

もう一つ、その秋みごとな風景を嘆賞したのは、マサチューセッツ州西部にあるマウント・ホリオーク大学を訪れた時だった。その晩は、二人の友人と一緒に一泊したのだが、一人はホプキンズの研究家、もう一人はシェイクスピア学者だったから、シェイクスピアがホプキンズに与えた影響について、三人で遅くまで話し込んだものだった。ただしこの時は、飛行機の乗り継ぎも自動車の送り迎えも、問題は何一つなく、すべてがスムーズに運んだから、この点については、格別お話すべきことはない。ただ、風景は実にすばらしかった。特にみごとだったのは、大学の裏手の丘を登ってゆく、曲りくねった道からの眺めで、まさしく絶景だった。

これにたいしてカナダについては、いうべきことが山ほどある。カナダに出かけたのは、オタワ大学で講演をするためだったが、スケジュールどおり着いたのはよかったのだけれども、それ以外は、ありとあらゆることがことごとく、みごとに狂ってしまったのだ。そもそもの最初は、トマス・モアについての会議に出席するために、ロード・アイランド大学に行ったのだが、ボルティモアの駅を発《た》ってかなり経《た》った頃になって、ふと不安になってきた。ひょっとすると、カナダに入国するのには、パスポートが必要なのではないのだろうか。しかし、もちろんパスポートは、ボルティモアの私の部屋に置いてきた。ところが私は、ロード・アイランドからボストン経由で、直接モントリオールに行くことにしている。ロード・アイランド州キングストンの駅に着くと、女性の教授が車で迎えに来てくれていて、大学まで乗せて行ってくれたのだが、早速、彼女に訊ねてみると、「いいえ、そんな必要はないと思います」という。だから私も安心して、パスポートの件はそのままにしておいたのだ。

ロード・アイランドからボストンまでの間にも、細かい点で困ったことはいろいろあった。けれども、今いちいちくわしくお話するには及ばないだろう。というのも、ボストンの空港に着いてから、いよいよ最大の難題が降って湧いたからである。搭乗カウンターで、モントリオール行きのデルタ航空のチケットを見せると、係の女性が、アメリカ市民たることを証明する書類か、運転免許証を見せてくれという。そんなものは持ってないと答えると、女性はそれ以上、別に文句はつけなかった。ところがである。いよいよ飛行機に乗りこむ段になって、今度は男の係員が、パスポートがなければ搭乗できないというのだ。一体、どうすればいいというのか。はるばるボルティモアまで戻ってパスポートを取ってくることなど、今さらできるわけがない。第一モントリオールでは、みんなが私の到着を待っている。私にできることがあるとすれば、ロヨラ大学の誰かに電話をかけて、私の部屋のパスポートの置いてある所を教え、ボルティモアの空港まで持って来て、ボストン行きの次の飛行機のスチュアデスに頼みこみ、運んで来てもらうほか方法はない。

それから八時間というもの、私はボストンの空港で、ひたすら待ちつづけていた。ボルティモアから飛んで来た飛行機は、次から次へと何機も到着するけれども、私のパスポートはまだ来ない。その間、私にできることといえば、ただ、モントリオールのイエズス会士の友人に電話をかけて、この絶望的な情況を説明することとしかない。だが、ようやくのことに、スチュアデスがパスポートを持って到着。私の喜びはこの上もなかった。まさに『リア王』にもあるとおり、「苦難ほど、奇蹟を知らしめるものは他にない」(二幕二場)という経験だった。

それはともかく、その日はもうモントリオール行きの飛行機はなく、翌朝一番の便に乗って、ちょうど友人と昼食を共にする時間に間に合い、それから急行バスでオタワに向かったのだが、そのバスに乗りこむについても、実はひと騒動あったのだ。長い列が出来ていて、もう空いた席はないという。けれども乗客の一人が、同行するはずの仲間がまだ来ないので、出発を取りやめなくてはならなくなり、その代りに、私がようやく乗りこむことができたのである。そうやって、ようやくオタワに着いてみると、まさにギリギリのところで、講演を始める時間に間に合ったのだった。これもまた、シェイクスピアがいったとおり、まさに「終りよければすべてよし」だったというわけである。

そのほか、アメリカの大学を訪問するについて、思わざる冒険をする結果になった場合は少なくない。ひとつはインディアナ、その後はテキサスに行った時のことである。どちらの場合も、例によって友人に、空港まで送り迎えしてもらうことになっていた。ただ、まったく予想していなかったのだが、旅行会社がいささか頼りないこと、それにまた、イギリス英語とアメリカ英語の発音の違いが、肝心な時に決定的な間違いを生むことを発見し、まったく痛い目に遭ってしまったのである。つまり、インディアナポリスで、テキサスのダラス（Dallas）行きの航空券を頼むと、旅行会社の店員は、ダレス（Dulles）と聞き間違えたらしい。ダレスといえば、ワシントンD・C・の「ダレス空港」のことではないか！　幸い手遅れになる前に、私はこの間違いに気がつき、正しい切符に直してもらったのだった。

ところで、まだインディアナ州のブルーミントンで、ダラス（つまりテキサス州のほう）に行く飛行機を待っている間、インディアナ大対アイオア大のアメリカン・フットボールの試合をテレビで見ていた。友人がそばにいて、この不可解なゲームのルールを、こと細かに説明してくれていたのだが、この友人が、立派なシェイクスピア学者でありながら、心のもう一方の半分では、ほとんどのアメリカ人と同様、この「フットボール」なるものに、これほどまで熱中しているということに、いささか異様の感を抱かざるをえなかった。第一、われわれイギリス人にとっては、「フットボール」といえば「サッカー」のことであって、今、現に目にしているこの奇妙な競技は、フットボールとはまったくの別物である。ゲーム自体よりもいちばん強い興味を感じたのは、むしろチア・リーダーの女性たちの、ゲームそのものよりさらに異様——というか、不可解というか、とにかく奇妙な振舞いだった。不可解の感をさらに強めたのは、彼女たちのアクロバティックな行動が、どう見ても、味方のチームを応援する役目を全然果たしていないとしか、少なくとも私には思えなかったことである。ただ観客にたいして、曲芸をして娯《たの》しませているとしか見えないのだ。

さてテキサスでは、約束が二つあった。一つは、デントンにあるノース・テキサス大学の友人に招かれ、講演をすること。ここで大いに興味を引かれたのは、もちろん私自身の講演ではなく、この町の監督派教会のステンド・グラスに、私の恩師、あのC・S・ルイス先生の姿が、聖人として描かれていたことだった。これには実際、びっくりした。

それから次は、同じ友人が車を運転してくれて、テキサス州中部の都市、ウェイコーまで連れていってくれた時のことである。この町のベイラー大学で、やはり講演をしたのだが、講演が終ると、また別の教授から、彼が会長をしているC・S・ルイス協会の集まりで、ルイスの思い出を話してくれるように頼まれた。もちろん、喜んで話をしたのだが、話をしている間に、ドアにノックの音がする。会員のみんながニコニコしながら、ドアを開《あ》けてごらんなさいというから、ゆっくり扉を開いてみると、子供たちの一団が待ちかまえている。ハロウィーンのお祭りで、家から家へと歩いて回り、「いたずらか、それともお菓子か（"trick or treat"）」とさけんで、お菓子をねだる習慣があるらしい。ちなみにイギリスでは、こんな形で「ハロウィーン」の祭りを祝う習慣はない。ただアメリカには、そういう慣習があるということは知っていた。しかし子供たちは、話に聞いていたように、奇抜な、お化けみたいな仮装などはしていない。ただ普通の服装だったし、それに子供といっても、小学生くらいの齢ではなく、みな一〇代なかば以上の少女たちばかり。だから私も、こう訊《たず》ねざるをえなかったのだ——「どうしてみんな、人を恐がらせるような仮装はしていないの？」それでもやはりクッキーを（つまり、イギリス英語でいえばビスケットを）渡すと、みんな満足して去って行った。

その秋アメリカに滞在していて特に記憶に残ったのは、感謝祭（Thanksgiving）のことである。それまでは、ただ漠然と、一日だけ休日になって、授業が休みになる日としか思っていなかったのだが、実際には一週間、まるまる続くお祭りであるとわかった。もうひとつわかったのは、これがクリスマスと同様、家族で祝うお祭りだということである。それに、感謝祭は十一月の末のことで、クリスマスまでまだ一ヵ月あるというのに、どうやら二つの祭りはひと続きになっているようで、感謝祭の時、家の中にも外にも飾りつけたデコレーションは、クリスマスが終るまでそのまま残っているのだ。実際アメリカでは、何をやるにしても必ず、まことに大仕掛けにやるものだと感じざるをえなかった。

さて、感謝祭の当日は、イエズス会の友人に誘われ、彼の家族の集まりに呼ばれた。友人は私と同様、日本に住んでいるのだが、これもまた私と同様、この年は特別研究休暇で故郷に帰っていたのである。それで、私たちは二人して、彼の兄弟の家に出かけたのだった。行ってみると、大家族一同がみな集まっていて、おじいさん夫婦から孫たちに至るまで、あらゆる年齢の親族が顔をそろえている。まことに盛大な、すばらしい集まりで、これこそまさに、アメリカの偉大な魂を具現するものだと思った。アメリカの魂を象徴するのは、壮大な大自然の景観でもなければ、宏壮、巨大なビル群でもない。実は家族であり、家庭なのだ。というのも、アメリカ人は元来、大多数が移民で、旧世界の故郷からはるかに遠く離れているからこそ、余計に家族を大切に守り、伝えてゆこうとするのではないのだろうか。

その後、十二月の初めになって、もうひとつ、記憶に残る週末があった。ペンシルヴァニア州に行った時のことである。州最大の都市フィラデルフィアには、それまでにも訪れたことがあった（ちなみにこの地名は、ギリシア語の「フィルリアデルフォス」、つまり「兄弟愛」から命名したものだという）。その時は、イエズス会系の聖ヨゼフ大学で講演するためだったのだが、今度は、広大なペンシルヴァニア州の、フィラデルフィアやボルティモアとは逆に、西の端に位置する工業都市、ピッツバーグに行ったのである。例によって、車に乗せてもらって出かけたのだが、途中で、いわゆる「アーミッシュ地域」を通った。昔ながらの生活様式を、固く守り続けているプロテスタントの一派が、周囲の世界が近代化と道徳的退廃に向かっているのに抵抗し、十八世紀の習俗をあくまでも固守して生活している地域である。私もこの人々の態度に、ある種の共感を覚えざるをえない。たまたま私たちが通りかかった時、アーミッシュの女性が二人、いかにも古風な服装で小型の馬車に乗り、ゆっくり走ってゆく姿を目にすることができた。さながら、歴史物の映画の一コマそのままだった。けれども実は、アーミッシュの人々の姿を見ることができたのは、この二人の婦人だけだった。この人々は、世間の人々の目に触れることを嫌い、幹線道路を避けたがっているからである。

最初に立ち寄ったのは、ワーナーズヴィルにあるイエズス会の修練院だった。田園地帯の真中である。日曜の午後、友人がここまで車で来て、迎えてくれる約束になっていたのだが、一向に現われない。二時間以上待って、ようやく着いた彼の話では、エンジンのトラブルでこんなに遅れてしまったのだという。院はずいぶん大きな建物だったが、入口には誰もいず、私の泊るはずの部屋まで案内してくれる人もいない。私は入口の外で、陽射しの中にすわっていた。十二月の初めとしては、寒さはそれほど厳しくもなく、秋も終りのあたりの景色を眺めているのは、結構楽しかった。建物は小高い丘の上にあり、下のゆるやかな谷には鉄道が走っているらしく、時おり蒸気機関車が煙を吐く音が、ゆっくり通り過ぎてゆく。その響きが、晩秋の静けさをさらに深めるのだった。そのうち、ようやくのこと友人が車で来てくれたのだが、その時までには、私はアメリカについて、いちばん貴重な思い出を胸に刻みつけていた。静かに耐えて待つことに、神が与えてくださる至福の賜物というべきだろうか。

ピッツバーグでは、デュケーン大学で二度講演した。一つはシェイクスピアについて、もう一つはホプキンズについて。そもそも私がこの国に来たのも、もっぱらこの二つのテーマについて話すためだったのだ。その前の晩には、この大学に関係のある「霊的教育研究所」という所で話をするよう頼まれた。あらかじめ題目を決めていたわけではなく、所長と会話している中から思いついたのだけれども、私の得意のテーマ、「シェイクスピアにおける無」について話すことに決めたのである。実際、この「無」というテーマほど、深いインスピレイションを与えてくれるものはない。それも単に、シェイクスピアやホプキンズに関してばかりではない。ほかの誰に関しても、これ以上に想像力を掻き立てるテーマは見当たらないのだ。まず「無」から話を始めれば、たちまち、シェイクスピア自身『アテネのタイモン』で、主人公の口を借りて端的に語っているとおり、「無こそ、あらゆるものをもたらす」(五幕一場)のである。ただ単に、「無」の中に多くのものがふくまれているというだけではない。「無」の中には、実はあらゆるもの、一切があるということだ。とはいえ、ただ普通の、全否定の言葉としての「無」ではない。つまり、絶望したマクベスが語る有名な独白の、人生は阿呆の語る物語、「意味するところは無だ」という場合の「無」ではなくて、いわば、大文字で始まる「無」(Nothing)なのである。

これは実は、シェイクスピアの全作品を貫いているテーマなのだが、シェイクスピア学者の中でも、この根本的な主題を意識している人はほとんどいない。実は、専門であるはずのシェイクスピアを、本当に理解している人など、ほとんどいないからにほかならない。いわゆる「論語読みの論語知らず」の好例である。聖書でいうなら、イエスが律法学者やパリサイ人について語っているのが、まさしくこのことなのである。

彼らは生涯、モーゼの律法を研究してきた。けれども彼らは、モーゼの律法について何を知っているというのか。何も知らない。それこそ、マクベスの意味での無である。だが、もし彼らが、自分は何一つ知らないと知り、みずからが無知であると悟りさえすれば、律法についても預言者たちについても、あらゆることを知ることになるだろう。私が大学で聴衆に語ったことのうち、何よりも重要なことはこれだったのだが、はたしてこのポイントが、首尾よく聴衆の心に届いたかどうか。多分、届いたことだろう。というのも、「無」はあらゆる所に行き渡っているはずなのだから。

　この地方で講演するのは、これで終ったわけではなかった。オハイオ川を渡ってオハイオ州に入り、ステューベンヴィルのフランシスコ会系の大学で、これも私の得意のテーマ、「シェイクスピアとカトリシズム」について話した。例によって、講演でどんなことを話したのかは憶えていないが、夕食会の会話では、たまたま「恩寵のクモの巣」ということが話題になった。必ずしも、「恩寵のクモの巣」という言葉そのままが出て来たのではないけれども、日本語の諺でいえば、「天網恢《かい》々疎にして漏《も》らさず」という表現に似ているかもしれない。いずれにしてもこの話題は、私が「無」について語っていたことと、ピッタリ一致していたといえるだろう。神はいつでも「無」を用いて、神意の実現を果たされるからである。これはまさしく、「恩寵のクモの巣」と呼んでいいのではあるまいか。

　このキャンパスで特に印象的だったのは、フランシスコ会発祥の機縁となった礼拝堂にちなむ小さな礼拝堂だった。まわりは木々に囲まれていて、中に入ると、大勢の学生たちが祈っている。実にめずらしい大学だ。外の木々の間には小さな祭壇があり、絶えることなく灯りが燃えている。母の胎内にいるうちに、命を絶たれてしまった無数の嬰児のために点《とも》されているのだ。この世に生まれ出ることを望まれず、殺されてしまうことを母親自身が認めたのである。なんと残酷な殺戮だろう。

　私にとって、いかにもアメリカ流を象徴していると思えたのは、単に飛行機ばかりではない。鉄道もまさにそれで、アメリカでは「アムトラック」という名前で通っている。ボルティモアから東海岸のいろいろの都市に行くには、ワシントンでもフィラデルフィアでも、トレントン、ニューヨーク、ロード・アイランド、あるいはボストンでも、みな鉄道を利用した。だが正直にいうと、アメリカの列車はあまり好きにはなれなかった。どこの駅でも、大事なアナウンスを流すのに、人種差別などしていないことを示すためだろうが、往々にして、白人以外の人々を選んで放送させる。ところがそうした人たちの発音は、義理にも標準的とはいいかねる。だから私も、自分の乗った列車が間違っていないかどうか、自信のもてないことが始終だった。これでは、人種差別をしてないことは自慢できるかもしれないが、常識をわきまえているとは自慢できない。

　それはともかくとして、こうして列車で出かけた旅のうち、二回はニューヨークが目的地だった。別に、この巨大都市に特に魅力を感じていたからではない。ニューヨークといえば、まず連想するのはセントラル・パークや地下鉄の強盗のことだった。ここへわざわざ出かけたのは、実は二度とも、特別の招待を受けたからである。

　第一は、マンハッタン北部のハドソン川沿い、いわゆるリヴァーサイドにある宏壮な建物で、カトリック信徒の聴衆を前に講演するためだった。このあたりは、裕福な人々の住居が集中している高級住宅地で、集まりのあった建物も、以前は有名な映画スター、ダグラス・フェアバンクス・ジュニアが住んでいた家だという。その後、中国人の枢機卿が住居としていた所だった。講演の題目は、「シェイクスピアのカトリック的背景」というものだったが、その話自体よりも鮮明に記憶に残っているのは、行き帰りに利用した地下鉄のことである。ニューヨークの地下鉄は、少なくともその当時、汚い上に治安の悪いことで悪名が高かったけれども、幸い私自身は、不愉快な事件には遭わずにすんだ。ただし、アムトラックのペン・ステイションでは、若者が近づいて来て、家に帰る切符代をくれとせがまれたことがあった。下手に断ってピストルを突きつけられたり、ナイフで脅されたりするよりはと、相手のいうとおりの金額を、むしろ喜んで渡したのだった。

二度目にニューヨークを訪れたのは、アメリカ滞在も終りに近くなった頃のこと、聖トマス・モア教会で、モアとシェイクスピアについて講演を頼まれた時だった。その前に一度、ロード・アイランドで開かれたトマス・モア学会で話したのと、ほぼ同じ内容だったが、今度のこのニューヨークの講演は、ほかの場合よりはよく記憶に残っている。というのも、前にステューベンヴィルでも話した内容だったからで、その要旨はつまり、シェイクスピアの劇は結局、イングランドからカトリック信仰が消し去られたという悲劇を嘆く、一種の哀歌と見ることができるということ、その意味で、聖トマス・モアの嘆きを引き継ぐものと解釈できるということだった。

さて、ボルティモアに滞在するのも、いよいよ後一日となった日は、たまたま、聖母無原罪のお宿りの祝日に当たっていたが、そのミサの後、聖具室でこの大学の神父に、ロヨラ大でいちばん貴重な記憶として残っているのは、前にも書いたとおり、キャンパスで無邪気に遊ぶリスの姿だと話したところ、相手は少々ガッカリした顔をした。ここの教授や学生たちが、いかに親切にもてなしてくれたか、感謝の言葉が聞けるものと期待していたらしい。だが、私はいったのである。もちろん私の感謝の念は深いけれども、しかしリスのほうが、人間よりもすぐれている点が一つある。聖母と同様、リスたちもまた、無原罪でこの世に生まれてきたからだと。リスのことは、もちろん冗談にすぎないけれども、アメリカ滞在全体を振り返って、私は感慨をこめて語ったのだ。「この国は、一見いかにも世俗化しているように見えるけれど、キリスト教の信仰は、にもかかわらず、根深く、力強く生きつづけている」と。これこそ、実際、私の偽りのない結論だったのである。

ホプキンズとニューマンの足跡を探ねて

一九八八年のアメリカ冒険旅行に引き続いて、二人の偉大なカトリック文学者の足跡をたどるべく、特別に巡礼の旅を計画した。共にヴィクトリア女王の時代に生きたジェラード・マンリ・ホプキンズ、ジョン・ヘンリー・ニューマンの二人である。どちらの文学者にも、日本には専門の学会があり、私も実は、一方の会では「名誉会長」、もう一方では「名誉会員」として所属している。ところで、たまたまこの頃、二人の死後一〇〇年の記念の年を、相次いで迎えることになっていた。ホプキンズが、故国イングランドからは遠く離れたダブリンで、ほとんど世に知られることもなく他界したのは、一八八九年十月のことだったし、他方ニューマンが、盛名のうちにバーミンガムで世を去ったのは、翌一八九〇年八月のことだったからである。そこで私は、日本のそれぞれの学会で行なう没後一〇〇周年の行事に合わせるばかりでなく、カトリック世界全体の記念行事にも合わせて、特別のツアーをしなければならないと考えたのである。

だがこの時になって、それまで以上に鮮明に、あらためて意識することになったのは、この二人の文学者が、霊的にはいわば師弟、ないし親子の関係にありながら、おたがい、いかに対照的かということだった。ホプキンズはイエズス会士の詩人として、生涯の大半は田園地帯で過ごし、主としてその風景からインスピレイションを得たのにたいして、ニューマンはカトリックの枢機卿として、傑出した散文で著作を世に問うたが、その生涯は四つの都市で送った。ロンドン、オクスフォード、バーミンガム、そしてダブリンである。なるほどホプキンズも、生まれたのは私と同じロンドンで、これもまた私と同様、学生時代はオクスフォードで過ごしたけれども、バーミンガムでニューマンの指導を受けたのは一年間にすぎなかったし、生涯の最後はダブリンに暮らしたとはいえ、この都会の中にあっても、孤独のうちに生活したのだった。

まず、ホプキンズ・ツアーから話を始めなくてはならない。彼の生涯は、世間的な意味では、けっして恵まれたものではなかった。単に、四十四歳の若さ、しかも異郷のダブリンで、孤独な死を迎えたというばかりではない。その作品も、生前は、まったく世に認められることはなかった。現在でこそ、あらゆる時代を通じて最大級の詩人とまではいわなくとも、同時代の詩人の中では最高の存在と広く認められているけれども、世を去った時には、その詩作活動はすべて、無駄に終ったかとさえ見えたのである。それはともかくとして、今度のツアーには、かなり大勢の参加者が集まった。ホプキンズ協会のメンバーに加えて、上智の学生も合わせると、総勢三五人である。最初に訪れたのは、ランカシャーにあるストーニーハースト神学院だった。ホプキンズが三年間、哲学の勉強に熱中した所である（私の場合は、ヒースロップ神学院だったが）。われわれが訪ねた時には、私の友人のイギリス人で、やはりイエズス会の神父が、ホプキンズに関するワークショップを開いていて、私たちも参加した（ただし日本人は、上智の学生やホプキンズ協会のメンバーでさえ、英語はそう得意ではなかったのだけれども）。しかし、ワークショップは別として、ランカシャーの中でもこの一帯の田園風景は、もっと南の工業地帯からは遠く離れて、ペナイン山脈につながる荒地や原野に近く、深く心を楽しませてくれるものだった。特に印象深かったのは、そうした自然の真中で、ホプキンズの詩の朗読会に出た時のことである。ホダー川のほとり、それも、「ホダーの荒地」と呼ばれている岩山にすわって朗読を聴いたのだった。

けれども、ここの神学院で何より記憶に残っているのは、かわいいアヒルとコクチョウのことである。神学院の古い建物の前庭に二つ並んだ、細長い池に住みついていたのだが、この建物は、シェイクスピアやエリザベス一世の時代まで遡るものだという。アヒルやコクチョウなど、ホプキンズの詩を研究するには、単に気を散らせるだけの邪魔物のように思われるかもしれない。だが、違うのである。ホプキンズにとって鳥たちは、詩想の何よりの源泉となった場合が少なくない。例えば、滑空するハヤブサを歌った「風に舞うもの」、あるいは「海とヒバリ」を見るがいい。とはいえホプキンズの詩の中に、直接アヒルやコクチョウを主題にした作品があるわけではない(ただ、あえて付け加えておくなら、シェイクスピアのことを、友人にしてライバルだったベン・ジョンソンが、「エイヴォン川の白鳥」と呼んだことはあったけれども)。

ストーニーハーストから、次にはシェイクスピアの生地、ストラトフォードを経由してオクスフォードに向かい、ホプキンズの母校ベイリアル・カレッジで、穏やかに数日を過ごした。ベイリアルは、オクスフォードの数ある学寮の中でも、最古の三校の一つとして知られている。けれども、中世以来の古い建物のほとんどは、ヴィクトリア時代に野蛮にも取り壊され、当時流行のネオ・ゴチック様式の建物に取って代られてしまった。ホプキンズが初めてオクスフォードに来て目にしたのも、実は、このヴィクトリア式ゴチックの建物だったわけで、私たちがオクスフォードに着いて目にしたのも、やはりこの十九世紀の建築だった。私は別に、ネオ・ゴチック自体に反対というわけではない。ただ、古い、本物のゴチックを、わざわざこの新しい様式に建て代えるとなれば話は別で、というのも本物のゴチックは、たとえどれほど年古りたとしても、一度壊してしまっては、二度と取り返しがつかないからだ。シェイクスピアが、ソネット一〇四番で歌っているとおりである。「美しき友よ、私にとって、君が年老いることはけっしてない。」とはいえ、少なくともこのベイリアルの場合に限っていえば、建て直しの結果は、そう悪くはなかった。改築した「新しい」建物も、それ以来、すでに一五〇年の星霜を経ているからだ。それに学寮全体の雰囲気も、中世の気分を今もよく残していた。ただし私たちが宿泊したのは、ごく新しいウィングで、最新の設備が整っているのは便利だったけれども、美的には、やはり醜悪と感じざるをえなかった。ただし食事は、いかにも中世風の食堂で取ることができたのはうれしかった。

ベイリアルはまた、オクスフォードの中を訪ねるのにはもちろん、その近くを回って、ホプキンズゆかりの場所を探訪する基地としても、至極便利だった。例えば、まずマートン・カレッジである。ホプキンズが特に愛読した中世の哲学者、ドゥンス・スコトゥスが住み、教鞭を取っていた学寮で、ホプキンズがその詩「スコトゥスのオクスフォード」で歌っているとおり、「私の心を誰よりも深く支配し、平安に導いてくれた」人の霊が、今も宿っている所だ。それにオクスフォードの北には、聖アロイシウス教会がある。ここで、ホプキンズは教区司祭として働き、また「ビンジーのポプラ」について、悲しい詩を書いた。近くの川岸に立っていた並木が、最近切り倒されてしまったことを嘆く詩である。それから私の母校、キャンピオン・ホールも訪れた。新しい学寮だから、ホプキンズが目にしたことはなかったけれども、彼の日記の一部が、学寮の貴重な収蔵品として保管されている。

さてオクスフォードから、次には貸切りのコーチでウェールズに向かった。ホプキンズの父祖の地と考えられるからである。もちろん、詩人自身が生まれたのはヴィクトリア時代のロンドンだが、名前からすると、もともとウェールズの出身であるとわかる。イギリス人の姓のうち、語尾にSのついているのは、誰それの「息子」という意味で、つまり「ホプキンズ」という姓は、「ホプキンの息子」ということになる。そしてこの型の姓は、ウェールズ系であることが大半なのだ。ウェールズで私たちの目ざしたのは、ドルゲローという町だった。西海岸に注ぐモーダック川の河口に近く、カダー・リドリス山の懐に抱かれた町である。かつてホプキンズが、ここに住んでいたというのではない。ただ、近くにある「ジョージ」という旅籠《はたご》を訪れ、「ペナン・プール」という詩を書いたゆかりがある。ただし詩は、この旅籠そのものというより、その前にある川の淀みを歌ったものである。セント・バイノの修道院で勉強していた頃のことで、ここで夏休みを過ごしたことがあったのだ。実は私自身も、ヒースロップで勉強していた時代、このあたりで休暇を楽しんだ経験がある。ただ、ドルゲローの町ではなく、旅籠の「ジョージ」でもなく、さらに川を下って、入江に面した海岸の町、バーマスに滞在したのだったが。

ここからさらに北に向かい、まことに雄大な風景を誇るスノードニアを訪れた。ウェールズの最高峰、スノードンの山麓一帯をふくむ国立公園である。次には東に向かってチェスターを訪れた。ここを基地として、セント・バイノの修道院や、その近くのホリウェルを探訪するためである。ホリウェルには、聖ウィニフレッドの事跡にまつわる泉があり、中世には、各地から巡礼の詣《もう》でた聖地だったばかりでなく、ホプキンズ自身もこの聖なる泉を主題として、劇を書こうとしたことがあった。先程も触れたとおり、ホプキンズはオクスフォードについて、ドゥンス・スコトゥスの霊が、今もその空気のうちに生きつづけていると歌ったが、このかつての巡礼の聖地一帯には、まさしくホプキンズの魂が今も息づいているといえるだろう。彼の数々の詩にもっとも大きな霊感を与えたのは、ランカスターよりむしろ、この土地の空気と水だったからである。中でも特に、長詩「ドイチェランド号の遭難」については、そのことがよく当てはまるだろう。この詩を書いたのは、ほかならぬセント・バイノの修道院だったのである。イエズス会に入会し、マンリーサ・ハウスで修練期に入って以来、みずから選んだ七年間の沈黙を破って、ホプキンズはこの、まぎれもない傑作を書いたのだった。

さて、ここからさらに北へ足を延ばして、ランカスターのすぐ西、アイルランド海に面した小さな港町、ヘイシャムに向かった。この町自体が目的ではなく、マン島に渡るフェリーに乗るためである。ホプキンズは、ストーニーハーストで哲学を勉強している間、この島で夏休みを過ごしたことがあったからだ。ところが港に着いてみると、海が荒れているから、フェリーの出航が遅れるという。そのままかなり待たされて、ようやく錨を上げた時にも、海はまだ相当に時化《しけ》ていて、私たちはみな、その荒々しい力を、たちまち思い知らされることになった。かつて初めて日本に来た時、インド洋で経験したよりも、あるいは洋上大学でハワイに向かった時、太平洋で経験したよりも、さらにひどい目に遭ったのである。港を出るとすぐ、全員に紙袋が配られ、みんな驚くと同時に笑い出した。まさか、こんな袋のお世話になることはあるまいと、初めは冗談のつもりでいたのだけれども、そのうちに、みんな、大いにそのお世話にならざるをえぬ破目になり、袋の中身のほうが、胃の中身より多くなってしまう有様。マン島のダグラス港に着いた時、私は最後に一発、ジョークを口にしないではいられなかった。「いやあ、ヨイ旅だった！」良いと酔いとを掛けた駄洒落である（念のため）。

翌朝は、みんな気分はずっとよくなり、天候も回復して、島の周囲をめぐる旅には、願ってもないお天気になった。島を一周すると、例の自動車レースのコースをたどる形になる。ちなみにマン島は、しっぽのないネコの原産地として有名だが、日本ではむしろ、この自動車レースのほうがよく知られているだろう。島を一周して特に目を引かれたのは、東海岸のラクシーにある巨大な水車で、かつてはここの銅鉱から、水を汲み出すのに使っていたのだという。この水車のことは、ホプキンズも日記に書き残している。ほかにもホプキンズが日記に書いているのは、当時、新しく建った教会のことで、その尖った屋根は、普通はもちろん塔の上に作られるのに、ここでは直接、地上から建っている。けれども、これよりさらに興味深かったのは、そのすぐ近くにあるカトリックの教会で、まったく現代流の建築なのだが、その窓には、水の上を歩むイエスの姿が描かれている。だがその水は、ガラスを透かして背後に見えるアイルランド海の、現実の波そのものなのである。実に印象的なデザインだった。

ここから少し山に登ると、広大なヒースの原野がひろがり、紫色の小花が一面に斜面を埋めつくしている。それが、まぶしい紺碧の海と空とに対照して、まことに美しい。それから今度は、島の南端のスペイン岬を訪れた。カモメがおびただしく群がっている。ランチの残りを餌にやると、まるで折り重なるように密集して、私たちの頭上に急降下してくる。そこで、文字どおりのクローズ・アップで、カモメの写真を撮ることができた。日本に帰ってから、授業でホプキンズの詩を説明する時、ハヤブサの写真がないから、代りにこのカモメの写真を使ったのだった。

さて、ふたたびフェリーで本土のヘイシャムまで戻り、さらに北上して湖水地方に向かう。ここで泊ることになっていたのは、ウィンダミア湖畔のロー・ウッド・ホテルだったが、実際、まさに湖に接する立地だったのはうれしかった。ただ残念なことに、ホテルと湖との間には道があり、おまけにこの地方の主な道路だったから、車が騒々しく行き来している。その上、私たちの割り当てられた部屋はみな、湖とは反対の裏側ばかりではないか！　けれども実は、この二つのハンディキャップは、おたがい、帳消しになることがわかった。部屋が裏手側だったおかげで、車の騒音に悩まされることもなく、ゆっくり眠ることができたからである。それに食事の時には、食堂は表側にあったから、窓越しに湖の風光を満喫することもできた。そして実際、ここの景観はまこと壮大そのものだった。とはいえホプキンズが、湖水地方と何らかの関係があったというわけではない。しかしこの地方は、ホプキンズ流の自然詩の先駆者、ワーズワースの故地だし、それに第一、いやしくもイギリス・ツアーという以上、湖水地方を外したのでは、完全とはいえないだろう。翌年ニューマン・ツアーを計画した時にも、旅程の中に、やはり湖水地方を入れざるをえなかった。

湖水地方からさらに北上して、次にはグラスゴウを訪れた。スコットランドの中で、ホプキンズが教区司祭を務めた唯一の都市だし、「インヴァーズネイド」という、霊感にあふれる詩を書いた所でもある。それに私自身、スコットランドの中で、それまで避けてきた唯一の都市でもあった。工業都市という風評が高いからだったが、実際に行ってみると、雨が降っていたにもかかわらず、印象はそれほど悪くなかった。とはいえ、私たちがわざわざグラスゴウを訪れたのは、その都市そのもののためではない。その北にある湖、ロッホ・ローモンドを訪《たず》ねるためだった。この湖の美しい岸辺や斜面には、インヴァーズネイドの村と滝があるからだ。湖岸まではコーチで来たが、ここで渡し船に乗り換え、かつてホプキンズもそうしたであろうように、インヴァーズネイドまで船で渡った。

湖上に出た頃から降り始めていた雨は、インヴァーズネイドに着いた頃にはひどく烈しくなっていて、念願の写真を撮るにも、仲間に傘を差しかけてもらい、その下からシャッターを押さなくてはならない。こうして、ともかくも村と滝の見物を終えて船に戻った時には、フィルムはすべて使い果たしてしまっていた。ところが、いかにも残念無念、船で帰路につくと、右舷の側の雲が切れ、太陽が顔を出したばかりか、反対側の空には、まぶしいばかりの虹が――それも、一重どころか、何と、三重の虹がかかっているではないか！すばらしい写真が撮れていたはずなのに、グラスゴウに帰る前にフィルムを使い切っておこうと、あれほど必死になってさえいなかったらと、自分の我慢のなさに今さら腹を立ててみたところで、もう、どうにもなろうはずもなかった。

　エディンバラから、今度は飛行機に乗り、ロンドンで乗り継いで、ダブリンに向かった。ホプキンズは、生涯の最後の四年あまり、けっして幸せな時期とはいえなかったが、このアイルランドの首都で暮らしたからである。晩年の、しばしば「暗い」と称される一連のソネットを書いたのも、このダブリン時代のことだった。ここではユニヴァーシティー・ホールという、イエズス会の運営している学生寮に宿泊した。ダブリン大学の、ユニヴァーシティー・カレッジの学生のための寮である。ダブリンに到着した晩、このホールで夕食を取った後、近くのフォーリー・バーに出かけて、名物のギネスを飲んだ。五年前の一九八四年、ダブリンでホプキンズ学会に出席した時、同じようにギネスを飲んだことをふと思い出した。アイルランドの詩人、シェイマス・ヒーニーの特別講演の後、彼といっしょに、参加者のうち何人かで、ギネスで喉をうるおしたことがあったのである。

　あの時は、つつましくハーフ・パイントを注文するのではなく、みんないきなり一パイントを注文し、グラスの黒い中身が少なくなってゆくにつれて、にぎやかに会話が盛り上がっていったのだが、その時、グループの中にいた日本人のメンバーが、大いに太っ腹なところを見せ、全員にさらにもう一パイントずつ注文した。こんなことになろうとは、前もって考えてもいなかったので、実は、ダブリンに着く前、アイルランド出身のイエズス会士で、今は日本に住んでいる友人の実家を訪ね、彼のお母さんに会う約束がしてあったのだ。しかし、せっかく日本人のメンバーが奮発してくれたというのに、その親切を無にするのも忍びず、二杯目の一パイントを飲みほしてから、約束を果たすべく友人の実家に向かったのだけれども、ギネスがどれほど強いか、私はついぞ知らなかった。それも、一パイントといわず、二パイント、立て続けに空《あ》けたのである。友人のお母さんの所へ向かう私の足は、まさしく日本語でいう千鳥足で、一歩ごとにツンのめりそうになる始末！　まったく、忘れがたい経験だった。けれども友人のお母さんは、いささかも驚いた顔を見せない。アイルランドでは、この程度に酔っ払うことなど、かりにそもそも罪であるとしたところで、ごくごく些細な罪でしかないのだ。

　けれども、私たちがダブリンへ来た第一の目的は、もちろんギネスではなく、ホプキンズのためだった。そこでまず、ユニヴァーシティー・カレッジの、ホプキンズがいちばん長く住んでいた建物を訪れた。今は「ニューマン・ハウス」という名前がついているが、単にニューマンばかりでなく、ホプキンズ、それにジェイムズ・ジョイスにも関係の深い所である。次に訪ねたのは、イエズス会経営の二つの高校で、一つはダブリン市内のベルヴェディアにある学校、もう一つは、郊外のクロンガウズ・ウッズにある全寮制の学校である。次にはフェニックス・パークも見に行った。ホプキンズの晩年の詩、「自然はヘラクレイトスの焔」の舞台となった場所である。ところで日本では、文学者ゆかりの地として、墓地に詣でることも欠かせない。そこで私たちも、グラズネヴィン墓地も訪れた。ところが、ホプキンズ個人のお墓が、独立で建っているわけではなかった。イエズス会の墓地の一角に、ほかのイエズス会士一五〇人程と、共同で埋葬されていたのである。ただ入口で、彼の遺骸がどこに眠っているのか、具体的に知ることができた。同じ所に五つの墓が重なっている中で、下から二番目だという。全員の名前が、一つ一つ、巨大なケルト十字架の足許に刻まれているのを確認して、私たちもせめて納得したのだった。

だがホプキンズにとっても、また私たちにとっても、ダブリンで目にしたどんな物より大きな慰めを与えてくれたのは、この大都会から何マイルも離れた小さな田舎町、モナスティアヴィンだった。この町でホプキンズは、教師として生徒を教えたり、答案を直したりする苦労から解放されて、ケネディー家という親切な一家に迎えられ、憩いを得ることができたのである。「若く美しい二人の肖像」という、愛すべき詩を書いたのもこの家庭でのことだった。しかし訪ねてみると、今はもう、普通の個人の家ではなく、奉献修道女会の修道院になっている。ドアをノックし、ホプキンズの想い出に彩られた内部を見せていただけないかと頼むと、シスターたちは、喜んで私たちを迎え入れてくれた。シスターたちの話では、つい先日までこの町で、ホプキンズについてサマー・スクールが催されていたという。中を見せてもらっている間にも、シスターたちはお茶を御馳走してくれ、ケーキまで出してくれた。まさしくアイルランド伝統の、まことに温かい歓待ぶりである。私たちの訪問は、シスターたちの予想もしてないことだったはずだが、この歓待は、私たちにとっても予想もしてないことだった。いかにもアイルランドらしい歓待――なかんずく、まさにアイルランドのシスターたちらしい親切だった。

さて、最後に残った訪問地は、ホプキンズの故郷ロンドンである。私はいつも、ロンドンはツアーの最後に持ってくることにしている。最初にまずロンドンを見たのでは、ツアーのメンバーに悪印象を与えてしまいかねないからだ。

ロンドンでまず最初に訪れたのは、当然のことながら、ホプキンズの生まれたストラトフォードである。もちろん、例のエイヴォン川沿いのシェイクスピアの生地ではなく、ロンドンの北西の郊外にあるストラトフォードだが、実際に彼の生まれた家そのものは、戦争中の爆撃で破壊されてしまっていた。次に訪れたのは、そのすぐ近くの教会で、ホプキンズが洗礼を受けた所。その次には、レイトンストーンにある聖パトリック教会の墓地に詣でた。ドイッチェランド号で遭難した修道女たちが、ここに葬られている。それから今度は、ハイゲイトにあるグラマー・スクールに行き、教室ばかりでなく、礼拝堂も訪れることができた。次にはウェストミンスター・アベイ。最近、いわゆる詩人コーナーの床に、ホプキンズを記念する碑板が設けられたばかりである。そして最後に、烈しい雨の中を、メンレーサ・ハウスを訪れたのだが、ここでもやはり、メンバーに傘をさしかけてもらった陰から、文字どおりお蔭様で写真を撮らなくてはならなかった。こうして、ホプキンズゆかりの場所を次々に回ったのだけれども、どこでも特に変った事件に出会うことはなかった。この巡礼が終ると、私は実家でコーチを降ろしてもらい、ほかのメンバーは、ウェスト・エンドに予約してあるホテルへ向かったのである。

ホプキンズゆかりの場所をたどる巡礼では、こうしてもっぱら田園地帯の、さまざまに変化にとんだ場景をめぐったのだが、翌年の、ニューマンの足跡をたどる旅では対照的に、それほどの変化や特異な経験にはとぼしかった。そもそも期間がそう長くもなかった上に、湖水地方に出かけたほかは、訪問先もほとんど都市に限られていたからである。おまけに私は、最初から最後までツアーのグループと同行したわけではなく、みんながダブリンに行っている間、ストラトフォードでシェイクスピア会議に出席していたということもある。それでも、オクスフォードでオーリエル・カレッジに滞在していた時には、深く心に残る経験をすることになった。ちなみにこのカレッジは、ニューマンが指導的役割を果たし、オクスフォード運動を興した学寮として有名になった所だが、私たちの泊った部屋は、あまり快適とはいえなかった。ハイ・ストリートに面していたからである。この大通りは、見た目にはいかにも好ましいが、一日中騒音がひどく、窓は二重ガラスになっているとはいえ、ゆっくりとは落ち着けない。が、それはともかく、この学寮で、ニューマンの事跡について紹介する一連の講義を受けた。ちなみにここでも、前年のベイリアル・カレッジの時と同様、古い格式のある食堂で食事することを許された。それに、ニューマンがこの学寮付の司祭を務めていた時に使っていた部屋や、すぐ近くの礼拝堂を見せてもらうこともできた。

それで思い出したのだが、一九七〇年、初めてツアーのグループを連《つ》れてこの学寮を訪れた時には、実は、ちょっとした事件があったのだった。入口には、部外者は許可なく入ってはならないという掲示があったけれども、日本人のツアー参加者たちをここの食堂に案内し、そこに掛かっているはずのニューマンの肖像画を見せたいと思って中に入り、見るべきものを見終って入口まで戻ってくると、ひどく怒った顔で門番が現われ、こんな所で何をしている、掲示が見えなかったのかと問いただされたのである。私は口の中でモゴモゴ言訳を口ごもり、早々にその場を立ち去ったのだった。しかし、ともかく、見るべきものは、すでに見てしまった後だった。

オーリエルから、次には聖マリア教会に向かう。ニューマンが、有名な一連の説教を行なった教会である。次にトリニティ・カレッジ。オーリエルに行く前、ニューマンが学生時代を送った学寮である。そこから、すぐ隣りのベイリアル・カレッジへ。前の年、ホプキンズのツアーで滞在した所である。そして最後に、私の母校キャンピオン・ホールで、ミサの後、庭でお茶を御馳走になった。その日はちょうど、イギリスで記録に残るいちばん暑い夏の中でも、いちばん暑い日だったから、こうして喉をうるおすのは、実にありがたかった。その後、暑い中で、ニューマン研究者として高名な、イアン・カー神父の講義を聴く。

翌日は、オクスフォードの郊外、リトルモアにあるニューマンの教会と黙想の家を訪れ、相変らずの暑さの中、小さな礼拝堂でミサをあげた。一八四五年、ニューマンが、ドミニク・バルベリ司祭によってカトリック教会に迎え入れられたのは、この礼拝堂でのことだったのである。非常に暑かったが、非常に深い印象を残す出来事だった。ミサが終ると、私たちはみな、それこそ喉が焼けつくような渇きに急《せ》かされ、道一つへだてた「ゴールデン・ベル」というパブに入り、ビールで喉をうるおさずにはいられなかった。そういえば、スペインを巡礼した時もやはり、ヴィラル・デ・ボナスという村で、似たような経験をしたことを思い出した。ただ、あの時はビールではなく、澄み切った泉の水を飲んだのだったが。さて、このパブで昼食をすませてから、小さなネオ・ゴチック様式の教会を見学した。ニューマンがまだ聖マリア教会の助任司祭だった頃、母親の寄進によって建てた教会である。中には、その母親のお墓があった。

次の日は、オクスフォードに点在するニューマンゆかりの場所をまわった。ホプキンズにまつわるものも中にはあったが、ニューマンにかかわるもののほうがはるかに多い。ニューマンの生涯も名声も、オクスフォードと深くつながっているからである。まず訪れたのはトリニティ・カレッジで、ここの食堂にも、オーリエルと同様、ニューマンの肖像がある。それに庭園には、彼の胸像も建っていた（ただし、悲しいことに、最近、過激派の学生によって傷つけられていたけれども）。ニューマンはこの学寮で、単に学生時代を過ごしたばかりではない。後年、名誉評議員《フェロー》にも選ばれたのである。それにニューマンは、ホプキンズに劣らず、イエズス会の聖アロイシウス教会に関係が深い。彼が大司教に挙げられた時、この教会で記念の説教を行なったからである。私たちはまた、キーブル・カレッジも訪れた。必ずしもニューマン自身に関係があるわけではないが、共にオクスフォード運動にたずさわった親友、ジョン・キーブルにちなんで創立された学寮だったからである。

その次の日にも、あちこちの教会を見て回った。まずウィンチェスターの大聖堂、それに、その近くのハーズリーの教会である。ジョン・キーブルが、オクスフォードを離れてから三〇年間、助任司祭を務めていた教会で、ニューマンもしばしば親友に会いに訪れたという。さらに、翌日はソールズベリーの大聖堂と、すぐ隣の礼拝堂を訪れた。英国国教会の牧師で、ニューマンにも深い影響を与えた詩人、ジョージ・ハーバートゆかりのチャペルだ。

また別の日には、オクスフォードからバスで北へ、シェイクスピアの生地ストラトフォードを経由し、バーミンガムに向かった。一八四五年、カトリックに回心して以後、ニューマンの暮らした都市である。この時あらためて強く感じたのは、信仰上の帰属という点でも、居住の地としての特性の点でも、二つの土地がいかにも対照的だという事実だった。オクスフォードは、いうまでもなく古い学問の町であり、アングリカンの雰囲気が支配的であるのにたいして、バーミンガムは新しく、いささか荒削りの工業都市だけれども、カトリックの司祭として信仰を伝えるべき土地としては、大きな可能性をはらんだ大都会だった。ニューマンは、一年間ローマで神学を研究し、カトリック司祭として叙階されて後、バーミンガムの司教の招きでイギリスに戻り、ローマの聖フィリポが創立したオラトリオ修道会に倣《なら》って、バーミンガムの都心から西にあたるハグリー・ロードに、有名な礼拝堂《オラトリー》を創設したのである。

私たちの泊ったホテルは、道をへだててほとんど向い側だったから、礼拝堂には楽に歩いて行けたが、ほかにもこの近くの、ニューマンと関係の深い場所をあちこち訪ねた。中でも重要だったのは、オズコット・カレッジの神学校で、イギリスにカトリックの教団組織が復活したのを記念し、集まった司教団を前に、ニューマンが有名な説教を行なった所である。オラトリーに帰ると、ニューマンのかぶった大司教の帽子を着用することを許され、その姿を写真に撮ってもらうという光栄を得た。かつて一九七七年、聖トマス・モアの足跡をたどる旅をした時、片手に彼の愛用した陶製のマグカップを持ち、もう一方の手には、彼の僚友、聖ジョン・フィッシャーの杖を持つという、思わざる光栄に浴したことを思い出した。

だが、この時の巡礼で最大のクライマックスとなったのは、八月十一日、ニューマンの帰天一〇〇周年の当日を迎えたことだった。その日は午前十一時、荘厳な歌ミサが執り行なわれた。ツアーの日本人参加者も、全員、聖堂の後部、階上の聖歌隊席に着席する名誉を与えられ、式の一切をまのあたりにすることができたのだが、私は聖具室で、おびただしい司祭たちに交じって祭服を身につけ、共同挙式に参加した。この、まことに記念すべきミサについて、私の思いつくことのできた言葉はただひとつ、「感動的」の一語に尽きる。説教の内容は覚えていないし、説教をしたのが誰だったのかさえ思い出せない。けれども、クライマックスはいよいよ最後、一同がニューマンの書いた聖歌、「高きにありて至聖なるものに讃えあれ」を合唱した時だった。

さて、すぐ近くの学校の教室で昼食を供されて後、参集した人々はみなバスに乗り、郊外のレドナルという所にあるニューマンの墓に詣でた。オラトリオ修道会の神父たちは、みなこの同じ墓地に葬られているのだが、特に印象的だったのは、ニューマンの墓も、ほかの神父たちの墓と少しも変らず、特別の扱いなどまったくされていないことだった。ただ、ダブリンで見たホプキンズの墓とは違って、少なくともニューマンは、ほかの神父たちと同様、それぞれ個々の墓を与えられていた。私たちは一人一人、ニューマンの墓前で祈りを捧げたのだった。

バーミンガムから北に向かい、湖水地方を訪れるには訪れたけれども、しかしニューマンは多分、一度もここに来たことはなかったから、ニューマンの足跡をたどるツアーとしては、湖水地方で特に書いておくべきことはない。ヨークを経由してロンドンに戻り、ウェストミンスター大司教区の神学院、アレン・ホールに宿泊した。チェルシーの、かつてトマス・モアの住んでいた家の近くである。翌日は、短いながらロンドン市中の、ニューマンゆかりの場所をめぐる巡礼をした。

最初に訪れたのはブロンプトンのオラトリーで、ニューマンの同僚だったフレデリック・フェイバー神父と関係の深い礼拝堂である。次に行ったのはウェストミンスター・カテドラルだが、ここも、ブロンプトンの礼拝堂や、現在のバーミンガム・オラトリーと同様、ニューマンの時代より後に出来た建物だ。次はセント・ポール大聖堂と、そのすぐ裏手にある株式取引所を見学。取引所の壁には、ニューマン誕生の地である旨の銘板が新しく掲げてあった（ニューマンの父は銀行家だったのである）。さらにホルボーンのサウサンプトン通りに回り、ニューマンがその後住んでいた家を訪れ（ちなみに「サウサンプトン通り」という名称は、シェイクスピアのパトロンだった、あの伯爵の邸があったことに由来する）、さらに今度は、ロンドンの西南の郊外、リッチモンドに近いハムまで足を延ばし、幼年時代のニューマンが、家族団欒の生活を楽しんだ別邸、グレイ・コートを訪《たず》ねた。ただその幸福な生活は、やがて父親が破産し、終ってしまうことになったのだが。そして最後に、さらに西にテムズを遡り、ハンプトン・コート宮殿を観光。ニューマンが医者から、少しお休みになるようにと勧められた時、まず思い浮かべたのは、この離宮のことだったという。こうして、ほんの駆け足ではあるけれども、ロンドンでのニューマン巡礼の旅を終え、チェルシーのアレン・ホールに帰ったのだった。

その後、ツアーのメンバーはダブリンに発《た》ち、私はイングランドに残って、ストラトフォードのシェイクスピア会議に出たわけだが、今回のツアーの結論をまとめるとすれば、やはり、ホプキンズの生涯とニューマンの生涯とが、いかに対照的かということだろう。ホプキンズの生涯は、イエズス会士として、また詩人として、まことに多面的、かつ変化にとんでいたのとは対照的に、ニューマンの生涯は、シェイクスピアが『マクベス』で用いた表現を借りるなら、ほとんど「閉じこめられ、押しこめられ、縛りつけられ」たものだったと形容できるのではあるまいか。しかしこれも、学問の人としては、実は似つかわしいことだったのかもしれない。沈思の人たる者は、みずからの行動に関心を持ったり、周囲の世界を観察することに関心を持ったりするよりは、むしろ、みずからが思索すること、著作することに関心を持つ人だからである。それに、もう一つ付け加えるべき点があるとすれば、ホプキンズの足跡をたどる私たちの巡礼の旅も、ニューマンの場合より期間が長かったばかりでなく、訪ねた場所も多く、変化にとんでいたことも事実だった。それにまた私自身も、ニューマンの専門家というよりはホプキンズの研究者で、その上、私もやはりイエズス会士であることもあり、ニューマンよりもホプキンズについてくわしく知っているから、ツアーの案内役、解説役としても、ホプキンズについてのほうが、もっと有能だったといえるのかもしれない。

二つの国際会議

時代はいよいよ一九九〇年代、二十世紀の最後の一〇年間に入っていたが、この時期の生活はどんな雰囲気だったのか。はたして世界にとって、あるいは日本にとって、まさしく「世紀末」という実感があったのかどうか。世界全体については、私には語ることはできかねる。世界にはあまりに多くの国々があり、おたがい、あまりにも違いすぎるし、それぞれの国の中でも、人々はおたがい、あまりにも違いすぎる。少なくともイギリス人の場合、私がいつも語ってきたとおり、日本人とは対照的に、自分たちがそれぞれ特異な個人であることを強調し、おたがいの相似性より、むしろ独自性を強調する傾向が強い。だから私は、日本の社会の中にあって、とかく周囲と齟齬《そご》を覚えることが少なくない。日本人は、何につけても同質性を求めたがるが、この傾向は、いわゆるグローバリゼイションの進行にともなって、世界中に広がっているように感じられる。そしてこれこそこの世紀末、単に世紀があらたまるばかりではなく、新しい千年期《ミレニアム》に入ろうとする時代の、世界的な病癖であるのかもしれないのである。いや、実はかくいう私自身、知らず知らず、同じ

傾向に流されかかっていたのかもしれないのだけれども。

さて、それはともかく、上智大学とかイエズス会の修道院とか、ましてや日本とかイギリスとか、一般的な事柄についてお話するのではなく、ここではむしろ、私が関係している二つの組織、ルネッサンス研究所とルネッサンス・センターに限って、どんな変化が生じたか、具体的にお話しなくてはならない。

まずルネッサンス研究所についてだが、その活動や出版物についてはすでに説明したけれども、年次総会のことはまだ説明していなかった。毎年九月最後の週末、上智の後期の授業が始まる十月の直前、全国から会員が集まって開く総会で、土曜の午後は英語の講演が二つ、そして日曜日には日本語で、何人かが研究発表をするか、あるいはシンポジウムを行ない、最後に特別講演を聴くというのが、恒例のスケジュールになっている。

総会には、時として外国、特にアメリカから、誰か参加することもあったが、原則としては、もちろん国内の会員が対象だったし、二十世紀最後の一〇年間が目前に迫るまでは、ラテン語の諺にもいうとおり、「習慣は法律の効力をもつ」（"Consuetudo habet vim legis."）から、これから先も、国内の会員を対象とするのは当然のことと考えていた。けれども学問の世界には、もともと、各種の出来事の何十年記念、何百年祭というものにたいして強い関心があり、そしてこの時期コロンブスが、一四九二年、新世界を発見してから五〇〇年目が、いざ目前に迫っているのが見えてくると、私たちも、やはり考え始めざるをえなかった。もしルネッサンス研究所が、かりにも記念の行事を行なうとすれば、いったい何をするべきなのか。

私自身も、一九五四年、初めて日本を訪れ、私個人の「発見」にすぎなかったとはいえ、日本を発見したヨーロッパの人間であり、その上たまたま、コロンブスがアメリカを発見したとされるのと同じ、十月十二日にこの世に生を享《う》けたとあっては、この機会に、ぜひ何か記念の行事を行ないたいと思った。だが研究所の幹事たちは、あまり乗り気な顔を見せない。ほんの小さな一研究所としては、とても手に負えないと思えたからである。しかし結局は、私の執拗な説得に同意してくれた。それにしても、私がなぜそれほど執拗に説得したかといえば、その根拠はただ、今まで何度も繰り返してきたとおり、「意志のあるところ、必ず道はある」という信念だったのである。

けれどもこの時、私の決意をさらに推進する動機として、このほかにも、まだ二つ事情があった。一つは、ちょうどこの頃オランダ人のイエズス会士が、ローマから訪れたということである。実は彼は国際会議を企画、実行するについて、かなりの経験を積んでいる人だったが、彼のいうには、大事なのはまず、ともかく決断することであって、財政的な支援を探すのは、あくまでその後の話だという。これは実は、私自身の考えていたことでもあった。第二の事情とは、最近、台湾、香港、フィリピン、そして日本の研究者たちが共同し、文学と宗教に関する研究組織を立ちあげたばかりだということだった。この組織の最初の国際会議を、まず日本で開くとすれば、ルネッサンス研究所が企画しているこの会議こそ、まことにふさわしいのではあるまいか。それに会議を開く場所として、上智大学以上にふさわしい場所は、ほかに考えられないのではないのだろうか。

そこで次には、研究所の幹事たちとも協力し、財政的な援助を得る方法を模索した。当然まず、上智大学自体から、資金の一部を出してもらうこととして、そのほか特に当てにしたのは、国際交流基金だった。幸い、何度か足を運んで相談を重ねた結果、ある程度の資金の拠出を約束してもらうことができた。次に決めなくてはならないのは、外国から招く講師を誰にするかの問題である。「国際会議」という以上、講師がすべて日本人、ないしは日本在住の外国人ばかりでは話にならない。そこで結局、イギリス人三名（うち一人はイギリスから招聘）、アメリカ人三名（二人はアメリカから招聘）、中国人三名（二人は台湾、一人はアメリカから出席）、韓国から一人、フランスから一人を招待することに決った。さらに、会議のクライマックスとなるべき特別講演には、作家の遠藤周作さんに、「キリシタンと現代」について話していただくことにした。『沈黙』その他の作品で、日本のいわゆるキリシタンの世紀について、さらには日本の伝統と西洋文化との出会いと葛藤について、深い関心と洞察を示してこられた作家だからである。

けれども、現実の問題として何より大事だったのは、こうした外国からの参加者を迎え、お世話するのをはじめ、会議全体を実際に運営してゆくために、こまごました雑務を果たしてくれる人手を確保することである。この仕事は、英文学科の大学院生たちが喜んで担当してくれた。実際彼らは、ルネッサンス・センターの秘書の指揮に従って、まこと献身的に尽くしてくれたのである。彼らのお蔭で、それに何より、神の御配慮の賜物によって、何もかも、ほとんど信じられない程スムーズにことが運び、最初に私の立てた計画はごく大雑把で、細かい点では抜けているところが多々あったにもかかわらず、結局はすべて、何とかうまく実を結ぶことになったのだった。

実際の仕事として私が担当したのは、外国から参加する人々に手紙を書くという仕事だった。日本人は、第一に言葉の問題があって、外国との手紙のやり取りは苦手だから、私が一手に引き受けたわけである。国外から来て講演や発表をする人々にたいして、最初に一つだけ条件としてお願いしたのは、発表の後、原稿を私たちの手許に残しておいてもらうことだった。会議の後、その記録として、できるだけ早く論文集を出版したかったからである。この条件は、みなキチンと守ってくれて、一九九二年九月二十七日、無事に会議が終った時点で、すべての原稿が私の手許にそろっているという、まことに驚くべき結果となった。翌年の四月、次のルネッサンス・モノグラフとして出版する準備が、みごとに整っていたのである。普通、こうした国際会議の場合はもちろんのこと、国内で開かれた会議ですら、その記録をまとめた論文集の出版には、長い時間を要するのが通例で、それも、ただ何ヵ月という単位ではなく、何年も後になってしまうことがめずらしくない。ところが私たちの論集は、半年もたたないうちに出たのである。よっぽどギネス・ブックに登録しようかと思ったくらいだが、ギネス・ブックは、こうした真面目な、学問に関係した記録などには興味を示さないから、思いとどまったのだった。

T・S・エリオットは、おそらくシェイクスピアの言葉を念頭に置いてのことかもしれないが、こんな予言的警告を発している――「観念と現実とのあいだ、着想と実行とのあいだに、影が落ちる」。私も、そうした危惧をまったく感じていなかったわけではない。けれどもこの国際会議に関しては、もし何らかの影が落ちていたとすれば、最初に思いついてから最後の完成にいたるまで、その一切の記憶の上に落ちていたような気がする。実際には準備の段階で、特に研究所の秘書や、助けてくれた大学院生たちには、おびただしい仕事があったはずだ。しかし私自身としては、かなりの手紙を書いたこと、それに、「シェイクスピア劇における神意と発見」というタイトルで、私自身の発表の原稿を、それほどの苦労もなしに用意したこと以外は、すべてスラスラとことが運んだように思えた――少なくとも、今思い出してみると、苦労などはみな、記憶のもやの陰に隠れてしまっている。『旧約』の詩篇の中でも、私の特に好きな一篇にこうある――「朝早く起き、夜遅く休み、焦慮してパンを食する者よ、それは虚《むな》しいことではないか、主は、愛する者に、眠っている間にも賜物を与えられるのであるから」（一二七番）。私の場合も、自分のしなければならぬことを行ない、実際的な準備の仕事は、ほかの人々に委ねるのが一番だったのである。その人々のほうが、私がどんなに努力してもかなわない程、はるかに有能に仕事を果たすことができるのだから。そんなわけで私は、会議の準備に忙殺されるあまり、睡眠時間を切りつめるなどということはしないですんだ。むしろ、詩篇の表現を借りていうなら、私が眠っている間に、賜物が与えられることになったのである。

それはともかく、そもそも最初、この会議を考えついた段階に話を戻すと、一体コロンブスのアメリカ大陸発見を、なぜ日本で記念しなければならないのか、疑問に思われる読者もあるかもしれない。ここはアジアであって、アメリカではない。それならなぜ、そんな記念など、アメリカ人に任せておいてはいけないというのか。この疑問にたいしては、こう答えることができるだろう。コロンブス自身、死ぬまで信じつづけていたところによれば、彼が発見したのは新世界——後に「アメリカ」と呼ばれることになる未知の世界の一部ではなく、アジアという旧世界の一部であって、日本からそう遠く離れていない場所である——コロンブスは、実はそう確信していたのだ。現に、コロンブスが何より大事にしていた物の一つは、マルコ・ポーロの『東方見聞録』であり、そこには日本、いわゆる「ヂパング」のことが書いてあり、マルコ・ポーロ自身は実際に見聞することはできなかったけれども、まさしく「黄金の国」として描かれていたのである。この土地が新世界であることが確認され、「アメリカ」と命名されることになったのは、コロンブスの後、ここに到達した人々の一人、アメリゴ・ヴェスプッチに由来することだし、さらに一五一三年、この新大陸の西の涯に、さらに広大な太平洋が広がっているのを発見したのは、スペインの征服者、ヌーニェス・デ・バルボアだったのである。

さて、第二の答えはこうだ。一四九二年、コロンブスがスペインのためにアメリカを発見したのが先駆けとなって、次にはヴァスコ・ダ・ガマがポルトガルのために、一四九七年から翌年にかけ、喜望峰まわりでインドに至る航路を発見することになったのであり、このことが象徴的に、なお中世世界に生きていた当時の人々にたいして新しい地平線を開き、近代世界の扉を開くことになったのである。だとすれば、コロンブスのアメリカ発見という事件は、わがルネッサンス研究所が対象とする期間の、そもそもの出発点を画するものと考えることができるのではないか。というのも、ルネッサンス研究所の対象とする時代は、まず、サー・トマス・モアが彼の新世界として構想した『ユートピア』から始まり、シェイクスピアが『テンペスト』で、まさに「すばらしい新世界」を描き出し、そしてついにはミルトンが、新《あら》たなる地上の楽園を思い描いた時代に至るからである。

こうして、この会議のタイトルとして私たちが選んだのは、ただ単に歴史上の事件としての、一四九二年のコロンブスによるアメリカ発見ではなく（いうまでもなく、この「発見」なるものは、当時のヨーロッパ人にとっての「発見」にすぎず、この大陸の先住民にとっては、実は「発見」でも何でもなかったのだが）、結局、「東西の出会い——一四九二年—一九九二年」というタイトルとなったのである。確かにこの新しい時代を開いたのは、たとえ新世界の東岸に到達したにすぎなかったとしても、やはり、コロンブスのアメリカ発見に違いなかったけれども、日本人にとっては、ヨーロッパ人が初めてみずからの国土に到達するには、その後なお五〇年待たなくてはならなかった。それに、もう一つ大事な点として、こうして始まった新しい時代には、単に西洋から東洋へという一方通行の流入ばかりではなく、東洋と西洋とがたがいに出会い、相互に交流することになったという点だ。そのことは、シェイクスピアの劇からも十二分にうかがうことができるだろう。

なるほどヨーロッパの商人たちが渡来したのは、東洋の伝説的な財宝を求めてのことだったかもしれないし、ヨーロッパの宣教師たちがはるばる日本までやって来たのも、キリスト自身が命じられたところに従って、まさしく地の涯までキリストの福音を広めることが目的だったかもしれない。けれども彼らがヨーロッパに持ち帰ったのは、東洋の財宝が単なる伝説どころか、まさしく事実であることを証明する事物だけではなく、インドや中国、そして日本に関して、宣教師たちのもたらす精細、膨大な報告の数々でもあった。従って、会議で行なわれた講演や研究発表の内容は、つぶさに検討し、考慮した結果、おのずから三つの部分に均等に分かれることになった。つまりプログラム全体を、まず「日本における出会い」、次に「極東における出会い」、第三に「ヨーロッパにおける出会い」の三部に分け、そして最後に、遠藤周作氏の講演「キリシタンと現代」を、全体をしめくくるエピローグとして据《す》えるという構成を組んだのである。

もう一つ、昔からの友人、赤谷さんのおかげで、東京のポルトガル大使館が協力してくれることになり、「十五・六世紀におけるポルトガル人の航海——文明の出会い」というタイトルで、図版その他の展覧会を開く話が決まり、また会議の最終日には、武者小路千家の人たちが、茶会を催してくれることにもなった。展覧会も茶会も、中央図書館の最上階で行なわれたのだが、お茶会の開かれた時間は、意図していたわけではまったくなかったのだけれども、たまたま日没の時刻に当たっていた。それで、茶会が終ってカーテンを開くと、美しい夕焼けを背景に、富士山のシルエットが、実にくっきり浮かび上がるという、またとない僥倖《ぎょうこう》に恵まれたのだ。この国際会議のさまざまな行事のしめくくりとして、まことにふさわしいクライマックスだったし、神意の恵みのシンボルにほかならなかった。

それぱかりではない。英語の諺にも、「一つの親切は次の親切を呼ぶ」というが、ポルトガル大使館は、さらに次の国際会議の提案を申し出てきたのである。つまり、翌一九九三年は、一五四三年九月二十三日、ポルトガル人が西洋人として初めて日本に到着し、種子島に上陸した歴史的な事件の、ちょうど四五〇周年に当たるところから、これを記念する事業をしたい、ついては今回と同様、国際会議の開催を企画してくれないかという提案である。ルネッサンス研究所は、学術団体として、内容の計画を立ててくれさえすればいい、ほかのことは、大使館が全力をあげて実行に当たるという。研究所の幹事たちは、もちろんみな日本人だが、前回同様、それほど積極的に乗り気ではなかったけれども、いかにも日本人らしくというべきか、仕方がないと納得し、こうして私たちはまた、前回の会議で培《つちか》った経験を大いに活用し、準備に取りかかったのである。

ルネッサンス研究所の総会は、例年、九月の終りに行なうことになっている。ポルトガル人の種子島漂着の記念日と、まことに都合のいいことに、ほぼ一致する時期だから、この年は総会に代えて、この国際会議を開くことになった。会議に国際色を与える点としては、国内や海外の日本研究者に加えて、マカオから一人、ポルトガルから一人、専門家を招くことにした。もちろん私自身も、わずかにしろ会議にシェイクスピア色を添えるべく、「人間という小宇宙を探るシェイクスピアの航海」という発表をした。こうして会議の後、さまざまのテーマを扱った論文を一冊の本にまとめる段になった時、これもまた前回と同様、おのずから三つの部分に分かれることになった。第一は、「ポルトガルから日本へ」、第二が「日本の中で」、第三が「イギリスと日本の間」という三部である。そして全体のタイトルは、「ルネッサンス期におけるポルトガル人のアジア・日本への航海」と決めた。ただし前回と違って、何年から何年までといった点は加えないことにした。

ポルトガル大使館が提供してくれた展覧会は、十六世紀、ポルトガルで制作した各種の地図を集めたもので、当時のヨーロッパのアジアに関する知識が、着実に進歩していった跡を生き生きと示し、まことにみごとな展示だった。知識の深化が特に顕著だったのは、アジアの国々の沿岸についてである。当時アジアは、なお一般に「インド」(ただし複数形で "Indies")と呼ばれていたが、この「インディーズ」に関する知識の集積は、十七世紀の冒頭、シェイクスピアの書いた『十二夜』の中でも、マライアのせりふに、はからずもこんな比喩の形で反映している。――「インディーズを加えた新しい地図さながら」(三幕二場)

この年の会議も、大きな成功のうちに終った。今回もまた、研究所の秘書、それに、英文科の大学院生の努力によるところが大きかった。会議で行なわれた講演や発表は、ルネッサンス・モノグラフの次の一冊として、六ヵ月もたたないうちに、つつがなく出版を見た。

こうして、一九九二年と九三年、立て続けに二度の国際会議を開催し、いずれも大成功を収めたにもかかわらず、それ以後、研究所はこうした会議を開いていない。いわば不活性の法則が支配するのを、ただ受動的に受入れてきたのかもしれないし、どこかの大使館から、新しい刺激を与えられることもなかった。何といっても私たちは、みな一様に齢を取っていたということもある。それに歳月は容赦なく、世紀末に向かって、抗《あらが》いようもなく進んでいた。単に世紀の終りというばかりではなく、千年期の終りである。そのためにいっそう、不可抗力という感じがしていたのかもしれないのだが。

純心女子大

ジョン・ダンの言葉に、「あらゆるものは破滅に向かう」とある。同じ十七世紀の末にはジョン・ドライデンが、これに応じるかのように語っている――「人間のなすあらゆることは、必ず衰微を免れぬ。」二十世紀の最後の十年間、世紀末を迎えた私もまた、同じ思いを共有せざるをえなかった。私がこの世に生まれたのは一九二五年、それもたまたま、コロンブスがアメリカを発見したのと同じ日付、十月十二日のことだった。だから一九九〇年の秋、満六五歳になった私は、大学の規定によって、上智大学そのものばかりか、ルネッサンス・センターからも、定年退職すべき年齢に達していたのだ。厳密にいえば、退職は九〇年度末、一九九一年の三月末ということになるのだけれども、しかしそれ以後も七〇歳になるまでは、つまり一九九六年の春までは、一年ごとに契約を更新して、特遇教授の資格で教えつづけることを許された。けれども今や、私はその限度さえすでに過ぎ、満七五歳に達している。ということは、新しい千年期が二〇〇〇年の一月から始まるにしろ、二〇〇一年の一月から始まるにしろ、私はすでに、第三の千年期まで生き延びてきた

ことになる。ちなみに、新しい世紀ないし千年期が、はたして〇年から始まるのか、それとも〇一年から始まるのかという議論は、ニューマンも『承認の文法』で触れている問題である。十九世紀の始まりが一八〇〇年の一月か、それとも一八〇一年の一月かという問題が、当時も真剣に、というよりむしろ激越に論じられたものだという。

それはともかく、七〇歳で上智を退職になる前に、実は八王子にある東京純心女子短大から、二人のシスターが私を訪ねて来た。純心の学長と理事長を務めるシスターたちで、上智を退職する前に、ぜひ純心に移り、新設する学部の学部長になってはくれないかという申し出である。新しい学部の名前が、「現代文化学部」だというのが少々気になった。私の意見としては、「現代」と「文化」では、おたがい矛盾しているように思えたからだが、それは別として、私は二人に、後一年、実際に上智を退職するまで待ってほしいと答えた。ところが、シスターたちはいうのである。文部省は（この種の問題に関しては、当時、文部省は絶対的な決定権を持っていたのだが）、後一年待ってはくれない。満七〇歳になる前に純心に移らなくては、専任の教授にはなれない規定になっているという。そして、いったん専任教授になってしまえば、たとえ七〇を超えて教えつづけていても、文部省は文句はつけないというのである。純心はちょうどこの時、二年制の短大から、四年制の大学に改組しようとしていた。私が四年制の大学で新しい学部長として任用されるためには、短大で少なくとも一年間、専任教授でなくてはならないということらしい。ともかく官僚の論理としては、そういうことになるらしいのだが、しかし、そもそもなぜそんな理屈が成り立つのか、私には、今もってさっぱり理解できない。

こうして一九九五年、私は東京純心女子短期大学の専任の教授となり、同時に上智ではその後一年、非常勤講師という肩書きで、今まで担当してきた授業は全部、引き続き教えることになった。そして、翌一九九六年の四月、新設の東京純心女子大学の真新しい建物で、これまた真新しい学部の学部長を務めることになったのである。ただし、住居は相変らず、上智のキャンパス内の修道院で、週の半《なか》ばは八王子に出かけ、週末から月曜の三日間は四谷に帰って、月曜の夜のかつらぎ会の講習会はもちろん、春と秋には、土曜日の午後、ルネッサンス・センターの連続講演を、以前と変らず続けていた。これに加えて、かつての教え子たちが、クルトゥール・ハイムの聖堂で結婚式を挙げる時には、司祭として司式に当たることも変りはなかった。だから、上智を退職したといっても、まったく引退の生活に引きこもってしまったわけではなかったのである。

上智と純心とが違っていたのは、何よりもまず距離の問題だった。今までは、授業をする教室はみな、いわば住居の玄関先だったのにたいして、純心は都心からはるか西の八王子にあり、それもしかも、駅からはバスに乗って、三〇分かかるほど離れている。教室に入ってみると、当然、学生はみな知らない顔ばかりだったけれども、しかしこれは実は私にとって、まったく初めての経験というわけではなかった。教室をまちがえて、別の教室に入ってしまったこともあったどころか、学生は一人もいなかった場合すらある。実は祝日で、大学は休みだったのである。ただし純心に移ってからは、四谷からはるばる八王子の端まで出かけて、着いてみたら休みだった、などという悲劇に遭ってはたまらない。今までよりは、よほど気をつけていなくてはならなかった。

もう一つの大きな違いは、やはり学生の問題である。上智なら、毎週の宿題として、英語でミニ・エッセイを書いて出すようにいっておけば、みんなキチンと出してくれた。たとえその英語が少々まちがっていたとしても、出すことだけは当てにできた。ところが純心では、学生に英語でエッセイを書くように期待するのは、実際問題として無理だとわかった。そこで、日本語で書いてもらうことにしたのである。彼女たちの日本語のほうが、英語よりはるかに理解しやすかったからだ。それで思い出したのは、上智では学生たちが、私に同じようなことを頼んだという事実である。私が文法上の問題を英語で説明していると、学生たちがいう——「先生の日本語よりは、英語のほうがわかりやすい」と。今、純心で、みごとにシッペ返しを食ったというべきだろうか。それはともかく、彼女たちの日本語を読んで理解することはできたのだが、問題は、四本から五本エッセイを読むと、ひどく眠くなってしまうことだった。だから、夜ベッドに入る前には、相当数のエッセイを読むのが、大変に役に立った。必ず、安らかな眠りにつけたからである。彼女たちのエッセイのことを、睡眠薬と呼んだくらいのものだった。

とはいえ純心の学生たちも、英語ができない点を別とすれば、上智で教えていた学生たちと比較して、もっと気立てがよかったとまではいえぬとしても、少なくとも、負けないくらい素直だった。特に私の気に入ったのは、都会の出身者が少なく、ほとんどが地方の育ちだったことである。それに、私がいつも田舎の生活を褒めるのに応《こた》えてのことなのだろうが、彼女たちのエッセイでは、よく、自分たちの生まれ育った田舎のほうが好きだと書き、両親と同じように、自分も田舎で生活をつづけ、そこで死を迎えたいと書いている。日本では一般に、若い世代はにぎやかな都会に住みたがっているといわれるけれども、もしそれが事実とすれば、純心の学生たちは、例外ということになるのかもしれないし、上智の大半の学生たちも、その点では同じことになるのだろうか。しかし私の結論はむしろ、世間の噂など信じるに足りぬということ、ましてや新聞に書いてあることなど、本気で信じてはならないということだ。それというのもジャーナリズムは、そもそもセンセーショナルな現象にしか興味を示さないからで、例えば学生たちの、いわゆるパンクのヘア・スタイルとか、メタル・ロックに熱狂するとかいう話題がいい例だろう。しかし元来、何かがセンセーショナルであるというのは、例外的なことであるからにほかならない。ごく普通の平凡な事柄は、まさにその理由によって、新聞の記事にはならないのである。新聞や週刊誌の編集者たちは、そんなものには、要するに興味がないのだ。

それでも、純心に移って四、五年の間には、こうした普通の学生たちに普通の授業を続けるうちにも、際立って心に残る記憶が一つある。二〇人ほどの学生を連れて、英語研修のためにイギリスに出かけ、ホームステイした時のことである。海外研修は、実は二つのグループに分かれていて、一つはアメリカの中西部、もう一つはイギリスの南西部に出かけることになっていた。私は当然イギリス組の担当だったが、研修のプログラムは、エクスターにあるプリマス大学との協定にしたがって、英語の研修と、英国の歴史的遺産についてのコースを併《あわ》せた形になっていた。まず午前中は、ごく実際的な英語の研修の授業と、これから訪ねる予定のデヴォン州の、さまざまな景勝地や文化遺産について簡単な紹介があり、午後はほぼ毎日、チャーターしたバスに乗って、こうした場所を訪れるために出かけたのだが、特に印象的だったのは、エクスターの北にあるエクスモア、南のダートモアという、二つの国立公園だった。学生たちがホームステイする家庭は、ほとんどがこの教区の司祭が決めてくれた家で、私自身は、この司祭の教会に滞在した。

この時のイギリス滞在中、いちばん強く記憶に焼きついているのは、ダイアナ妃の悲劇的な死だった。このニュースには、誰しも涙を禁じえなかったけれども、特に、うちの学生たちの悲嘆ぶりは激しかった。ダイアナ妃が日本を訪問して以来、非常な親しみを感じていたからにちがいない。事件が起こったのは、私たちの滞在が始まったばかりの時で、一週間後、ウェストミンスター・アベイで、あの感銘深い葬儀が営まれたのだった。実は私自身も、この葬儀の直前、滞在中の教会で、ダイアナ妃のために、追悼ミサをあげたところだった。たまたまミサは、先頃亡くなったマザー・テレサの追悼と併せて行なったのだが、それも神意の結果だったのかもしれない。マザー・テレサは日本人にも、イギリス人にとってと劣らず親しみ深い女性だったし、もちろんダイアナ妃自身にとっても、特にかかわりの深い人だったからである。

翌年にも、ほぼ同様のイギリス研修旅行を行なったのだが、今度は応募者が半分しかなく、一二人ほどだった。それに今度は、誰かが責任者として、滞在に付き添っている必要はないということになった。現にアメリカ組には、誰も同行する人がいなかったからである。そんなわけで、私も日本から学生たちに同行するのではなく、一足先にイギリスに行き、ロンドンで彼女たちの到着を出迎え、エクスターに出発するのを見送っただけ。帰りも同様、一緒に日本まで同行するのではなく、相変らずロンドンに滞在していて、エクスターから帰ってくる学生たちを出迎え、ヒースロウ空港へ行くバスを見送っただけだった。けれどもその翌年は、イギリスのホームステイに応募した学生はほんの数人しかいなかったので、アメリカ組に参加してもらうことにした。こうして純心女子大のイギリス研修計画は、自然消滅することになってしまったのである。

このことは、実は、日本が最近、経済的に沈滞していることの表われではないかとも思えるし、さらにはまた、純心に限らず日本全体として、出生率の低下にともない、大学はじめ各種の学校の学生数が、必然的に減少していることの反映ではないかと思う。若者の数が減少しているとすれば、年輩の人たちの数は相対的に大きくなっているわけで、この先一体どうなってゆくのか、誰もが危惧を感じながらも、誰も明確な行動を取ろうとはしていない。教え子たちの結婚式に呼ばれた時、私がいつも強調していることだが、結局すべては、若いカップル自身の肩にかかっているし、彼らが何人の子供を儲けるかにかかっているのだ。それは単に、彼ら自身、あるいはその家族のためばかりではなく、国民全体のためでもある。

それはともあれ、たとえ年々数が減っているにしても、こんな気立てのいい学生たちを教えるのは、心楽しいことであることに違いはない。けれども純心での勤めには、同時にまた、あまり楽しくないことがあったことも事実だった。専任教授として、それも学部長として、おびただしい会議に出席しなくてはならなかったことがそれである。学部の教授会はもちろん、学科の会議、さまざまの委員会をはじめ、あらゆる種類の会議があったし、しかもみな、ひどくくたびれるのだ。一つには、日本にもう四七年も住んでいながら、日本語にしっくり馴染《なじ》んだと思えたことは、実は一度もないということがあった。実際、この日本語という代物は、それこそ箸にも棒にもかからないというか、まったく手に負えない言葉なのだ。なるほどほとんどの場合は、言いたいことを日本語で言うことはできるし、他人が言っていることも、大抵の場合は理解できる。ただしそれは、相手の話していることが、私の思考パターンに合っている場合に限る。だが実際には、中でも特に、私に直接話しかけているのではなく、日本人同士が勝手に話している場合には、彼らの話は私の思考パターンに一致せず、ついてゆけない場合があまりに多い。その結果、ほとんどの会議に出てみても、日本人教師たちの論じていることがまるで理解できず、だから、分別を働かせて沈黙を守っているか、さもなければ、たまたま多少は理解できたと思い、しかも、その内容に賛成できないと感じて、その旨を発言すると、まるで見当外れで、ほかのメンバーはみな呆然とし、黙りこんでしまうということになるのだった。いずれにしても、こうした会議はどれもひどく時間がかかり、その分だけ、私のフラストレーションは、ますますつのるばかりなのである。

こうした事情であってみれば、けだし当然の結果だったのかもしれないが、一九九九年の春、私は不整脈という心臓の病気にかかり、入院を余儀なくされてしまった。一九六四年以来、入院など初めてのことである。ただ今回は、ほんの二週間で退院できた。病院のお医者さんや看護婦さんたちが、手遅れにならないうちに手を打ってくれ、親切に看護してくれたおかげで、復活祭の祝いに間に合うように、無事、生者の世界に帰ってくることができたのである。かつらぎ会で復活祭のミサをあげた時には、今までにないほど大勢の人たちが集まってくれた。私が本当に死者の間からよみがえったのかどうか、わが目で確かめたかったのかもしれない。

この病気にかかる前から、実は私自身、徐々に仕事を減らしてゆくべき時が来たと、内心考えていたのも事実だった。完全に引退するというのではなくとも、教授として、ましてや学部長として、フルタイムの地位は退くべきだと心に決めていたのだ。こうして今では、純心には週に二日だけ行けばいいことになっている。しかも、キャンパス内にある司祭館に一晩泊って、その前後の二日で授業をすませることにしているから、四谷から八王子の外れまで、片道一時間半かけて往復するのは、週に一回だけですむ。それも、水曜の朝に上智を出て、木曜日の午後帰ってくるというスケジュールだから、ありがたいことに、各種の会議には出なくてすむ。会議はみな、火曜日に開くことに決っているからだ。これで心の重荷はずいぶんと軽くなり、ストレスという現代病を治すには、これ以上の良薬はない。なるほど今も定期的に病院に行き、検診を受け、薬をもらってこなくてはならないことは事実で、だから私が永年、健康のための大原則としてきた二ヵ条は、今や諦めるほかなくなっている。「決して薬は飲むな」、「決して医者には行くな」という二ヵ条である。今となっては、この金科玉条を破ることもやむをえない。今や私は、医者の手中に落ち、動きが取れない身の上なのだ。

とはいえ、私にとって最善の良薬となったのが、フルタイムからパートタイムへと、地位を変えるという単純な決断だったことに変りはない。一番大事なことは、要するに、世間のことなどムキになって相手にせず、過ぎ行くままに任せるということだ。この世のことは、結局のところ、留めようとしても留められるものではない。やがては必ず滅び去る。まことにイエスが弟子たちに語ったとおりである。「天も地もやがて滅びる。だが、私の言葉は決して滅びることはない」(『マタイ』二四・三五)。

カトリック・シェイクスピア

私の自伝もいよいよ最後に近くなった今、わざわざ章のタイトルにシェイクスピアの名を冠するとは、そもそも私とシェイクスピアとの間に、どれほど深いかかわりがあるというのか。答えは、ほとんどあらゆる点で関係があるというべきだろう。日本の大学は古くからの慣例として、退職する教授は公開の最終講義をすることになっているが、私が上智を退く時に行なった最終講義のタイトルは、「シェイクスピアと私」というものだった。その中でも触れたことだが、学生の一人から、『シェイクスピアの人生観』という私の本に関して、こんな質問を受けたことがあった。シェイクスピアの人生観と、先生の人生観との間に、もしあるとすれば、どんな違いがあるのですかという質問である。私としては、ほとんど何の違いもないと思うという以外、答えようがなかった。

実際、私は、シェイクスピアが私自身の中に、あたかも現に生きつづけているのではないかと感じざるをえない。なるほど私の書いた本の数は、けっして少なくはないけれども、その中に、シェイクスピアの劇といささかでも匹敵できる作品は、一点としてないことは事実だ。しかし、少なくとも私自身の感じとしては、シェイクスピアがその劇の中で何を感じていたか、ありありとわかるような気がするのである。それに、シェイクスピアについて書かれた書物や論文の数は、文字どおり数え切れないほど多いけれども、少なくとも私の読んだ限りでは、私の感じているように感じている学者、私にわかっているようにわかっている学者は、今までかつて出会った験《ため》しがない。私にとっては、まさに明々白々だと思えるのだが、シェイクスピアはただ単に、カトリックの国教忌避者《レキュザント》だったばかりではなく——つまり、固くカトリックの信仰を守り、宗教改革によって新しく強制された、英国国教会《アングリカン》の信仰や典礼を固く拒否したばかりではなく、自分の書いた劇すべてを通じて、みずからの信条をできる限り表現しようと努力した人物なのだ。なるほど今までにも、こうした点について、一般論としてなら、私と同じ意見を抱き、その観点から書物を著した人々がいたことは、私もよく承知している。だがそれは、ほとんどの場合、伝記上の観点からする主張だった。けれども私の知る限り、彼の劇作そのもののうちに、カトリックの信条をここまで広く読み取った人は、かつて一人もいなかった。その意味で私は、シェイクスピアの劇中人物の言葉を借りれば、「私は私自身、たった一人」なのである。(『ヘンリー六世』第三部五幕六場)

この意味では、また、現代のシェイクスピア学の「正統」の目からすれば、私はまぎれもない異端である——どころか、異端の頭目ということにさえなるのだろう。この「正統」の本拠の一つは、ストラトフォードにあるシェイクスピア研究所だが、私がシェイクスピアの宗教的背景について研究を始めたのが、ほかならぬこの研究所だったというのは(ただし当時この研究所は、バーミンガムにあったのだけれども)、いかにも皮肉なことといわなくてはならない。とはいえ私は、その頃から一貫して、あからさまに、シェイクスピアがカトリックだったことだけを強調してきたのではない。なるほどすでに、一九七三年に出した『シェイクスピアの宗教的背景』でも、この劇作家がカトリック信仰にたいして、少なくとも共感を抱いていたのではないかと述べてはいる。しかし当時、指導的な地位にあるシェイクスピア学者たちにとっては、この「少なくとも」という限定さえ受け入れがたい主張だった。こうした学者たちのほとんどは、そもそもシェイクスピアと宗教、ないし信仰というテーマを論じること自体、許容する気は皆無に等しかったからである。彼らの目的は、文学や演劇と宗教との関係に、いわば政教分離の原則を持ちこみ、両者を厳密に分離することにあったのだろう。つまり文学や演劇は、根本的に世俗的なものと見なすべきだという立場であって、もし例外があるとすれば、例えばジョン・ダンの『聖なるソネット』やミルトンの『失楽園』、あるいはドライデンの『牝鹿と豹』のように、作者自身が明白に宗教と文学を結びつけている場合に限られる、という見方である。

それなら、シェイクスピアの場合はどうかといえば、こうした「正統」の立場からすれば、彼の劇は明らかに世俗的で、そこに宗教的解釈などを持ちこむのは、たとえ仮説としてであっても、シェイクスピア劇の本質に反する暴挙ということになる。なるほど私も、シェイクスピアが当時の劇作家の通例にならって、あえて世俗的な外形を取っていることは認める。この点は、ベン・ジョンソンのように、少なくとも一時期はカトリックに回心し、国教の教義を忌避したことのある劇作家の場合すら、やはり例外ではない。けれども、同時に指摘しておかなくてはならないのは、シェイクスピアの劇には実にしばしば、外見に惑わされてはならないという警告が見られることだ。「外見は実体とまったくかけ離れていることもめずらしくない」――『ヴェニスの商人』でバサーニオは、三つの小箱から一つを選ぶよう迫られた時、こう思い返す。「世人はいつも、外面の飾りに欺かれるもの」(三幕二場)。バサーニオはさらに、まるで観客に警告するかのように、こう説いてさえいるのだ。「狡猾な時代が見かけの真実を装うのも、知恵深き者すら巧みに罠に掛けんがため。」私としてはこの言葉を、今日のシェイクスピア学界に当てはめざるをえない。今の学界の人々は、エリザベス時代の宮廷の目もあやな装いにあまりに深く欺かれ、エリザベス女王の政府が、狡猾にも仕掛けた「見かけの真実」という罠に、むざむざ掛かってしまっているのだ。

こうした情況は、少なくとも比較的最近まで、途切れることなく続いていた。しかし、『ジュリアス・シーザー』でブルータスもいうように、「人間の行なうことには、すべて潮時というものがある」(四幕三場)。そして、シェイクスピア研究の世界でも、今や古い「正統」から私の新しい「異端」へと、大きく流れの変る潮時が来ているように思えるのだ。この潮の変り目を示す兆候は、最近あちこちに見受けられる。ここ一〇年ほどの間に、学術誌に出た論文や、単行本の形でもまた、こうした新しい見方が、次第に広く現われ始めているのである。中でも特に目を引いたのは、一九九三年、イギリスの歴史家イアン・ウィルソンの出した大著、『シェイクスピアの謎を解く』で(河出書房新社から、幸い邦訳も出ているが)、シェイクスピアの生涯を中心に、作品にもかなり細かく目を配りながら、明確にカトリックの立場から、精細な論考を展開している。かつて私の目にしたシェイクスピアの伝記として、もっとも傑出したものといって過言ではない。ほかの凡百の伝記には、根本的に疑問を感じざるをえないけれども、このウィルソンの書物には、私も全面的に同意することができる。

けれども、潮の流れが本当に変り始めたのは、一九九九年の夏、イギリスのランカスター大学で開かれたシェイクスピア会議だった。私自身も出席したのだが、この会議で感じたのは、私がシェイクスピアについて主張しつづけてきたことが、ようやくにして認められてきたという事実だった。なるほどこれはまだ、劇そのものの文学的・思想的解釈という観点からではなく、伝記上の問題としてだったことは確かだった。古くからの伝承によれば、シェイクスピアはかつて、田舎で学校の先生をしていたと伝えられてきているが、この会議で議論の中心となったのは、単にそうした伝承にとどまらず、この地方のカトリックの名家で家庭教師をしていたのではないか、そしてそのカトリックの郷紳とは、プレストンに近いホートン・タワーに居を構えていた、アレグザンダー・ホートンという人物ではないかという説である。この説は、別に、この時の会議で初めて提出されたものではない。実は一九三〇年代から行なわれてきた説なのだが、シェイクスピアがまだストラトフォードにいた少年期、家庭でカトリックとして育てられたことが明らかになったことと相俟《ま》って、最近はかつてないほど広く認められるに至っている。現に、この会議に参加した二〇〇人近い研究者のうち、大多数はこの説を受け入れていたのである。

　私自身も研究発表を行なったのだが、そのタイトルは、いささかセンセイショナルだったかもしれない。「シェイクスピアが学校で習った先生たちは、もっぱらイエズス会の神父たちだった」という題だったからである。だが内容は、タイトルよりさらにセンセイショナルだった。私が明らかにしようとしたのは、シェイクスピアがストラトフォードのグラマー・スクールで習った先生たちがみな、何らかの形でイエズス会と深い関係のある人々ばかりだったというだけではなく、若いシェイクスピア自身、イエズス会士の殉教者エドマンド・キャンピオンと、個人的に密接なかかわりがあったということだった。この二人は、同じ家族の庇護の下に、このランカシャーの同じ地域で、数ヵ月間、起居を共にしたと考えられるからである。

　潮流の変化は、この会議で終ってしまったわけではない。翌年、先程もシェイクスピア学界の「正統」の牙城と評したシェイクスピア研究所さえ、二年に一度開くストラトフォードのシェイクスピア会議で、次回のテーマは「シェイクスピアと宗教」にすると発表したのだ。私は真底驚いた。わが目を疑った程だった。それればかりか、私にもぜひ出席してほしいと、招待までしてきたのである。そこで私は、セミナーの一つで、「シェイクスピアと宗教改革」という研究発表をし、シェイクスピアの劇は、イギリスの宗教改革との関連を抜きにしては理解できないばかりでなく、シェイクスピアがこの改革に、実は強く反発していたことの反映として理解すべきだと述べたのである。

この発表は、会議全体からすれば、ごくささやかな発言だったかもしれない。全体集会の講演でさえなく、セミナーの一つで行なった発表にすぎなかったし、このセミナーに参加した人の数も、比較的少数でしかなかった。にもかかわらず、この会議全体に、ほとんど痛々しいほど明確な対立が認められた。一方は、その前のランカスター会議に参加した二人の研究者が主張した立場――いわばカトリック側の立場と、もう一つは、プロテスタント、あるいはむしろ、世俗派の立場との対立である。こうした情況は、私にはほぼ満足すべきものに思えたのだが、実はそればかりではなかった。このセミナーでの発表に加えて、私の主張をもっと一般的に展開すると同時に、もし紙面になお余裕があれば、『お気に召すまま』にも触れて、「アーデンの宗教」というタイトルで、論文を執筆してくれないかと依頼を受けたのである。うれしいことに、シェイクスピア研究所の所長はこの論文を受け入れ、『シェイクスピア・サーヴェイ』の次の号に掲載を約束してくれたのだ。この号には、当然、この年ストラトフォードの会議で出たさまざまの論点が、そのまま反映されるにちがいない。

ところで二〇〇一年の四月には、スペインのヴァレンシアで世界シェイクスピア会議が開かれたが、私はこの時にもまた、「シェイクスピアとイリリア」というセミナーで発表するように求められた。この発表で私が示そうと考えているのは、『お気に召すまま』の舞台をアーデンの森に設定したのと同様、『十二夜』の舞台をイリリアに設定するについて、シェイクスピアは、同じカトリックの原理に従っているという点である。この論点を、今はこれ以上くわしく紹介する必要はないだろうが、それより多分、もっと重要な事実だけは、ここで紹介しておかなくてはならない。実は、日本に帰ってきた直後、以前マクミランと呼んでいた出版社（今はポールグレイヴという名前に変っている）から手紙が届いて、シェイクスピアの何らかの側面について、手持ちの原稿はないか、あるいは、弊社から出版する原稿を執筆してくれないかと、まったく予期しない依頼が飛びこんできたのである。私は早速、新しい原稿の候補として三つの題目を挙げたのだが、編集部からは、「国教忌避者シェイクスピア」というタイトルが、現在いちばん盛んに論じられているテーマとして、出版にもっとも適しているという返事が来た。そこで私は、学界でこの熱気が高まっているのを好機に、その原稿を書きあげた。

この原稿の特異なところは、シェイクスピアがカトリックの国教忌避者であった点を、例えばイアン・ウィルソンのように、伝記という観点から論じているのではないことにある。というのも、こうした伝記上の見方は、今ではシェイクスピア研究者たちの間で、すでに広く受け入れられているからだ。私の主張の特異な点は、この問題を、あくまで文学上の観点から論じるところにある。というのも、文学上、こうした見方を取ることは、伝記上とは逆に、否定するのがなお一般的であるからだ。しかも今度の本では、ただ一つや二つの劇を検討するだけではない。そういう検討なら、私がイギリスで出した二冊の書物、『シェイクスピア劇のカトリシズム』（一九九七年）や、『シェイクスピアの黙示録』（二〇〇〇年）で、すでに行なっていることだ。今度の書物では、シェイクスピア劇の最初から最後まで——つまり『まちがいの喜劇』から、フレッチャーとの共作とされる『ヘンリー八世』に至るまで、全作品を一つ一つ検討している。シェイクスピア研究者たちの中には、シェイクスピアが幼少時代、カトリックとして育ったことを認め、また、ランカシャーでカトリックの有力者のもとに、しかもカトリックであるという理由のために居留していた事実を認めていながら、その後に書いた劇の中では、カトリック信仰にたいして、共感、ないし同情すら、示しているところはまったく存在しないと、なお信じている人々が少なくない。私の本は、そうした人々を説得しようとしているのだ。さらにはまた、晩年の『ペリクリーズ』以後、一連のロマンス劇についても、その設定が外見上、異教の世界になっているところから、シェイクスピアのカトリックへの共感を否定する研究者も少なくない。古くから伝えられた伝承によれば、シェイクスピアは「カトリックとして死んだ」とされているのだが、今いう研究者たちは、この伝承を受け入れようとはしない——ないしは、シェイクスピアは死の直前になって、突然心変りしたのだとしか解釈しないのである。

こうしてみると、もう半世紀近くも前、まだ、初めて日本へ行こうと決意して、専攻分野をギリシア・ローマの古典から英文学に変えて以来、私は一貫して、シェイクスピアの熱心なファンでありつづけ、研究に献身しつづけてきたといっていいだろう。シェイクスピア自身がソネット七六番で、みずからの詩作について語っている表現を借りるなら、私もまたシェイクスピアと同様、「いつも一つ、同じことを歌いつづけ」、おのが「詩想に常に変らぬ衣《ころも》をまとわせつづけて」きたのである。今では、私のシェイクスピアについての学問的な著作を多少とも知っている人なら、誰でもよく知ってくれているはずである。私はシェイクスピアが、単に人間としてばかりではなく、同時に劇作家としてもまた、カトリックとしての信仰を貫き通したと固く信じて疑わない。

にもかかわらず、あえていうなら、そういう人々であっても、私の真意を、必ずしも十分にわかっているとは思えない。シェイクスピアの真意を、実はわかっていないのと同様である。いや、それをいうなら、そもそもシェイクスピアの生きた時代、カトリックであるとはどんなことであったか、本当の意味を理解してはいないのだ。私が「シェイクスピアはカトリックだった」という時、私が本当は何をいおうとしているのか、わかっている人は実はほとんどいない——シェイクスピアの専門家の間にさえいないのである。ハムレットは、学友のローゼンクランツとギルデンスターンにむかって、「私の秘密の核心をつかみ出してみろ」と挑発する（三幕二場）。私は別に私の真意を、わざわざ「秘密」にしているわけではない。けれども同じ挑発を、あえて試みてもいいかもしれない。ここには二つ、隠れた事柄があるからだ。一つはシェイクスピア自身の核心であり、もう一つは、エリザベス時代におけるカトリシズムの核心である。そして、この二つの核心を一つに結びつけ、その真の意味をつかみ出すためには、その両者について、詳細かつ透徹した洞察がなくてはならない。けれども、シェイクスピアの専門家と称する人々は、必ずしもそうした知識をそなえているとは限らない。前の章にも引用したとおり、「論語読みの論語知らず」の典型的な例だろう。むしろ普通の学生のほうが、少なくともシェイクスピア劇のいくつかを親しく知り、カトリックの教えを多少とも知っていれば、余計な偏見に邪魔されていない限り、私のいわんとするところを、よくわかってくれるのではあるまいか。

私が、私自身についてと同時に、シェイクスピアについてこんなふうに語るというのは、いささか非常識といおうか、常軌を逸しているように思われるかもしれない。そう思われても仕方がないことはよくわかっている。けれども、これは私の真摯な意見——というより、むしろ深い確信なのである。とはいえ、私のいうことなど、実は大した問題ではない。大事なのは、シェイクスピアが何をいっているかであって、私は、そのシェイクスピアのいわんとしているところに、人々の注意を喚起しようとしているにすぎない。ニューヨークで行なった講演、「モアとシェイクスピア」でも語ったことだが、シェイクスピアの劇はそもそも、カトリックのイギリスが消滅したという悲劇にたいする、深い悲嘆として読まれるべきものなのである。もちろん、専門家にしろ一般の読者にしろ、カトリックのイギリスが消滅したという事実を、例えば『リア王』が肺腑をえぐる悲劇であるのと同じ意味で、まさしく悲痛な悲劇であると考えないというのであれば、もはや、何をかいわんやであるのだけれども。

おわりに

さて、いよいよ、この自伝の試みも最後まで来てしまった今、読者はあらためて質問なさるかもしれない。テレビや雑誌のインタヴューでは、最後にきまって訊《き》かれるように、私は人生から何を学んだか、この世に七五年間生きてきて、何を得たかという質問である。何と答えたものだろう。結局のところ、コーディリアがリアに答えたとおり、「何もありません」と答えるしかないのではあるまいか。というより、むしろ、言葉に窮するというべきだろうか。例えてみれば、タクシーに乗っている時、たまたま運転手が、私がカトリックの神父であると気づいて、突然、こう尋《たず》ねたとしよう。「なぜあなた方カトリックは、そもそも奇蹟などというバカげたことを信じるのか」と。私にいえることといえば、ただ、奇蹟はバカげたことなどではないという以外にはない。タクシーの中というような限られた情況では、いずれにしても、筋道立ててくわしく説明することなどできるわけがない。せいぜいくわしくいうとしても、せめて、C・S・ルイスが奇蹟について書いた本を読んでみるよう、すすめることくらいしかできないだろう。それともいっそ、もっと効果

的な答えは、そんなバカげた質問などするなと切り返すことかもしれない。

それはともかく、人生から何を学んだかという質問にたいして、何と答えるべきかという問題に戻っていえば、やはり、コーディリアの答えが一番ではないかと結論せざるをえない。そして彼女の答えは、実はシェイクスピア自身、一番気に入っていた答えだったのではないかと思える。というのも、『リア王』の後に書いたと思われる『アテネのタイモン』でも、シェイクスピアは主人公タイモンの口を借りて、こう語っているからだ――「何もなくなって、初めてすべてを得ることができた」と。そうなのだ、一番いい言葉は、まさにこれしかない。私もまたコーディリアに倣《なら》って、「何もない」、「無」こそすべてだと答えるしかあるまい。ただしこの「無」は、アリストテレスやリアがいう意味での「無」、単なる否定的な「無」ではない。彼らにいわせれば、「無からは無しか生まれない」、「何もなければ、何も得られぬ」ということになる。だがコーディリアのいう「無」は、「ヨハネによる福音書」の冒頭にある、初めに神と共にあった言葉であり、この言葉が発せられることによって、無から万物が創造されたのである。つまりこの「無」は、ただ単に虚《うつ》ろな、無意味な「無」ではなく、『創世記』にもあるとおり、そもそも天地・万物が創造された時、混沌の闇の水面を動いた神の霊が象徴する「無」であり、この聖霊が、神の言葉の発せられる道筋を整え、こうして無から、一切が創り出されることとなったのである。

「無」、「何もありません」――コーディリアの発するこの言葉は、いかに大きな意味をはらんでいることか。「コーディリア」という名前自体、実は、「リアの心」という意味を帯びている。フランス語でいえば“coeur de Lear”――「リアの心」の意味だからだ。このコーディリアが、父の問いにたいして答えた言葉は、ただひたすらな愛、純粋にして無垢、無償の愛、言葉ではいい表わすことのできぬ愛を意味していた。

つまり、雄弁な姉たちがペラペラまくし立てたような、そんな軽薄な言葉で表わすことなど不可能な愛、ただ行為によって示すしかない愛だったのだ。事実コーディリアは、父にたいする愛のためには、いかなることも喜んで行なう覚悟を秘めていた。死ぬことすら辞さなかった。そして実際、あの劇の、あの、あまりにも悲痛な結末で、彼女は父への愛のために死ぬ。ただ彼女はその愛を、言葉で表現することはできなかった。そもそもこのような愛は、言葉に托すことができない。もしあえて言葉にすれば、「この憎しみに満たされた世界」では、たちまち誤解されるほかないからである(『リチャード二世』五幕五場)。

考えてみれば、言葉というものは元来、あまりにも力弱く、おぼつかないものであって、果たすべき役割を担《にな》うことができない場合が、実はあまりにも多い。T・S・エリオットの表現を借りるなら、「言葉はたわみ、きしみ、重荷の下で、緊張の下で、時として、くずれ折れる。確かな意味の的を射ず、ずれ、滑り、壊れ、滅ぶ」のだ。いや、人間の言葉に限らない。神御自身さえ、人間にたいする愛を言葉で表わすには、一体どう表現すればいいか、苦しんでおられるとさえいえるかもしれない。旧約と新約とを合わせ、あの膨大な聖書全体を費やして、ようやく、みずからの真意を言葉に託しておられるのだ。それでもなお人間は、誰一人、聖書の真の意味を本当に理解してはいないではないか。誰よりも、聖書学者たちこそ、真の理解から遠いといわなくてはならないだろう。これもまた、まさに論語読みの論語知らずというしかあるまい。イエス御自身さえ、いよいよ最後の晩餐の時ですら、弟子たちにたいする愛を、言葉で表わすことはできなかった。そればかりではない。いよいよ最後に至って、そうした表現を試みた時には、弟子の一人に裏切られ、別の一人には、そんな人は知らぬと嘘をつかれ、弟子たち全員に正しく理解されることは、ついになかったのである。

だが、あえていうなら、愛こそが、純粋な愛こそが、私がこの本で書いてきたあらゆることの核心であるばかりではない。私が今まで七十五年の生涯を通じて語り、行ない、書きつづってきた一切の、その奥底にある隠れた意味にほかならなかったのである。そしてこの愛こそはまた、シェイクスピアが彼の劇に注ぎこんだ一切の、その核心に隠された本当の意味にほかならない。これこそが、ほかの何物にもまして、彼が人類に残した永遠の記念碑なのだ。それは人間にたいする愛であり、人間のさまざまの性格、行動、言葉――要するに、人間に関する一切にたいしての愛であって、この愛にただ一つだけ例外がありうるとすれば、人間があまりにもしばしば、愛を拒絶するという場合だけなのである。「私は人間である。人間に関することは何一つとして、私に無縁なものはない」――ローマの喜劇作家が発したというこの言葉こそ、ルネッサンスの人文主義者たち共通のモットーだった。そして、シェイクスピア程、同胞たる人間を深く愛し、神を愛した人物は、かつてほかにいなかったのではないかと思う。シェイクスピア以上に深く人間を愛した人があるとすれば、それは、イエスその人のほかにはあるまい。あえていうなら、シェイクスピアのこの愛は、聖ペテロや聖パウロ、聖ヨハネ以上だったのではないのだろうか。さらにいうなら、聖アウグスティヌスや聖トマス、あるいはアッシジの聖フランシスコ、さらには聖イグナチウスや聖フランシスコ・ザビエル、聖エドマンド・キャンピオン以上ですらあったかもしれない。イエスはシモン・ペテロにむかって、「あなたは、この者たち以上に私を愛するか」と問われたが、シェイクスピアはこうした偉大な聖者たちにたいしても、この同じ問いに答えるよう求めたかもしれない。だがシェイクスピアの答えは、ペテロと同じだったに違いない。「主よ、あなたはすべてを御存知です。私があなたを深く愛していることも、よく御存知のはずです」と（「ヨハネによる福音書」二一章一七節）。

それなら、前の章でも書いたように、私がシェイクスピアをわがものとし、彼と自分を同一視さえするというのなら、私はまた、彼の愛をも私のものとしなくてはならないはずだ。彼を愛するばかりではなく、同胞として、人間すべてを愛さなければならないし、さらにまた、神を愛さなくてはならないこともいうまでもない。いや、単に人間ばかりではなく、この世界のうちに存在するもの――少なくとも、人間にかかわりあいのあるあらゆるものもまた、愛さなくてはならないはずだ。動物であろうと植物であろうと、巨大な岩石もささやかな小石も砂も、人間と共存する一切を愛すべきなのである。それに加えて、人間の心に浮かぶ想念も、人間の発する言葉も、人間の行なう行為も、ことごとく愛さなくてはならないし、中でも特に、私が日々の生活でいちばん深いかかわりを持つ人々――同僚のイエズス会士や日本人の学生を誰より深く愛すべきことはいうまでもない。『不思議の国のアリス』の中で、公爵夫人がアリスに語るとおりなのだ。「世界を動かしているのは愛、まさに愛なのです。」

私たちは今、あたかも深淵の崖っぷちに立つように、二十一世紀、第三の千年期の縁《ふち》に立っている。そして、この新しい時代にたいして、できる限り楽天的であろうとしながらも、実のところは確たる自信を持てないでいる。「大丈夫、大丈夫」と自分にいって聞かせながらも、現実はとてものことに、大丈夫どころではない。私たち自身も大丈夫どころではないし、世界全体もまた大丈夫などではまったくない。毎日の新聞がつぶさに示しているとおり、私たちの目にする世界は、何であれみな、単に悪いというばかりか、ますます悪くなってゆくばかり。はたして今以上、悪くなってゆくことがありうるかと思うくらいだ。つい思い浮かぶのは、『リア王』でエドガーのつぶやく言葉である。まるで、コーディリアの「何もない」という言葉を、さらに悲観的に言い換えた言葉かと思えるように、彼はつぶやく。「今が最悪だと言える余裕のあるうちは、まだ本当に最悪ではない」（四幕一場）。これほど嘆かわしい情況に直面した時、私たちに必要なのは、ただ目を閉じて現実を見ようとしないことではない。山をも動かす信仰を持つことであり、「ローマの信徒への手紙」にもあるとおり、「希望するすべもない時、なお希望を抱く」ことであり（四・十八）、そして愛すること、ただ、ひたすらに愛することのほかにはない。

こうして私は、いよいよ最後に、ふたたび愛のテーマに帰ってくる。初めに神と共にあった言葉、その神の愛の言葉が、無から世の一切を引き出した、まさにその愛である。そしてその愛が人類に贈られた時、それは「無」——あらゆるものを私たちにもたらす、あの「無」となるのだ。私たちが身のまわりに見ているると考えているのは、実は「無」にすぎない。つまり虚ろな、否定の極としての、アリストテレス的な意味での空無でしかない。けれどもこの「無」が、愛の魂によって抱き包まれる時、あらゆるものが私たちのもとに還《かえ》ってくる。生まれ変り、よみがえり、ふたたび生き生きと命を与えられるのだ。まさにシェイクスピアが晩年、リアやタイモンの究極の否定の只中からよみがえり、一連のロマンス劇で繰り返し、力強く描きつづけたとおりなのだ。実際、『リア王』にしろ『タイモン』にしろ『マクベス』にしろ、悲劇時代の諸作では、あらゆるものが原初の混沌と無に崩落してゆくかに見える。だがその後に続くロマンス劇では、あらゆるものが今一度、存在の輝かしい光の中に還帰してくる。この最後の時期の作品群こそ、シェイクスピアが最後に到達した世界観を示すものであり、そうした見方は、『テンペスト』でプロスペロが語る一句にいみじくも要約されているといえるだろう。「われら人間は、夢と同じくはかない身の上、そしてわれらが小さき命は、眠りによって幕を閉じる」（四幕一場）。同じ思いは、栄華と権勢の極みから、一転、無力な、一人の、ただの人間に帰った枢機卿ウルジーの最後を語る、『ヘンリー八世』のせりふにも表われている。「あの方は没落し、初めておのが身の程を知り、つましくあることの至福を発見なさったのです」（四幕二場）。私のこのささやかな自叙伝の最後にあたって——それに、いつ訪れるかは知る由もないけれども、いつか来る私の生涯の最期にあたって、私の発すべき言葉もまた、この同じ言葉にほかならない。

これがすべてで、すべては無であり、そして、その無がすなわち、すべてなのだ。

【著者年譜】

一九二五年　一〇月一二日、ロンドン郊外のバーンズで生まれる。

一九二八年　家族とともにウィンブルドンに転居。

一九三一年～三三年　ウルスラ修道会経営の幼稚園に通う。

一九三三年　ドンヘッド・ロッジ小学校に入学。

一九三六年　ウィンブルドン・カレッジ入学。

一九三九年　第二次世界大戦始まる。

一九四三年　ウィンブルドン・カレッジ卒業。九月、北ウェールズにあるイエズス会のセント・バイノ修練院に入る。

一九四五年　九月八日、最初の誓願、いわゆる「通常誓願」を許される。

一九四六年　修練期の二年目を過ごすために、九月にロウハンプトンのマンリーサ・ハウスに移る。

一九四七年　オクスフォードシャーのヒースロップ神学院でスコラ哲学を学び始める。

一九五〇年　オクスフォード大学のキャンピオン・ホールで、古典の勉強を始める。

一九五二年　古典学の第一次試験で「第一級」の成績を収める。南フランスで三週間を過ごす。英文学へ専攻を変えて、シェイクスピアを学び始める。

一九五四年　オクスフォード大学を卒業（学士）。「フランクフルト」号でサウサンプトンを出航し、日本に向かう。九月二日、横浜到着。田浦の栄光学園にある日本語学校に入るが、同僚のスペイン人のために英語を教えることになる。

一九五五年　二年間の日本語の勉強が始まる。

一九五六年　この夏、島根県の浜田で高校生のために英語を教える。

一九五七年　一月から三月まで、再び浜田に滞在。四月、練馬区上石神井のイエズス会神学校で神学の勉強を始める。

一九六〇年　三月一八日、東京の聖イグナチオ教会で叙階を受ける。

一九六一年　二月一一日、「神学総合試験」を受け、第三修練期を過ごすために、広島県長束に向かう。

一九六二年　第三修練期を終え、東京に戻る。二月二日、上智大学内にあるクルトゥール・ハイム聖堂で、イエズス会士としての最終誓願を受ける。四月、上智大学文学部英文学科専任講師に就任。

一九六三年　上智大学文学部英文学科助教授となる。東京大学（本郷）の非常勤講師となる（一九七三年まで）。また上智大学の「かつらぎ会」のためにキリスト教入門講座を始める（現在も続いている）。

一九六四年　四月二三日、シェイクスピア生誕四〇〇周年のこの日、最初の著書 *An Intoroduction to Shakespeare's Plays* を出版。五月から九月まで、東京の小金井にある桜町病院に結核の疑いで入院。

一九六五年　研究休暇でアメリカ、イギリスに滞在。

一九六五〜六六年　バーミンガム大学のシェイクスピア研究所で研究に従事し、その成果はのちに *Shakespeare's Religious Background*（1973）に結実する。

一九六八年　上智大学で学生紛争が起きる。夏にはカリフォルニアのハンティングトン図書館で研究に従事。帰途は、いわゆる「洋上大学」で日本に戻る。一二月二一日、大学を占拠する学生を機動隊が排除し、大学は「ロック・アウト」を宣言する。

一九六九年　上智大学文学部英文学科教授となる。第二回の「洋上大学」に参加。

一九七〇年　*Things Wise and Otherwise* が英語教科書として異例の売れ行きとなる（二〇万部）。この年、「文学巡礼の旅」を始める。

一九七二年　ルネッサンス研究所、チェスタトン協会、日本ホプキンズ協会などを設立。

一九七三年　二度目の研究休暇を利用して、韓国、アメリカ、イギリスなどで講演、講義をおこなう。

一九七四年　シェイクスピアの宗教的背景に関する研究に力を注ぐ。

一九七六年　『ミルワード氏の昆虫記』出版。ベストセラーとなる。

一九七八年　『イギリス人と日本人』などが相次いでベストセラーとなる。

一九八四年　ルネッサンス・センターが上智大学図

書館内に設けられ、その最初のセンター長となる。

一九九五年　上智大学を定年となり、名誉教授の称号を与えられる。四月から東京純心女子短期大学の教授に就任。

一九九六年　東京純心女子大学現代文化学部学部長となる。

二〇〇〇年　東京純心女子大学を定年となるも、非常勤講師として引き続き授業を担当。

二〇〇二年　東京純心女子大学の非常勤講師をやめる。不整脈により二週間入院。その後、健康の回復に努め、執筆も再開。

二〇〇五年　*Shakespeare the Papist* などを欧米の出版社から出す。

二〇〇六年　夏にはオクスフォードで講義をおこなう。

【主な著書】

An Introduction to Shakespeare's Plays〈シェイクスピア戯曲入門〉→シェイクスピア研究入門　中央出版社　一九六四、研究社

T. S. Eliot: A Tribute from Japan〈T・S・エリオット記念論文集―日本より寄せて〉一九六六、研究社

Christian Themes in English Literature〈英文学に見るキリスト教的主題〉→キリスト教と英文学―教養と作品　中央出版社　一九六七、研究社

A Commentary on T. S. Eliot's 'Four Quartets' 一九六八、北星堂

A Commentary on G. M. Hopkins' 'The Wreck of the Deutschland' 一九六八、北星堂

G. K. Chesterton: Essays on Shakespeare〈シェイクスピアを語る〉→G・K・チェスタトン著作集　春秋社　一九六八、研究社

An Introduction to Christianity〈キリスト教へのみちびき〉→キリスト教へのみちびき　エンデルレ書店　一九六八、北星堂

『英文学とカトリシズム』〈*English Literature and Catholicism*〉一九六九、中央出版社

G. K. Chesterton: Orthodoxy〈オーソドクシー〉→G・K・チェスタトンの世界　研究社　一九六九、北星堂

A Commentary on the Sonnets of G. M. Hopkins 一九六九、北星堂

The New Testament and English Literature〈新約聖書と英文学〉→新約聖書と英文学　中央出版社　一九六九、北星堂

A Historical Survey of English Literature〈英文学史入門〉一九六九、研究社

Things Wise and Otherwise〈日本の若者たち〉一九七〇、英潮社

A Poem of the New Creation〈新しき創造―聖書の主題による瞑想詩〉→新しき創造―聖書の主題による瞑想詩　中央出版社　一九七〇、北星堂

『新しき創造―聖書の主題による瞑想詩』〈*A Poem of the New Creation—Biblical Meditations*〉一九七〇、中央出版社

『キリスト教へのみちびき』〈*An Introduction to Christianity*〉→*An Introduction to Christianity*　北星堂　一九七〇、エンデルレ書店

『G・K・チェスタトンの世界』〈*The World of G. K. Chesterton*〉一九七〇、研究社

England Through the Ages〈イギリス文学の史的背景〉一九七〇、開文社

Where East Is West〈東と西の間〉一九七一、英潮社

『新約聖書と英文学』〈*The New Testament and English Literature*〉→*The New Testament and English Literature*　北星堂　一九七一、中央出版社

Anthology of English Thinkers〈原典による英国思想の流れ〉一九七一、研究社

Schooldays in England〈イギリスの学校生活〉→イギリスの学校生活　新潮社　一九七二、北星堂

My Two Island Homes〈私の国・イギリスと日本〉一九七二、英潮社

The Meaning of English Masterpieces〈イギリス名作を訪ねて〉一九七二、開文社

『シェイクスピア研究入門』〈*An Introduction to Shakespeare's Plays*〉→*An Introduction to Shakespeare's Plays*　研究社　一九七二、中央出版社

Christianity in England〈イギリス―文学と教会〉一九七二、開文社

What Is a Man?〈人間とは……〉一九七三、朝日出版社

『新・英文学史入門』〈*New Introduction to English Literature*〉→*The Heart of England*　北星堂　一九七三、三省堂

『正統とは何か　G・K・チェスタトン著作集1』〈*Orthodoxy*〉一九七三、春秋社

『自叙伝　G・K・チェスタトン著作集3』〈*Autobiography*〉一九七三、春秋社

『人間と永遠　G・K・チェスタトン著作集2』〈*The Everlasting Man*〉一九七三、春秋社

Shakespeare's Religious Background　一九七三、Sidgwick & Jackson (London)

England in Sketches〈イギリスの文化を訪ねて〉一九七四、成美堂

A Japanese Englishman in Korea〈一英国人の見た韓国と日本〉一九七四、吾妻書房

Shakespeare's Tales Retold〈シェイクスピアの四悲劇〉一九七四、吾妻書房

『キリスト教と英文学―教養と作品』〈*Christian Themes in English Literature*〉→*Christian Themes in English Literature*　研究社　一九七四、中央出版社

Contradictions in Character〈国民性の矛盾〉→ミルワード神父の日本見聞録　春秋社　一九七四、朝日出版社

A Miscellany of Mistakes〈語法随筆：日本人の英語あらさがし〉→英語の語法診断　南雲堂　一九七四、吾妻書房

The Continuity of English Poetry—Christian Tradition and Individual Poets〈英詩のキリスト教的伝統〉一九七四、北星堂

Insects Anonymous〈南極の蟻たち―虫との出会い〉→ミルワード氏の昆虫記　新潮社　一九七四、吾妻書房

Edmund Blunden: A Tribute from Japan〈ブランデン記念論文集〉一九七四、研究社

Old America and New England〈英米ひとり旅〉一九七五、成美堂

『異端者の群れ　G・K・チェスタトン著作集5』〈*Heretics*〉一九七五、春秋社

『棒大なる針小　G・K・チェスタトン著作集4』〈*Tremendous Trifles*〉一九七五、春秋社

Japan in an Instant〈日本のこころ〉一九七五、朝日出版社

Fortunate Failures: An Autobiography of Error 一九七五、吾妻書房

The Changing Face of England〈イギリスのこころ〉→イギリス人と日本人 講談社 一九七五、弓プレス

More Shakespeare's Tales Retold〈シェイクスピアの喜劇〉一九七五、吾妻書房

A New Utopia—Journal of a Journey: Part III〈新ユートピア〉一九七五、荒竹出版

『英国ルネッサンスと宗教—モアからミルトンまで ルネッサンス双書1』〈Renaissance and Religion in England〉一九七五、荒竹出版

Annual Animals〈アニュアル・アニマルズ〉→ミルワード氏の動物記 新潮社 一九七五、金星堂

Landscape and Inscape: Vision and Inspiration in Hopkins' Poetry 一九七五、Paul Elek (London)

More Insects Anonymous〈（続）南極の蟻たち—虫との出会い〉一九七六、吾妻書房

The Heart of England〈英国の心〉→イギリスのこころ 三省堂 一九七六、北星堂

To and Fro in Japan〈日本あちらこちら〉一九七六、吾妻書房

Experiments in Haiku〈（パロディー）変人の俳句〉一九七六、吾妻書房

Fresh English〈フレッシュ・イングリッシュ〉一九七六、朝日出版社

『『リア王』における「自然」 ルネッサンス双書2』〈*Nature in King Lear*〉一九七六、荒竹出版

『*Biblical Themes in Shakespeare—centring on King Lear* ルネッサンスモノグラフ3』〈シェイクスピアと聖書—リア王を中心に〉一九七六、ルネッサンス研究所

『形而上詩と瞑想詩 ルネッサンス双書3』〈*The Poetry of Metaphysics and Meditation*〉一九七六、荒竹出版

『久遠の聖者 G・K・チェスタトン著作集6』〈*St. Francis of Assisi. St. Thomas Aquinas*〉一九七六、春秋社

『ミルワード氏の昆虫記』〈*Insects Anonymous*〉→*Insects Anonymous, More Insects Anonymous* 吾妻書房 一九七六、新潮社

Readings of the Wreck 一九七六、Loyola University Press (Chicago)

The Englishman as He Is〈イギリス人の素顔〉→イギリス人と日本人 講談社 一九七七、成美堂

English Delight〈イングリッシュ・ディライト〉一九七七、朝日出版社

The Wisdom of the West〈西洋の知恵〉一九七七、吾妻書房

Culture in Words〈カルチャー・イン・ワーズ〉→イギリスの学校生活 新潮社 *An English Education* 北星堂 一九七七、金星堂

Introducing English Literature〈英文学入門〉一九七七、伸光社
An Englishman Looks at America〈イギリス人の眼で見たアメリカ〉一九七七、伸光社
『ローマの復活　G・K・チェスタトン著作集7』〈*The Resurrection of Rome*〉一九七七、春秋社
『正気と狂気の間　G・K・チェスタトン著作集9』〈*The Outline of Sanity*〉一九七七、春秋社
『シェイクスピアと宗教　ルネッサンス双書5』〈*Shakespeare and Religion*〉→*Shakespeare's Other Dimension*　ルネッサンス研究所　一九七七、荒竹出版
『ミルワード氏の動物記』〈*Annual Animals*〉→*Annual Animals*　金星堂　*Animals in the Air*　鶴見書店　一九七七、新潮社
『日英ことわざ考—比較文化への試み』〈*Proverbs of England and Japan—Essays in Comparative Culture*〉→*The English Way of Life* 吾妻書房　一九七七、荒竹出版
『中世とルネッサンス　ルネッサンス双書6』〈*Mediaeval and Renaissance*〉一九七七、荒竹出版
English —Right and Wrong〈英語の正誤診断〉→ミルワード氏の英文法　研究社　一九七七、研究社
Jesus and His Disciples〈イエスとその弟子〉→イエスとその弟子　講談社　一九七七、鶴見書店
Religious Controversies of the Elizabethan Age: A Survey of Printed Sources　一九七七、Scolar Press (London)
Why Am I?〈人生と知恵〉一九七八、成美堂
『イギリス人と日本人』〈*The English and the Japanese*〉→*The Englishmen As He Is* 成美堂、*The Changing Face of England* 弓書房、*The English and the Japanese*　吾妻書房　一九七八、講談社
The World and the Word〈世界の意味をもとめて〉一九七八、南雲堂
The Silent World of Colour〈英国人と色彩感〉一九七八、南雲堂
Journal of a Journey: Part I〈イギリス旅日記：モアを訪ねて〉→イギリス文学巡礼　英友社　一九七八、荒竹出版
Letters from a Father〈父からの手紙〉一九七八、吾妻書房
Living and Learning in Japan—Essays of an English Teacher〈日本で教え、日本に学ぶ〉一九七八、弓プレス
『ルネッサンス期の神秘思想　ルネッサンス双書7』〈*Mysticism in the Renaissance*〉一九七八、荒竹出版
『トマス・モアとその時代』〈*Thomas More and his Age*〉一九七八、研究社
Journal of a Journey: Part II〈イギリス旅日記：モアを訪ねて〉→イギリス文学巡礼　英友社　一九七八、荒竹

出版

『イギリスのことばと知恵』〈*Golden Words from England*〉→*Golden Words*　北星堂　一九七八、朝日イヴニングニュース社

『イエスとその弟子—聖書を読む』〈*Jesus and His Disciples*〉→*Jesus and His Disciples*　鶴見書店　一九七八、講談社

『新ナポレオン奇譚』G・K・チェスタトン著作集10』〈*The Napoleon of Notting Hill*〉一九七八、春秋社

A Journey Through England—in Time and Place〈ミルワードの英国歴史紀行〉一九七八、金星堂

Religious Controversies of the Jacobean Age: A Survey of Printed Sources　一九七八、Scolar Press (London)

Animals in the Air〈空中動物記〉→ミルワード氏の動物記　新潮社　一九七八、鶴見書店

An English Education—Memories of School and University〈イギリスの教育〉→イギリスの学校生活　新潮社　一九七九、北星堂

Between England and Japan〈イギリスと日本〉一九七九、成美堂

Seasons in England〈イギリス歳時記〉一九七九、南雲堂

Shakespeare's View of English History〈シェイクスピアの英国史観〉一九七九、伸光社

『イギリスのこころ』改訂版〈*The Heart of England*〉一九七九、三省堂

Education for Life〈私の教育論〉一九七九、吾妻書房

『ヴィクトリア朝の英文学　G・K・チェスタトン著作集8』〈*The Victorian Age in Literature*〉一九七九、春秋社

Happenings and Non-Happenings〈チョイス・リーディングズ・ナウ〉→*Views on the News*　南雲堂　一九七九、英潮社

『ルネッサンスと現代　ルネッサンス双書8』〈*Renaissance and Modern*〉一九七九、荒竹出版

『ジョン・ダンの『聖なるソネット』ルネッサンス双書9』〈*A Commentary on Donne's Holy Sonnets*〉→*A Commentary on the Holy Sonnets of John Donne*　ルネッサンス研究所　一九七九、荒竹出版

『イギリスの学校生活』〈*An English Education*〉→*Schooldays in England, An English Education*　北星堂、*Culture in Words* 金星堂　一九七九、新潮社

The Heart of Western Culture〈西洋文化の心〉一九七九、金星堂

Shakespeare's Soliloquies〈シェイクスピアの独白〉一九七九、伸光社

『日本人の日本しらず』〈*Oddities in Modern Japan*〉→*Oddities in Modern Japan*　北星堂　一九八〇、青春出版社

Invitation to Intellectual Life—Conversations with

Students〈知的生活のすすめ〉一九八〇、成美堂

『英語の語法診断—日本人の英語のあやまり』〈*A Miscellany of Mistakes*〉→*A Miscellany of Mistakes* 吾妻書房 一九八〇、南雲堂

The Mystery of Words〈ことばの神秘性〉一九八〇、南雲堂

Golden Words〈イギリス人のことばと知恵〉→イギリス人のことばと知恵 朝日イブニングニュース社 一九八〇、北星堂

John Donne: Holy Sonnets〈ジョン・ダンの『聖なるソネット』〉→ジョン・ダンの『聖なるソネット』荒竹出版 一九八〇、研究社

『*An Anthology of Mediaeval Thinkers* ルネッサンスモノグラフ7』〈原典による中世思想の流れ〉一九八〇、ルネッサンス研究所

The English Way of Life—in 300 Proverbs〈イギリス人の日常生活〉→日英ことわざ考 荒竹出版 一九八〇、吾妻書房

Japan and the Japanese〈日本と日本人〉一九八〇、研究社

Charlie Chaplin—The Great Comedian〈チャーリー・チャップリン〉一九八〇、桐原書店

The Secret of English〈英国文化を探る〉一九八〇、桐原書店

Oddities in Modern Japan—Observations of an Outsider〈日本人の日本知らず〉→日本人の日本知らず 青春出版社 一九八〇、北星堂

Seasonal Poems of England: an Illustrated Anthology〈イギリスの四季—名詩選〉一九八〇、南雲堂

English Poets and Places〈英国詩のふるさと〉一九八〇、金星堂

This Impossible Language〈日本語と私〉一九八〇、金星堂

My Twelve Basic Books〈私をつくった12冊の本〉一九八〇、鶴見書店

Views on the News〈新聞と私見〉→*Happenings and Non-Happenings* 英潮社 一九八一、南雲堂

The Old-New World of Japan〈日本—過去と現在〉→ミルワード神父の日本見聞録 春秋社 一九八一、松柏社

『とてつもない疑問』〈*The Overwhelming Question*〉→*The Overwhelming Question* 伸光社 一九八一、中央出版社

The English and the Japanese〈イギリス人と日本人〉→イギリス人と日本人 講談社 一九八一、吾妻書房

England, America, Japan〈イギリス、アメリカ、日本〉→日英米—もののみかた 匠出版 一九八一、弓プレス

『ヨーロッパのこころ』〈*European Pilgrimage*〉→*European Pilgrimage* 北星堂 一九八一、三省堂

『シェイクスピアとその時代 ルネッサンス双書11』〈*Shakespeare and his Age*〉一九八一、荒竹出版

『ミルワード神父の日本見聞録』〈*The Old-New World of Japan*〉→*The Old-New World of Japan*　松柏社、一九八一、
Contradictions in Character　朝日出版社　一九八一、春秋社
Letters to My Mother〈母への手紙〉一九八一、桐原書房
『物語英文学史』〈*The Story of English Literature—from Beowulf to Virginia Woolf*〉一九八一、大修館書店
『教皇の日本巡礼記』〈*Papal Pilgrimage in Japan—A Personal Record*〉一九八一、中央出版社
『英語感覚の秘密』〈*Words and Cultures in Comparison*〉→*Words and Cultures in Comparison*　日本翻訳家養成センター　一九八一、日本翻訳家養成センター
Words and Cultures in Comparison〈英語感覚の秘密〉→英語感覚の秘密　日本翻訳家養成センター　一九八一、日本翻訳家養成センター
The Greek Ideal of Man〈古代ギリシャの思想家たち〉一九八一、金星堂
『ミルワード氏の英文法』〈*English—Right and Wrong*〉→*English—Right and Wrong*　研究社　一九八一、研究社
The Months of Merry England—Past and Present〈メリーイングランドの12か月〉一九八一、鶴見書店
England and Other Lands〈私のイギリス〉一九八二、成美堂
『英国ルネッサンス期の文芸様式　ルネッサンス双書12』〈*Literary Genres of the English Renaissance*〉一九八二、荒竹出版
『イギリス—くにとひと』〈*England and the English*〉→*English Places and People, English Cooking and Culture, English City and Country Life*　松柏社　一九八二、英友社
European Pilgrimage—From London to Jerusalem〈ヨーロッパ—心のふるさと〉→ヨーロッパのこころ　三省堂　一九八二、北星堂
English Places and People〈イギリスの表情〉→イギリス—くにひと　英友社　一九八二、松柏社
『人はどう生きるか』〈*The Art of Living*〉→*Of Life and Love*　ニュー・カレント・インターナショナル、*The Art of Living*　学書房　一九八二、講談社
The Heart of Natsume Soseki〈私の〝漱石〟〉一九八二、吾妻書房
Anglo-Japanese Calendar〈ミルワード氏の歳時記〉一九八二、研究社
Why? Questions for Students〈英文長文と演習〉一九八二、代々木ライブラリー
『*Poetry and Drama in the Age of Shakespeare*　ルネッサンスモノグラフ9』〈シェイクスピアの時代の詩と演劇〉一九八二、ルネッサンス研究所
Memorable Speeches from Shakespeare〈シェイクスピ

アの名セリフ〉→シェイクスピア劇の名セリフ　講談社　一九八二、南雲堂

『英国ルネッサンス文学の女性像　ルネッサンス双書13』〈*The Renaissance Idea of Woman*〉一九八二、荒竹出版

The Art of Living〈人生をいかに生きるか〉→人はどう生きるか　講談社、*Of Life and Love*　ニューカレント・インターナショナル　一九八二、学書房

The Western Ideal of Woman〈西洋の女性像〉一九八二、鶴見書店

From English into Japanese—The Problem of Gairaigo〈私と日本語〉一九八三、成美堂

『日本人の英語欠陥辞典』〈*A Dictionary of Deficiencies*〉一九八三、南雲堂

English Cooking and Culture〈イギリスの横顔〉→イギリス―くにとひと　英友社　一九八三、松柏社

Glimpses of England〈一目見たイギリス〉一九八三、吾妻書房

Shakespeare's View of Life〈シェイクスピアの人生観〉→シェイクスピアの人生観　新潮社　一九八三、北星堂

『大学で何を学ぶか—J・H・ニューマン』〈*J. H. Newman: The Idea of a University*〉一九八三、大修館書店

The Story of Hamlet〈ハムレット物語〉一九八三、松柏社

Debating in England〈ディベートのすすめ〉一九八三、英友社

The Bible as Literature〈文学としてみた聖書〉一九八三、研究社

『ルネッサンスにおける道化文学　ルネッサンス双書14』〈*Literature of Folly in the Renaissance*〉一九八三、荒竹出版

『イギリス風物誌』〈*England and the English*〉→*Aspects of English Culture*　北星堂　一九八三、大修館書店

Things English〈話題別英語長文〉一九八三、代々木ライブラリー

The Crisis of Modern Man〈現代人の危機〉一九八三、桐原書店

『イエスのドラマ』〈*The Drama of Jesus*〉→*The Drama of Jesus* I, II　学書房　一九八三、春秋社

Letters to a Student〈学生への手紙〉一九八三、鶴見書店

The Drama of Jesus（I）〈イエスのドラマ（I）〉一九八四、学書房

Of Life and Love—The Mystery of Man〈生と愛の諸相〉→人はどう生きるか　講談社、*The Art of Living*　学書房　一九八四、ニュー・カレント・インターナショナル

Japan International〈世界の中の日本〉一九八四、成美堂

Understanding the West〈西欧文明をどう理解するか〉

一九八四、南雲堂

English City and Country Life〈英国人の生活―都会と田園〉→イギリス―くにとひと　英友社　一九八四、松柏社

Adventures in the Alphabet〈つれづれなるままに〉一九八四、吾妻書房

New Access to Reading Comprehension〈現代英語長文読解演習〉一九八四、学書房

Students Today〈日本の学生たち〉一九八四、ニュー・カレント・インターナショナル

Aspects of English Culture〈イギリスの文化と風物〉→イギリス風物詩　大修館書店　一九八四、北星堂

Japanese Jangles〈素顔の日本人〉→日本人の日本知らず　青春出版社　一九八四、北星堂

『ルネッサンス文学のなかの妖精　ルネッサンス双書15』〈*Fairies in Renaissance Literature*〉一九八四、荒竹出版

Japan: Island in the Mist　一九八四、Collins

The Seven Ages of Fantasy〈ファンタジーをめぐる七つの時代〉一九八四、鶴見書店

Peace of Heart—in Twenty Points〈現代生活の知恵〉→生き方のコモンセンス　講談社、*What to Do and What Not*　北星堂、*Wisdom of Life*　ニュー・カレント・インターナショナル　一九八五、ニュー・カレント・インターナショナル

Introducing the West〈私の西欧〉一九八五、匠出版

『シェイクスピアの人生観』〈*Shakespeare's View of Life*〉→*Shakespeare's View of Life*　北星堂　一九八五、新潮社

『聖パウロによる福音とは何か』〈*The Gospel according to Saint Paul*〉一九八五、中央出版社

The Footsteps of Sir Thomas More〈トマス・モア伝〉一九八五、研究社

『生き方のコモンセンス』〈*Common-Sense of Life*〉→*What to Do and What not*　北星堂、*Peace of Heart, The Wisdom of Life*　ニュー・カレント・インターナショナル　一九八五、講談社

The Changing Seasons of Japan〈日本歳時記〉一九八五、南雲堂

『*Biblical Influence in the Great Tragedies*　ルネッサンスモノグラフ11』〈四大悲劇における聖書の影響〉→*Biblical Influences in Shakespeare's Great Tragedies* Indiana UP　一九八五、ルネッサンス研究所

The Drama of Jesus（II）〈イエスのドラマ（II）〉→イエスのドラマ　春秋社　一九八五、学書房

Memories of Childhood〈想い出〉一九八五、学書房

Words, Words, Words〈ミルワード・ことばと人生〉一九八五、英潮社

『ヨーロッパ・キリスト教美術案内』〈*A Guide to Christian Art in Europe*〉一九八五、日本基督教団出版局

『ルネッサンス観の変遷　ルネッサンス双書16』〈Views of the Renaissance〉一九八五

English History in Clerihews〈ユーモア人物伝〉一九八五、北星堂

Aesop in Japanese Clothing〈日本風イソップ物語〉一九八五、北星堂

『「幸せ」をつかむ』〈The Way to Happiness〉→From First to Last　鶴見書店　一九八五、PHP研究所

Views of England〈イギリスの点景〉一九八五、桐原書店

Unheard Melodies〈わが心のメロディー〉一九八五、鶴見書店

A Commentary on the Sonnets of G. M. Hopkins (2ed.) 一九八五、Loyola University Press (Chicago)

The Story of Israel〈旧約聖書物語〉一九八六、南雲堂

Forty Years After〈八月十五日に思う〉一九八六、篠崎書林

More Adventures in the Alphabet〈(続) つれづれなるままに〉一九八六、吾妻書房

Creative English〈英語を創造するために〉一九八六、研究社

Discovering the West〈西欧を訪ねて〉一九八六、匠出版

Words in Connotation〈英語の感覚〉一九八六、桐原書店

Japan—Looking East〈私の東日本〉一九八六、匠出版

Japan—Looking West〈私の西日本〉一九八六、匠出版

Topics for Today〈若者たち〉一九八六、匠出版

Discovering Japan〈私の日本を訪ねて〉一九八六、匠出版

What's in a Name?〈自然の中にあるもの〉一九八六、学書房

Blue Spring〈青春〉一九八六、匠出版

Wisdom of Life—in Ten Points〈饒かな生活のための10章〉→生き方のコモンセンス　講談社　一九八六、ニュー・カレント・インターナショナル

『シェイクスピア劇の名セリフ』〈Famous Speeches from Shakespeare〉→Memorable Speeches from Shakespeare　南雲堂　一九八六、講談社

『日英米—もののみかた』〈Japan, England, America〉→The Changing Face of England　弓書房プレス、An Englishman's View of America　伸光社、Japan and the Japanese　研究社、England, America, Japan　弓プレス　一九八六、匠出版

『聖書は何を語っているか』〈What the Bible says to us〉一九八六、講談社

English Proverbs in Japanese Clothing〈日本風ことわざ考〉一九八六、北星堂

The Story of Jesus〈新約聖書物語〉一九八六、南雲堂

What to Do and What Not〈やっていいこと・わるいこと〉→生き方のコモンセンス　講談社、Peace of Heart, Wisdom of Life　ニュー・カレント・インターナショナル　一九八六、北星堂

Keywords of Today's Japan〈ミルワード氏の辛口時評〉一九八六、鶴見書店

Shakespeare's Religious Background (2ed.) 一九八六、Loyola University Press (Chicago)

『人はどう祈るか』〈*The Art of Prayer*〉一九八七、中央出版社

『*Poetry and Faith in the English Renaissance* ルネッサンスモノグラフ13』〈英国ルネッサンス期の詩と信仰〉一九八七、ルネッサンス研究所

『ルネッサンス時代の教育・思想　ルネッサンス双書17』〈*Thought and Education in the Renaissance*〉一九八七、荒竹出版

King Lear—Shakespeare (ed.)〈大修館シェイクスピア双書『リア王』〉一九八七、大修館書店

The Human Heart in Japanese Clothing〈日本風こころもよう〉→ミルワード氏の天眼鏡　主婦の友社、*The Japanese Way*　鶴見書房　一九八七、北星堂

The Japanese Way〈ミルワード氏の見た日本道〉→ミルワード氏の天眼鏡　主婦の友社、*The Human Heart in Japanese Clothing*　北星堂　一九八七、鶴見書店

『ミルワード神父のキリスト教ＡＢＣ』〈*An ABC of Christianity*〉一九八七、中央出版社

In Search of the Middle Ages〈ヨーロッパ歴史の旅〉一九八七、金星堂

Biblical Influences in Shakespeare's Great Tragedies 一九八七、Indiana University Press

Teaching in Japan: Memories of an Absent-Minded Professor〈教壇にて〉→うっかり先生回想録　南窓社、*Admissions of an Absent-Minded Author*　ルネッサンス研究所　一九八八、ニュー・カレント・インターナショナル

Words in English Culture〈日英言語文化考〉一九八八、桐原書店

The Overwhelming Question〈圧倒的な疑問〉→とてつもない疑問　中央出版社　一九八八、伸光社

『*A Commentary on the Holy Sonnets of John Donne* ルネッサンスモノグラフ14』〈ジョン・ダンの『聖なるソネット』注解〉→ジョン・ダンの『聖なるソネット』荒竹出版、*John Donne: The Holy Sonnets*　研究社　一九八八、ルネッサンス研究所

A Journey Through the Holy Land〈聖地を訪ねて〉→ガリラヤへの道　中央出版社　一九八八、学書房

The Power of Words〈言葉のパワー〉一九八八、南雲堂

Admissions of an Absent-Minded Author　一九八八、ルネッサンス研究所

Shakespeare's Tragic Heroines〈シェイクスピア悲劇のヒロイン〉一九八八、弓プレス

『〈死〉とルネッサンス　ルネッサンス双書18』〈*Death and Renaissance*〉一九八八、荒竹出版

Japan, or Not Japan〈日本か否か—日本における外国人

教師感〉一九八八、北星堂

『チェスタトン現代用語辞典』〈*Sense and Nonsense*〉→*Sense and Nonsense*　匠出版　一九八八、春秋社

Sense and Nonsense—An Anthology of G. K. Chesterton〈G・K・チェスタートン選集〉一九八九、匠出版

Talking of English〈英語を語って〉一九八九、匠出版

Old Complaints in New Clothing〈新衣の古不平〉一九八九、北星堂

『ガリラヤへの道』〈*A Journey through the Holy Land*〉→*A Journey through the Holy Land*　学書房　一九八九、中央出版社

『ミルワード師の天眼鏡』〈*The Japanese Way*〉→*The Japanese Way*　鶴見書店、*The Human Heart in Japanese Clothing*　北星堂　一九八九、主婦の友社

English Workshop: The Home of English〈教養英語の総合演習〉一九八九、三修社

The Feel of English〈英語の語感〉一九八九、学書房

Enchanted Britain〈イギリスの魅力〉一九八九、学書房

A Christmas Carol〈クリスマス・キャロル〉→クリスマスの想い　ドン・ボスコ社　一九八九、ホメロス社

Scenes of England—Men and Animals〈イギリス22景〉一九八九、弓プレス

Topics for Discussion〈英語難関校の速読・ミニ長文25〉一九八九、ティエス企画

『*Shakespeare's Other Dimension*　ルネッサンスモノグラフ15』〈シェイクスピアの秘められた次元〉一九八九、ルネッサンス研究所

C. Dawson: The Rise of a World Civilization〈C・ドーソン選集〉一九八九、研究社

『聖マリアの福音』〈*The Gospel according to Mary*〉一九八九、中央出版社

From First to Last〈初めから終りまで〉一九八九、鶴見書店

『ルネッサンスと新世界　ルネッサンス双書19』〈*Renaissance and the New World*〉一九八九、荒竹出版

『クリスマスの想い』→*A Christmas Carol*　ホメロス社　一九八九、ドン・ボスコ社

Angels and Devils〈天使と悪魔〉一九九〇、北星堂

American Adventures〈ミルワード氏のアメリカ冒険〉一九九〇、北星堂

Cultures in Contrast—England and Japan〈二つの文化—イギリスと日本〉一九九〇、成美堂

Makers of the West〈人物で読む西洋文化のミニマムエセンシャル〉一九九〇、鶴見書店

Episodes from the Bible (1)　Patriarchs and People〈バイブル・エピソード(1)—天地創造から約束の地へ〉一九九〇、朝日出版社

The Enchanted Isle〈イギリスの魅力〉一九九〇、学書房

Scenes of Scotland〈スコットランド情景〉一九九〇、学書房

Let's Discuss〈英語難関校の速読エッセイ25〉一九九〇、

テイエス企画

『ホプキンズの世界』〈*The World of Hopkins*〉一九九〇、研究社

『英文学のための動物植物事典 →*An Encyclopedia of Fauna and Flora in English Literature*　一九九〇、大修館書店

『旧約聖書の知慧』一九九〇、講談社

『ホプキンズとルネッサンス　ルネッサンス双書20』〈*Hopkins and the Renaissance*〉一九九〇、荒竹出版

『うっかり先生回想録』→*Teaching in Japan*　ニュー・カレント・インターナショナル　一九九〇、南窓社

A Shorter Course in English Poems〈五分間英詩の珠玉〉一九九〇、南雲堂

『英詩日記』〈*Diary of English Poetry*〉一九九〇、大修館書店

The Medieval Dimension in Shakespeare's Plays　一九九〇、Edwin Mellen Press

From My Window—Views of Modern Japan〈私のにっぽん〉→信ずる心のすすめ—修道院の窓ぎわから　講談社　一九九一、ニュー・カレント・インターナショナル

Christian Names〈クリスチャン・ネーム〉一九九一、北星堂

A Pilgrim's Sketchbook〈英国スケッチ紀行〉一九九一、北星堂

Episodes from the Bible (2)　Princes and Prophets〈バイブル・エピソード(2)　王と預言者〉一九九一、朝日出版社

『信ずる心のすすめ—修道院の窓ぎわから →*From My Window—Views of Modern Japan*　ニュー・カレント・インターナショナル　一九九一、講談社

『ジョージ・バーナード・ショー　G・K・チェスタトン著作集4』〈*George Bernard Shaw*〉一九九一、春秋社

『ウィリアム・ブレイク／ロバート・ブラウニング　G・K・チェスタトン著作集3』〈*William Blake. Robert Browning*〉一九九一、春秋社

『ミルワード＝日本人への旅』〈*A Missionary's View of Japan*〉→*Adventures in Japan*　英宝社　一九九一、丸善

『ルネッサンスと美術　ルネッサンス双書21』〈*The Renaissance and Art*〉一九九一、荒竹出版

『ロバート・ルイス・スティーブンソン　G・K・チェスタトン著作集5』〈*Robert Louis Stevenson*〉一九九一、春秋社

『英文学日記』〈*Diary of English Literature*〉一九九一、大修館書店

Adventures in Japan〈日本—人・こころ・文化〉→ミルワード＝日本人への旅　丸善　一九九一、英宝社

『イギリス文学巡礼—ユートピアをたずねて』〈*Journal of a Journey*〉→*Journal of a Journey*　荒竹出版　一

九九一、英友社

A Commentary on G. M. Hopkins' The Wreck of the Deutschland (2ed.) 一九九一、Edwin Mellen Press

English Poems and their Meanings 〈英詩へのいざない〉一九九二、鶴見書店

An Introduction to English Poetry 〈英詩を読む〉一九九二、桐原書店

『チャールズ・ディケンズ　G・K・チェスタトン著作集2』〈Charles Dickens〉一九九二、春秋社

『聖書の動物事典』→英文学のための動物植物事典　大修館　一九九二、大修館書店

A Newman Anthology 〈ニューマン選集〉一九九二、研究社

『天地創造の詩—聖書の語るエコロジー』〈*The Song of Creation—Ecology in the Bible*〉一九九二、中央出版社

A Country Diary in Tokyo 〈ミルワード氏の東京田舎日記〉一九九二、南雲堂

An Encyclopedia of Faura and Flora in English and American Literature 一九九二、Edwin Mellen Press

Soseki Natsume: The Tower of London 一九九二、In Print

London in the Mist—Adventures of a Japanese Artist: Yoshio Makino 一九九三、ニュー・カレント・インターナショナル

Approaches to Ecology 〈古典に見るエコロジー〉一九九三、英宝社

Episodes from the Bible (3) Prince of Peace 〈バイブル・エピソード(3)—平和の君〉一九九三、朝日出版社

『*The Mutual Encounter of East and West, 1492-1992* ルネッサンスモノグラフ19』〈東西文明の出会い〉一九九三、ルネッサンス研究所

『マイ・フェア・ロンドン』〈*My Fair London*〉→*My Fair London*　ニュー・カレント・インターナショナル　一九九三、東京書籍

『素朴と無垢の精神史—ヨーロッパの心を求めて』〈*European Idea of Poverty*〉一九九三、講談社

My Fair London 〈マイ・フェア・ロンドン〉→*My Fair London*　ニュー・カレント・インターナショナル　一九九四、ニュー・カレント・インターナショナル

Poems of Either Shore 一九九四、鶴見書店

Lands of Culture—Greece, Italy, Spain 〈西欧文明の起源と変遷〉一九九四、弓プレス

『*Portuguese Voyages to Asia and Japan in the Renaissance Period* ルネッサンスモノグラフ20』〈ポルトガル人の東洋来航—四五〇周年を記念〉一九九四、ルネッサンス研究所

『人生を支える聖書のことば』→幸せをつかむ　ＰＨＰ研究所　一九九四、ＰＨＰ研究所

Issues of the English Reformation 〈宗教改革の争点〉一九九四、研究社

『ミルワード先生のユーモア日記』一九九四、ＰＨＰ研究所
Essays in Fantasy〈ミルワード氏の英文学ファンタジー〉一九九四、南雲堂
『トールキン指輪物語事典』〈Tolkien, The Illustrated Encyclopadia〉一九九四、原書房
Word-Watching—Keywords in Today's News〈現代日本を語る〉一九九五、鶴見書店
Connotation in Plants and Animals〈生きものコノテーション百科〉一九九五、北星堂
『チョーサー』G・K・チェスタトン著作集［評伝篇］一九九五、春秋社
『天使vs悪魔』一九九五、北星堂
『お茶とミサ』一九九五、ＰＨＰ研究所
A Challenge to C. S. Lewis 一九九五、Associated UP
『ピーター・ミルワードの世界』一九九五、沖積舎
『シェイクスピアは隠れカトリックだった?』一九九六、春秋社
My Idea of a University in Japan 一九九六、北星堂
『大学の世界—何を学び考えるか』一九九六、南窓社
『変わり者の天国イギリス』一九九六、秀英書房
Winds of Education 一九九六、鶴見書店
Love and Marriage in Shakespeare's Plays 一九九六、弓プレス
Reasons for Debating 一九九七、英友社
『シェイクスピアと日本人』一九九七、講談社
The Catholicism of Shakespeare's Plays 一九九七、Saint Austin's Press
『お茶の巡礼—ローマ・アッシジ・リスボン』一九九七、河出書房新社
『犬の生き方—ファイドからのメッセージ』一九九七、秀英書房
『いま、なぜディベートなのか』一九九八、英友社
『英語の名句・名言』一九九八、講談社
『ザビエルの見た日本』一九九八、講談社
『父からの手紙』一九九八、真菜書房
The Simplicity of the West 一九九八、ルネッサンス研究所／Saint Austin Press
Shakespeare's Tales Retold 一九九八、聖文社
『英語に見る言葉の宇宙』一九九八、洋販出版
『新版　ヨーロッパ・キリスト教美術案内1』一九九九、日本基督教団出版局
Shakespeare's Apocalypse 二〇〇〇、ルネッサンス研究所／Saint Austin Press
An English Sketch-book 二〇〇一、弓プレス
The Plays and the Exercises—A Hidden Source of Shakespeare's Inspiration 二〇〇二、ルネッサンス研究所
Shakespeare's Meta-drama—Othello and King Lear 二〇〇三、ルネッサンス研究所
A Poetic Approach to Ecology 二〇〇四、Sapientia Press

Shakespeare the Papist 二〇〇五、Sapientia Press
A Life and Time with Hopkins 二〇〇五、Sapientia Press
What is a University? 二〇〇六、Shepheard-Walwyn
Shakespeare's World of Learning ルネッサンス研究所

訳者あとがき

安西徹雄（上智大学名誉教授）

ミルワード先生御自身が、委曲を尽くし、熱誠を込め、語るべきことはすべて語り尽くされた最終章の後、わざわざ訳者が間の抜けた顔を出し、蛇足以外の何物でもない駄文を付け加えようとするのは、ほかでもない、ミルワード先生にたいしても、先生の自叙伝が出るのを心待ちしていた読者の方がたにたいしても、深くお詫びしなければならないことがあるからだ。

御覧のとおり、本書（原題は、*THREE QUARTERS OF A CENTURY* —*An Attempt at an Autobiography*—）は先生が喜寿を迎えられ、新しい千年紀に入るのを機に一気に書き下ろされた力作で、訳者が、三百枚に及ぶそのタイプ原稿をお預かりしたのも、今から数えてすでに四年以上前のことになる。だから本書の出版は、遅くとも二、三年前には実現していて然るべきだったのだけれども、まったくの私事ながら、訳者は実は、早速翻訳に取り掛かってはいたものの、思いもかけぬ重篤の急病に見舞われて、立て続けに二度の開腹手術を受け、二週間近く人事不省に陥るという有様で、ほぼ半分まで進んでいた翻訳の作業も、まったく停頓してしまわざるをえなかった。

二ヶ月ほど入院生活を送り、ようやく退院してからも、仕事を再開する体力も気力もなかなか戻ってはこず、他方ではまた、ちょうど訳者の定年退職の時期に当っていて、僅かばかりの体力は、最終講義の準備に振り向けなくてはならず、本書の翻訳は、入院中もしきりに気にかかってはいたのだけれども、さらに遅延を重ねる羽目になってしまった。いっそ、ほかの誰かに頼んで、仕事を続けてもらおうかとも思ったのだが、私が研究者としての生涯を送る決心を固める端緒を与えてくださったのも、ほかならぬミルワード先生だった。そのかけがえのない恩師の自叙伝とあっては、やはり私自身が完成するほかはないと心を定め、遅れに遅れながらも、とにもかくにも訳了に漕ぎつけたという事情だったのである。

それにしても、こんなにも延び延びになってしまったことにたいして、今あらためて、ミルワード先生はもちろん、読者の方がたにもまた、重ね重ね、衷心よりお詫び申し上げなくてはならない。

最後になってしまったが、本書の出版の道筋をつけて下さった小林章夫さんに、この場を借りて深くお礼を申し述べておきたい。小林さんも、実は、ミルワード先生の一番古い愛弟子の一人で、本書にも出てきた「シェー研」の熱心なメンバーとして、出演ばかりか演出まで務めた経験の持ち主である。今は上智の英文科の教授でもあり、だから本書にも、まさしく因縁浅からぬ人——というより、むしろ、名前こそ出ていないけれども、登場人物の一人というべきかもしれない。

もう一人、いよいよ最後になってしまったけれども、本書の出版を快諾してくださったばかりか、まこと入念、周到に、編集の実務まで果たして下さった人文書館社主、道川文夫さんにも、深甚の感謝を表して筆を擱《お》きたい。

二〇〇六年十月

安西徹雄《あんざいてつお》

安西徹雄　…あんざい・てつお…［訳者］

1933年、松山市に生まれる。

愛媛大学文理学部卒業。

上智大学大学院文学研究科博士課程修了。

英国バーミンガム大学シェイクスピア研究所留学。上智大学文学部英文学科教授を経て、現在、上智大学名誉教授。

シェイクスピアを中心として英文学の研究・教育にあたる一方、演劇集団「円」を拠点に演出を手がける。

著書
『シェイクスピア——書斎と劇場のあいだ』(大修館書店)
『シェイクスピア劇四〇〇年——伝統と革新の姿』(NHKブックス)
『仕事場のシェイクスピア——ある伝記の試み』(新潮社刊、現在、ちくま学芸文庫)
『この世界という巨きな舞台——シェイクスピアのメタシアター』(筑摩書房)
『英文翻訳術』(ちくま学芸文庫)
『彼方からの声——演劇・祭祀・宇宙』(筑摩書房)など

訳書
ピーター・ミルワード『イギリスのこころ』(三省堂選書)
ピーター・ミルワード『シェイクスピアの人生観』(新潮選書)
イアン・ウィルソン『シェイクスピアの謎を解く』(河出書房新社)
シェイクスピア『リア王』(光文社古典新訳文庫)など

小林章夫　…こばやし・あきお…［序文執筆］

1949年、東京に生まれる。
上智大学大学院文学研究科修了ののち、
同志社女子大学教授を経て、
現在、上智大学文学部英文学科教授。
専攻はイギリス文学・文化論。

著書
『コーヒー・ハウス』(講談社学術文庫)
『イギリス紳士のユーモア』(講談社学術文庫)
『地上楽園バース』(岩波書店)
『イギリス英語の裏表』(ちくま新書)
『物語　イギリス人』(文春新書)
『クラブとサロン』(NTT出版気球の本)
『田園とイギリス人』(NHKブックス)
『東は東、西は西』(NHKブックス)
『召使いたちの大英帝国』(洋泉社新書y)
『教育とは—イギリスの学校からまなぶ』(NTT出版株式会社)など

訳書
ヒュー・ジョンソン『ワイン物語』(日本放送出版協会)
テリー・イーグルトン『アフター・セオリー』(筑摩書房)
フランク・レンウィック『とびきり哀しいスコットランド史』(筑摩書房)
テリー・イーグルトン『とびきり可笑しなアイルランド百科』(筑摩書房)
カール・ベッカー『一八世紀哲学者の楽園』(Sophia University Press 上智大学出版)など

本文カット
READER'S DIGEST
NATURE LOVER'S LIBRARY
FIELD GUIDE TO THE
TREES AND SHRUBS OF BRITAIN
The Reader's Digest Association Limited, London

編集　**道川龍太郎・山本則子**
協力　**遠樹舎**

ピーター・ミルワード
……Peter Milward……

1925年、ロンドンに生まれる。
1943年ウインブルドン・カレッジ卒業。
オクスフォード大学で西洋古典と英文学を修めた後、
1954年来日、以後50年余、日本在住。
イエズス会神父、1960年カトリック司祭に叙階。
1962年上智大学文学部助教授・教授、東京純心女子大学教授を経て、
現在、上智大学名誉教授、ルネッサンスセンター所長。

著書

『イギリスのこころ』(三省堂選書)『イギリス人と日本人』(講談社現代新書)
『ミルワード氏の昆虫記』(新潮社)『シェイクスピアの人生観』(新潮選書)
『ミルワード＝日本人への旅』(丸善ライブラリー)
『シェイクスピアと日本人』(講談社学術文庫)
ほか多数。主要著書一覧参照のこと。

愛と無
自叙伝の試み

発行　二〇〇七年二月十日　初版第一刷発行
著者　ピーター・ミルワード
訳者　安西徹雄
発行者　道川文夫
発行所　人文書館
〒一五一―〇〇六四
東京都渋谷区上原一丁目四七番五号
電話　〇三―五四五三―二〇〇一（編集）
〇三―五四五三―二〇一一（営業）
電送　〇三―五四五三―二〇〇四
http://www.zinbun-shokan.co.jp
ブックデザイン　鈴木一誌＋仁川範子
印刷・製本　信毎書籍印刷株式会社

ISBN 978-4-903174-10-5
Printed in Japan